HISTOIRE
AMOUREUSE
DES GAULES

Paris. Imprimé par GUIRAUDET ET JOUAUST, 338, r. S.-Honoré,
avec les caractères elzeviriens de P. JANNET.

HISTOIRE
AMOUREUSE
DES GAULES
PAR BUSSY RABUTIN
revue et annotée
PAR M. PAUL BOITEAU
Suivie des Romans historico-satiriques du XVIIe siècle
recueillis et annotés
PAR M. Ch.-L. LIVET

TOME II

A PARIS
Chez P. Jannet, Libraire

MDCCCLVII

PRÉFACE.

Lorsque parurent pour la première fois les libelles que nous publions, ils n'eurent, pour s'accréditer auprès des lecteurs, ni le charme élégant du style, ni l'autorité du nom de Bussy; le scandale seul fit leur succès.

Il se trouve peut-être encore, après deux siècles, des lecteurs attardés qui cherchent dans ces livres ce qu'y voyoient leurs aïeux : ce n'est point à eux que nous nous adressons; nos visées sont plus hautes. Le scandale est devenu de l'histoire, et c'est pour montrer dans quelle mesure on peut y ajouter foi que nous y avons joint le commentaire qui sert de contrôle aux récits du pamphlétaire. Composés on ne sait où, les uns en France, les autres à l'étranger, et publiés en Hollande, ces libelles eurent vite passé la frontière; à défaut des livres, dont un nombre fort restreint put pénétrer dans le royaume, les copies se multiplièrent, et Dieu sait quel aliment y trouvèrent les conversations! Tout hobereau qui, après un voyage à Paris, dont son orgueil faisoit un voyage à la cour, rentroit dans sa province, y affirmoit hardiment tous les dires des pamphlets ; il y croyoit ou feignoit d'y croire, et disoit : Je l'ai vu. Quel honneur ! Des autres, qui n'avoient pas quitté leur pays, ceux-ci, par esprit d'opposition, admettoient aveuglément comme vraies toutes ces turpitudes ; ceux-là, par un sentiment de respect, s'efforçoient de douter. Mais on voit ce qu'étoient alors ces pamphlets : une proie offerte à la malignité, une ample matière livrée aux discussions.

A un intervalle de deux cents ans, que sont maintenant pour nous ces ouvrages ? Osons le dire : ce sont de précieux documents historiques, et ceux même qui affectent de les mépriser les ont lus, et y ont appris, à leur insu peut-être, plus qu'ils ne veulent en convenir. Quelques érudits seuls, qui ont beaucoup lu et beaucoup retenu, ont pu glaner çà et là et réunir en gerbe les mêmes faits qu'on trouve ici rassemblés ; mais ceux-là sont rares, et sans ces pamphlets le lien de tous ces récits échapperoit à plusieurs, beaucoup n'auroient dans l'esprit que des traits épars et des lignes confuses : où seroit le tableau ? — Nulle part ailleurs on ne trouve réunis autant de détails vrais sur les relations du Roi avec La Vallière et ses autres maîtresses, de Madame avec le comte de Guiche, de Mademoiselle avec Lauzun, etc. — Je vais plus loin : si l'on excepte les pamphlets de la Fronde, qui n'ont jamais un mot blessant pour le Roi, où trouvera-t-on mieux qu'ici la preuve de ce prestige inouï qu'exerçoit la royauté ? Toutes les foiblesses du Roi sont racontées dans le plus grand détail, et, c'est une remarque fort caractéristique.

qui ne peut échapper à personne, jamais un mot de blâme ne lui est adressé, jamais une raillerie ne l'attaque, jamais les auteurs n'invoquent la morale pour avoir le droit de ne pas admirer.

Or, sans parler des événements, une tendance si manifeste, qui paroît sous des plumes différentes, est un fait précieux acquis à l'histoire.

Cette opinion de l'importance historique des libelles que je publie pourra paroître exagérée ; mais ce n'est pas sans réflexion, ce n'est pas sans preuves, que je me la suis faite ; si je n'avois pas été convaincu qu'elle est fondée, j'ai trop l'horreur des scandales pour avoir entrepris cette publication. Je le répète, c'est l'histoire seule que j'ai eu en vue ; je dois dire comment je l'ai trouvée.

Les auteurs de ces libelles, on le conçoit, n'ont point eu la prétention d'être des historiens. Le succès du livre de Bussy les a seul provoqués à marcher sur ses traces, ils ont exploité la vogue de son roman ; l'intérêt des libraires a fait le reste. C'est donc à une opération de librairie que nous devons tous ces petits volumes composés dans un genre prisé des acheteurs. Comment les auteurs ont recueilli les faits, je l'ignore. Des exilés français les leur ont-ils fournis? Ont-ils reçu de la cour des mémoires? Ont-ils écrit en France et fait imprimer en Hollande? Nul, je crois, n'en sait rien. Pour nous du moins, si les suppositions ne manquent pas, les preuves font défaut, et nous n'osons rien affirmer. Mais ce qui est certain, c'est qu'ils étoient généralement bien informés, et notre commentaire ne laissera pas de doute à cet égard.

Toutefois nous devons faire une distinction. Quand nous constatons l'authenticité des faits, nous n'avons garde d'entendre parler des descriptions, des conversations ou des lettres : le fait étant donné, l'auteur en a souvent tiré des conséquences qu'il restera toujours impossible de vérifier, et qui, pour cette raison, compromettent sa véracité et tendent à diminuer la confiance. Telle entrevue, tel discours, tel billet, n'a peut-être jamais existé que dans l'imagination de l'écrivain ; s'il est resté, en les inventant, dans les limites de la vraisemblance, s'il n'a pas démenti les caractères ou introduit des circonstances qui se contredisent, il n'a rien fait dont nous puissions le reprendre, il ne nous a pas fourni d'armes contre lui, et, tout en observant à sa manière les lois du roman, il n'a point failli au rôle d'historien que nous croyons pouvoir après coup lui imposer.

Notre préoccupation unique, dans le commentaire qui accompagne ces libelles, a été de montrer dans quelle mesure on pouvoit en accepter comme vraies les données ; nous avons cru utile de présenter à des lecteurs plus ou moins portés au doute le contrôle des faits qui leur étoient soumis, d'indiquer parfois les erreurs, de confirmer les vérités, de provoquer l'examen. Notre tâche étoit donc tout autre que celle dont s'est acquitté, avec tant d'esprit et de savoir, M. P. Boiteau, le commentateur de Bussy. De ce que ces livres ne doivent point à leurs auteurs un mérite propre qui les soutienne, et de ce que les récits graveleux qu'on y rencontre sont de nature à éloigner le lecteur plutôt qu'à l'attirer, il résultoit pour nous la nécessité d'être grave et sévère, là où il pouvoit paroître enjoué comme son auteur; avec autant de soin qu'il visoit à rester dans l'esprit de son texte, nous avons cherché à nous séparer du nôtre. Le tableau qu'il présentoit permettoit une riche bordure; ceux qui suivent réclament un cadre plus simple. Le livre de Bussy est signé, le nom de son auteur le patronne et le pousse merveilleusement; les libelles qu'on va lire sont anonymes, et ils ont besoin d'être accrédités pour obtenir, non pas le même succès, mais autant et plus de confiance.

Quelques mots encore sont nécessaires pour faire connoître en quoi cette édition nouvelle diffère des précédentes.

Tout le monde sait que chacun des éditeurs de Bussy a ajouté quelques pièces nouvelles à son œuvre, qui leur servoit de passe-port. C'est ainsi que l'*Histoire amoureuse des Gaules* a fini par comprendre, outre son livre, qui ouvroit la marche, un certain nombre de pamphlets, soit contemporains, soit postérieurs à sa mort, mais que son nom protégeoit, en vertu de cet axiome: « Le pavillon couvre la marchandise. » Toutes les éditions n'ont pas donné les mêmes ouvrages. Ainsi, *Alosie*, ou Les amours de M. T. P., qui avoit paru sans clef et qui racontoit des aventures toutes bourgeoises, a bien vite disparu; *Junonie*, dont les personnages n'étoient guère plus relevés, s'est conservée parce que les noms propres qui s'y trouvoient piquoient la curiosité. Ce n'est qu'au XVIIIe siècle que le texte a été définitivement arrêté, et, depuis, toutes les éditions qui se sont succédé ont reproduit les mêmes pièces, dans un ordre plus ou moins arbitraire.

Les lecteurs sont en droit de nous demander tout ce qu'ils sont habitués à trouver dans l'*Histoire amoureuse des Gaules*, telle que l'ont faite les libraires. Nous avons dû suivre, à cet égard, la tradition, bien qu'il nous eût paru préférable de supprimer tel écrit où le nombre des faits, fort limité, a fait place à des descriptions moins utiles; mais, dès le début, on verra que nous avons comblé quelques lacunes. Ainsi nous avons introduit la pièce intitulée : *les Agrémens de la jeunesse de Louis XIV*, qui raconte les amours du grand roi avec Marie de Mancini [1], et dont le manuscrit appartient à un amateur distingué, aussi obligeant qu'il est modeste. Un autre amateur, pénétré de l'intérêt qu'offrent ces livres aux érudits, nous a confié le manuscrit où nous avons emprunté la fin, également inédite, de *la Princesse, ou les Amours de Madame* [2]. C'est avec une vive reconnaissance que nous les prions l'un et l'autre de recevoir nos remercîments.

Le volume qui suit, augmenté aussi, sera précédé d'un avis qui indiquera nos additions, et suivi d'une étude bibliographique sur les éditions publiées jusqu'ici de l'*Histoire amoureuse* et sur l'histoire de ces pamphlets.

Notre soin ne s'est pas borné à donner un texte bien complet; nous l'avons collationné avec une scrupuleuse exactitude sur les manu-

---

1. Voy. p. 1-24.
2. Voy. p. 176-188.

scrits originaux ou les premières éditions; des notes nombreuses indiquent les variantes que nous avons ainsi recueillies, les passages que nous avons restitués, les morceaux que nous avons enlevés à certains pamphlets pour les rétablir dans les textes plus anciens où ils avoient paru la première fois, et d'où ils avoient été maladroitement enlevés. C'est à ces notes que nous renvoyons pour prouver, en faveur de notre texte, une supériorité à laquelle nous prétendons hardiment sur toutes les éditions qui ont précédé celle-ci.

Ch.-L. Livet.

HISTOIRE
AMOUREUSE
DES GAULES

LES AGRÉMENS
DE LA JEUNESSE DE LOUIS XIV
OU
SON AMOUR POUR Mlle DE MANCINI[1].

Sans le beau sexe, tout languiroit ; les familles seroient éteintes, les républiques périroient et les vertus seroient sans sectateurs, parce que les dames n'en produiroient plus les modèles, ne produisant plus de héros. Pour moi,

---

1. Nous donnons cette première pièce, inédite, semble-t-il, jusqu'à ce jour, d'après deux manuscrits, l'un qui nous a été communiqué par son possesseur, l'autre qui appartient à la

Hist. am. — II.

qui suis vrai et qui les aime, je leur donne la préférence sur nous, et nos langues, de concert, doivent sans cesse publier leurs mérites. Je joins à la mienne ma plume pour écrire leurs grandes actions, et pour exprimer leur vertu, dont nos cœurs sont semblablement touchés. Comme j'en connois l'éclat, j'emploie tout mon pouvoir pour maintenir ce sexe si admirable dans ses anciens droits. Puisque les contester seroit blesser les lois de la nature, les règles de la raison, et même les maximes de la religion, il le faut bien croire supérieur au nôtre.

Louis XIV l'avoit non seulement respecté, mais encore s'en étoit-il rendu l'esclave, ce magnanime prince qui surpassoit les héros de l'antiquité, qui égaloit les dieux du paganisme, qui étoit un Jupiter dans les conseils, un Mars dans les armées, un Apollon par ses lumières, et un Hercule par ses travaux. C'est de ce puissant monarque, de ce roi si chéri, non seulement de ses sujets, mais de tout l'univers, que j'entreprends de décrire les amours, oubliant volontiers les bourgeoises et magistrales [1] qui ne doivent en quelque sorte qu'occuper le commun du peuple. A peine Louis XIV

Bibliothèque de l'Arsenal; ce dernier nous a fourni quelques variantes heureuses. Tous les deux, d'ailleurs, par leur style, trahissent la main d'un étranger. Ils n'ont de valeur que parce qu'ils comblent une lacune dans la série des amours du grand roi.

1. On retrouvera ces mêmes expressions au début de la pièce suivante, le *Palais-Royal*, ou les Amours de mademoiselle de La Vallière, qui certes n'est pas de la même main. Quant à ces *intrigues bourgeoises et magistrales*, ne s'agiroit-il point du touchant récit qui a pour titre *Junonie*, et qu'on retrouvera plus loin?

eut-il atteint l'âge de dix-sept ans[1] qu'il s'adonna tout entier à faire la félicité de la nièce du cardinal Mazarin[2], qui, sans être belle, le sçut si bien engager, qu'à tout autre âge du roi elle l'eût gouverné, tellement son esprit faisoit d'opération sur son jeune cœur. Elle n'avoit nul air d'une personne de condition ; mais ses sentimens étoient si élevés et son génie si étendu, qu'elle

1. Louis XIV était né le 5 septembre 1638. C'est donc à la fin de l'année 1655 que l'auteur place son récit. Mais cette date est fausse ; arrivées en France en 1653, Marie Mancini et sa sœur Hortense furent mises au couvent des filles de Sainte-Marie, à Chaillot, selon madame de Motteville, et parurent « sur le théâtre de la cour » seulement « après le mariage de madame la comtesse de Soissons », c'est-à-dire en février 1657.

2. Marie Mancini, depuis connétable Colonna. Le portrait qu'on donne ici d'elle se rapproche assez de celui qu'on trouvera dans la pièce suivante ; mais il s'accorde mal avec celui que nous trace madame de Motteville (collect. Petitot, t. 39, p. 400-401) : « Marie, sœur cadette de la comtesse de Soissons, étoit laide. Elle pouvoit espérer d'être de belle taille, parce qu'elle étoit grande pour son âge et bien droite ; mais elle étoit si maigre, et ses bras et son col paroissoient si longs et si décharnés, qu'il étoit impossible de la pouvoir louer sur cet article. Elle étoit brune et jaune ; ses yeux, qui étoient grands et noirs, n'ayant point de feu, paroissoient rudes. Sa bouche étoit grande et plate, et, hormis les dents, qu'elle avoit très belles, on la pouvoit dire alors toute laide. » Voilà pour l'extérieur. Au moral, madame de Motteville l'apprécie ainsi : « ...Malgré sa laideur, qui, dans ce temps-là, étoit excessive, le roi ne laissa pas de se plaire dans sa conversation. Cette fille étoit hardie et avoit de l'esprit, mais un esprit rude et emporté. Sa passion en corrigea la rudesse... Ses sentimens passionnés et ce qu'elle avoit d'esprit, quoique mal tourné, suppléèrent à ce qui lui manquoit du côté de la beauté. » Somaize, dans son *Dict. des pretieuses* (Biblioth. elzev., t. 1, p. 168), parle plus longuement de son esprit : « Je puis dire, sans estre soupçonné de flatterie, que c'est la personne du monde la plus spirituelle, qu'elle n'ignore rien,

faisoit l'admiration de tous ceux qui avoient le bonheur de la voir. Son parler étoit autant doux que ses yeux étoient tendres et languissans; son embonpoint étoit si considérable qu'il la rendoit très matérielle; et cependant, ajustée dans ses habits de cour, elle eût également plu à tout autre qu'à Louis XIV, qui alors témoignoit n'avoir de goût que pour l'esprit, opinion qu'il a confirmée depuis par le choix qu'il a fait de celles qui ont remplacé la Mancini. Ainsi se nommoit la nièce du cardinal.

Ce prince[1] étoit bien fait, quoiqu'il eût les épaules un peu larges; sa physionomie étoit noble, son air majestueux et son regard fixe. Le premier coup d'œil qu'il jeta sur cette demoiselle fut dans le jardin des Tuileries, qui se nommoit le jardin de Renard[2], qu'elle reçut avec bien du respect et de profondes révérences, auxquelles

qu'elle a lu tous les bons livres... J'oseray adjouster à cecy que le ciel ne luy a pas seulement donné un esprit propre aux lettres, mais encore capable de régner sur les cœurs des plus puissants princes de l'Europe. Ce que je veux dire est assez connu. » Ajoutons quelques mots de madame de la Fayette : « Cet attachement avoit commencé, dit-elle, pendant le voyage de Calais, et la reconnoissance l'avoit fait naître plutôt que la beauté. Mademoiselle de Mancini n'en avoit aucune ; il n'y avoit nul charme dans sa personne et très peu dans son esprit, quoiqu'elle en eût infiniment. Elle l'avoit hardi, résolu, emporté, libertin (indépendant), et éloigné de toute sorte de civilité et de politesse. » (*Histoire de madame Henriette*, collect. Petitot, t. 64, p. 382.)

1. « Le Roy est un prince bien fait, grand et fort, qui ne boit presque point de vin, qui n'est point débauché. » (Guy Patin, Lettre du 20 juillet 1658.)

2. « Derrière les Tuileries est planté le jardin des Tuileries, et au bout celui de Renard... qui occupe tout le bastion de la Porte-Neuve. Il consiste en un grand parterre bordé, le

il répondit très galamment. Il s'en approcha pour lui dire que jusqu'alors il ignoroit d'être si riche en sujets si accomplis et si parachevés; qu'il la prioit de trouver bon qu'il s'excusât sur l'insulte qu'il lui faisoit de la mettre en parallèle aux gens qui lui étoient subordonnés, et que dès ce moment-là il la reconnoissoit pour sa souveraine.

Une telle déclaration éloigna de lui toute sa cour, et, comme il fut en liberté, il lui dit qu'il eût cru le cardinal dans ses intérêts; mais qu'il s'étoit trompé, ne lui ayant pas donné la satisfaction d'adresser à sa chère nièce des vœux de sa part que personne autre qu'elle ne méritoit ; que, ne connoissant point les attributs de sa couronne, par l'inattention de ceux qui l'approchoient, il ne pouvoit pas s'en venger à l'heure même, mais qu'il se feroit instruire par ses particuliers favoris comment il en devoit user à son égard pour y parvenir.

Mademoiselle de Mancini, qui jusque là n'avoit pas eu la liberté de répondre, arrêta tout court le Roi en lui disant : « S'il est vrai, Sire, que ce que Votre Majesté me fait l'honneur de me dire parte du cœur et soit sincère, je dois me

---

long des murailles de la ville, de deux longues terrasses couvertes d'arbres, et élevées d'un commandement plus que le chemin des rondes, d'où l'on découvre une bonne partie de Paris, les tours et retours que fait la Seine dans une vaste et plate campagne, et, de plus, tout ce qui se passe dans le cours. » Le roi Louis XIII avoit accordé la jouissance de ce vaste terrain à Renard par brevet de l'an 1633 ; les galants de Cour y alloient fréquemment faire des parties de plaisir, des dîners, etc. Voy. Sauval, t. 2, p. 59 et 60. Cf. *Mém. de Mlle de Montp.*, t. 1, p. 234, 235, édit. de Maëstricht; Loret, *passim*.

soustraire de dessous ses yeux, ne pouvant vivre éloignée de mon oncle. — Je ne prétends pas l'éloigner, ma reine, reprit le Roi; mais s'il étoit à mon pouvoir d'être avec vous comme avec lui, je serois au dernier période de ma joie. — Vous êtes, Sire, son maître, comme j'ai l'honneur d'être votre soumise et respectueuse servante, lui dit-elle. Si Votre Majesté a pour moi quelques bontés, il conservera au Cardinal celle dont il a besoin pour régir ses Etats dans la manière qu'il convient; si elle étoit dans un âge plus avancé ou qu'elle pût régner sans secours, je lui passerois tous ces sentiments, et me flatterois, par mon respectueux attachement pour elle, de devenir aussi contente que je suis malheureuse, étant à la veille d'épouser un homme que, sans le connoître, je ne puis souffrir. — Que me dites-vous, Mademoiselle? Vous m'accablez. — Ce que j'ai l'honneur d'exposer à Votre Majesté est, repartit-elle; et cela est si vrai, Sire, que, pour dissiper le chagrin que m'en a donné la nouvelle, je suis venue ici avec l'une de mes filles en qui j'ai le plus de confiance, afin qu'avec elle je puisse me consoler du malheur qui me suit. — Rassurez-vous, dit le roi; dans ce moment j'y mettrai ordre, et, pour que vous n'en doutiez pas, je vous quitte aussi pénétré de douleur que vous me paroissez l'être. » Comme il étoit aux adieux, sa cour vint le rejoindre, dans le nombre de laquelle il entra sans considérer aucun de ceux qui l'accompagnoient. Il rentra avec elle au château, et s'enferma dans son cabinet après avoir donné ses ordres pour qu'on fût chercher le Cardinal de sa part.

D'un autre côté, mademoiselle de Mancini, qui étoit fort sage¹, s'étoit retirée bien contente de sa rencontre. Le Cardinal ne fut pas plutôt venu que le Roi lui dit d'un ton haut : « Vous ne me dites pas tout, monsieur le Cardinal ; vous avez une nièce aimable, qui est un des ouvrages parachevés² du Seigneur, morceau conséquemment qui me convient, et vous pensez à la marier à un homme qu'elle ne peut souffrir, sans m'en parler ! — De qui Votre Majesté tient-elle cette nouvelle ? demanda le Cardinal. — D'elle-même, reprit le Roi brusquement, et j'entends qu'il n'en soit plus fait mention, sinon vous encourrez le risque de ma haine. Pensez-y une fois pour toutes, monsieur le Cardinal. » Et il lui tourna le dos.

Le pauvre Cardinal, qui tomba de son haut de voir le Roi parler pour la première fois si affirmativement, se retira tout confus. Le Roi ordonna à toute sa cour de le laisser seul, et, comme chacun eût marché sur les traces de Son Eminence, Sa Majesté jugea à propos d'écrire en ces termes à mademoiselle de Mancini, qui pensa en mourir de joie :

1. Sage, est-ce ambitieuse ? Ecoutons madame de Motteville : « On a toujours cru que cette passion (de mademoiselle de Mancini) avoit été accompagnée de tant de sagesse, ou plutôt de tant d'ambition, qu'elle s'y étoit engagée sans crainte d'elle-même, étant assurée de la vertu du roi, et, si elle en doutoit, ce doute ne lui faisoit pas de peur. » (*Mém. de Mottev.*, Amst., 1723, IV, p. 524.)

2. *Parachevé*, pour *parfait* ; *affirmativement*, qu'on trouvera quelques lignes plus bas pour *fermement* ; enfin, *diligentez-vous*, à la page suivante ; et cent autres, que nous n'indiquerons plus, voilà de ces mots qui, comme nous le disions dans notre première note, trahissent à n'en pas douter la plume d'un étranger.

LETTRE DE LOUIS XIV A MADEMOISELLE
DE MANCINI.

J'ai fait le Cardinal capot; il n'a su que me dire sur ma science et je ne sais que vous apprendre de mes sentimens. Je suis roi, et le grand amour me rend muet ; cependant mon cœur me dit mille choses à votre avantage. Le dois-je croire, mademoiselle? Serai-je heureux? Si cela est, diligentez-vous de m'en apprendre la nouvelle, l'état où je suis étant digne de pitié.

Mademoiselle de Mancini fut interdite à l'ouverture de cette lettre, et encore plus quand elle l'eut lue; mais son embarras fut pour y répondre, elle qui n'avoit jamais eu de relations avec de telles puissances. Cependant elle s'y croyoit obligée, et l'eût fait sur-le-champ sans que le duc de Saint-Aignan[1], qui en avoit été le porteur, s'y opposa, disant à mademoiselle de Mancini qu'il lui laissoit le temps de la réflexion, afin, par ce retard, de connoître l'amour du Roi, dont il étoit bien aise de se servir

1. Le comte de Saint-Aignan joue un grand rôle dans toutes ces histoires. Né en 1608, François de Beauvilliers avoit alors cinquante ans, et il avoit fait ses preuves dans un grand nombre de combats. Galant sans passion, complaisant par politesse, celui qu'on appela depuis ironiquement duc de Mercure présente un tel caractère qu'on est plus tenté d'accuser sa légèreté que de condamner son infamie. Favori du roi, qui le fit duc en 1661, Saint-Aignan étoit fort connu comme bel esprit. Ce qu'il a laissé de vers, imprimés ou manuscrits, formeroit des volumes. Quand il mourut, en 1687, il étoit membre de l'Académie françoise et protecteur de l'Académie d'Arles, dont les membres ne tarissent pas sur son éloge.

pour être plus particulièrement attaché à lui. Il rapporta à Sa Majesté que, s'étant acquitté de la commission dont elle l'avoit chargé, il avoit remarqué que mademoiselle de Mancini n'avoit pas jugé à propos de lui répondre à l'heure même, et qu'il étoit sorti de chez elle piqué vivement de son inattention aux honneurs que lui faisoit un grand roi comme lui; que cependant elle méritoit d'en être aimée par un certain je ne sçais quoi qui la rendoit aimable.

Le Roi, qui ne sut que penser de son raisonnement, qui n'étoit pas autrement clair, lui ordonna d'y retourner et de ne point paroître devant lui qu'il n'eût une réponse. Le Duc obéit, et, étant près de mademoiselle de Mancini, il pensa, pour ôter tout soupçon au Cardinal sur ses fréquentes visites à mademoiselle sa nièce, devoir le voir, et, plutôt que de passer dans l'appartement de sa nièce, il fut dans celui du Cardinal, qui, le voyant, lui dit : « Vous vous trompez, ce n'est pas à moi à qui vous en voulez. Voyez ma nièce : elle vous recevra mieux que moi. »

Le Duc interdit, reprenant la parole, dit : « En tout cas, je la verrai pour un grand sujet », et sortit. Comme il fut chez mademoiselle de Mancini, il la trouva qui se désespéroit. Il voulut en savoir la cause, à quoi il ne parvint point. Elle le chargea de la lettre qu'elle avoit écrite au Roi et que le Cardinal avoit vue, puisque, l'ayant donnée à sa confidente pour la faire rendre au Duc, elle la porta au Cardinal, qui en fit l'ouverture, et qui, après l'avoir lue, l'alla communiquer à la Reine-Régente. Toutes choses faites de même de sa part, n'osant garder une lettre qui étoit pour le repos du Roi, il passa dans la chambre de sa nièce, où, la trouvant dans le même état que l'avoit trouvée le duc de Saint-Aignan, il lui dit : « Revenez, mademoiselle, de vos égaremens. Il vous convient bien de vouloir détruire le repos d'un Roi nécessaire à toute l'Europe ! Voilà la réponse que vous avez faite à la lettre que vous avez reçue de lui; envoyez-la-lui par le duc de Saint-Aignan. Je suis à couvert de toutes ses suites, parce que je suis résolu de faire penser que vous n'êtes point née pour monter sur le trône de France [1], et que vous ne devez être, tout au plus, que la femme d'un petit gentilhomme. »

Ces paroles, qui furent dites d'une manière pé-

---

[1]. Quoi qu'on ait pu dire jusqu'ici, et malgré les préjugés, la conduite de Mazarin, dans toute cette affaire de mariage, est au dessus de tout éloge. Nous ne pouvons croire qu'il eût consenti à laisser épouser au Roi une de ses nièces ; et il nous paroît certain qu'il préféroit l'intérêt évident de la France, qui se trouvoit dans l'alliance espagnole, à l'intérêt douteux de sa maison, de Marie en particulier, dont l'indépendance et les sentiments hostiles lui étoient connus. « Je sçay, écrivoit Mazarin au Roi, le 21 août 1659, je sçay à n'en pouvoir douter qu'elle ne m'ayme pas, qu'elle mesprise mes conseils, qu'elle croit avoir plus d'esprit, plus d'habileté, que tous les hommes du monde, qu'elle est persuadée que je n'ay nulle amitié pour elle, et cela parce que je ne puis adhérer à ses extravagances. Enfin je vous diray, sans aucun déguisement ny exagération, qu'elle a l'esprit tourné. » Le 28 août, il ajoutoit : « Il est insupportable de me veoir inquiété par une personne qui, par toutes sortes de raisons, se devroit mettre en pièces pour me soulager »; et il rappeloit au Roi une lettre de Cadillac où il disoit à Sa Majesté (16 juil. 1659) : « Je n'ay autre party à prendre, pour vous donner une dernière marque de ma fidélité et de mon zèle pour votre service, qu'à me sacrifier, et, après vous avoir remis tous les bienfaits dont il a plu au feu Roy, à vous et à la Reine de me combler, me mettre dans un vaisseau avec

nétrante pour une personne comme elle, qui avoit plus d'ambition que toute autre femme n'en a, firent en elle un si grand changement pour son oncle, qu'il ne dépendit pas d'elle alors de le sacrifier à son ressentiment[1], ainsi qu'on le verra par ce qui suit :

RÉPONSE A LA LETTRE DE LOUIS XIV.

Si Votre Majesté a capoté mon oncle, il me vient de capoter en revanche, et, s'il ne la capote point, c'est qu'il la craint. Il n'a su que lui répondre : j'ai fait auprès de lui le même personnage.

Cet article est ce qu'elle avoit ajouté au haut de sa lettre après le traitement du Cardinal; mais voilà quelle étoit sa principale teneur :

Sire, je suis pénétrée très sensiblement de l'honneur que me fait Sa Majesté. Je voudrois bien que mon

---

ma famille, pour m'en aller en un coing de l'Italie passer le reste de mes jours et prier Dieu que ce remède que j'auray appliqué à votre mal produise la guérison que je souhaite plus que toutes les choses du monde, pouvant dire sans exagération que, sans user des termes de respect et de soumission que je vous dois, il n'y a pas de tendresse comparable à celle que j'ay pour vous, et qu'il me seroit impossible de ne pas mourir de regret si je vous voyois rien faire qui pût noircir votre honneur et exposer votre état et votre personne.» Tel est le ton général des lettres de Mazarin. Sa lettre du 28, très longue et très pressante, fut mal reçue de S. M Le Cardinal, dans une dernière lettre, répond au Roi avec une dignité et une fermeté qu'on ne sauroit trop reconnoître.

1. On vient de voir (note précédente) que Mazarin connoissoit l'aversion de sa nièce pour lui. — Nous n'avons pas à faire de réserves sur l'invraisemblance du langage étrange que prête l'auteur aux deux amants.

état eût quelque rapport au sien: je ne balancerois pas à le couronner du fruit de ses faveurs ; mais il y a tant de disproportion entre Votre Majesté et moi que, quand même ma destinée me voudroit élever au trône que vous remplissez si dignement, je ne pourrois guère me promettre d'y terminer mes jours avec les mêmes agrémens que ceux que je pourrois y goûter en y entrant. Ainsi, Sire, je pense qu'il vous sera plus glorieux de donner un asile à une personne que vous dites aimer, dans un cloître, que de l'exposer dans le monde à mille dangers. Non pas que je le craigne, puisque je n'envisage, à parler sincèrement, que l'intérest de l'auteur de mon être, d'avec lequel je serois très fâchée de me séparer. Voilà, Sire, mes sentimens. Si ceux de Votre Majesté y sont opposés, je ne suis nullement envieuse des honneurs chimériques, lorsqu'il s'agira de les mériter au prix de la perte d'un bien qui est sans fin.

Cette lettre fut reçue du Roi si respectueusement, que la Reine, se trouvant à l'ouverture, ce qui étoit un fait exprès, lui demanda si c'étoit une de ses lettres qu'il venoit de recevoir. Il lui répondit, piqué de ce qu'elle l'avoit surprise, que « l'esprit d'une Mancini n'avoit pas moins de mérite qu'une reine » , et se retira dans son cabinet pour faire la lecture de cette lettre. Mais quelle fut sa surprise quand il eut lu les premières lignes ajoutées! Elle s'augmenta bien plus lorsqu'il s'arrêta à l'article du cloître. « Quoi! disoit-il, ce que j'aime si tendrement, et ce qu'il y a de plus parfait au monde, voudroit se renfermer, et cela parce que je suis roi! Non, elle n'en fera rien , car je la ferai reine , malgré tous ceux qui y trouveront à redire; et, afin que nul n'ignore mes sentimens pour elle, dès ce moment j'en rendrai le public témoin en l'allant voir dans la plus belle heure du jour. » Et, pour n'y pas manquer, il donna ses ordres pour ses équipages, qui furent prêts à quatre heures du soir, dans les plus beaux jours de l'été. Il descendit chez elle que le Cardinal y étoit; mais le grand empressement du Roi pour voir mademoiselle de Mancini ôta la liberté à Son Eminence de sortir sans se trouver sur les pas de Sa Majesté, qui lui dit en le retenant par le bras : « Je suis bien aise de vous voir ici, non que j'y vienne pour vous, n'y ayant que mademoiselle votre nièce qui m'y attire. Je vous conseille, monsieur le Cardinal, si vous voulez que nous vivions ensemble, de ne point désormais troubler mon repos; autrement je répondrai de vous, dussé-je avoir l'Eglise à dos. »

Le Cardinal, qui voyoit bien que le Roi étoit instruit de toutes les conversations qu'il avoit eues avec sa nièce, ne savoit pas quelle posture tenir devant l'un et l'autre. Il prit le prétexte de ne les point gêner pour les laisser en liberté; il les quitta, et, comme le Roi étoit accompagné de quatre seigneurs, ceux-ci voulurent suivre Son Eminence; mais la vertu de mademoiselle de Mancini leur fut un obstacle, ayant demandé au Roi, par grâce, qu'ils restassent avec lui; non qu'elle doutât de ses bontés pour elle ni de sa sagesse, mais elle étoit toujours bien aise d'avoir avec Sa Majesté quelqu'un qui pût justifier sa conduite.

Comme ils furent à même de discourir ensemble, le Roi fut le premier qui porta la parole. « Enfin, dit-il, j'ai toutes les grâces du monde à vous rendre. Votre réponse à ma lettre m'a fait tous les plaisirs imaginables, et je vous avoue que je n'y ai rien trouvé de déplaisant que l'article du cloître, où je vous saurois mauvais gré d'entrer sans ma participation. Si même une communauté vous renfermoit sans que j'y eusse contribué, j'y ferois mettre le feu, s'entend après vous en avoir fait sortir. Ainsi, prenez garde à ce que vous ferez. Je vous aime d'une amitié inviolable, d'une amitié si forte, que je vous déclare devant ces messieurs que je n'aurai de reine que vous. Si le parti vous convient, parlez, l'affaire sera bientôt terminée. — Votre Majesté, reprit-elle, m'honore infiniment de me dire ce qu'elle me dit; mais je ne suis point assez heureuse pour me promettre de devenir l'épouse du plus grand Roi du monde, ni assez malheureuse pour être sa maîtresse. — Quoi! ma reine, dit le Roi en se jetant à son col, vous doutez de la sincérité de mon exposé et de mes sentiments pour vous! J'aime votre esprit et je respecte votre corps, je l'admire, et l'un et l'autre me rend sensible. Je ferai usage des deux sitôt que vous aurez agréé la bénédiction nuptiale de mon grand aumônier. Voyez si vous voulez que nous la recevions ensemble. Il nous faut battre le fer pendant qu'il est chaud. — S'il est chaud aujourd'hui, Sire, repartit-elle, demain il pourra être froid, et de plus j'ai eu l'honneur d'écrire à Votre Majesté qu'il y auroit trop de disproportion entre elle et moi pour devoir croire que je suis digne de l'honneur qu'elle témoigne me vouloir faire. Toutes les têtes couronnées s'opposeroient à une telle union, et les intérêts des Etats de Votre Majesté y persisteroient. Non,

Sire, ce qui vous convient est l'infante d'Espagne, et je crois par avance qu'elle vous est destinée. Comme je vous aime, pour répondre à vos expressions et que vous m'en donnez la liberté, je me voudrois un mal extrême si je devenois la cause de vos disgrâces. N'hésitez point à faire une alliance qui augmentera le fondement de votre couronne et de vos Etats. — Ah! Madame, quel discours me tenez-vous! Se peut-il rien de plus dur que ce que vous me dites! Vous voulez donc ma mort? — Non, reprit-elle, bien au contraire; mais considérez que la Reine votre mère se porte inclinante à faire ce mariage, et que des courriers sont déjà partis pour ce fait; que je tiens cela du bon endroit, et que je ne vous en impose point. — Comment! dit le Roi en colère, on me marieroit sans moi! Il me semble que cela ne se peut, s'il est vrai qu'il me faille dire *oui* moi-même, que je ne prononcerai que pour vous. — Je ferois quelque fonds sur ce que me dit Votre Majesté si elle étoit dans un âge plus avancé, ou qu'elle connût mieux son état; mais elle est jeune, et si jeune que ceux qui l'environnent pensent à lui procurer des plaisirs innocens lorsqu'ils travaillent à faire leurs intérêts et à les augmenter directement, sans considérer que les vôtres en souffrent. Oui, Sire, vous êtes si peu instruit de votre grandeur, de votre pouvoir et de votre autorité, que vous ignorez ce qui se fait à votre nom. On se contente de vous promener, de vous donner des fêtes, et on cache à vos yeux ce que je voudrois que vous sussiez. — Il me semble qu'on me dit tout, reprit le Roi. — Qu'est-ce qu'on vous dit? reprit mademoiselle de Mancini;

il faut croire qu'on ne vous dit rien, lorsqu'on vous a tu le mariage que je viens de vous apprendre, pour lequel la Reine a tenu conseil il y a trois jours. — Mais comment sçavez-vous cette nouvelle ? lui demanda le Roi tout outré. — J'ai une personne dans le conseil, dit-elle, qui me rend compte de tout ce qui s'y passe, en vertu de ce que je le protége auprès de mon oncle, qui, comme bien vous ignorez encore peut-être, dispose de la Reine votre mère et de ses volontés[1] : de sorte que le Cardinal, qui remplit les postes les plus éminens qui sont dans vos Etats de toutes ses créatures, fait dans tous vos conseils ce que bon lui semble ; et, comme il est de son intérêt de se ménager auprès de la Reine, il lui fait sa cour en donnant les mains à ce que Votre Majesté épouse l'infante d'Espagne, que vous aurez par procureur. »

Comme elle en étoit là, le Cardinal entra, qui les étonna fort tous deux. La compagnie du Roi, qui s'étoit beaucoup éloignée d'eux, s'en approcha, et tous ensemble s'entretinrent d'affaires indifférentes. Mademoiselle de Mancini eût bien souhaité s'entretenir avec son oncle et devant la compagnie de l'honneur que lui vouloit faire le Roi de l'épouser ; mais elle disoit en elle-même,

---

1. Voy. les *Mém. de Mme de La Fayette*, collect. Petitot, t. 64, p. 383 : « Le Roi étoit entièrement abandonné à sa passion, et l'opposition qu'il (le Cardinal) fit paroître ne servit qu'à aigrir contre lui l'esprit de sa nièce et à la porter à lui rendre toutes sortes de mauvais services. Elle n'en rendit pas moins à la Reine dans l'esprit du Roi, soit en lui décriant sa conduite pendant la régence, ou en lui apprenant tout ce que la médisance avoit inventé contre elle. »

comme il paroît par ses Mémoires[1], que, si le roi l'aimoit véritablement, Sa Majesté devoit elle-même l'en instruire. Le Cardinal, qui les observoit en tout, remarquoit bien leur amour et leur embarras. Le duc de Saint-Aignan[2], qui étoit un peu peste et malin, saisit le trouble où étoient ces deux amoureux pour le leur augmenter, et entreprit de faire jaser Son Eminence, qui, de son côté, ne demandoit pas mieux que d'en apprendre le sujet. En adressant la parole à toute la compagnie, il dit finement : « J'eusse cru qu'un prince de l'Eglise, sous-vicaire de Jésus-Christ, paroissant en quelque endroit, loin d'y apporter le trouble, y mettroit la paix ; mais je vois que je me suis trompé. »

Le Roi et mademoiselle de Mancini, qui rougirent à ce discours, interdirent Son Eminence ; mais, comme elle fut revenue à elle, elle dit au Duc : « Vous nous connoissez mal ; nous faisons nos devoirs dans l'Eglise quand le cas le requiert ; nous ne sortons point de notre sphère dans nos fonctions, puisqu'il est vrai que dans mon particulier j'en soutiens le fils aîné[3]. Bien loin de

---

1. Les *Mémoires de Marie de Mancini* n'ont paru qu'en 1676, à Cologne, sous ce titre, en désaccord avec le sujet : Mémoires de M. M. Colonne, grand connétable de Naples. Deux ans plus tard, parut à Leyde (1678) une *Apologie, ou les véritables Mémoires de madame Marie de Mancini, connétable de Colonne, écrits par elle-même.* Voy., sur l'autorité que peuvent présenter ces ouvrages, Amédée Renée, *Les Nièces de Mazarin*, p. 286 (Note).

2. La terre de Saint-Aignan ne fut érigée en duché que par lettres de 1661, par conséquent trois ans après les événements de cette histoire.

3. Le roi de France, fils aîné de l'Eglise.

traverser deux cœurs qui s'aiment, continua-t-il en regardant le Roi et sa nièce, je ferai de mon mieux pour satisfaire l'un et l'autre. »

Mademoiselle de Mancini, qui étoit bien aise de cette occasion pour parler et faire connoître au Roi qu'elle avoit tout lieu de craindre son mariage avec l'Infante, dit au Cardinal : « Vous êtes Italien, vous nous faites bonne mine et mauvais jeu. » Le Roi, qui ne vouloit pas rester en chemin, prit la parole pour dire qu'il ne croyoit pas que monsieur le Cardinal le voulût tromper. Elle, voyant qu'il ne disoit pas cela d'un ton assuré, dit : « Si Votre Majesté m'a parlé sincèrement de son amour, comme je le crois, elle ne doit point douter que mon oncle travaille à la marier avec l'Infante ; et puisque, autorisée (regardant le roi) de vos bontés, je dois faire la guerre à mon oncle sur son peu de sentiment pour moi, et comme nous sommes à même de parler ouvertement, je veux qu'il nous instruise de tout ce qui se passe à mon préjudice.—Je l'entends de même, Mademoiselle, répartit le Roi, et je veux comme vous, puisque nous y sommes, que monsieur le Cardinal sçache que je vous aime si bien qu'à cette heure, et devant lui et ma cour ci-présente, je vous engage ma foi. Et vous, monsieur le Cardinal, ne vous opposez point à mon plaisir non plus qu'à mes volontés ; et, s'il est vrai que votre sentiment est que j'épouse l'Infante d'Espagne, le mien est de n'en rien faire. Ainsi, arrangez-vous avec la Reine ma mère comme vous le jugerez à propos pour rompre ce que vous avez commencé, et pour me mettre en état d'épouser mademoiselle de Mancini avant un mois.

C'est ma volonté. — Voilà ce qui s'appelle parler en roi! » répondit la fortunée de peu de jours, comme on le verra par la suite.

Le Cardinal fit quelques objections, mais qui ne firent aucun effet pour lors. Le Roi sortit avec sa cour, satisfait d'avoir vu mademoiselle de Mancini et de ce qu'il avoit fait pour elle. Le Cardinal ne resta pas long-temps après Sa Majesté, car il ne l'eut pas perdu de vue qu'il vola chez la Reine, à laquelle il apprit tout ce qu'il avoit entendu, et, de concert avec elle, ils convinrent qu'il falloit donner au Roi l'espoir d'épouser mademoiselle de Mancini, afin que, durant le temps de leurs amours, ils pussent sans aucun empêchement faire le mariage de l'Infante, dont on avoit déjà reçu des nouvelles de la cour d'Espagne...

Comme ils en étoient là, le Roi, qui de jour à autre sentoit que sa tendresse s'augmentoit pour l'aimable Italienne, ne pouvoit s'entretenir qu'avec elle, et, étant retenu par une indisposition légère dont on le menaçoit de suites fâcheuses s'il sortoit, il lui écrivit par le même duc de Saint-Aignan qu'il étoit dans le dernier des chagrins de ce que sa situation l'empêchoit de la voir; que si la sienne lui permettoit de lui en donner la satisfaction au Louvre, qu'il y seroit sensible, et que ce seroit le seul moyen de lui donner la santé. Comme le duc de Saint-Aignan craignoit que la confidence du Roi ne fût préjudiciable à ses intérêts, il alla trouver la Reine et lui communiqua la lettre, qu'elle ouvrit et où elle lut ces termes :

LETTRE DU ROI A MADEMOISELLE DE MANCINI.

Je suis malade, Mademoiselle : c'est la cause qui m'empêche de voler jusqu'à vous. Vos ailes, que je ne crois point arrêtées, devroient bien suppléer au défaut des miennes, s'il est vrai que vous m'aimez. Mais il vous semblera par ce doute qu'effectivement je doute de la faveur que vous me faites. Je suis sensible, mais ma sensibilité sera plus grande quand vous couronnerez mes sentimens de votre présence, jusqu'à ce que le jour heureux que j'attends avec impatience m'en rende le dépositaire. Mais d'ici là, il y a du temps, puisqu'une heure est un siècle pour un amant comme moi, qui ne peux vivre absent de vous. Je vous attends donc pour le rétablissement de ma santé, qui, je crois, ne me viendra que quand vous serez auprès de moi. Le duc de Saint-Aignan vous dira le reste.

La Reine fut au désespoir de la teneur de cette lettre. Elle eût bien voulu la retenir ; mais, comme le Roi avançoit en âge et que son crédit s'augmentoit de plus en plus, elle craignit, en la retenant, faire des effets contraires au rétablissement d'une santé qui intéressoit non seulement la France, mais encore toutes les têtes couronnées, d'entre lesquelles elle considéroit celle d'Espagne, attendu le mariage qu'elle projetoit faire avec l'Infante et le Roi, sachant que l'alliance eût produit la paix générale et donné à Sa Majesté une princesse d'une vertu exemplaire, et dont la beauté n'étoit pas à mépriser, parmi d'autres avantages. Elle considéroit que ce mariage seroit si avantageux au Roi qu'elle espéroit qu'un jour les Espagnols pourroient bien être sous sa domination, ce qu'ils craignoient fort. De sorte que la lettre fut à la demoiselle de Mancini, et elle produisit l'effet qu'en avoit attendu le Roi. Comme ils furent ensemble, on remarqua que Sa Majesté prit tant de plaisir à la voir que, malade qu'il étoit, il parut avec une santé parfaite, ce qui fut bientôt répandu dans le public. Chacun en fut dans une joie extrême, et la Reine, entre autres, à qui on fut tout dire, vint en faire au Roi son compliment, et ensuite se tourna du côté de mademoiselle de Mancini, à qui elle dit : « Vous faites plus, Mademoiselle, que tous les médecins de France. » Le Roi, qui comprit bien ce que vouloit dire sa mère, lui répondit sur-le-champ : « Mademoiselle a raison de travailler de même pour moi, parce qu'elle y a plus d'intérêt que qui que ce soit, la regardant comme une personne qui doit être ma compagne ; et vous devez, Madame, vous attendre à la voir mon épouse, chose qui sera bientôt. »

La Reine se retira piquée, et mademoiselle de Mancini, qui n'avoit osé rien dire et qui s'étoit contentée de faire des révérences sur tout ce qu'elle avoit dit, fut bien aise, étant chez elle, de s'entretenir de tout ce qu'elle avoit ouï avec le Cardinal, qu'elle fit venir ; et, comme ils furent ensemble, elle lui rapporta tout fidèlement. Le Cardinal eût bien voulu, par ostentation, faire plaisir à sa nièce[1] ; mais il trouvoit tant de diffi-

---

1. Nous ne saurions trop répéter, et nous ne nous lasserons point de le faire, pour combattre un préjugé trop répandu, que Mazarin a fait preuve, dans toute cette affaire,

cultés pour l'accomplissement de ce mariage qu'il résolut de rompre pour toujours un commerce dont il craignoit que les suites ne fussent pas heureuses : de sorte qu'il ménagea un prince étranger [1] pour le fait duquel la connoissance

comme dans toute sa conduite auprès du roi, du plus parfait désintéressement. Toutes ses lettres prouvent non seulement qu'il s'est toujours opposé à un mariage qui auroit empêché l'union de la France et de l'Espagne, mais aussi qu'il cherchoit à former le jeune Roi aux affaires, loin de l'en éloigner, comme on l'a tant dit ; on trouvera dans sa correspondance plusieurs passages comme ceux qui suivent. Le 22 août, il dit à la Reine : « Vous verrez ce que j'escris à M. Le Tellier sur ce sujet, et surtout ce qui se passe icy, prenant la peine de lui escrire jusques à la moindre chose en destail, affin que le Confident (le Roi) en soit informé et s'instruise comme il faut, et luy mesme mette la main à ses affaires; c'est pourquoi il seroit bon qu'il fît lire plus d'une fois mes depesches, et qu'il se fît expliquer certaines choses que peut-estre il n'entendra pas bien. » Le 26 août 1659 il lui dit encore : « Je suis ravy de ce que vous me mandés de l'application du Confident aux affaires ; car je ne souhaite rien au monde avec plus de passion que de le voir capable de gouverner ce grand royaume. » Au Roi lui-même il disoit (lettre du 16 juil. 1659) : « Je vous avoue que je ressens une peine extreme d'apprendre, par tous les avis qui se reçoivent generalement de tous costez, de quelle manière on parle de vous dans un temps que vous m'avez fait l'honneur de me déclarer que vous étiez résolu d'avoir une extrême application aux affaires, et de mettre tout en œuvre pour devenir en toutes choses le plus grand roy de la terre. » Dans une lettre du 23 juillet, il fait au roi le même reproche, avec la même sévérité Comment donc croire que le Cardinal ait tenu le Roi loin des affaires ? Il est certain d'ailleurs que plus il les eût connues, plus il eût approuvé la politique de son ministre.

1. Le connétable Colonna. (*Note du manuscrit.*) — Voy. le *Dictionnaire des Precieuses*, 2e vol., au mot MANCINI. — La cérémonie des fiançailles avoit eu lieu le 9 avril 1661 et le mariage s'étoit célébré le 11, par procureur, dans la chapelle de la Reine. (*Gaz. de France.*)

lui avoit été donnée par un Italien de ses amis, lequel, s'étant chargé du dénoûment de la scène au préjudice de celle que le Roi méditoit promptement de faire, écrivit au prince que, la nièce du Cardinal étant un parti qui lui convenoit, il se croyoit obligé, comme il étoit son ami, de lui mander qu'il ne feroit pas mal d'y songer; que, s'il pouvoit en cela quelque chose pour lui, il pouvoit disposer de lui en toute sûreté; qu'il le serviroit auprès du Cardinal d'une façon qu'il auroit tout lieu de se louer de sa négociation. Cette lettre produisit si bien son effet que, trois semaines après, le prince envoya demander mademoiselle de Mancini, que le Cardinal accorda sur-le-champ. Comme la Reine et lui avoient pris leurs mesures pour n'être point contrariés dans une si grande affaire, les ordres furent donnés pour son départ sans qu'elle sçût rien, et, le jour funeste de la séparation étant venu, le Roi, qui avoit été absent quelques jours, à qui on avoit tout caché, vint comme par un fait exprès et se trouva lorsqu'elle montoit en carrosse, qui, jugeant bien son éloignement, auquel il n'auroit pu remédier, pleura amèrement. Ses pleurs, qui l'instruisirent du malheur qui la suivoit, firent qu'elle lui dit, aussi fâchée que lui l'étoit : « Je pars, vous pleurez, et vous êtes roi [1] ! » Et, se

[1]. Il semble qu'il soit ici question du départ pour l'Italie de Marie de Mancini. C'est une erreur. Les célèbres paroles rapportées ici, ou des paroles équivalentes, n'ont pu être prononcées qu'au moment où le roi envoya ses nièces Hortense, Marianne et Marie, à Brouage, sous la surveillance de madame de Venelle, pour faire oublier Marie au roi, quand les négociations avec l'Espagne furent entamées. (Cf. Ed. Fournier, l'Esprit dans l'hist., Paris, Dentu, 1857, p. 167-171.)

tournant du côté du cocher : « Fouette tes chevaux et me mène grand train, ne me convenant pas de rester sous la domination d'un prince qui ne connoît pas son autorité. »

Tous ceux qui furent témoins de son départ furent tout à fait pénétrés de son tour d'esprit et du peu de fermeté du Roi sur le compte d'une personne qui en avoit tant et qu'on eût aimée pour sa vivacité.

Ainsi se passèrent les amours du Roi et de mademoiselle de Mancini. Sa Majesté en fut bientôt consolée par son mariage avec l'Infante d'Espagne et quelques autres inclinations qu'il fit ensuite, que je rapporte fidèlement dans l'*Histoire ou les plaisirs du Palais-Royal*[1]. Le Cardinal fut loué de sa conduite, et la Reine se sçut grand gré d'avoir eu le secret de tout rompre. Le duc de Saint-Aignan fut le seul qui se ressentit des effets heureux des amours de Louis XIV, qui tantôt donnoit un bénéfice à l'un des siens, et la Reine à lui-même, et des pensions qui n'ont pas peu contribué à l'enrichissement de sa maison, n'ayant jamais découvert son infidélité dans ses confidences sur le compte de mademoiselle de Mancini, qui n'avoit point eu d'occasion de la faire remarquer, non plus que celle de sa confidente, qui est toujours restée à son service.

---

1. Il est impossible que l'auteur de ce lourd et pénible récit ait écrit l'histoire qui suit, et qui vient certainement d'une plume plus exercée. — Pour compléter les quelques notes que nous avons données, nous renvoyons le lecteur à un livre spécial : *Les Nièces de Mazarin*, de M. Amédée Renée.

LE PALAIS-ROYAL

OU

LES AMOURS DE Mme DE LA VALLIÈRE

LE PALAIS-ROYAL [1]

OU

LES AMOURS DE Mme DE LA VALLIÈRE

Laissons un peu les intrigues des particuliers, pour nous entretenir de plus relevées et de plus éclatantes; voyons donc le Roi dans son lit d'amour avec aussi peu de timidité que dans celui de justice, et n'oublions rien, s'il se peut, de toutes les dé-

---

1. L'histoire de ce libelle est longuement rapportée dans les Mémoires de Daniel de Cosnac. Voy. notre Introduction.

2. La famille de La Baume Le Blanc tire son origine du Bourbonnois, où l'on trouve son nom dès l'an 1301. Au 16e siècle, le chef de la race s'établit en Touraine, où il se maria en 1536 et acheta la terre de La Vallière. Son arrière petit-fils, Laurent de La Baume Le Blanc, chevalier, seigneur de La Vallière, etc., fut lieutenant pour le Roi au gouvernement d'Amboise et lieutenant de la mestre de camp de la cavalerie légère de France. Né en 1611, il se distingua aux batailles de Rocroy et de Sedan et dans son gouvernement; en 1650, sa terre de La Vallière fut érigée en châtellenie. Il avoit épousé, en 1640, Françoise Le Prévost, fille d'un

marches qu'il a faites, ni des soins du duc de Saint-Aignan[1], que nous appellerons désormais duc de Mercure, comme celui qui par ses peines a accouplé nos dieux, malgré la jalousie de nos déesses.

Commençons par le fidèle portrait du Roi[2]. Il est grand, les épaules un peu larges, la jambe belle, danse bien, fort adroit à tous les exercices du corps; il a assez l'air et le port d'un monarque, les cheveux presque noirs, marqué de petite vérole, les yeux brillans et doux, la bouche rouge, et avec tout cela il n'est assurément pas beau. Il a extrêmement de l'esprit, son geste est admirable avec ce qu'il aime, et l'on diroit qu'il réserve le feu de son esprit, comme celui de son corps, pour cela. Ce qui aide à persuader qu'il en a infiniment, c'est qu'il n'a jamais donné son attache qu'à des personnes de ce caractère. Il a

---

écuyer de la grande écurie, veuve de P. Bénard, seigneur de Rezay, conseiller au Parlement; elle lui apportoit deux mille livres de revenu.

De ce mariage: 1º Jean François de La Baume Le Blanc, marquis de La Vallière, né le 4 janvier 1642;

2º Jean Michel Emard de La Baume Le Blanc, né le 19 août 1643;

3º Françoise Louise de La Baume Le Blanc, dame des baronnies de Châteaux, en Anjou, et de Saint-Christophe, en Touraine, née le samedi 6 août 1644 et baptisée à Saint-Saturnin de Tours. Elle fut nommée en 1662 fille d'honneur de MADAME, duchesse d'Orléans, à qui l'avoit donnée madame de Choisy. Elle avoit été élevée avec la sœur de Mademoiselle, et celle-ci la menoit souvent à la cour, « quoiqu'elle aimât beaucoup mieux demeurer chez elle ». (*Mém. de Mad.*, édit. de Maestricht, t. 5, p. 172.)

1. Voy. ci-dessus, p. 8.
2. Voy. ci-dessus, p. 4.

avoué que rien dans la vie ne le touche si sensiblement que les plaisirs que l'amour donne, et c'est là son penchant. Il est un peu dur, beaucoup avare, l'humeur dédaigneuse et méprisante, avec les hommes assez de vanité, un peu d'envie et pas commode s'il n'étoit roi, mais beaucoup de courage, infatigable, variable, plein d'honneur, gardant sa parole avec une fidélité extrême, reconnoissant, plein de probité, estimant ceux qui en ont, haïssant ceux qui en manquent, ferme à tout ce qu'il a entrepris. Quoique j'aie dit que son foible étoit pour les femmes, il n'en a jamais aimé grand nombre. Sa première amourette fut la princesse de Savoie [1]. Le cardinal Mazarin avoit engagé la duchesse de Savoie à venir à Lyon avec les princesses ses filles, sous prétexte de faire épouser l'aînée au roi. Elle s'appeloit Marguerite. L'artifice réussit [2]. A peine la cour d'Espagne en fut avertie qu'elle dépêcha Pimentel à Lyon, où le Roi s'étoit rendu avec toute la cour. Il lui offrit l'infante Marie-Victoire [3] d'Autriche, que le Roi épousa. On renvoya la du-

---

1. Voy., dans les Mémoires de Mademoiselle (édit. Maestricht, 1776, t. 4, p. 241 et suiv.), le récit du voyage de Lyon que fit le roi pour voir Marguerite de Savoie, petite-fille de Henri IV par sa mère Christine de France, l'arrivée de Pimentel, envoyé d'Espagne, la rupture du mariage projeté; mademoiselle de Montpensier confirme longuement ce passage de notre auteur.
2. C'est que Mazarin n'avoit eu d'autre but que d'amener la cour d'Espagne à se décider.
3. C'est Marie Thérèse d'Autriche, fille de Philippe IV et d'Elisabeth de France. Comme Marguerite de Savoie, Marie Thérèse étoit, par sa mère, petite fille de Henri IV. Elle étoit née, comme Louis XIV, en 1638.

chesse fort mécontente. Le Roi n'avoit pas laissé de concevoir de l'amour pour sa fille ; mais il fallut que cette inclination naissante cédât à la politique. Au reste, la princesse n'étoit pas belle [1].

Elle n'avoit pas été sa première inclination : il avoit vu aux Tuileries Elisabeth de Tarneau [2], fille d'un avocat au Parlement, et d'une grande beauté. Il fit diverses tentatives pour l'engager à répondre à son amour. Comme elle se piquoit de sagesse, elle refusa même une entrevue, pour ne pas mettre sa vertu en danger.

Une troisième fut moins fière, et elle remplit quelque temps le poste que l'autre avoit refusé. Elle se nommoit de la Mothe-Argencour [3],

---

1. « Quand on sut Madame Royale proche, on le vint dire au Roi. Il monta à cheval et s'en alla au devant d'elle... Le Roi revint au galop, mit pied à terre et s'approcha du carrosse de la Reine avec une mine la plus gaye et la plus satisfaite. La Reine lui dit : « Eh bien ! mon fils ? » Il répondit : « Elle est bien plus petite (la princesse Marguerite) que madame la maréchale de Villeroy. Elle a la taille la plus aisée du monde ; elle a le teint... » Il hésita... Il ne pouvoit trouver le mot ; il dit olivâtre, et ajouta : « Cela lui sied bien. Elle a de beaux yeux, elle me plaît, et je la trouve à ma fantaisie. » — Mademoiselle ajoute en son nom : « La princesse Marguerite, quand elle marche, paroît avoir les hanches grosses pour sa taille ; cela paroît moins par devant que par derrière, quoique cela soit fort disproportionné » D'ailleurs elle appartenoit à une famille de bossus. La pièce du *Gobbin*, par Saint-Amant, avoit été faite contre le duc de Savoie. — Madame de Motteville confirme de tous points le récit de Mademoiselle.

2. Nous connoissons un avocat de ce nom, mais qui plaidoit au grand Conseil. Il étoit protestant, et on voit son nom mêlé dans une affaire assez délicate, où étoient mis en cause le pasteur Alex. Morus et l'écrivain Samuel Chappuzeau. (Mss. de Conrart.)

3. Sur mademoiselle d'Argencourt, voy. Mém. de madame

fille d'honneur de la Reine-Mère. Entre autres qualités attrayantes (car elle étoit fort jolie), elle possédoit celle de danser parfaitement. Ce fut dans cet exercice que le Roi en devint amoureux. Il ne put si bien cacher son commerce que le Cardinal n'en fût averti. Il suscita un chagrin à la demoiselle, qui prit aussitôt le parti du couvent.

Le Roi chercha à s'en consoler dans les bras d'une autre maîtresse [1]. Il choisit mademoiselle de Mancini [2], laide, grosse, petite, et l'air d'une cabaretière, mais de l'esprit comme un ange, ce qui faisoit qu'en l'entendant on oublioit qu'elle étoit laide, et l'on s'y plaisoit volontiers. Comme elle aimoit le Roi, ils passoient, dit-on, de bon-

---

de Motteville, Loret, etc. Quand mademoiselle de La Porte épousa le chevalier Garnier, elle lui succéda dans la charge de fille d'honneur de la Reine Mère. Cette amourette est de 1657. « Elle n'avoit ni une éclatante beauté, ni un esprit fort extraordinaire ; mais toute sa personne étoit aimable. Sa peau n'étoit ni fort délicate, ni fort blanche ; mais ses yeux bleus et ses cheveux blonds, avec la noirceur de ses sourcils et le brun de son teint, faisoient un mélange de douceur et de vivacité si agréable qu'il étoit difficile de se défendre de ses charmes. (Mad. de Motteville, collect. Petitot, t. 39, p. 401.) Voy., pour la suite de cette intrigue, madame de Motteville, *ibid.*, et p. suiv.

1. Ces mots, fort compromettants pour la vertu de mademoiselle d'Argencourt et de Marie de Mancini, sont peu d'accord avec les Mémoires du temps, qui n'ont vu dans ces liaisons du Roi que des passions toutes platoniques. C'est entre ces deux amours que l'on place l'aventure de Louis XIV et de madame de Beauvais, Cateau la Borgnesse, comme l'appelle Saint-Simon.

2. Voy. ci-dessus, p. 3.

nes heures, et souvent madame de Venelle [1] les surprenoit comme ils s'apprêtoient à goûter de grands plaisirs; mais il faut dire la vérité, que leurs joies n'ont été qu'imparfaites. Le Roi l'auroit épousée sans les oppositions du Cardinal [2], soufflé par la Reine, qui lui fit promettre, un jour qu'il souhaita d'elle des marques de son amour, qu'il empêcheroit la chose. « Ce que je vous demande, lui disoit-elle, n'est pas une si grande preuve de votre passion que vous pensez; car enfin, si le Roi épouse votre nièce, assurément il la répudiera et vous exilera, et je vous jure que cette dernière chose m'inquiète plus que le mariage, quoique je voie absolument mes desseins ruinés pour la paix si le Roi n'épouse la fille du Roi d'Espagne. » Le Cardinal donna dans le panneau, promit tout à la Reine pour avoir tout: tant il est vrai que chair d'autrui ne nous est rien! Cette fois il ne fut pas Italien [3], car le Roi a aujourd'hui marqué une aversion invincible pour les démariages, et il le déclare si souvent qu'il donne bien lieu de croire qu'il ne se seroit pas voulu servir de cet infâme usage. Le Car-

---

1. Gouvernante des nièces de Mazarin. Pendant qu'il étoit à Saint-Jean-de-Luz, pour le mariage du roi, Mazarin écrivoit à la reine (29 juillet 1659) : « Madame de Venel fait tout ce qu'elle peut, mais la déférence qu'on a pour elle est fort médiocre. » (*Négociations de la paix des Pyrénées.*)

2. Voy. ci-dessus, p. 10. Cf. Mém. de Brienne, Choisy, Motteville, La Fayette, Montglat, etc.

3. *Var.* La copie conservée dans les ms. de Conrart (in-fol. XVII) porte cette variante précieuse :

« Car le Roi a toujours paru avoir une trop grande aversion pour ce mariage pour l'avoir voulu faire, et il s'en est expliqué souvent. »

dinal[1] maria enfin sa nièce au duc de Colonna[2]. Notre prince pleura, cria, se jeta à ses pieds et l'appela son papa; mais enfin il étoit destiné que les deux amans se sépareroient. Cette amante désolée, étant pressée de partir et montant pour cet effet en carrosse, dit fort spirituellement à son amant, qu'elle voyoit plus mort que vif par l'excès de sa douleur : « Vous pleurez, vous êtes roi, et cependant je suis malheureuse, et je pars effectivement. » Le Roi faillit à mourir de chagrin de cette séparation; mais il étoit jeune, et à la fin il s'en consola, selon les apparences. Il ne se consoleroit pas aujourd'hui si facilement. Il est vrai qu'il aime plus que jamais on n'a aimé : c'est mademoiselle de La Vallière, fille de la maison de Madame. [Quoiqu'elle ne soit pas selon l'ordre de Melchisédech, vous me dispenserez de raconter sa généalogie, n'y ayant rien de si illustre que sa personne. Je dirai seulement en passant que le duc de Montbazon avoit promis au père de cette fille de lui faire donner sa noblesse[3]; mais il mourut avant que monsieur de

---

1. Voy. ci-dessus.
2. *Var.*: Ms. de Conrart :
« Le roy pleura, cria, se jetta aux pieds du cardinal, l'appelant son père; mais enfin il estoit destiné que ces deux cœurs ne s'espouseroient pas. Mademoiselle de Mancini, voyant son amant plus mort que vif, elle ne se sentant pas mieux, luy dit fort spirituellement, montant en carrosse pour partir : « Vous m'aimez, Sire, vous pleurez, vous vous desesperez, « vous estes le roy, et cependant je pars! »
3. Voy. la note, p. 1. Quant aux relations possibles du père de mademoiselle de La Vallière et du duc de Montbazon, elles s'expliquent par le séjour que faisoit le duc en Touraine, à sa maison de Cousières, où il mourut en 1654, à l'âge de 86 ans. Bayle (art. de *Marie* TOUCHET) dit à ce su-

Montbazon eût exécuté sa parole. Sa veuve épousa monsieur de Saint-Remy. Enfin tout ce qu'on en peut dire, c'est que La Vallière, qui n'étoit pas demoiselle il y a cinq ans, est présentement noble comme le Roi [1].]

Il faut un peu dire comment est faite une personne qui a si fortement pris le cœur d'un Roi fier et superbe [2]. Elle est d'une taille médiocre, fort menue; elle ne marche pas de bon air, à cause qu'elle boîte; elle est blonde et blanche, marquée de petite vérole, les yeux bruns; les regards en sont languissans, et quelquefois aussi sont-ils pleins de feu, de joie et d'esprit; la bouche grande, assez vermeille, les dents pas belles, point de gorge, les bras plats, qui font assez mal juger du reste de son corps. Son esprit est brillant, beaucoup de vivacité et de feu. Elle pousse les choses plaisamment; elle a beaucoup de solidité, et même du sçavoir, sçachant presque toutes les histoires du monde : aussi a-t-elle le temps de les lire; elle a le cœur grand, ferme et généreux, désintéressé, ten-

---

jet : « L'historien des Amours du Palais-Royal n'a-t-il pas dégradé la noblesse de mademoiselle de La Vallière, pour n'en faire qu'une petite bourgeoise de Tours? Cependant elle étoit d'une famille alliée à celle de Beauvau le Rivau, l'une des plus nobles de la province. »

1. Ce passage manque dans la copie de Conrart.
2. MADEMOISELLE, dans ses Mémoires, dit : « Elle étoit bien jolie, fort aimable de sa figure. Quoiqu'elle fût un peu boiteuse, elle dansoit bien, étoit de fort bonne grâce à cheval; l'habit lui en seyoit fort bien. Les juste-au-corps lui cachoient la gorge, qu'elle avoit fort maigre, et les cravates la faisoient paraître plus grasse. Elle faisoit des mines fort spirituelles, et les connoisseurs disent qu'elle avoit peu d'esprit. » (Ed. de Maestricht, VI, 351, 352.)

dre et pitoyable, et sans doute qui veut que son corps aime quelque chose ; elle est sincère et fidèle, éloignée de toute coquetterie, et plus capable que personne du monde d'un grand engagement ; elle aime ses amis avec une ardeur inconcevable, et il est certain qu'elle aima le Roi par inclination plus d'un an avant qu'il la connût, et qu'elle disoit souvent à une amie qu'elle voudroit qu'il ne fût pas d'un rang si élevé. Chacun sçait que la plaisanterie que l'on en fit donna la curiosité au Roi de la connoître [1], et, comme il est naturel à un cœur généreux d'aimer ceux qui l'aiment, le Roi l'aima dès lors. Ce n'est pas que sa personne lui plût, car, comme s'il n'eût eu que de la reconnoissance, il dit au comte de Guiche [2] qu'il la vouloit marier à un marquis [3] qu'il

---

1. Pour les détails sur ce commencement des amours du roi pour mademoiselle de la Vallière, voy. plus loin : *Histoire de l'amour feinte du roi pour Madame.*

2. Armand de Grammont et de Toulongeon, comte de Guiche, fils du maréchal de Grammont et de Françoise Marguerite du Plessis-Chivray, né la même année que le roi, en 1638, marié en 1658 à Marguerite Louise Suzanne de Béthune, dont il n'eut pas d'enfants, mort le 29 novembre 1673, colonel du régiment des gardes et ami particulier du roi. Ses amours avec *Madame* sont ici longuement rappelés.

3. Ne seroit-ce point Antonin Nompar de Caumont, marquis de Puyguilhem, depuis duc de Lauzun ? Quand madame de Sévigné annonça à M. de Coulanges cette nouvelle étonnante, surprenante, merveilleuse, miraculeuse, et le reste, elle lui dit que M. de Lauzun épousoit... « devinez qui ? » Madame de Coulanges dit : « Voilà qui est bien difficile à deviner : c'est madame de La Vallière. » — La lettre est de 1670. Mais nous voyons ici que le bruit dont madame de Sévigné se faisoit l'écho étoit antérieur. Mademoiselle de Montpensier, pour le combattre, il est vrai, le répète aussi : « On dit même qu'elle s'étoit mis en tête d'épouser M. de Lauzun. Je crois que ce sont ses ennemis qui firent courir ce bruit. Il a le cœur trop

lui nomma et qui étoit des amis du comte, ce qui lui fit repartir au Roi que son ami aimoit les belles femmes. « Eh bon Dieu ! dit le Roi, il est vrai qu'elle n'est pas belle ; mais je lui ferai assez de bien pour la faire souhaiter. » Trois jours après, le Roi fut chez Madame[1], qui étoit malade, et s'arrêta dans l'antichambre avec La Vallière, à laquelle il parla long-temps. Le Roi fut si charmé de son esprit, que dès ce moment sa reconnoissance devint amour. Il ne fut qu'un moment avec Madame. Il y retourna le jour suivant et un mois de suite, ce qui fit dire à tout le monde qu'il étoit amoureux de Madame, et l'obligea même de le croire ; mais, comme le Roi chercha l'occasion de découvrir son amour parcequ'il en étoit fort pressé, il la trouva. Il lui auroit été bien facile s'il n'eût considéré que sa

---

bien fait pour vouloir jamais épouser la maîtresse d'un autre, même du roi. » Deux pages plus haut, perçoit un sentiment qui pourroit bien s'expliquer par un peu de jalousie : « Madame de La Vallière, dit Mademoiselle, n'a jamais été autant de mes amies que madame de Montespan. » Il n'avoit jamais couru de bruits d'une galanterie entre madame de Montespain et Lauzun. (Mém. de Mademoiselle, édit. de Maestricht, 1776, VI, 353 et 355.) C'est là d'ailleurs une simple conjecture, que nous donnons sous toutes réserves.

1. « Madame revint malade de Fontainebleau ; elle étoit grosse ; elle fut obligée de garder le lit ou la chambre tout l'hiver... Le roi lui alloit rendre des visites très régulières ; elles avoient été assez empressées pour laisser tout le monde en doute, pendant que la cour demeura à Fontainebleau, s'il étoit amoureux d'elle dans le temps que le comte de Guiche faisoit semblant de l'être de La Vallière. L'on ne fut pas long-temps à connoître que le roi l'étoit de celle-ci et que l'autre étoit passionné pour Madame. C'étoit une affaire que l'on se disoit tout bas et que l'on connoissoit visiblement. » (Mém. de Madem., éd. citée, V, 206.)

qualité de Roi, mais il regardoit bien autrement celle d'amant. En effet, il parut si timide qu'il toucha plus que jamais un cœur qu'il avoit déjà assez blessé. Ce fut à Versailles, dans le parc, qu'il se plaignit que depuis dix ou douze jours sa santé n'étoit pas bonne. Mademoiselle de La Vallière parut affligée, et le lui témoigna avec beaucoup de tendresse. « Hélas ! que vous êtes bonne, Mademoiselle, lui dit-il, de vous intéresser à la santé d'un misérable prince qui n'a pas mérité une seule de vos plaintes, s'il n'étoit à vous autant qu'il est. Oui, Mademoiselle, continua-t-il avec un trouble qui charma la belle, vous êtes maîtresse absolue de ma vie, de ma mort et de mon repos, et vous pouvez tout pour ma fortune. » La Vallière rougit et fut si interdite qu'elle en demeura muette. Elle voyoit un grand Roi qu'elle aimoit à ses genoux, tout passionné : peut-on pas s'embarrasser à moins ? « A quoi attribuerai-je ce silence, Mademoiselle ? reprit-il. Ah ! c'est un effet de votre insensibilité et de mon malheur ; vous n'êtes pas si tendre que vous paroissez, et, si cela est, que je suis à plaindre vous adorant au point que je fais ! — Moi ! Sire, répliqua-t-elle avec assez de force, je ne suis point insensible à ce que vous ressentez pour moi, je vous en tiendrai compte dans mon cœur si c'est véritablement que vous m'aimez ; mais aussi, si, parceque l'on m'a voulu tourner en ridicule dans votre cœur à cause de l'estime particulière que j'ai eue pour votre personne, et qu'il semble que l'on ne doit regarder en un roi que sa couronne, son sceptre et son diadème, qu'il est presque défendu de le louer pour sa personne, que cependant je me suis si peu souciée de l'usage que j'ai loué ce qui véritablement est à vous ; si, par cette raison, vous croyez qu'il sera facile de flatter ma vanité, et de m'engager à vous répondre sérieusement sur ce chapitre, ah ! Sire, que Votre Majesté sçache qu'il ne vous seroit pas glorieux de faire ce personnage, et que votre sincérité et votre honneur sont les choses qui me charment le plus en vous. Je prendrois la liberté de vous blâmer dans mon cœur tout comme un autre homme, si je n'avois pas dans toute la France une personne assez à moi pour lui dire en confidence que votre vertu n'est pas parfaite. — Que j'estime vos sentimens, répliqua le Roi, de mépriser les vices jusque dans l'âme des monarques ! mais que j'ai lieu de me plaindre de vous si vous pouvez me soupçonner du plus honteux de tous les crimes ! Vrai Dieu ! quelle gloire y a-t-il de passer pour habile fourbe quand on sçaura par toute la terre que j'ai abusé la fille de France la plus charmante ; l'on dira aussi qu'infailliblement je suis le plus grand de tous les trompeurs. Est-ce là une belle chose pour un roi ? Non, Mademoiselle, croyez que je suis né ce que je suis, et que, grâces à Dieu, j'ai de l'honneur et de la vertu ; et, puisque je vous dis que je vous aime, c'est que je le fais véritablement et que je continuerai avec une fermeté que sans doute vous estimerez. Mais, hélas ! je parle en homme heureux, et peut-être ne le serai-je de ma vie. — Je ne sçais pas ce que vous serez, répliqua La Vallière, mais je sçais bien que, si le trouble de mon esprit continue, je ne serai guère heureuse. » La pluie qui survint en abondance interrompit cette conversation, qui avoit déjà duré trois heures. On remarqua beaucoup de tristesse sur le visage de La Vallière et d'inquiétude sur celui du Roi[1], qui la fut revoir le lendemain, et eut avec elle une conversation de même nature, après laquelle il lui envoya une paire de boucles d'oreilles [de diamant[2]] valant 50,000 écus, et deux jours après un crochet et une montre d'un prix inestimable, avec ce billet :

BILLET.

Voulez-vous ma mort ? Dites-le-moi sincèrement, Mademoiselle ; il faudra vous satisfaire. Tout le monde cherche avec empressement ce qui peut m'inquiéter. L'on dit que Madame n'est point cruelle, que la fortune me veut assez de bien; mais on ne dit pas que je vous aime et que vous me désespérez. Vous avez une espèce de tendresse pour moi qui me fait enrager. Au nom de Dieu, changez votre manière d'agir pour un prince qui se meurt pour vous; ou soyez toute douce, ou soyez toute cruelle.

Le Roi, qui est le plus impatient de tous les hommes lorsqu'il aime, et qui a pour maxime que plus une femme a d'esprit et de sagesse et plus elle donne son cœur, et que, lorsqu'elle l'a donné, il n'est plus en son pouvoir de refuser rien à son amant, se résolut enfin de sçavoir où il

---

1. *Var.:* La copie de Conrart porte, après ce mot :
« Il mit son chapeau sur sa teste, et lui alla la teste nue. Il la fut revoir, etc. »
2. Ce dernier mot a été ajouté dans la copie de Conrart.

en étoit avec sa maîtresse. Elle a avoué elle-même que toute sa fierté l'abandonna et qu'il ne l'aborda qu'en tremblant. Il s'étoit mis le plus magnifique qu'il eût jamais fait, et l'alla voir chez Madame, que le comte de Guiche entretenoit. Alors les filles qui étoient avec La Vallière se retirèrent par respect, si bien qu'il demeura seul avec elle. Il lui dit tout ce qu'un amour tendre et violent peut faire dire à un homme qui a de l'esprit et de la passion, l'assura que sa flamme seroit éternelle, qu'il ne lui demandoit point cette faveur par un sentiment que les hommes ont d'ordinaire, que ce n'étoit que pour avoir la satisfaction de se dire mille fois le jour qu'il n'avoit plus lieu de douter que son cœur ne fût absolument à lui. Elle, de son côté, lui fit comprendre que ce n'étoit qu'à la seule tendresse qu'elle accordoit cette grâce, que la grandeur ne l'éblouissoit pas, qu'elle aimoit sa personne, et non pas son royaume; et enfin, après avoir dit: « Ayez pitié de ma foiblesse », elle lui accorda cette ravissante grâce pour laquelle les plus grands hommes de l'univers font des vœux et des prières [1]. Jamais fille ne chanta si haut les abois d'une virginité mourante; elle redoubla son chant plusieurs fois. Le Roi étoit plus brave qu'on ne peut penser [et avec raison il eût pû défier mille... et mille Saucourts[2]].

[1]. « Toute la cour alla à Vaux... Le Roi étoit alors dans la première ardeur de la possession de La Vallière, et l'on a cru que ce fut là qu'il la vit pour la première fois en particulier; mais il y avoit déjà long-temps qu'il la voyoit dans la chambre du comte (depuis duc) de Saint-Aignan, qui étoit le confident de cette intrigue. » (Hist. de madame Henriette, par madame de La Fayette, collect. Petitot, t. 64, p. 403-404.)

[2]. Manque dans la copie de Conrart. — Antoine Maximi-

Il sentit, après la faveur reçue, de si grands redoublemens d'amour, qu'il lui jura que, si elle lui demandoit sa couronne, il la lui donneroit de bon cœur. Il la retourna voir le jour suivant; elle le pria qu'ils cachassent leur commerce, et lui dit que Madame le croyoit amoureux d'elle. Il est certain qu'il lui dit qu'il ne pouvoit avoir le cœur assez perfide pour aider à la tromper. « Mais si je vous en priois? dit La Vallière. — Ah! que vous m'embarrasseriez! dit le Roi; mais enfin, je vous l'ai dit, je suis tout à vous. » Ils continuèrent encore quinze jours ce commerce secret. Mais le hasard le fit découvrir [ce qui obligea le Roi et mademoiselle La Vallière de ne plus rien dissimuler][1]. On ne peut exprimer les dépits, les emportemens de Madame, et combien elle se croyoit indignement traitée. Elle est belle, elle est glorieuse et la plus fière de la cour. « Quoi! disoit-elle, préférer une petite bourgeoise de Tours, laide et boiteuse, à une fille de Roi faite comme je suis! » Elle en parla à Versailles aux deux Reines, mais en femme vertueuse, qui ne vouloit pas servir de commode aux amours du Roi. La Reine-Mère résolut qu'il en falloit parler à La Vallière. En effet, toutes trois lui en parlèrent avec

---

lien de Belleforière, marquis de Soyecourt, qui fut reçu en 1670 grand veneur de France par la démission de Louis, chevalier de Rohan, qu'on appeloit M. de Rohan, fils de Louis VII de Rohan, prince de Guemené, duc de Montbazon. Il avoit épousé, en 1656, Marie Renée de Longueil, fille du président Longueil de Maisons. Il avait une réputation de grand abatteur de bois, et c'est ainsi qu'en parlent Tallemant et les chansons. Voy. aussi le *Récit des plaisirs de l'Ile enchantée*, dans les Œuvres de Molière.

1. Manque dans la copie de Conrart.

tant d'aigreur que la pauvre fille résolut de s'aller camper le reste de ses jours dans un couvent et de mortifier son corps pour les plaisirs qu'elle avoit pris. Elle y alla deux jours après, et d'abord qu'elle y fut entrée elle demanda une chambre et s'y alla fondre en larmes. En ce temps-là, il y avoit des ambassadeurs pour le Roi d'Espagne à Paris, dans la salle où l'on les reçoit d'ordinaire [1] ; plusieurs personnes de qualité y étoient, entre lesquelles se trouva le duc de Saint-Aignan, qui, après s'être entretenu avec le marquis de Sourdis [2], qui parloit bas, reprit assez haut d'un ton étonné : « Quoi ! La Vallière en religion [3] ! » Le Roi, qui n'a-

1. En 1661, l'ambassadeur d'Espagne à Londres avoit insulté notre ambassadeur, le comte d'Estrades. Le 24 mars 1662, l'ambassadeur d'Espagne vint protester en audience solennelle, devant vingt-sept ambassadeurs et envoyés des princes de l'Europe, que le Roi son maître ne disputeroit jamais le pas à la France. La réception dont il s'agit ici concorde parfaitement, par sa date, avec ce que dit Mademoiselle sur la retraite de La Vallière, qui eut lieu pendant l'hiver. Moreri se trompe en reportant au mois de mai cette audience fameuse. (Voy. la Gazette.)

2. Charles d'Escoubleau, marquis de Sourdis et d'Alluye, gouverneur de l'Orléanois, mort à 78 ans, en 1666. Voy. notre édit. du *Dict. des Pretieuses*, t. 2, p. 375.

3. « Pendant tout cet hiver (de 1661 jusque vers Pâques de 1662) il y eut beaucoup d'intrigues et de tracasseries. La Reine Mère étoit dans de grandes inquiétudes de l'amour du Roi pour La Vallière ; elle étoit chez Madame, elle logeoit au Palais-Royal chez Monsieur, et les scènes se passoient chez eux sans qu'ils en sussent rien. Je ne sais quel chagrin il prit un jour à La Vallière ; elle partit de bon matin et s'en alla sans que l'on pût découvrir où elle étoit. C'étoit un jour de sermon ; le Roi, qui devoit y assister, étoit occupé à la chercher, et il ne s'y trouva pas. La Reine Mère appréhendoit que la Reine ne découvrît la raison de l'absence du Roi ; elle étoit dans un chagrin mortel. Après le sermon, la Reine alla à Chaillot, et

voit entendu que ce nom, tourna la tête vers eux tout ému et demanda : « Qu'est-ce, dites-moi ? » Le Duc lui repartit que La Vallière étoit en religion à Chaillot. Par bonheur les ambassadeurs étoient expédiés : car, dans le transport où cette nouvelle mit le Roi, il n'eût eu aucune considération. Il commanda qu'on lui apprêtât un carrosse, et, sans l'attendre, il monta aussitôt à cheval. La Reine, qui le vit partir, lui dit qu'il n'étoit guère maître de lui. « Ah ! reprit-il, furieux comme un jeune lion, si je ne le suis de moi, Madame, je le serai de ceux qui m'outragent. » En disant cela il partit et courut à toute bride à Chaillot, où il la demanda. Elle vint à la grille. « Ah ! lui cria le Roi, de la porte, tout fondu en larmes, vous avez peu de soin de la vie de ceux qui vous aiment ! » Elle voulut lui répondre, mais ses larmes l'empêchèrent. Il la pria de sortir ; elle s'en défendit long-temps, alléguant le mauvais traitement de Madame. « Enfin, dit-elle en levant les yeux au ciel, qu'on est foible quand on aime ! Et le moyen de résister ! » Elle sortit et se mit dans le carrosse que le Roi

le Roi, avec un manteau gris sur le nez, alla à Saint-Cloud, dans un petit couvent de religieuses où il avoit appris que s'étoit jetée La Vallière. La tourière ne voulut pas lui parler ; après avoir essuyé quelques refus, il parvint à voir la supérieure et ramena La Vallière dans son carrosse. Cette retraite fit grand bruit et attira beaucoup d'affaires à ceux qui y pouvoient avoir pris part, dont je ne dois ni ne veux parler. » (Mém. de Madem., édit. citée, V, 209.) D'après la version de Mademoiselle, la jeune Reine auroit encore ignoré l'intrigue du Roi : c'est la seule différence importante des deux récits. Sur cette première retraite de mademoiselle de La Vallière, Cf. La Fayette, *Hist. d'Henriette d'Angleterre,* collect. Petitot, t. 64, p. 412-415 ; *Mém. de Conrart*, t. 63, p. 282 ; *Motteville*, t. 60, p. 170, 179.

avoit fait amener. «Voilà, dit-elle en y montant, pour tout achever.—Non, reprit son amant couronné, je suis roi, Dieu merci, et je le ferai connoître à ceux qui auront l'insolence de vous déplaire ; je n'excepte personne.» Il lui proposa sur le chemin de lui donner un hôtel et un train ; mais cela lui sembla trop éclatant, elle l'en remercia fort civilement. Enfin le Roi, en arrivant, dit à Madame qu'il la prioit de considérer mademoiselle de La Vallière comme une fille qu'il lui recommandoit plus que sa vie. «Oui, dit Madame, je la regarderai comme une fille à vous.» Le Roi parut mépriser cette sotte pointe et continua ses visites avec plus d'attachement qu'auparavant ; il lui envoya continuellement, à la vue de Madame, des présens très-magnifiques. Cependant le Roi la pressoit incessamment de vouloir prendre une maison à elle, et enfin elle y consentit, afin de le voir, disoit-elle, plus commodément ; il lui donna le Palais Biron[1], qu'il alla lui-même voir meubler des plus riches meubles qui soient en France. Elle en change quatre fois l'année ; il a honoré son frère, qui n'est pas honnête homme, d'une belle charge[2], lui a fait épouser une héritière qui étoit assez considérable pour un prince[3]. La Reine en a pensé mourir de jalousie, car elle aime le

1. C'étoit un des plus beaux hôtels du faubourg Saint-Germain.
2. Jean François de La Baume Le Blanc, marquis de La Vallière, homme d'un esprit peu cultivé et de lourdes manières (c'est ce qu'entend l'auteur en disant qu'il n'étoit pas honnête homme), étoit gouverneur et grand sénéchal de la province de Bourbonnois, capitaine commandant les chevau-légers du jeune dauphin, maréchal des camps et armées du Roi.
3. Gabrielle Glay de la Cotardaye. Elle mourut dame du

Roi et le Roi aime La Vallière. Sur ces entrefaites, il tomba malade à Versailles : pendant sa maladie il rêva continuellement à sa maîtresse, qui ne vouloit pas le voir de peur de le mettre dans le péril. Après qu'il n'y eut plus rien à craindre, monsieur de Saint-Aignan, par l'ordre du Roi, l'alla quérir; mais, comme ils arrivèrent, la chambre étoit toute pleine de monde, de sorte qu'il fallut qu'elle restât dans la prochaine; et d'abord que le duc parut dans celle du Roi, qui lui fit connoître que La Vallière étoit proche, le Roi, se voulant défaire de la compagnie, fit civilité à Monsieur le Prince[1] en lui disant qu'il étoit nécessaire qu'il vît et qu'il fît réponse à un paquet qu'on venoit de lui apporter, et par ce moyen ne différa pas un moment la vue de La Vallière. «Hélas! lui dit-elle en entrant, d'un ton le plus tendre du monde, la fortune me redonne mon cher prince.—Oui, mon bel enfant, pour vous aimer avec plus d'ardeur que jamais.» Il lui montra la lettre qu'elle lui avoit écrite, et qu'il portoit sur son cœur; elle étoit conçue en ces termes :

BILLET.

Tout le monde dit que vous êtes fort mal; peut-être n'est-ce que pour m'affliger. L'on dit aussi que vous êtes inquiet de ce dernier bruit[2] *: dans ces troubles, je vous demande la vie de mon amant et j'abandonne l'Etat et*

palais de la reine, le 21 mai 1707, à l'âge de cinquante-neuf ans. (Voy. la *Gazette*.). Elle étoit donc née en 1648.

1. Le prince de Condé.
2. *Var.* : Au lieu de cette phrase on lit dans la copie de

tout le monde même. Pourquoi, si vous m'aimez comme l'on dit, ne me vouloir point voir ? Adieu, envoyez-moi quérir demain, c'est-à-dire si mon inquiétude me permet de vivre jusqu'à ce jour-là.

Le Roi baisa cette lettre devant elle mille et mille fois, lui dit qu'il lui devoit la vie et sa joie ; mais quelque excès que son amante lui fit faire le fit tomber malade presque comme devant. Cependant ils ne furent pas sans effet, puisqu'au bout de neuf mois mademoiselle de La Vallière paya ses plaisirs par des douleurs, en mettant au monde une petite fille faite comme le père [1].

Conrart : « On dit aussi que vous estes inquiet de ce qui se passe à Marseille. »

1. Marie-Anne de Bourbon, née en octobre 1666. — Le Roi avoit eu déjà un autre enfant naturel, dont la mère est restée inconnue. Nos recherches pour la découvrir nous ont fait connoître, dans les registres de l'église de Saint-Germain-l'Auxerrois, conservés à l'Hôtel-de Ville, le document suivant, qui explique combien il est difficile d'éclaircir ce mystère.

« *Du samedi 5 janvier 1664.*

« Fut baptisé Louis, filz de M. Laurent Limosin, ser-
« geant à verge au Chastellet de Paris, et de Claude Lescuier,
« sa femme, et ouvriers de Monseigneur le Daulphin, rue
« du Cocq. Le Parein Mre Alexandre Bontemps, premier val-
« let de chambre du Roy, tenant pour Louis quatorzième,
« Roy de France et de Navarre ; la mareine dame Cathe-
« rine du Tost, dame de Braguemont, femme de chambre
« de la Reyne Mère, tenant pour Anne d'Autriche, Reyne
« Mère de Sa Majesté.   COLOMBEL. »

Dans ce Louis, fils d'un sergent à verge, qui est baptisé le 5 janvier 1664, et qui a pour parrain le Roi, pour marraine la Reine Mère, il nous semble impossible de ne pas reconnoître cet enfant que les généalogies nomment Louis de Bourbon, qu'elles font naître le 27 décembre 1663 et mourir le 15 juillet 1666. — Les gazettes n'ont parlé d'ailleurs ni de sa naissance ni de sa mort.

Mais pour en revenir à la maladie du Roi, qui fut plus violente que longue, il faut savoir qu'au retour de sa santé il n'y eut pas de femme à la cour qui ne travaillât à lui donner de l'amour. Madame de Chevreuse, dont la personne est le tombeau des plaisirs, après en avoir été le temple, ne pouvant plus rien pour elle, produisit madame de Luynes [1], qui est une des plus belles femmes de France, mais peu ou point d'esprit. Madame la duchesse de Soubise [2], dont les yeux vont tous les jours à la petite guerre, n'y réussit pas mieux que la Princesse Palatine [3] et madame

---

1. Jeanne Marie Colbert, fille aînée du ministre, épousa, le 3 février 1667, Charles Honoré d'Albert, duc de Luynes, fils de Louis Charles d'Albert, duc de Luynes, de Chevreuse et de Chaulnes, et de sa première femme, Marie Seguier, fille du chancelier. Louis Charles d'Albert, le beau père de Jeanne Marie Colbert, étoit fils de Charles d'Albert, duc de Luynes, et de Marie de Rohan, la fille aînée d'Hercule de Rohan-Montbazon, depuis duchesse de Chevreuse. Les Mémoires de Brienne regardent la disgrâce de Fouquet comme « la dernière affaire » de madame de Chevreuse. Il répugneroit par trop de penser que cette affaire ait été suivie d'une intrigue aussi odieuse que celle dont il s'agit, et aussi improbable, dans la première année, dans les premiers mois, du mariage de son petit-fils.

2. Anne de Rohan-Chabot, qui épousa en 1663 François de Rohan, prince de Soubise, fils aîné de la seconde femme d'Hercule de Rohan-Montbazon : il étoit donc, par son père, frère de la duchesse de Chevreuse. Anne de Rohan-Chabot étoit fille de Henri Chabot et de cette Marguerite de Rohan dont la mère, née Sully, soutint contre elle un si scandaleux procès au sujet de Tancrède, « vil enfant de la terre, fruit du libertinage de quelque valet », comme dit Patru dans son plaidoyer. (Voy. notre édit. de Saint-Amant, I, 457, *Bibliot. elzev.*)

3. La Princesse Palatine dont il est ici question n'étoit pas Anne Marie de Gonzague, sœur de la reine de Pologne, âgée alors de cinquante ans, et qui avoit épousé, en 1645,

de Soissons¹ ; mais en vérité le Roi en fit confidence à La Vallière et s'en divertit avec elle ; aussi alla-t-elle voir sans façon la Princesse Palatine et lui fit beaucoup de civilité et d'amitié². Le Roi le sut et en eut du chagrin. « Quoi ! lui dit-il, si peu de jalousie ? Ah ! Mademoiselle, il y a peu d'amour.—Excusez-moi, lui répondit-elle, j'ai le cœur plus jaloux en amitié que qui que je puisse être, mais j'ai trop bonne opinion de votre esprit pour croire que vous aimassiez une grande statue [et une grande masse de neige³]. Cela ne satisfit point le roi, qui est le plus incommode de tous les hommes sur ce chapitre⁴, de manière que, sans avoir nulle bonne raison, il picota cette

---

Edouard, prince palatin du Rhin, mais sa fille aînée, alors âgée de vingt ans, dont la sœur cadette avoit épousé Henri Jules de Bourbon, prince de Condé. Cette fille aînée de la princesse Anne devint, en 1671, femme de Charles Théodore Othon, prince de Salm. Elle avoit vingt ans en 1666.

1. Olympe Mancini, nièce du cardinal, pour qui le roi avoit eu une inclination avant d'aimer Marie de Mancini : elle étoit alors surintendante de la maison de la jeune reine. Voy. Amédée Renée, *les Nièces de Mazarin*.

2. *Var.* : La copie de Conrart porte :

« Madame de Chevreuse, ne pouvant rien pour elle, produisit madame de Luynes, qui est une des plus belles du royaume, avec peu ou point d'esprit. La princesse Palatine, madame de Soissons et madame la duchesse de Soubize, tout cela y fit ses efforts ; mais, en vérité, le roy en fit des trophées à La Vallière et s'en divertit avec elle. Aussi alla-t-elle voir sans façon la Princesse Palatine et lui fit cent civilitez. »

3. Manque dans la copie de Conrart.

4. *Var.* : On lit dans la copie de Conrart :

« De manière que, durant un mois, il pressa La Vallière sans avoir bonne raison d'elle ; elle en souffrit quelque temps, mais enfin elle perdit patience et traita le roy à Vincennes comme un Basque. »

fille un mois durant. Elle en souffrit quelque temps avec une patience extrême, mais enfin elle le traita mal à Vincennes; il le souffrit assez patiemment, quoiqu'il lui parût un désespoir épouvantable dans les yeux. Il vit Belfonds[1], à qui il dit qu'il étoit le plus heureux de tous les hommes de n'aimer plus que la gloire[2]. « Ah ! Sire, répliqua spirituellement Belfonds, la gloire[3] est une maîtresse plus difficile à servir qu'une femme; et plût au ciel m'avoir donné un cœur aussi sensible à l'amour[4] comme il est à cette autre passion, je serois bien plus heureux. » Le Roi soupira sans lui répondre rien ; mais le jour suivant il vit mademoiselle de la Motte[5], qui est une beauté enjouée, fort agréable et qui a beau-

1. Bernardin de Gigault, marquis de Bellefonds, premier maître d'hôtel du roi depuis trois ans à cette époque (1666), et deux ans plus tard maréchal de France. Il avoit alors trente-six ans et le Roi vingt-huit. Le marquis de Bellefonds se distingua par sa piété et contribua beaucoup à la retraite définitive de mademoiselle de La Vallière.

2. *Var.*: de n'aimer que sa fortune. (Ms. de Conrart.)

3. *Var.*: la fortune. (*Ibid.*)

4. *Var.*: que le mien l'est à la gloire, je le serois bien plus souvent. (*Ibid.*)

5. Mademoiselle de La Mothe-Houdancourt (Françoise Angélique), fille de Philippe de La Mothe-Houdancourt, duc de Cardonne, maréchal de France, et de mademoiselle de Toussy, fille de Louis de Prie, marquis de Toussy, dont le mariage eut lieu en novembre 1650, et dont elle étoit la seconde enfant. Elle ne pouvoit donc être née avant 1652 ; en 1666 à peine avoit-elle quatorze ans. Elle étoit déjà en 1663 fille d'honneur de la reine Marie-Thérèse, comme mademoiselle de La Mothe-Argencourt l'étoit de la Reine-Mère. Il y a souvent confusion entre ces deux noms. Ainsi mademoiselle de Montpensier dit dans ses *Mémoires* (édit. Maestricht, IV 143) : « Mademoiselle de La Mothe-Houdancourt qui étoit entrée chez la Reine-Mère comme fille d'honneur

coup d'esprit, à qui il dit beaucoup de choses obligeantes, et fut toujours auprès d'elle ; soupira souvent et en fit assez pour faire dire dans le monde qu'il en étoit amoureux, et pour le persuader [1] à Madame sa mère, qui grondoit sa fille de ne pas répondre à la passion d'un si grand monarque. Toutes les amies de la Maréchale s'assemblèrent pour en conférer [et, après lui avoir bien dit que nous n'étions plus dans la sotte simplicité de nos pères, où une simple galanterie passoit pour une injure et où une fille n'entendoit parler d'amour que le jour de ses noces ; aujourd'hui le monde est plus fin et plus raisonnable, et, par une heureuse vicissitude, l'amour et la galanterie se sont introduits partout [2]]; enfin ils querellèrent à outrance cette aimable fille, qui, dans son cœur ayant une secrète attache pour le marquis de Richelieu [3],

à la place de mademoiselle de La Porte.» Or, mademoiselle de La Porte épousa en 1657 (voy. Loret) le chevalier Garnier, et c'est par mademoiselle de la Mothe-Argencourt qu'elle fut remplacée. Au tome 5, p. 222-223, elle parle encore de mademoiselle de La Mothe-Houdancourt. Cette fois le nom est exact, et un trait que rapporte Mademoiselle nous paroît plutôt une boutade de petite fille qu'un acte de dépit d'une maîtresse jalouse : « Le bruit courut que le Roi alloit toujours à ses fenêtres pour parler à La Mothe et qu'il lui avoit porté un jour des pendants d'oreille de diamant, qu'elle les lui avoit jetés au nez, et lui avoit dit : « Je ne me soucie ni de vous, « ni de vos pendants, puisque vous ne voulez pas quitter « La Vallière. »

1. *Var.* : A la maréchale de la Mothe, qui grondoit sa nièce de ne pas repondre à l'amitié d'un si grand monarque.» (Ms. de Conrart.)

2. Manque dans la copie de Conrart.

3. Armand Jean du Plessis, né en 1629, substitué au nom et aux armes de du Plessis par le cardinal de Richelieu, son

voyoit sans joie la passion du Roi [et reçut mal les avis de ses parens [1]]. Cependant le Roi continuoit d'aller chez La Vallière; mais il y rêvoit et lisoit, ou sortoit sans lui avoir presque parlé. Il n'y eut que monsieur de Vardes et de Bussy qui ne s'y trompèrent point, et qui dirent toujours que ce n'étoit qu'un dépit amoureux. En effet, le Roi devint jaune, n'alla plus à la chasse, rioit par force et se donnoit mille maux à plaisir. Il s'en ouvrit au duc de Saint-Aignan en des termes qui faisoient bien connoître qu'il étoit pris pour sa vie. « Oui, disoit-il au Duc, si jamais homme fut à plaindre, c'est moi; je ne fais rien qui ne me coûte et qui ne me gêne, et la couronne, en de certains momens, m'incommode. J'aime, Saint-Aignan, autant qu'on peut aimer, et ne connois que trop que l'on ne m'aime point, ou si foiblement que je ne serai jamais content. Cependant, que n'ai-je point fait pour me bien faire aimer? Parle, Saint-Aignan, mais parle sincèrement : suis-je indigne d'être aimé? Ne voyez-vous pas que tous ceux qui ont aimé de cette cour sont incomparablement plus aimés que je ne suis? » Le duc, qui a de l'esprit, connut bien que le Roi n'étoit en cet état que par son extrême passion, et parla si obligeamment pour La Vallière que le

---

grand-oncle, dont il prit le nom et le titre de duc. Il étoit marié depuis 1649 avec madame veuve de Pons. Peut-être, puisque le titre n'est pas indiqué, s'agit-il du marquis de Richelieu, son père, né en 1632, et qui avoit épousé dès 1652 la fille de cette Catherine Bellier, dame de Beauvais (*Cathau la Borgnesse*), qui avoit été le premier caprice de Louis XIV. — Cf. t. 1, p. 71.

1. Manque dans le ms. de Conrart.

Roi l'en aima encore mieux, et lui dit qu'il prétendoit avoir pour sa maîtresse une foi inviolable, mais qu'il vouloit en être aimé. C'étoit sur les deux heures que le Roi disoit tout ceci au Duc, et sur les sept heures du soir il fut pris d'étranges maux de tête et de vomissemens furieux. Le Duc alla trouver La Vallière, et lui raconta mot pour mot tout ce que le Roi lui avoit dit. La Vallière lui répondit que le caprice du Roi l'avoit affligée, mais qu'après tout elle n'étoit pas d'humeur à lui demander des pardons [pour un mal qu'elle n'avoit pas fait[1]], qu'elle avoit lieu de se plaindre de lui et qu'il n'en avoit point de se plaindre d'elle, et que ce n'étoit point parce qu'il étoit son roi qu'elle avoit pris soin de lui plaire; qu'elle en auroit usé tout de même pour un autre qu'elle auroit aimé.

Cependant le Roi passa une fort méchante nuit, et toute la cour le fut voir le lendemain; de Vardes[2] lui dit mille équivoques sur son mal fort spirituellement[3]; enfin, ce malade amoureux pria son confident d'aller trouver de sa part sa maîtresse, de lui apprendre la cause de son mal. Elle le reçut avec une mélancolie extrême et lui avoua qu'elle souffroit des maux inconcevables, et qu'il

---

1. Manque dans le ms. de Conrart.

2. Le marquis de Vardes, maître passé en galanterie. Sur ce personnage, « l'homme de France le mieux fait et le plus aimable », disent les Mémoires de Daniel de Cosnac, sur ses nombreuses intrigues, et en particulier sur ses amours avec comtesse de Soissons, voy. *Les Nièces de Mazarin*, par M. Amédée Renée, p. 189 et suiv.; Mém. de Conrart, p. 250 et 278. — Cf. t. 1, p. 270.

3. *Var.*: Madame lui dit cent equivoques fort spirituelles. (*Ibid.*)

lui feroit plaisir de porter ce billet au Roi, dont voici les paroles[1] :

BILLET.

Si l'on savoit la cause de vos maux, l'on y apporteroit du remède, quand il en devroit coûter la vie; mais, mon Dieu! qu'il est inutile de vous dire ce que je vous dis, ce n'est pas moi qui donne à Votre Majesté ses bons ni ses mauvais jours!

Le Duc alla promptement porter ce billet au Roi. La jeune Reine étoit pour lors sur son lit, et d'abord qu'il l'eut vu il s'écria : « Saint-Aignan, je suis bien foible, et je le suis plus que vous ne pouvez penser. » La Reine se retira, et le Roi relut vingt fois ce billet; il fit admirer au Duc cette manière d'écrire, mais il ne pouvoit souffrir ce cruel terme de Votre Majesté. Il en parloit encore quand mademoiselle de La Vallière entra dans sa chambre avec madame de Montausier[2], à laquelle cette visite aux flambeaux a servi de toute sa faveur; elle se retira par commodité et

---

1. *Var.* : Le texte de Conrart, beaucoup plus rapide, nous paroît être celui de la rédaction primitive :
« Enfin le Roy pria le Duc d'aller voir sa maîtresse, et elle, qui souffroit encore plus que luy, donna ce billet à son confident. »
2. *Var.* : avec madame de Montauzier, qui l'avoit amenée faire cette visite aux flambeaux, assurée de toute la faveur. (*Ibid.*) Julie d'Angennes, la fille célèbre de la marquise de Rambouillet, femme du marquis, puis duc de Montausier. On lui a justement reproché la part qu'elle a prise aux galanteries du Roi.

par respect au bout de la chambre avec le Duc. Mademoiselle de La Vallière se mit sur le lit du Roi; elle étoit en habillement négligé, et le Roi, qui prend garde à tout, lui en sut bon gré. Elle le regarda avec une langueur passionnée à lui faire entendre que son cœur seroit éternellement à lui; le Roi fut si transporté qu'après lui avoir demandé mille pardons, il baisa un quart d'heure ses mains sans lui rien dire que ces trois paroles : « Et que je serois misérable, Mademoiselle, si vous n'aviez pitié de moi ! » Enfin, ils se parlèrent et se contèrent leurs raisons, et furent cinq heures à dire : Que je vous aime ! Que vous aviez de tort ! Votre cœur est hors de prix ! Que nous avons lieu d'être contens ! Aimons-nous toujours ! Ils s'en tinrent aux paroles tendres, et ma foi je le crois, mais je ne sçais pas si le Roi, qui le lendemain se leva pour passer tout le jour avec La Vallière, le passa aussi sagement. Après ce raccommodement, il n'y a jamais eu de vie plus heureuse que la leur; ils ont pris tant de peine à se persuader de la fidélité et de la tendresse l'un de l'autre qu'ils n'ont plus lieu d'en douter [1]. La Vallière a pris avec elle mademoiselle d'Attigny [2], fille de haute qualité, belle comme un ange, qui

---

1. Encore une rédaction abrégée qui nous paroît le vrai texte : « Le roy fut si transi d'amour qu'il baisa une de ses mains plus d'un quart d'heure sans lui parler. Enfin ils parèrent, se contèrent leurs raisons, et furent cinq heures à se dire : que je vous aime! nous avons lieu d'être très contents! Ils s'en tinrent, dit-on, aux paroles tendres. » (*Ibid.*)

2. C'est mademoiselle d'Artigny qu'il faut lire. Elle avoit succédé à mademoiselle de Montalet dans les confidences de mademoiselle de La Vallière. Toutes trois étoient, avec mademoiselle de Barbezières, filles d'honneur de Madame.

l'a toujours fortement aimée. C'est sa chère, et le Roi lui fait de grands présens. Il en use assez librement devant elle. Madame de Soissons, qui a été autrefois aimée du Roi, a supporté avec une étrange impatience la faveur de La Vallière, en sorte qu'un jour, la voyant passer devant une fille dont madame de Soissons fait ses délices, et qui est fille d'un avocat au Parlement nommé Brisac : « Je suis bien surprise, dit-elle fort haut à madame de Ventadour [1] ; j'avois toujours bien cru que La Vallière étoit boiteuse, mais je ne savois pas qu'elle fût aveugle. » La Vallière, qui l'entendit, sentit cela fort sensiblement. Le Roi l'alla voir, qui, la trouvant fort triste, lui demanda avec un empressement d'amitié ce qui l'affligeoit. Elle lui en dit le sujet avec les paroles du monde les plus piquantes pour madame de Soissons. Le Roi s'anima encore davantage, et sortit de chez elle avec un emportement épouvantable contre madame de Soissons. D'abord qu'il fut dans la rue, il fit appeler le Duc, qu'il fit monter dans son carrosse. Mais quand il y fut il ne lui dit rien, et descendirent au Louvre [2]. « Hé bien ! parce que j'aime une fille, il faut que toute la France la haïsse ! Mais ce n'est pas aux plaintes que je m'en veux tenir ;

---

1. Ce nom se trouve dans l'édit. de Londres 1654. Marie de La Guiche, fille de Jean François de La Guiche, seigneur de Saint-Géran, née en 1623, avoit épousé en 1645 Charles de Levis, marquis d'Annonai, puis duc de Ventadour. Voy. notre édit. du Dictionn. des précieuses, *Biblioth. elzév.*, t. 2, aux noms ANGOULEME et SAINT-GERAN.

2. Nous empruntons à la copie de Conrart tout ce paragraphe. En le comparant au texte des éditions précédentes, on en reconnoîtra la supériorité.

je veux que vous alliez tout présentement dire à madame de Soissons que je lui défends l'entrée du Louvre[1]. » Le Duc lui demanda s'il avoit bien songé à cet ordre. « Oui, reprit le Roi, si bien que je veux que vous l'exécutiez tout à l'heure. — Mais si j'osois, répliqua le Duc, vous faire ressouvenir que vous avez eu autrefois quelque considération pour madame de Soissons. — Je vous entends, répliqua le Roi, c'est que vous voulez dire que je l'ai aimée. Non, croyez que je ne l'ai jamais fait; elle n'a pas assez d'esprit pour m'avoir jamais rien inspiré, sinon à l'âge de quinze ans, où elle m'entretenoit des couleurs qui me plaisoient le plus ; aussi je ne me priverai de rien qui puisse être un obstacle à la vengeance que je dois à mademoiselle de La Vallière. — Je le veux croire, répondit le Duc; mais, Sire, n'avez-vous point égard à toute une grande famille et à la mémoire de son oncle ! — Que vous me connoissez peu, Saint-Aignan, lui dit-il, si vous croyez que la considération de ce que l'on aime l'emporte par dessus celle d'une famille ! Quoi ! il sera permis à monsieur celui-ci, à madame celle-là, d'insulter une personne que j'honore ? Est-ce avoir du respect pour moi que d'en manquer pour ce que j'aime ? Peut-on pousser une insolence plus loin que de mépriser ce que son Roi estime ? Après tout, une Vallière ne vaut-elle pas bien une Manchini ? Je m'étonne que de Vardes,

---

1. La mesure étoit d'autant plus exorbitante que la comtesse de Soissons, sans parler de son titre de surintendante de la maison de la Reine, étoit, par son mariage avec un prince du sang, au premier rang des personnes qui avoient le droit d'entrer au Louvre, et d'y entrer en carrosse.

qui sait si bien aimer, n'a pas appris à madame de Soissons que l'on sent incomparablement davantage ce qui s'adresse à ce qu'on aime que ce qui touche soi-même. Ma foi, ces petites gens-ci règleront bientôt ce que je dois aimer. Pardieu! c'est être bien misérable; il n'y a pas un petit gentilhomme qui ne fasse respecter sa maîtresse par ses amis et ses vassaux, et un roi n'en peut venir à bout? Je proteste pourtant qu'en quelque manière que ce soit, j'y réussirai, et je commencerai par madame de Soissons. — Mais, lui dit le Duc, Votre Majesté a-t-elle bien pensé aux intérêts de mademoiselle de La Vallière? Ne croyez-vous point que les Reines vont être ravies d'avoir prétexte de crier contre elle, et de pouvoir dire qu'elle ne cause que des désordres? — Ha! reprit le Roi, le plus affligé du monde, c'est assez, je n'ai plus rien à dire, sinon que je suis le plus malheureux de tous les hommes. En effet, y a-t-il quelqu'un, pour chétif qu'il soit, qui ne venge ce qu'il aime? et moi je ne puis. Vous avez raison, les Reines feroient rage contre cette pauvre fille, et l'on n'a désormais qu'à l'insulter, qu'à la piller et qu'à la maltraiter : Mesdames le trouveront bon, tant elles ont d'amitié pour moi. » En disant cela les larmes lui tombèrent des yeux de chagrin et de rage. Le Duc alla faire un fidèle récit de tout ceci à La Vallière, qui écrivit par lui ce billet :

Que je vous aime et que vous méritez de l'être, mon cher! mais il me fâche de troubler vos plaisirs par mes malheurs. Pourquoi appeler malheur ce qui ne l'est point? Non, je me reprends : tant que mon cher prince *m'aimera, je n'en aurai jamais ; rien ne me peut affliger que sa perte. Voilà mes sentimens, conformez-y les vôtres, et nous mettons au dessus de ces gens qui ne sauroient nous nuire. Adieu, venez ce soir plus tôt qu'à l'ordinaire.*

Le Roi n'eut pas plutôt lu ce billet qu'il partit aussitôt, et Dieu sait s'ils se dirent et se firent des amitiés. Cependant le Roi vit madame de Soissons dans les jardins de Saint-Cloud, à laquelle il fit mille incivilités. Dans ce temps, madame de Bellefonds eut un différend avec son mari. Le roi donna tout le bon côté à Bellefonds. Quinze jours après, le Roi, qui avoit passé depuis midi jusques à quatre heures après minuit avec La Vallière, vint se coucher ; il trouva la jeune Reine en simple jupe auprès du feu, avec madame de Chevreuse. Comme le Roi se sentit encore mécontent contre elle pour La Vallière, il lui demanda avec une horrible froideur pourquoi elle n'étoit pas couchée. « Je vous attendois, lui dit-elle tristement. — Vous avez la mine, lui répondit le Roi, de m'attendre bien souvent. — Je le sçais bien, lui répondit-elle ; car vous ne vous plaisez guère avec moi, et vous vous plaisez bien davantage avec mes ennemies. » Le Roi la regarda avec une fierté qui approchoit bien du mépris, et lui dit d'un ton moqueur : « Hélas ! Madame, qui vous en a tant appris ? » et en la quittant : « Couchez-vous, Madame, sans tant de petites raisons. » La Reine fut si vivement touchée, qu'elle s'alla jeter aux pieds du Roi, qui marchoit à grands pas dans la chambre. « Eh bien, Madame, que voulez-vous dire ? lui dit-il. — Je veux dire, répondit la

Reine, que je vous aimerai toujours, quoi que vous me fassiez. — Et moi, lui dit le Roi, j'en userai si bien que vous n'y aurez aucune peine ; mais si vous voulez m'obliger, vous n'écouterez plus madame de Soissons ni madame de Navailles[1] » ; parce qu'il savoit qu'elles avoient causé de La Vallière, et comme elle continuoit, et que La Vallière n'avoit jamais eu d'inclination pour elle, avant même qu'elle fût en crédit, le Roi se défit d'elle et de son mari.

Deux mois après, le Roi se mit en tête que La Vallière fût reçue des deux Reines, et souhaita qu'elles la vissent de bon œil. Pour cet effet il en parla à madame de Montausier, qui alla par ordre du Roi dès ce moment à la chambre de la jeune Reine. « Madame, lui dit-elle, c'est un Roi qui

1. Suzanne de Beaudan, mademoiselle de Neuillan, dont il est souvent parlé sous ce nom dans les écrits du temps, épousa en 1651 Philippe de Montault, duc de Navailles. A l'époque qui nous occupe, M. de Navailles étoit gouverneur du Havre et commandant des chevau-légers. Madame de Navailles étoit dame d'honneur de la reine Marie-Thérèse, avec 1,200 livres de gages. « Cette espèce de disgrâce, dit Mademoiselle (éd. cit., V, 278), n'a pas ruiné leurs affaires. Ils vendirent leurs charges et leur gouvernement bien cher ; ils ont fait peu de dépense, ont payé leurs dettes et acheté des terres. Le duc de Chaulnes acheta la charge de commandant des chevau-légers, et le duc de Saint-Aignan le gouvernement du Havre, et celle de dame d'honneur fut achetée par madame de Montausier, à quoi elle étoit plus propre que madame de Navailles », qui, est-il dit à la page précédente, « s'est si extraordinairement occupée de mesquins ménages que cela lui a fait tort et à son mari. » Le duc de Navailles revint bientôt en faveur ; en 1669 il étoit gouverneur de La Rochelle, du pays d'Aunis et du Brouage ; la même année il commanda l'armée de Candie, et, après plusieurs commandements importants et plusieurs succès militaires, il fut même fait maréchal de France.

veut que je m'acquitte d'une commission que je doute qui vous soit agréable ; il n'a pas été en mon pouvoir de m'en dispenser : c'est, Madame, qu'il souhaite que Votre Majesté reçoive mademoiselle de La Vallière[1], qui veut vous rendre ses respects. — Je l'en quitte, répliqua la Reine, il n'est pas besoin. — Si j'osois, ajouta madame de Montausier, dire à Votre Majesté que cette complaisance que vous aurez pour le Roi le touchera sans doute, et qu'au contraire votre refus l'aigrira ; enfin, Madame, si le Roi aime cette fille, votre froideur pour elle ne le guérira pas : ainsi Votre Majesté feroit quelque chose de plus glorieux pour elle si elle vouloit surmonter cette petite répugnance qui s'oppose aux volontés du Roi, et si elle vouloit suivre l'exemple de tant d'illustres femmes qui en ont dignement usé avec ce que leurs maris aimoient. — Mais, Madame, interrompit la Reine, le moyen de voir cette fille ! j'aime le Roi et le Roi n'aime qu'elle. » Le Roi, qui étoit aux écoutes, entra brusquement ; sa vue surprit si fort la Reine qu'elle en rougit et saigna du nez, de manière qu'elle se servit de ce prétexte pour sortir. Trois jours après elle accoucha d'une petite Moresque velue qui pensa la faire mourir[2]. Toute la cour fut en prières ; la Reine-Mère fondoit en larmes auprès de son lit ; le Roi en parut triste, mais il ne dis-

---

1. Sans doute à l'occasion de la nouvelle année. C'étoit le 31 décembre 1666. Voy. la note suivante.
2. Nous sommes maintenant en 166:. Le 2 janvier de cette année, la reine eut une fille, qui porta son nom, Marie-Thérèse, et mourut e 1er mars 1672. — Qu'elle fût noire et velue, nous ne trouvons pas ailleurs ce renseignement.

continua point de voir La Vallière en secret, et de lui donner mille et mille marques de son amour. Cependant la jeune Reine le pria, en présence de sa mère et de son confesseur, de vouloir marier La Vallière; le Roi, qui ne sçauroit être fourbe, ne put se résoudre à le leur accorder, et ne leur fit que dire, tout interdit, que si elle vouloit il ne s'y opposeroit pas, et qu'ils pouvoient lui chercher parti. Ils pensèrent à monsieur de Vardes, comme l'homme de la cour le plus propre à se faire bien aimer; mais de Vardes étoit amoureux à mourir de madame de Soissons : ainsi, quand on lui en parla, il se mit à rire, disant qu'on se moquoit, qu'il n'étoit pas propre au mariage. Madame¹, qui savoit la passion de Vardes pour madame de Soissons, alla voir la Comtesse, comme la plaignant si son amant consentoit à ce mariage, et lui offroit ses services en cette occasion, en le faisant détourner par le comte de Guiche, intime ami du marquis. Voilà nos deux admirables qui lient une grande amitié et s'ouvrent leurs cœurs de leurs amours. Vardes vint voir la comtesse, à laquelle il fit valoir le refus de La Vallière avec un million : « car, lui dit-il, ce n'est point par délicatesse, je me moque de son commerce avec le Roi; feu le comte de Moret mon père, qui étoit un des plus honnêtes hommes de France, épousa bien une des maîtresses de Henri IV, de laquelle je suis sorti :

1. Henriette d'Angleterre, femme de Monsieur, frère du Roi, dont on lira plus loin les intrigues avec le comte de Guiche. Elle étoit fort jalouse de La Vallière, parce que, quand le Roi avoit commencé à aimer celle-ci, il avoit feint de la rechercher elle-même.

jugez si j'en ferois difficulté; d'ailleurs, ne l'aimant point, le Roi me feroit un extrême plaisir de la divertir. Mais, Madame, reprit-il avec un air charmant et passionné, ce sont vos yeux qui m'en empêchent, qui ne voudroient plus me regarder avec douceur, ou, pour mieux dire, c'est la possession de votre illustre cœur, de laquelle je me rendrois indigne si je pouvois consentir à vous déplaire. Ainsi je vous jure par vous-même, qui êtes une chose sacrée pour moi, que jamais je ne penserai à aucun engagement, quelque avantageux qu'il puisse être [1]. » La comtesse étoit si charmée de voir des sentimens si tendres et si honnêtes à son amant, qu'elle ne savoit que lui dire pour lui exprimer sa joie. Madame survint sur le point de leur extase, accompagnée du comte de Guiche, auquel ils ne firent mystère de rien. Voilà l'établissement d'une agréable société, chacun se promettant de se servir utilement.

Cependant nos deux couples d'amants résolurent de faire rompre un commerce plus honnête et plus spirituel que le leur. Pour cet effet, ils écrivirent une lettre [2] à la señora Moli-

1. *Var.:* Après cette phrase, on lit dans la copie de Conrart : « Madame survint sur ces entrefaites, à qui ils ne firent mystère de rien; elle loua sa fidelité. Le comte de Guiche fut de leur société. Ce soir-là, ces deux blondins voulurent faire merveilles; mais, helas! qu'elles furent petites! Cela auroit déplu aux dames, si elles n'avoient eu leurs maris qui étoient meilleurs gendarmes que leurs amants. Cependant ces deux couples...

2. « Ils ecrivirent une lettre à la Reine », lit-on dans les mss. de Conrart. Le nom de la señora Molina n'y est pas même prononcé.

na [1], que le comte tourna en espagnol, par laquelle ils lui mandoient le mépris que le Roi faisoit d'elle, l'amour qu'il portoit à La Vallière, et mille choses de cette nature : car il est à remarquer que le dépit de Madame duroit toujours contre La Vallière, et que la Comtesse enrageoit qu'on lui vouloit ôter son amant pour elle. La señora Molina fut montrer cette lettre au Roi, qui la fit voir à de Vardes, et s'en plaignit à lui comme à un fidèle ami. En vérité il faut que l'amour soit une violente passion pour faire changer les inclinations en un moment, car il est constant que de Vardes est de bonne foi et la probité même ; cependant, s'il eut quelques remords de cette perfidie envers son Roi, ce ne fut que depuis le Louvre jusques à l'hôtel de Soissons, où il trouva sa maîtresse et ses confidens, lesquels railloient le Roi avec beaucoup de liberté ; ils le traitèrent de fanfaron qui prétendoit que l'amour ne devoit avoir de douceur que pour lui ; ils s'en écrivoient souvent en

1. Dona Maria Molina, première femme de chambre espagnole. Ce n'est pas ainsi que madame de La Fayette raconte cet incident, qui auroit causé le renvoi de madame de Navailles, dénoncée comme coupable par de Vardes lui-même, au lieu d'avoir suivi cette calomnie, comme il est dit ici ; Conrart, résumant madame de La Fayette, cite un entretien du Roi et de Madame. Celle-ci auroit dit « que la comtesse de Soissons s'étoit rencontrée chez la Reine à l'ouverture d'un paquet du Roi son père, en avoit ramassé et serré l'enveloppe sans qu'on s'en aperçût ; qu'on avoit fait faire un cachet aux armes d'Espagne tout semblable à celui dont les lettres du roi d'Espagne avoient accoutumé d'être cachetées, et que, cette lettre contrefaite étant enfermée dans cette enveloppe véritable, le paquet en avoit été porté, comme de la poste, à la senora Molina, première femme de chambre de la Reine, qui les reçoit ordinairement. » (P. 282, collect. Petitot, t. 48, 2ᵉ série.)

ces termes, le Comte et Madame, parce que le Roi avoit apporté quelques obstacles à leurs visites.

Ce fut en ce temps-là qu'il se déguisa en fille[1], où il fut vu dans la chambre de Madame par la Reine d'Angleterre, et ce fut un peu après que le Roi lui ordonna d'aller à Marseille[2] et de partir dans le même jour sans aller chez Madame. Dieu sait s'il observa cet ordre; il y fut tout botté. « Hé bien, Madame, s'écria-t-il de la porte, pour vous voir je brave le Roi et les puissances souveraines; trop heureux si vous seule, qui me tenez lieu de tout, m'assurez qu'en quelque lieu que ma misérable fortune me porte, vous me voudrez du bien. Oui, Madame, dans la douleur qui me transporte, ni la colère du Roi ni celle des Reines ne m'est point redoutable; j'appréhende la rigueur qu'apporte une longue absence. — Non, repartit Madame toute fondue en larmes en l'embrassant, non, non, cher comte, rien ne diminuera jamais l'affection que je vous ai promise, et aussi bien que vous je mépriserai toutes choses; mais, mon cher, aimez-moi et ne

---

1. « Madame étoit malade et environnée de toutes ses femmes... Elle faisoit entrer le comte de Guiche, quelquefois en plein jour, déguisé en femme qui dit la bonne aventure, et il la disoit même aux femmes de Madame, qui le voyoient tous les jours et qui ne le reconnoissoient pas. » (*Hist de Mme Henriette*, collect. Petitot, t. 44, p. 410.) L'œil pénétrant d'une mère, de la reine d'Angleterre, ne pouvoit être aussi complaisamment aveugle.

2. Ce n'est point à Marseille que fut envoyé le comte de Guiche. « L'on n'avoit pas trouvé à propos de le chasser, de crainte que cela ne fît de méchants bruits; on l'avoit envoyé commander les troupes qui étoient à Nancy: c'étoit proprement un honnête exil. » (Mém. de Mademoiselle, éd. citée, 5, 233.)

m'oubliez jamais. » Et après bien des pleurs et des embrassemens il fallut se séparer.

Peu de temps après on trama de furieuses malices contre la vie de La Vallière, et le Roi, qui l'aimoit avec plus d'ardeur que jamais, et qui avoit connu la grandeur de sa passion à la proposition qu'on lui avoit faite de la marier, l'alloit voir trois fois par jour avec une assiduité qui marquoit bien son amour. Ce n'est pas qu'elle ne l'eût extrêmement grondé de l'avoir mise en liberté devant les Reines de se marier. « Etes-vous, lui dit-elle, celui même que j'ai vu me jurer que la mort la plus cruelle ne l'est pas à l'égal de voir ce que l'on aime entre les bras d'un autre ? Etes-vous celui qui disoit que dans ces occasions l'on se devoit servir des poignards et des poisons ? Non, vous ne l'êtes plus ; [mais pour mon malheur je suis encore ce que j'étois ; je vois bien cependant qu'il est temps que je travaille à trouver dans mon courage de quoi me consoler de la perte que je ferai bientôt de votre cœur[1]]. — Mais, lui disoit le Roi, mettez-vous en ma place, et au nom de Dieu apprenez-moi ce que vous auriez répondu. Que pouvois-je moins dire, voyant une Reine à l'extrémité me conjurer de vous marier ? Le moyen d'avoir la dureté de lui dire, aussi cruellement que vous voulez, que je n'en ferois rien ? N'est-ce pas assez de dire que je ne m'y opposerois pas, si vous le vouliez ? Est-ce que je devois encore douter de votre tendresse pour ne m'y pas fier ? Non : je vous faisois plus de justice en m'assurant sur la fidélité de votre cœur. Combien y en auroit-il eu

---

1. Ce passage manque dans la copie de Conrart.

qui, n'ayant plus tant d'aversion pour la trahison que moi, auroient tout accordé à une pauvre reine mourante ? Mais, grâces à mon amour et à ma sincérité, je ne pus jamais obtenir sur moi de dire que j'y travaillerois. Après cette scrupuleuse vertu, vous fierez-vous à moi ? ne croirez-vous pas à mes paroles comme à vos yeux ? — Il est certain, répliqua La Vallière, que je vous crois beaucoup de vertu. Eh ! s'il se peut, mon cher prince, ayez autant d'amour[1] ; car enfin, je vous déclare aujourd'hui qu'il m'est facile de mourir, mais qu'il m'est impossible de me retirer d'un engagement aussi puissant que le vôtre, et que je renoncerai plutôt à la vie qu'aux charmantes espérances que vous m'avez données : ainsi, aimez-moi ; si vous cessez, je sens bien qu'après la perte de votre cœur, il n'y a plus rien à faire en la vie pour moi. — Quelle indignité ! s'écria le Roi en lui embrassant les genoux, si après ce que je viens d'entendre je pouvois vivre pour une autre que pour vous. »

Après qu'il l'eut assurée d'une constance éternelle, il lui dit adieu jusques au lendemain. C'étoit, comme j'ai déjà dit, dans ce temps-là que le roi passoit presque toutes les nuits avec elle ; il ne la quittoit qu'à trois heures. Il n'en venoit que de partir, elle commençoit à s'endormir,

---

1. On lit dans la copie de Conrart un texte qui nous paroît plus vrai : « Croyez une bonne fois que, puisque mon malheur vous a fait naître sur le trône, je ne veux jamais penser au mariage. Ainsy, aimez-moy ou cessez, je sens bien que je ne puis plus rien aimer. » Le Roy lui exprima les choses les plus tendres. Et c'étoit, comme j'ai dit, en ce temps-là que le roi passoit presque toutes les nuits avec elle. »

quand sa petite chienne l'éveilla par ses jappe-
mens; elle entendit du bruit à ses fenêtres et marcher dans sa chambre; elle courut dans celle de
ses filles; tous les gens de la maison virent des
crochets et des échelles de cordes. Cela fit grand
bruit. Dès le matin le Roi le sçut, qui alla la
voir pour être éclairci de la vérité. Quand il l'eut
sçue par elle-même, il en fut épouvantablement
troublé; il lui donna cette même semaine des
gardes et un maître d'hôtel pour goûter tout ce
qu'elle mangeroit. Chacun en philosopha à sa
mode, mais les habiles gens jugèrent bien de
qui ce coup venoit. Depuis cet accident, l'amour
du Roi augmenta, et la peur de la perdre le fit
pâlir mille fois en compagnie. Madame, qui n'est
pas tout à fait de cette trempe, ne laissoit pas
de se divertir, quoique le comte de Guiche fût
absent. Un jour qu'elle causoit avec le Roi, elle
tâchoit encore à le séduire : en tirant un mouchoir de sa poche, elle laissa tomber une lettre [1]
que monsieur de Vardes avoit écrite, laquelle
disoit positivement toute la lettre qu'on avoit

---

1. Ce n'étoit pas sans dessein : « Madame la comtesse
de Soissons eut quelques démêlés avec Madame; celle-ci,
pour s'en venger, dit au roi que la comtesse de Soissons et
Vardes avoient écrit cette lettre (la lettre espagnole); Vardes
fut envoyé prisonnier à Montpellier (où il resta deux ans).
Madame de Soissons en fut enragée. Elle avoua au roi que
c'étoit le comte de Guiche qui l'avoit écrite, parce qu'il savoit parfaitement l'espagnol; qu'elle l'avoit su, et que Madame y avoit eu part. Vardes demeura toujours en prison.
Le comte de Guiche fut envoyé en Pologne; madame la
comtesse de Soissons fut chassée, et Madame traitée assez
mal par le Roi. Voilà ce qu'un démêlé de femmes attira à ces
deux messieurs. » (*Mém. de Montpensier*, édit. cit., 5, 235-
236.)

écrite à la senora Molina de l'amour du Roi pour La Vallière, et le traitoit comme à son ordinaire de jeune fanfaron. Jamais surprise ne fut si grande que celle qu'eut le Roi en lisant cette lettre et connoissant que de Vardes, à qui il s'étoit confié, étoit complice de cette malice ; il en parla à Madame sans aucun emportement, mais avec une extrême douleur qui faisoit connoître la bonté de son cœur. Elle, qui ne se soucioit de rien pourvu qu'elle pût justifier le comte de Guiche, avoua au Roi toute la menée de madame de Soissons et de Vardes. Le Roi envoya quérir ce dernier, et, après lui avoir fait de sanglans reproches de son infidélité, l'exila[1]. On ne peut s'imaginer le déplaisir de madame de Soissons à cette nouvelle, que de Vardes lui apprit par un billet que voici :

Je vous représenterois, Madame, quelle est ma douleur, si je ne craignois de vous envelopper dans mon malheur, que je recevrois avec beaucoup de courage s'il ne me séparoit pas de vous pour jamais. J'attends de mon désespoir une prompte mort, qui finira mes infortunes et qui me donnera le repos qu'il y a si long-temps que j'ai perdu. Au nom de Dieu, Madame, souvenez-vous quelquefois de moi, comme d'un assez honnête homme que l'amour rend misérable ; et, par un généreux effort, ne vous abattez point de toutes les traverses que vous aurez à souffrir. Ah ! Madame, si je vous voyois dans ce moment, j'ouvrirois mon cœur à vos pieds.

Madame l'alla voir et tâcha de la consoler,

---

1. « Il est à Montpellier. » (Ms. de Conrart.) — Le billet qui suit ne paroît pas dans Conrart.

l'assurant que monsieur de Vardes reviendroit bientôt. Cela la remit un peu ; mais enfin, ne voyant pas l'exécution de ses promesses, et après lui avoir bien recommandé son amant et reproché ses trahisons, elle perdit patience et alla trouver le Roi dans un de ses emportemens, à qui elle découvrit tout, ne se souciant pas de se perdre si elle perdoit le comte de Guiche. Elle réussit, car le Roi donna ordre à son exil ; mais elle et son mari prirent la peine d'en tâter ; il n'y eut que Madame qui s'en sauva, et depuis tout ceci le Roi ne l'aima ni l'estima.

Pendant tout ce désordre, le duc Mazarin, qui faisoit le dévot [1], demanda au Roi une audience particulière, laquelle le Roi lui accorda, durant laquelle il l'entretint d'une vision qu'il avoit eue, comme tout le royaume alloit se bouleverser s'il ne quittoit La Vallière, et lui donnoit avis de la part de Dieu.— « Et moi, repartit le Roi, je vous donne avis de ma part de donner ordre à votre cerveau, qui est en pitoyable état, et de rendre tout ce que votre oncle a dérobé [2]. » Le Duc lui fit un très-humble salut, et s'en alla.

---

1. Armand Charles de La Porte, duc de La Meilleraye, substitué au nom et aux armes du cardinal de Mazarin quand il épousa, le 28 février 1661, Hortense Mancini. Sur cette dévotion dont l'excès ridicule alla jusqu'à briser des statues précieuses, voy. la 2ᵉ partie des *Mélanges curieux*, dans les Œuvres de Saint-Evremont, t. 8, 1753, in-18.

2. « Les parents et les amis de madame Mazarin lui conseillèrent de se servir de la dissipation de son mari pour le poursuivre en séparation de biens. Cette dissipation étoit certaine ; M. Mazarin même s'en faisoit un devoir, sur ce principe injurieux à la mémoire de son bienfaiteur, que les biens des ministres étoient mal acquis et un pillage sur la

Le pauvre père Annat[1], confesseur du Roi, soufflé par les Reines, l'alla aussi trouver, et feignit de vouloir quitter la cour, faisant entendre finement que c'étoit à cause de son commerce. Le Roi, se moquant de lui, lui accorda tout franc son congé. Le Père, se voyant pris, voulut raccommoder l'affaire; mais le Roi en riant soupira, et lui dit qu'il ne vouloit désormais que son curé, et point de jésuite. L'on ne peut dire le mal que tout son ordre lui voulut d'avoir été si peu habile.

Deux ou trois mois[2] après, la Reine-Mère voulut faire son dernier effort de larmes, de tendresse et de maternité; après quoi elle supplia le Roi de penser au scandale que son amour public faisoit. Le Roi, qui n'entend point raillerie sur ce chapitre, et qui est extrêmement fier, lui repartit : « Hé quoi, Madame, doit-on croire tout ce que l'on dit? Je

---

misère des peuples et sur la facilité du prince. » (Factum pour dame Hortense Mancini, duchesse Mazarin, au t. 8 des Œuvres de Saint-Evremont, p. 229.) Louis XIV entroit, on le voit, complétement dans les idées du duc lui-même. Ce qu'il auroit eu à rendre, d'après l'*Etat des biens délaissés à M. le duc Mazarin et à madame la duchesse sa femme par feu M. le cardinal Mazarin*, tant par le contrat de mariage, *legs universel, que codicilles*, montoit à dix millions six cent mille livres en argent ou en propriétés, plus un revenu de deux cent soixante-dix mille livres en charges et gouvernements qui se pouvoient vendre, soit en totalité seize millions de francs, représentant au moins quarante millions de notre monnoie.

1. Les Provinciales l'ont fait assez connoître. Né le 5 février 1590, confesseur du roi de 1654 à 1670, qu'il se retira de la cour, quatre mois avant sa mort. Il continue d'ailleurs à figurer sur les *Etats de la France*, malgré le prétendu congé que lui auroit donné le roi.

2. Jours. (Ms. de Conrart.)

croyois que vous moins que personne prêcheroit cet Evangile¹ ; cependant, comme je n'ai jamais glosé sur les affaires des autres, il me semble qu'on en devroit user de même pour les miennes. » La Reine, prudente, se tut. Le soir, au cabinet, le Roi, se souvenant de cette conversation, la drapa des mieux, car il dit tout franchement qu'il ne pouvoit souffrir ces créatures qui, après avoir vécu avec la plus grande liberté du monde, veulent censurer les actions des autres : parce que [les plaisirs les quittent, elles enragent qu'on soit en état d'en goûter, et quand nous serons las d'aimer et de vivre, nous parlerons comme elles²]. « Voyez madame de Chevreuse, dit-il : rien n'est plus hardi que cette femme à parler contre la galanterie des femmes; encore une duchesse d'Aiguillon³, une princesse de Carignan⁴, et généralement toutes celles de la cour [excepté la princesse de Conty, qui a toujours été la dévotion même⁵]. » Ensuite, se tournant vers Roquelaure⁶ :

1. *Var.* : Mais, après tout, comme je n'ay jamais glosé sur vos affaires, je vous demande d'en être de même sur les miennes. (Ms. de Conrart.)
2. Manque dans Conrart.
3. La duchesse d'Aiguillon est assez connue par les Historiettes de Tallemant des Réaux, les Lettres de Guy Patin, etc., etc.
4. Marie de Bourbon-Soissons, qui avoit épousé en 1624 le prince de Carignan, qu'on appeloit le prince Thomas, grand-maître de la maison du roi. Celui-ci mourut en 1656, pendant le siége de Crémone, où il commandoit une armée françoise. La princesse de Carignan étoit mère du comte de Soissons (Eugène-Maurice de Savoie), qui avoit épousé Olympe Mancini le 21 février 1657.
5. Cette addition nous est donnée par les ms. de Conrart.
6. Gaston, duc de Roquelaure, qui depuis le 15 décembre

« Ma foi, la galanterie a toujours été et sera toujours ; les femmes dont on ne parle point, c'est qu'elles font leurs affaires plus secrètement avec quelque malhonnête homme, sans conséquence, ou qu'elles sont si sottes qu'on ne s'adresse point à elles [1] ». Comme le Roi étoit en belle humeur, il parla un peu de toutes nos dames, de madame de Chastillon et monsieur le Prince[2], madame de Luynes avec le président

---

1657 étoit veuf de cette belle Charlotte-Marie de Daillon (mademoiselle du Lude) dont parlent avec admiration tous les contemporains. Aimée de Vardes, elle n'avoit pu résister à son amour, qu'elle partageoit, paroît-il. L'infidélité de Vardes l'auroit tuée, dit Conrart ; mais il ajoute, ce qui combat son dire, qu'elle mourut en couches, et les Mémoires de Mademoiselle confirment ce détail.

1. Aux noms qui se trouvent dans le texte que nous suivons, l'édition donnée à Cologne en 1680 par J. Le Blanc (in-12) ajoute, entre madame de Vitry et madame de Vinnes, madame de Valentinois.

Le texte est tout différent dans l'édition de Londres, 1754 ; on y lit :

« Comme le roi étoit en belle humeur, il parla un peu de toutes nos dames, de madame de Châtillon et de Monsieur le prince, madame de Luynes avec le président Tambonneau, la princesse de Monaco avec Pegevin, mesdames d'Angoulême, de Vitry, de Vinne, de Soubize, de Vivonne ; Le Tellier, d'Humières, et il rioit de tout son cœur. »

Voici maintenant le texte de Conrart :

« Le roi, qui étoit en belle humeur, parla de toutes les dames : madame d'Arpajeux, que l'on croyoit si insensible, et le marquis de Piennes ; la princesse de Monaco et Peguilin, madame de Chastillon et monsieur le prince, madame de Ventadour la prude et l'archevesque de Bourges ; mesdames d'Angoulesme, de Valentinois, de Brégy et de Vitry, pour les Soubise, d'Asserac, les Destrades, La Feuillade, Vivonne et d'Humières rioient de tout leur cœur. »

2. Nous ne pouvons mieux faire que de renvoyer le lecteur à une savante note de M. P. Boiteau, dans le 1ee vo-

Tambonneau[1], la princesse de Monaco[2] avec Pegelin[3], mesdames d'Angoulême[4], de Vi-

lume de cette *Histoire*, p. 153 et suiv. — Nous la compléterons par ces quelques lignes tirées du portrait qu'elle fit d'elle-même pour mademoiselle de Montpensier : « Le peu de justice et de fidélité que je trouve dans le monde, dit-elle, fait que je ne puis me remettre à personne pour faire mon portrait ; de sorte que je veux moi-même vous le donner le plus au naturel qu'il me sera possible, dans la plus grande naïveté qui fût jamais. C'est pourquoi je puis dire que j'ai la taille des plus belles et des mieux faites qu'on puisse voir. Il n'y a rien de si régulier, de si libre ni de si aisé. Ma démarche est tout à fait agréable, et en toutes mes actions j'ai un air infiniment spirituel... Mes yeux sont bruns, fort brillants et bien fendus ; le regard en est fort doux, et plein de feu et d'esprit. J'ai le nez assez bien fait, et, pour la bouche, je puis dire que je l'ai non seulement belle et bien colorée, mais infiniment agréable par mille petites façons naturelles qu'on ne peut voir en nulle autre bouche... J'ai un fort joli petit menton ; je n'ai pas le teint fort blanc ; mes cheveux sont d'un châtain clair et tout à fait lustrés ; ma gorge est plus belle que laide... On ne peut pas avoir la jambe ni la cuisse mieux faite que je ne l'ai, ni le pied mieux tourné. »

1. Nous avons parlé ailleurs (voy. ci-dessus, p. 47) de madame de Luynes. Tambonneau, président à la Chambre des Comptes, nous est connu par Tallemant, qui s'étend avec complaisance sur ses malheurs domestiques. Long-temps trompé par sa femme, qu'il trompoit à son tour, le président menoit de front les affaires, les amourettes et les fêtes. Plus difficile pour sa table qu'un profès en l'ordre des Coteaux, le président s'est attiré de la part de Saint-Evremont une épigramme assez vive et qui ne confirme pas mal certaines assertions de Tallemant.

2. La princesse de Monaco, Catherine-Charlotte de Grammont, fille d'Antoine III, maréchal de Grammont ; elle avoit épousé, le 30 mars 1660, Louis Grimaldi, prince de Monaco, duc de Valentinois. Elle étoit sœur du comte de Guiche, célèbre dans cette histoire.

3. Antonin Nompar de Caumont, duc de Lauzun, marquis de Puyguilhem. — Nous le retrouverons dans l'Histoire des amours de mademoiselle de Montpensier. Voy. t. 1, p. 132 et suiv.

4. Mariée le 3 novembre 1649 à Louis de Lorraine, duc

try [1], de Vinne [2], de Soubise [3], de Bregy [4], pour les désirés La Feuillade [5], de Vivonne [6], Le Tellier [7], d'Humières [8], et rioit de tout son cœur.

de Joyeuse, à qui elle avoit apporté le titre de duc d'Angoulême, Françoise-Marie de Valois, fille de Louis-Emmanuel de Valois, duc d'Angoulême, et de Henriette de La Guiche, perdit son mari en 1654. Née en 1630, elle avoit passé la première jeunesse à l'époque où nous sommes arrivés, et n'avoit pas moins de 37 ans ; elle avoit un fils de 17 ans qui s'étoit marié au mois de mai de cette même année 1667.

1. Marie-Louise-Elisabeth-Aimée Pot, fille de Claude Pot, seigneur de Rhodes, grand-maître des cérémonies de France, et d'Anne-Louise-Henriette de La Châtre. Elle fut fiancée, le 24 mai 1646, à François-Marie de L'Hôpital, duc de Vitry et de Château-Villain, qu'elle épousa peu de temps après.

2. Quel nom propre est caché derrière ce nom de seigneurie? Les dictionnaires généalogiques ne le disent point, et les mémoires n'ont pas parlé d'elle.

3. La première femme de François de Rohan, prince de Soubise, mourut en 1660. En 1663, il épousa Anne Chabot de Rohan, de la même famille que lui par sa mère. Elle étoit née en 1648 et mourut en 1709, ayant le titre de dame du palais de la reine depuis 1679. Au temps de ce récit, elle avoit à peine dix-huit ans.

4. Voy. dans cette collection notre édit. du *Dictionnaire des Précieuses*, t. 1, p. 38, et t. 2, p. 80 et suiv.

5. François d'Aubusson, troisième du nom, comte de La Feuillade, duc de Roannez, et depuis maréchal de France. Il avoit épousé, en avril 1667, quelques mois avant ce récit, Charlotte Gouffier, fille d'Artus Gouffier, marquis de Boissy.

6. Louis-Victor de Rochechouart, duc de Vivonne-Mortemart, né en 1636 de Gabriel de Rochechouart, duc de Mortemart, et de Diane de Grandseigne; maréchal de France en 1675; il étoit père de madame de Thianges et de madame de Montespan.

7. François-Michel Le Tellier, marquis de Louvois, etc., ministre et secrétaire d'Etat, né en janvier 1641. Il avoit épousé, en 1662, Anne de Souvray. Il mourut subitement en juillet 1691.

8. Louis de Crevant, troisième du nom, premier duc d'Humières, fils de Louis Crevant III, marquis d'Humières, et d'Isabeau Phelippeaux. Il étoit né en 1628, et avoit épou-

Le jour suivant, sa joie se changea en douleur par un accident assez fâcheux : car, comme il étoit seul avec sa maîtresse, propre, beau comme un Adonis, qu'il étoit dans un de ces momens où on ne peut souffrir de tiers, la pauvre créature fut prise de ce mal qui fait tant crier, mais en fut prise avec tant de violence et des convulsions si terribles que jamais homme ne fut si embarrassé que notre monarque : il appela du monde par les fenêtres, tout effrayé, et cria qu'on allât dire à mesdames de Montausier et de Choisi [1] qu'elles vinssent au plus tôt, et une fille de La Vallière courut à la sage-femme ordinaire. Tout le monde vint trop tard pour empêcher que la veste en broderie de perles et de diamans, la plus magnifique qui se soit jamais vue, ne portât des marques du désordre. Les dames arrivant, trouvèrent le Roi suant comme un bœuf d'avoir soutenu La Vallière dans les douleurs, et qui avoient été assez

sé, le 8 mars 1653, Louise-Antoinette-Thérèse de La Châtre. Il mourut en 1694, avec le titre de maréchal de France.

1. Ce dernier nom manque dans la copie de Conrart : le récit d'ailleurs est le même, mais plus serré et plus simple dans le ms.
Les biographies font mourir madame de Choisy en 1660, et nous-même avons trop facilement accepté cette date dans notre édit. du *Dict. des Précieuses*, t. 2, p. 203. Ce passage, qui rapporte un fait de l'an 1667, le prouve déjà. Ajoutons qu'il existe à la Bibliothèque de l'Arsenal, sous le n° 148 B. L, in-fol. ms., une lettre d'elle au duc de Chaulnes, ambassadeur à Rome en 1668 ; et enfin (ce détail nous est fourni par M. Desnoiresterres, qui publie les mémoires de l'abbé de Choisy son fils), à la date du 1er juin 1669 Bussy rapporte une anecdote singulière sur sa mort. Madame de Choisy mourut donc à la fin de 1668 ou au commencement de 1669. Pour d'autres détails sur cette femme célèbre, voy. le *Dict. des Précieuses*, t. 1, p. 55, 117, 205, et t. 2, p. 203-205.

cruelles pour lui faire déchirer un collet[1] de mille écus, en se pendant au cou du Roi ; [elle ne pouvoit souffrir que d'autres mains approchassent d'elle que celles qui sont destinées à manier des sceptres et des couronnes[2]]. Enfin le Roi fit des choses en cette occasion sinon propres, du moins passionnées ; il est constant qu'il faillit à mourir lorsque madame de Choisi cria comme une folle : « Elle est morte ! » Madame de Montausier le crut aussi, tant elle eut une syncope violente. « Au nom de Dieu, s'écria le Roi fondu en larmes, rendez-la moi, et prenez tout ce que j'ai. » Il étoit à genoux au pied de son lit, immobile comme une statue, sinon dans de certains momens, qu'il faisoit des cris si funestes et si douloureux que les dames et les médecins fondoient en larmes. La nuit, enfin, elle revint. D'abord elle regarda où étoit le Roi ; madame de Montausier le fit approcher de son lit : elle lui serra les mains, quoique très foiblement, mais la douleur du Roi augmenta ; on l'en arracha par force, et on le mit sur un lit. Ce fut un petit garçon[3] qui donna toutes ces douleurs à cette créature, qui diminuèrent quelque peu après par des remèdes souverains que les médecins y apportèrent. D'abord qu'elle eut quelque soulagement de ses douleurs, elle demanda à madame de Montausier ce qu'il lui sembloit de l'amour du Roi ; et elle lui en parla comme en étant charmée, et voulant

---

1. De deux mille escus, dit la copie de Conrart.
2. Cette phrase manque dans le ms. de Conrart.
3. Louis de Bourbon, comte de Vermandois, amiral de France, né le 2 octobre 1667, mort en 1683.

qu'on l'en entretînt. Madame de Montausier, qui étoit toute surprise de ce qu'elle voyoit, lui dit sincèrement[1] qu'on ne pouvoit trop aimer un prince qui aimoit si passionnément. On ne peut dire avec quelle ardeur il remercia nos dames ; il les assura qu'il auroit des reconnoissances royales des services qu'elles lui venoient de rendre, et en effet on voit assez qu'elles les ont eues.

L'on ne peut assez faire valoir à La Vallière les marques d'amour que le Roi lui avoit données, étant certain que naturellement il a un cœur qui ne sauroit souffrir les ordures d'un accouchement, et l'on a toujours vu qu'il a témoigné des répugnances horribles d'entrer dans la chambre de la Reine quand elle est en cet état[2] ; cependant il étoit tous les jours cloué au chevet du lit de la belle, lui faisoit lui-même prendre ses bouillons et mangeoit auprès d'elle. Cependant, quelque soin qu'il ait pu prendre, La Vallière est demeurée presque percluse d'un côté, qui est bien plus foible que l'autre, avec une maigreur épouvan-

---

1. « Madame de Montausier... lui dit sincèrement ses sentimens sur la passion du Roi, car il étoit allé faire un tour au Louvre, où sa présence étoit nécessaire. On peut s'imaginer le gré qu'elle en a sçu à madame de Montausier. Le Roi l'assura qu'il en auroit des reconnoissances toutes royales, et en effet il les a eues. En vérité, cette dame a eu raison de faire valoir à La Vallière les marques d'amour du Roi, étant certain... » (Copie de Conrart.)

2. *Var.* : « Cependant il n'avoit point mal au cœur de s'y mettre jusqu'au col pour La Vallière, la veste en fait foi, qu'il n'a pu porter depuis tant d'années ; elle est en un pitoyable état. Il ne pensoit pas mesme à se laver, quoiqu'il en eust un besoin extrême ; tous les jours il étoit cloué au chevet de son lit ; il luy donnoit luy-mesme ses bouillons. Mais quelque soin... » (Copie de Conrart.)

table qui sent son bois, de manière qu'il n'y a plus que l'esprit qui fait aimer le corps; il est vrai que c'est tous les jours de plus en plus, et que selon les apparences ces deux cœurs s'aimeront éternellement. La Vallière sera toujours la grande passion du Roi, [qui lui occupera le cœur et l'esprit]; pour les autres, ce ne seront que de petits feux follets, [qui ne seront seulement que pour satisfaire son corps 1], et qui n'auront pas de durée. Je pense aussi que le comte de Guiche aimera toujours Madame, mais je ne dis pas que Madame aimera toujours le comte; car cette belle princesse n'aime pas les vieux soupirs, et, si elle ne donne rien à faire, je suis sûr qu'elle donnera bien à penser. Cependant le comte a mandé au maréchal son père qu'il le supplioit de faire donner ses charges au comte de Louvigny 2 son frère, qu'il renonce pour jamais à revenir en France, qu'il fuira plus que la mort cette terre ingrate et malheureuse, qu'il n'aime ni n'estime son Roi, qu'il n'a que des amis sans vertu, qu'il n'a aucun engagement agréable, parce que la femme qu'il a épousée par son ordre 3 est peu aimable pour lui, qu'il vivroit toujours mal avec

1. Les passages entre crochets manquent dans la copie de Conrart.
2. Antoine Charles, comte de Louvigny, frère du comte de Guiche et de la princesse de Monaco. Après la mort du comte de Guiche, en 1673, il prit le nom de comte de Guiche, et enfin, en 1678, à la mort du maréchal son père, le titre de duc de Grammont.
3. Marguerite-Louise-Suzanne de Béthune, mariée à treize ans au comte de Guiche. « Le comte de Guiche se soucioit si peu de sa femme, qu'il n'avoit épousée que parceque son père le vouloit, qu'il étoit bien aise de ne la jamais voir, et on disoit qu'il vivoit avec elle comme un homme qui vouloit

elle comme à son ordinaire ; que c'est une foible
raison d'alléguer sa beauté, puisqu'elle ne le
touche point ; qu'aussi il le conjure de vendre
son bien, qu'il saura bien le remplacer ; qu'il n'y
eut jamais un si beau pays que celui où l'on
s'aime. Le Maréchal a eu de la douleur, mais il
s'est armé de résolution [1].

se démarier un jour. » Dès les premiers temps de ce mariage, Benserade, dans son ballet d'Alcidiane, faisoit dire au comte de Guiche (1658) :

> Ma jeunesse, vive et prompte,
> Se modère d'aujourd'hui,
> Et trouvoit assez son compte
> Parmi les troupeaux d'autrui.
> Mais un pasteur m'a fait prendre
> Une brebis jeune et tendre,
> Douce et belle à regarder.
> Elle est tout à fait mignonne.
> Bien m'en prend qu'elle soit bonne,
> Car il faut toujours garder
> Tout ce qu'un pasteur nous donne.

1. *Var.* : Le ms. de Conrart est ici tout différent du texte que nous avons suivi. Il est surtout beaucoup plus court. Après la phrase qu'on vient de lire, on trouve ce passage :

« Pour Vardes, il a été si constant pour feu madame d'Elbœuf, qu'on lui feroit tort de douter qu'il le fût pour une femme qu'il aime si tendrement. Mais de toutes les amours du Palais-Royal, c'est celles du Roi et de La Vallière où il se trouve le plus de constance, de vertu et de tendresse. Et comme ils ont tous deux beaucoup d'esprit, de fermeté et de grandeur, leurs passions sont plus fortes et leur amitié sera sans doute plus grande que celle de Madame et de la princesse de Bade pour le comte de Froulay. Madame de Montausier lui envoya des tablettes, du consentement du Roi, qui dit vingt fois que madame de Montausier avoit raison et qu'il seroit admirable d'embarrasser La Vallière et de les lui envoyer par un visage inconnu. Voici ce qu'elle ajouta au bas de cette conversation :

> Est-il rien de plus beau ? »

Il nous semble qu'il y a plutôt ici une suppression qu'il n'y auroit une addition dans notre texte.

Le chagrin de Madame a été bien plus violent ; elle a choisi madame la duchesse de Crequi[1] pour être sa confidente, qui est une des plus aimables femmes qui soient à la cour. Elle est grande, brune ; elle a les yeux pleins d'éclat et de langueur, la bouche belle et de l'esprit infiniment, un peu mélancolique ; elle a voulu être dévote, mais chez elle la nature surmonte de fois à autre la grâce ; bonne catholique, encore meilleure romaine, je ne sais si le Saint Père lui pardonnera d'avoir entrepris jusque sur ses terres, et d'avoir partagé avec lui son empire[2]. C'est notre beau légat, dont j'entends parler ; chacun sait que c'est la plus belle mine d'homme que l'on puisse voir, et qu'il n'y a que les anges qui lui puissent disputer l'avantage de la beauté, et même de l'esprit ; il en a extraordinairement ; il est doux, insinuant et flatteur ; son cœur est tendre pour les femmes ;

1. Armande de Saint-Gelais de Lusignan de Lansac, dont il est souvent parlé, avant son mariage, sous le nom de mademoiselle de Saint-Gelais, dans les écrivains du temps, avoit épousé Charles III, premier duc de Créqui, dont elle eut une fille, Magdelaine, qui fut mariée en 1657 à Charles Belgique Holland de la Trémouille, prince de Tarente. On trouve son portrait, par le marquis de Sourdis, dans le Recueil de Mademoiselle. (Voy. édit. de Maëstricht, à la suite des Mémoires, t. 8, p. 282.) Le marquis vante sa beauté, sa prudence à la cour, sa piété.
2. Le légat ordinaire du Saint-Siége étoit le cardinal Antoine Barberin, grand-aumônier de France ; mais comme le cardinal Antoine avoit alors soixante ans, on voit facilement qu'il est ici question du légat extraordinaire qui fut envoyé en France à cette époque, et pour qui des fêtes brillantes furent données à Fontainebleau, le card. Fabio Chigi, neveu du pape Alexandre VII. Il avoit fait son entrée à Paris le 9 août 1664.

il est de la meilleure foi du monde, il aime madame de Crequi passionnément ; elle ne lui est pas sans doute ingrate ; l'Eglise et la cour retentissent de ses coups, car le comte de Froulay [1] est aussi fort amoureux ; mais à le voir, on diroit que l'amour seroit le Dieu des malades ou des enragés, tant il fait de cris et de plaintes.

Mais laissons-le là pour écouter Madame, qui se plaint à la Duchesse du peu de soin que le comte a de lui donner de ses nouvelles : « Eh bien, ma chère, dit-elle, que pensez-vous de cet ingrat, qui, après avoir reçu mille et mille marques de ma tendresse, m'a quittée sans espoir de retour, et m'abandonne à des chagrins épouvantables ? Je sais que le misérable qu'il est n'est éloigné que par les ordres du Roi. Je l'avoue, ma chère ; mais aussi avouez que, s'il m'aimoit autant comme il m'a toujours fait paroître, il travailleroit à apaiser le Roi. Mais, hélas ! il fait trop bien voir que l'aversion qu'il a pour lui, et ses ressentimens contre ses ennemis, se rapportent sur l'amour qu'il a pour moi. » Après qu'elle eut essuyé ses beaux yeux, elle fit ces deux couplets de chanson, qu'elle chanta tristement :

Iris au bord de la Seine,
Les yeux baignés de pleurs,

1. D'une célèbre famille du Maine, d'où sortit entre autres le maréchal de Tessé, neveu à la mode de Bretagne du comte de Froullay dont il s'agit ici, lequel étoit fils de Charles de Froullay et de Marguerite de Beaudan. Il fut, après son père, grand maréchal des logis de la maison du roi, avec 3,000 livres de gages, bouche à la cour ou son plat, deux pistoles par jour quand la cour marche, et autres appointemens. Il mourut sans alliance, en 1675, dans un combat près de Trèves.

Disoit à Célimène :
Conservez vos froideurs,
Les hommes sont trompeurs.

Ils vous diront, peut-être,
Qu'ils aiment tendrement ;
Mais si-tôt que les traîtres
Sont quinze jours absens,
On les voit inconstans.

« Voilà, ma chère, dit-elle à la Duchesse, ce que je pense en général de tous les hommes ; ce n'est pas que je ne connoisse bien qu'il est quelque commerce secret où il se trouve de la fidélité et de la constance.— Ah ! Madame, reprit la Duchesse, que vous avez de raison, et qu'il est des gens heureux dans le monde qui ne font point de bruit, qui ne veulent qu'eux-mêmes pour être les témoins de leur fidélité, et sans doute qu'elle est grande ! Mais j'avoue que je ne me puis persuader que l'amour à tambour battant soit tendre et sincère ; non, il ne l'est jamais : les hommes n'ont qu'une certaine envie de débusquer leurs rivaux, et ce n'est que par vanité que les femmes retiennent leurs esclaves ; elles seroient bien fâchées si l'on ne disoit en cour : Monsieur le duc, monsieur le comte, monsieur le chevalier est amoureux de madame une telle. Elles aiment bien mieux l'éclat et la dépense que des soupirs et des larmes. Ainsi il ne faut pas s'étonner si ces commerces se rompent : comme l'on trouve partout des belles, on en retrouve autant que l'on en perd. Mais, Madame, on ne trouve pas aisément des personnes qui aient l'esprit éclairé et au-dessus des bagatelles, dont le cœur soit tendre et délicat, qui n'aiment leur amant que pour sa vertu, son amour et sa fidélité.—Jamais, interrompit Madame, jamais je n'avois si bien compris le plaisir qu'une amour secrète peut donner; mais en vérité, Duchesse, je vois bien que notre beau Légat a rendu votre cœur merveilleusement savant; vous m'en direz des particularités à Saint-Cloud, où je vous prierai de venir passer quelques jours avec moi. » Elle lui accorda, et se séparèrent à cette condition.

Allons retrouver le Roi, qui cause bien plus à son aise que ces dames ici de la joie qu'il a d'aimer et d'être aimé : c'est avec le duc de Saint-Aignan et madame de Montausier qu'il s'entretenoit pour lors; et, sur une contestation qu'il y avoit entre le Duc et la dame, des effets d'une prompte inclination, le Roi écrivit ceci sur ses tablettes par un effet de sa mémoire ou de son esprit, j'ignore lequel, mais toujours est-il certain qu'il leur montra ces quatre vers :

Ah ! qu'il est bien peu vrai que ce qu'on doit aimer
Aussitôt qu'on le voit prend droit de nous charmer,
Et qu'un premier coup d'œil n'allume point les flam-
Où le ciel en naissant a destiné nos ames ! [mes

L'on doit bien penser combien cela est divin, combien cela est ravissant. Il voulut que madame de Montausier, qui fait tout ce qui lui plaît, écrivît aussi quelque chose de son amour. Elle s'en défendit tout autant qu'elle put, et à la fin elle fit aussi ceux-ci, sur ce que le Roi dit qu'il étoit bien résolu de satisfaire son cœur, et qu'il se railloit de ces gens qui passoient leur vie à blâmer ce que les autres faisoient.

L'on ne peut vous blâmer des tendres mouvemens
Où l'on voit qu'aujourd'hui penchent vos sentimens ;
Et qu'il est mal aisé que sans être amoureux
Un jeune prince soit et grand et généreux !
C'est une qualité que j'aime en un monarque ;
La tendresse d'un roi est une belle marque,
Et je crois que d'un prince on doit tout présumer,
Dès qu'on voit que son cœur est capable d'aimer.

Le Roi rendit bien les éloges que madame de Montausier lui avoit donnés, et obligea le Duc à inspirer aussi sa Muse, qui lui dicta ceux-ci :

Oui, cette passion, de toutes la plus belle,
Traîne dans un esprit cent vertus après elle ;
Aux nobles actions elle pousse les cœurs,
Et tous les grands héros ont senti ses ardeurs.

Madame de Montausier était trop spirituelle pour manquer une si belle occasion de faire sa cour au Roi, en lui faisant connoître que sa joie ne seroit pas parfaite si La Vallière ne voyoit cette petite conversation en vers. Le Roi lui en sut bon gré, et dit qu'il seroit bon de l'embarrasser, en lui envoyant par un inconnu, ce qu'ils firent, et voyez ce qu'elle ajouta ensuite :

Est-il rien de plus beau qu'une innocente flamme
Qu'un mérite charmant allume dans notre âme ?
Et seroit-ce un bonheur de respirer le jour,
Si d'entre les mortels on bannissoit l'amour ?
Non, non, tous les plaisirs se goûtent à le suivre,
Et vivre sans aimer, proprement, n'est pas vivre.

Le même qui porta les tablettes les rapporta,

et le Roi marqua autant d'impatience de voir la réponse, et ouvrit les tablettes avec autant de désordre, qu'il en eût eu des nouvelles du gain ou de la perte d'une grande bataille, tant il est vrai que la moindre chose de la part de ce que l'on aime est de conséquence aux véritables Amants. Il fut ravi d'y trouver des vers d'un caractère si passionné, qu'il les crut faits pour l'encourager à son amour; aussi ne tarda-t-il pas long-temps à lui en aller donner des preuves. Il fut aussitôt chez elle; mais s'il la trouva avec sa tendresse ordinaire, il la trouva aussi en une mélancolie extrême, qui ne venoit, lui disoit-elle, que de la peur qu'elle avoit qu'il ne l'aimât pas toujours avec autant d'ardeur : « car, continuat-elle, ne croyez pas que mon miroir ne m'apprenne bien que ma personne désormais n'est pas trop agréable ; j'ai perdu presque ce qui peut plaire, et enfin je crains avec raison que, vos yeux n'étant plus satisfaits, vous ne cherchiez dans les beautés de votre cour de quoi les contenter. Cependant, ne vous trompez pas; vous ne trouverez jamais ailleurs ce que vous trouvez en moi.— J'entends, j'entends tout, répartit le Roi avec une passion extrême; oui, je sais que je ne trouverai jamais en personne ces divins caractères qui m'ont su charmer, et que je ne trouverai jamais qu'en vous cet esprit admirable et charmant qui fait qu'auprès de vous, dans les déserts effroyables, on pourroit passer sa vie sans chagrin, et, au contraire, avec beaucoup de plaisir. Cessez donc d'outrager, par vos injustes soupçons, un prince qui vous adore, et croyez que je sais que je ne trouverai jamais en personne ce cœur

que j'estime tant, et sur la bonne foi duquel je me repose; et je m'imagine qu'il n'y a que lui qui aime comme je veux être aimé. Quelle peine aurois-je à discerner si ces coquettes aimeroient ma personne ou ma grandeur, si la joie de voir un roi à leurs pieds ne leur donneroit pas plus de plaisir que l'excès de mon amour leur donneroit de tendresse? Mais pour vous, je suis persuadé que votre esprit est au-dessus des couronnes et des diadèmes; que vous aimez mieux en moi la qualité d'amant passionné que celle de roi grand et puissant; qu'il est même des momens où vous voudriez que je ne fusse pas né sur le trône, pour me posséder en liberté : jugez donc si, connoissant en vous des sentimens si vertueux et si héroïques, je pourrois jamais changer en faveur de quelque beau petit visage que la moindre maladie pourroit détruire? Non, non, Madame, croyez que je ne me suis point donné à vous par l'éclat de votre teint, et par le brillant de vos yeux; cela a été par des qualités si belles que vous ne me perdrez jamais qu'avec la vie : en un mot, cela a été par votre âme, par votre esprit et par votre cœur, que vous m'avez fait perdre la liberté.
— Que vous avez de bonté, mon cher prince, d'employer toute la force de votre éloquence pour assurer un cœur qui ne craint trop que parce qu'il aime trop! Que je suis heureuse d'aimer un prince qui connoît et qui pénètre si bien mes sentimens! Oui, continua-t-elle en l'embrassant, vous avez raison de croire que votre grandeur ne m'éblouit point, que je n'ai point regardé votre couronne en vous aimant, et que je n'ai envisagé que votre seule personne : elle n'est,

croyez-moi, que trop aimable pour se faire bien aimer sans le secours des trônes ni des sceptres ; et plût au ciel, ai-je dit mille fois en moi-même, que mon cher prince fût sans fortune et sans autre bien que ceux que la vertu lui donne, et pouvoir passer ma vie avec lui dans une condition privée, éloignés de la cour et de la grandeur ! Mais mon amour ne m'a pas fait faire long-temps un souhait si injuste : je connois trop bien qu'aucun autre des mortels n'est digne de vous commander ; que le ciel ne pouvoit rien mettre au-dessus de vous sans injustice ; que des vertus aussi illustres que les vôtres ne doivent être entourées que de pourpre et de couronnes.—Quoique la modestie, répliqua le Roi, m'eût fait entendre toutes ces louanges avec confusion, j'avoue cependant que je vous ai écoutée avec un plaisir sans égal ; car, enfin, rien dans le monde n'est si doux que se voir estimé de ce que l'on aime ; et peut-on s'imaginer une plus grande satisfaction que celle-là ? » Mademoiselle de La Vallière réitéra encore que, quand elle ne seroit plus aimée du Roi, elle prendroit le parti de la retraite, en cas qu'il diminuât de sa tendresse pour elle ; et on ne peut s'imaginer avec quelle passion le Roi lui répondit [1].

Après que le Roi fut parti, La Vallière alla chez madame la Princesse [2], où il y avoit une bonne partie des dames de la cour et grand nombre

---

1. Tout le passage qui suit, jusqu'à la fin, manque dans la copie de Conrart. Nous donnons à la suite de cette histoire le texte qui se trouve dans le manuscrit.

2. Claire-Clémence de Maillé-Brezé, fille du maréchal de Brezé et de la sœur du cardinal de Richelieu.

d'hommes bien faits. Quelque temps après le Roi y arriva, sur le visage duquel il paroissoit une grande satisfaction. Madame la duchesse de Mazarin[1] y dit deux ou trois grandes naïvetés à M. de Roquelaure[2]; le prince de Courtenai[3], qui en étoit amoureux, en eut tant de honte qu'il en rougit, et que le Roi s'en aperçut; il se leva avec un emportement de rire d'auprès le prince de Conti[4], et dit à mademoiselle de La Vallière à demi-bas qu'il la remercioit de ne dire que d'agréables choses, et qu'il mourroit s'il lui étoit arrivé la même chose qu'au prince de Courtenai. La Vallière, en riant tout de même, lui dit qu'elle avoit aussi à le remercier d'avoir autant d'esprit qu'il en avoit, et qu'elle sentoit bien qu'elle ne se consoleroit pas, non plus que lui, si un tel malheur lui étoit arrivé. Il est vrai que M. Bussy, qui les entendoit, dit qu'on ne peut traiter plus agréablement et plus malicieusement un chapitre qu'ils firent celui-là.

Cependant madame de Créqui alla trouver Madame au jour qu'elle lui avoit marqué pour leur partie de Saint-Cloud. Elle y trouva Chison, qui étoit venu voir une des filles de Madame qui étoit malade : c'est le médecin de La Vallière, lequel a de l'esprit et du facétieux. Après qu'il eut entendu le mal de cette demoiselle : « Courage,

---

1. Voy. plus haut.
2. Voy. plus haut.
3. Louis-Charles, prince de Courtenay, comte de Cesy, fils de Louis, prince de Courtenay, et de Lucrèce-Chrétienne de Harlay. Il étoit né le 24 mai 1640; il se maria en 1669.
4. Armand de Bourbon, prince de Conti, frère du grand Condé.

lui dit-il, j'ai des remèdes pour tout, même pour le cœur des amans. — Hé! bon Dieu, reprit Madame, enseignez-les-moi promptement, pour dix ou douze que j'ai que je voudrois bien guérir, pourvu qu'il ne m'en coûtât que quelques herbes du jardin.— Ah! Madame, reprit-il, il m'en coûte bien moins que des herbes, il ne m'en coûte que des paroles. » Enfin, Chison, qui sacrifioit tout pour le divertissement de Madame, lui conta que le Roi l'avoit envoyé quérir, et qu'il lui avoit demandé avec une extrême émotion si effectivement mademoiselle de La Vallière pouvoit vivre, et si sa maigreur n'étoit pas un mauvais présage. — Et que lui avez-vous répondu? reprit Madame. — Quoi? reprit-il, Votre Altesse pouvoit-elle en être en doute? Je vous assure que je l'ai assuré avec autant de hardiesse de la longueur de ses années comme si j'avois eu lettre de Dieu. J'ai parlé en homme savant, de la vie, de la mort, des destinées; il ne s'en est presque rien fallu, lorsque j'ai vu la joie du Roi, que je ne lui aie promis une immortalité pour cette fille. — Vrai Dieu! s'écria Madame, quels charmes secrets a cette créature pour inspirer une si grande passion?—Je vous assure, reprit Chison, que ce n'est pas son corps qui les fournit. » Madame, en congédiant Chison, le pria de lui faire part de toutes ses petites nouvelles, et une heure après nos deux dames montèrent en carrosse pour Saint-Cloud.

En y allant elles rencontrèrent madame de Chevreuse avec son mari secret, M. de l'Aigles[1];

---

1. Le marquis de Laigues (et non l'Aigle), étant allé à

mais comme elles n'avoient alors que le bonheur de La Vallière en tête, elles ne s'arrêtèrent pas à parler de celui de ces deux personnes, quoique je n'en connoisse pas de plus grand. Elle demanda donc à la Duchesse si elle connoissoit rien de plus heureux que cette fille.— Oui, Madame, reprit hardiment la Duchesse, je me crois encore plus heureuse qu'elle lorsque je vois le Légat ; car il est certain qu'il est mille et mille fois plus charmant que le Roi.— Ah ! reprit Madame, que le Roi est pourtant aimable pour cette créature, et qu'il y a peu de gens qui lui puissent rien contester !— Mais, Madame, répliqua la Duchesse avec du dépit, vous demeurez toujours d'accord que monsieur le Cardinal-Légat est incomparablement plus beau et a plus de douceur, et, je pense, plus d'esprit que le Roi ; pour de la tendresse, mon cœur en est bien content.— Il est certain ce que vous dites, répliqua Madame, que le Légat a plus de mine et de douceur que le Roi ; mais pour de l'esprit, il faut que vous sachiez qu'on n'en peut pas avoir plus que le Roi n'en a avec ce qu'il aime, ni plus de respect. Encore une fois, Madame, vous ne savez pas combien le particulier du Roi est agréable avec une personne pour qui il a de la passion. Imaginez-vous que l'on diroit qu'il n'y a que cette seule personne en tout

---

Bruxelles en 1649, pour traiter avec l'Espagne au nom des Frondeurs, y trouva madame de Chevreuse. Laigues étoit jeune et fort bien de sa personne ; il réussit à lui plaire, et tous deux s'attachèrent si bien l'un à l'autre qu'ils ne se quittèrent plus. Brienne regarde aussi le marquis de Laigues comme « le mari de conscience de la duchesse ». Voy. M. Cousin, Vie de madame de Chevreuse, p. 225.

l'univers, qu'il regarde avec tout autant d'amour et de passion dans le dernier moment d'une visite de sept ou huit heures comme dans le premier; il lui sacrifie toutes choses et paroit ne dépendre que d'elle; il a mille et mille petits soins; enfin, si tout ce que mademoiselle d'Attigny [1] disoit à une de mes amies, ces jours passés, étoit vrai, comme je le crois, je ne connois personne qui aime si bien que le Roi.—Quoi, Madame, reprit la Duchesse, même le comte de Guiche ? — Il est bien aimable, reprit Madame, mais il n'est pas si passionné que le Roi. »

Après cela, la Duchesse la pria de lui tenir la parole qu'elle lui avoit donnée, de lui conter un peu comme elle découvrit que le Roi étoit amoureux de La Vallière. Madame lui accorda et lui satisfit en ces termes.

APPENDICE

A L'HISTOIRE DE Mlle DE LA VALLIÈRE.

<small>Nous donnons ici, comme nous l'avons annoncé plus haut, les pages qui terminent dans Conrart l'histoire de mademoiselle de La Vallière; on y trouvera, outre quelques détails sur les amours de madame de Créqui et du Légat, des particularités nouvelles.</small>

Mais pendant qu'ils goûtoient tant de délices dans leur entretien, Madame et la duchesse de Créquy n'en avoient pas tant. Elles étoient allées

---

1. Lisez : d'Artigny. Voy. plus haut.

se promener toutes deux pour se parler dans la liberté que leur amitié leur donnoit, quand Madame, qui n'avoit que des choses tristes dans le cœur, commença la conversation par des soupirs et la finit par des larmes. La Duchesse regrette aussi un amant, encore plus aimable et aussi tendrement aimé : car il faut dire à la louange de madame de Créquy que son cœur ne se peut donner à demi; et puis, à vous dire le vrai, ce n'est point à monsieur le Légat à qui l'on feroit de petits présens. Chacun sait qu'il a la plus belle mine d'homme que l'on puisse voir, et qu'il n'y a que les anges qui lui puissent disputer l'avantage de la beauté. Son esprit est admirable, doux infiniment et flatteur ; son cœur est tendre pour les femmes, et il aime avec une passion extrême. Madame de Créquy sans doute ne lui est pas ingrate.

Pour ne nous éloigner pas de l'affliction de Madame, qui étoit causée par le peu de soin que le comte de Guiche avoit pris de lui donner de ses nouvelles : « Eh bien ! ma chère, disoit-elle, que pensez-vous de cet ingrat, qui, après avoir reçu mille et mille marques de ma tendresse, me quitte sans espoir de retour, et m'abandonne à des chagrins épouvantables ? Je sais que vous me direz que le misérable qu'il est ne s'éloigne que par les ordres cruels du Roi, et qu'il n'a pu aller contre. Je l'avoue, mais aussi avouez-moi que, s'il aimoit autant qu'il m'a toûjours témoigné, il travailleroit à son retour et à apaiser le Roi. Mais, hélas ! l'aversion qu'il a pour lui et le ressentiment qu'il a contre ses ennemis l'emportent sur la passion qu'il a pour moi. Enfin, après avoir essuyé ses beaux yeux, elle fit ces deux couplets de chanson :

Iris au bord de la Seine...

Voilà, ma chère, dit-elle à la Duchesse, ce que je pense en général des hommes. Je vous trouve si sage de n'en aimer aucun, que j'admire votre prudence, ou plutôt la froideur de votre âme. »

La Duchesse rougit, et son cœur fit voir dans ses yeux que la flamme, pour en être sèche, n'en étoit pas moins ardente. De manière que Madame, qui est adroite, reprit finement, et cependant selon son cœur : « Quoi que je dise contre les hommes, il est pourtant vrai que je connois bien qu'il y a mille et mille agréables commerces secrets qui sont bien plus charmans que ceux où il y a tant de galanterie et d'éclat qu'ils obligent tout le monde d'en causer.—Ah ! Madame, reprit la Duchesse, qu'il est bien vrai ce que vous dites, et qu'il y a de gens heureux dans le monde qui ne font point de bruit ! Ils ne veulent qu'eux-mêmes à être les seuls témoins de leurs félicités, ou tout au plus quelque agréable confident ou confidente. — Pensez-vous en vérité me persuader que tous les amours sont tendres et sincères ? — Non, Madame, ils ne le sont point. Il n'y a qu'une certaine manière de débusquer ses rivaux, et j'ai ouï dire à monsieur le duc de Guise bien des fois qu'il n'a jamais mieux aimé mademoiselle de Pons [1] que lorsque

---

1. Tallemant a parlé longuement des amours du duc de Guise et de mademoiselle de Pons. Voy. édit. in-18, tom. 7, p. 111 et suiv.

personne ne le croyoit. Mais quand quelqu'un le sut, sa tendresse changea, et il l'aima depuis pour faire dépit à ceux qui en parloient. J'en connois mille qui n'aiment point, et ce qu'ils en font n'est que pour faire enrager des rivaux, et je pense même que les faveurs secrètes de leurs maîtresses ne leur sont chères qu'autant qu'elles sont publiques. Ah! Madame, est-ce là être amoureux ? L'amour ne veut que le mystère, le silence et le secret, et ces gens-là ne le veulent pas souffrir. Les femmes font de même, n'aimant pas plus que les hommes, et ce n'est que par vanité qu'elles retiennent leurs cœurs; elles seroient bien fâchées si l'on ne disoit au cercle : Monsieur le duc, monsieur le chevalier, est amoureux de madame une telle. Elles aiment bien mieux une magnifique collation, un bal bien ordonné, qu'un saisissement, qu'une plainte de n'être pas aimée, et enfin qu'une lettre tendre et touchante. Ce n'est pas que ces dames n'accordent aussi franchement les dernières faveurs à leurs amants que si elles les aimoient; mais c'est pour les obliger à faire de la dépense ou à leur donner de quoi en faire. Aussi ne faut-il pas s'étonner si ces commerces se rompent, si une absence détruit tout; et si l'on trouve beaucoup de femmes belles et de cette humeur, on en retrouve autant qu'on en perd. Mais, Madame, on ne retrouve pas aisément des personnes qui aient l'esprit délicat et au-dessus de la bagatelle. L'on n'en voit pas souvent dont le cœur se donne sans réserve, qui soient sincères et tendres, qui n'aiment en leurs amans que leur ardent amour, leur vertu et leur fidélité. Les femmes dont je vous parle chasseroient un empereur s'il déplaisoit à leur amant. Elles n'ont que ce qu'elles aiment en tête ; elles sont ravies quand l'occasion leur présente une entrevue secrète ; elles s'abandonnent aux transports ; elles se redisent en secret tout ce que leurs amans leur ont dit, et enfin ces cœurs-là sont bien pris. — Jamais, reprit Madame, je n'avois si bien compris les plaisirs qu'un amour secret donne, comme je fais maintenant ; mais en vérité, Duchesse, tu en parles trop bien pour ne les pas expérimenter. Dis-moi, je te prie, pour qui ton cœur s'est rendu si savant ? » La Duchesse se prit à rire, et lui demanda qui elle croyoit dans la cour qui l'avoit si bien instruite ! — Hé ! je ne sçai pas, dit Madame, car vous donnez si bon ordre à vos affaires que vous passez ici pour prude. Mais, ma belle, vous avez été à Rome. Je doute que, s'il y a quelque aimable Italien dont les passions sont violentes, il n'ait fait quelque effet dans votre âme. Mais je suis bien folle, ma foi ! c'est votre beau-frère, ou je suis bien trompée ; il vous voit assiduement, et l'un et l'autre vous paroissez fort amis, comme gens de nouvelle connoissance. — Aussi, reprit la Duchesse, cela est, car il m'a connue dès que j'étois à Rome. — Oui, dit Madame, vous aima-t-il dès ce temps-là ?— Et que vous êtes méchante de me vouloir embarrasser ! Mais enfin, je vous l'avoue, puisque je le veux bien, et vous ne me volez point mon secret ; je confesse donc que le Légat est plus aimable mille fois par l'esprit que par le corps, quoiqu'il le soit infiniment, même autant qu'on peut aimer ; et moi je l'estime plus que personne. — Ah ! Duchesse, tu n'en dis point assez ; tu as bien plus que de l'estime : car, enfin, jamais l'estime n'a inspiré tout ce que tu viens de dire. — Eh bien ! reprit la Duchesse, croyez si vous voulez que quelque chose de plus tendre m'ait fait ressentir la passion du Légat avec plaisir. » Et sur ce chapitre elle prit sa belle humeur et conta cette affaire tout autant qu'il plut à Madame de l'entendre, et la Duchesse l'avoua avec certitude.

HISTOIRE

DE L'AMOUR FEINTE

DU ROI POUR MADAME

HISTOIRE

DE L'AMOUR FEINTE

DU ROI POUR MADAME

Vous m'avouerez, ma chère, qu'il est plaisant qu'une princesse de mon rang ait été le jouet d'une petite fille comme La Vallière; cependant c'est ce qui m'est arrivé, et ce que je vais vous apprendre, puisque vous n'étiez point à Paris dans ce temps-là[1]. Vous saurez que peu de temps après que je fus mariée à Monsieur, lequel je ne pus jamais bien aimer, le Roi, qui, je pense, étoit de même pour la Reine, me venoit voir assez souvent et se plaignoit peu galamment de l'inutilité de son

---

1. L'auteur fait allusion au séjour de madame de Créqui à Rome, où son mari étoit ambassadeur en ce temps; il y fut victime d'une espèce d'assassinat qui motiva l'envoi en France du légat Chigi; celui-ci, en même temps qu'il apportoit au Roi une satisfaction, faisoit, paroît-il, une cour assidue à la femme de l'ambassadeur.

cœur, et que depuis le départ de madame de Colonne il étoit bien des momens dans la vie qui lui sembloient longs; il nous disoit souvent cela en présence de tout-à-fait belles femmes, et, quoique nous ne le trouvassions pas obligeant, c'étoit à qui le divertiroit le mieux. Un jour qu'il étoit bien plus ennuyé qu'à l'ordinaire, monsieur de Roquelaure [1], pour le tirer de sa rêverie, s'avisa malheureusement de lui faire une plaisanterie de ce qu'une de mes filles étoit charmée de lui, en la contrefaisant, et disant qu'elle ne vouloit plus voir le Roi pour le repos de son cœur, et mille choses de cette nature qu'effectivement La Vallière disoit. Comme vous savez qu'il donne l'air gogueñard à tout ce qu'il dit, il réussit fort à divertir le Roi et toute la compagnie; il demanda qui elle étoit, mais, comme il ne l'avoit pas remarquée, il ne s'en informa pas davantage; seulement il prit grand plaisir aux bouffonneries du sieur Roquelaure.

Trois jours après, le Roi, sortant de sa chambre, vit passer mademoiselle de Tonnecharante [2]; il dit à Roquelaure : « Je voudrois bien que ce fût

1. Voy. t. 1, p. 163 et suiv.
2. Gabrielle de Rochechouart, de la branche des comtes de Tonnay-Charente, étoit fille unique de Jean-Claude de Rochechouart et de Marie Phelippeaux de la Vrillière. Elle épousa, en 1672, le marquis de Blainville, fils de Colbert. Son père et le père de madame de Montespan étoient, l'un et l'autre, petits-fils de René de Rochechouart; Gaspard, fils de René, avoit eu lui-même pour fils Gabriel, père de madame de Montespan, et Louis, comte de Maure. La comtesse de Maure, tante de madame de Montespan, étoit donc alliée, à un degré fort rapproché, de mademoiselle de Tonnay-Charente. Il étoit nécessaire de débrouiller cette parenté qui explique certains faits postérieurs.

celle-là qui m'aimât. — Non, Sire, lui dit-il, mais la voilà », en lui montrant La Vallière, à laquelle il dit, en notre présence à tous, d'un ton fort plaisant : « Eh! venez, mon illustre aux yeux mourans, qui ne savez aimer à moins qu'un monarque! » Cette raillerie la déconcerta ; elle ne revint pas de cet embarras, quoique le Roi lui fît un grand salut et lui parlât le plus civilement du monde. Il est certain qu'elle ne plut point ce jour-là au Roi ; mais il ne voulut pourtant point qu'on en raillât.

Six jours après, il advint mieux pour elle ; car elle l'entretint fort spirituellement deux heures durant, et ce fut cette conversation fatale qui l'engagea. Comme il eût eu honte de venir voir cette fille chez moi sans me voir, que fit-il ? Il trouva moyen de faire dire à toute sa cour qu'il étoit amoureux de moi ; il en parloit incessamment ; il louoit mon air et ma beauté, et enfin je fus saluée de toutes mes amies de cette nouvelle. Cependant il ne m'en donnoit point d'autres preuves que d'être continuellement chez moi, et, dès qu'il voyoit quelqu'un, d'être attaché à mon oreille à me dire des bagatelles ; et après cela, il retomboit dans des chagrins épouvantables. Il me mettoit souvent sur le chapitre de la belle, en m'obligeant de lui dire jusques aux moindres choses ; et comme je croyois que ce n'étoit que par ce qu'on lui en avoit dit, et que d'ailleurs j'étois bien aise de le divertir, je l'en entretenois autant qu'il le vouloit. Il la voyoit souvent en particulier, et prenoit quelquefois un ton de raillerie pour autoriser ses conversations ; mais pour peu que je continuasse, je voyois bien par la mine qu'il faisoit quand quelqu'un la choquoit, qu'il n'étoit pas content. Il la faisoit venir souvent, et effectivement il étoit bien plus agréable et fournissoit bien davantage à la conversation que lors qu'elle n'y étoit pas. Cependant concevez que j'en étois la malheureuse, ne voyant presque plus personne, de peur qu'on avoit de lui déplaire; il n'y avoit que le pauvre comte de Guiche qui venoit toujours hardiment me voir. Bon Dieu, que j'étois aveuglée!

Il me souvient qu'un jour que mademoiselle de Tonnecharante avoit la fièvre, que La Vallière étoit auprès d'elle, d'abord que le Roi le sçut, il en fut tout ému et se leva pour l'aller quérir. Le comte me dit : « Ah! que le Roi, Madame, est honnête homme, s'il n'a point d'amour! » Je vous avoue que je ne le croyois pas, quoique chacun dît le contraire; la jeune Reine même me le persuadoit bien mieux que les autres par sa froideur pour moi, qu'elle prétendoit venir de ce que j'avois ri un soir qu'elle pensa tomber ici en dansant; Monsieur m'en donna aussi des attaques à la chasse : en vérité, quand j'y pense, nos deux illustres se divertissoient bien de ma simplicité; mais achevons.

Un jour que la comtesse de Maure[1] me vint voir, La Vallière lui demanda si elle n'avoit point vu la Tonnecharante, qui étoit sortie pour l'aller voir. Vous connoissez bien l'esprit de la comtesse, qui étoit sa particulière amie; elle trouva que La Vallière ne parloit pas comme elle devoit

---

[1]. Anne Doni d'Attichi, femme de Louis, comte de Maure, la célèbre amie de madame de Sablé et de mademoiselle de Montpensier.— Voy. la note précédente.

de sa parente et de son amie [1] ; elle s'en plaignit à moi. Je vous avoue que dans mon âme je trouvai le caprice de cette dame plaisant, de trouver à redire qu'on n'avoit point dit mademoiselle de Tonnecharante ; mais comme j'avois gardé un dépit secret contre La Vallière de ce que le soir précédent le Roi l'avoit presque toûjours entretenue, je lui en fis un si grand bruit, en la reprenant aigrement devant madame de Maure, en lui disant que je faisois grande différence d'elle avec toutes mes filles, et que je la trouvois fort entendue depuis quelque temps, qu'elle en pleura de rage et de chagrin. Ce qui l'outragea plus sensiblement, c'est qu'elle nous avoit entendu la railler avec mépris de sa prétendue passion pour le Roi, et, comme vous savez que madame de Maure décidoit souverainement de tout, elle la traita de fille qui à la fin aimeroit les héros des romans.

Nous n'avions pas encore décidé ce chapitre, que le Roi entra dans ma chambre. Je vous avoue, duchesse, que dans ce moment il me parut plus aimable que tout ce que j'ai jamais vu. Mais Dieu ! que cette aimable joie se dissipa bientôt, lorsqu'il aperçut La Vallière entrer par une autre porte, les yeux gros et rouges à force de pleurer ! Non je n'entreprendrai point de vous dire

---

1. Voy. ci-dessus p. 100. — L'auteur lui prête ici une sorte de fierté fort susceptible que n'avoit point madame de Maure, si l'on en croit les portraits que nous ont laissés d'elle le marquis de Sourdis, dans le Recueil de portraits dédiés à Mademoiselle, et Mademoiselle elle-même dans son petit roman de la *Princesse de Paphlagonie*, où Madame de Maure paroît sous le nom de *Reine de Misnie*. Partout on s'accorde à louer sa bonté.

quel fut ce changement, qu'il tâcha de cacher pour lui dire en riant qu'il l'aimoit assez pour vouloir savoir ses chagrins. Je pense qu'elle lui fit bien ma cour : il sortit un moment après, disant qu'il m'avoit vue, et que c'étoit assez. Il revint cependant le soir avec la Reine-Mère, qui étoit suivie de plusieurs de nos dames. Elle nous montra un bracelet de diamans d'une beauté admirable, au milieu duquel étoit un petit chef-d'œuvre : c'étoit une petite miniature qui représentoit Lucrèce ; le visage en étoit de cette belle Italienne qui a tant fait de bruit dans l'univers ; la bordure en étoit magnifique et enfin toutes tant que nous étions de dames eussions tout donné pour avoir ce bijou. A quoi bon le dissimuler? je vous avoue que je le crus à moi, et que je n'avois qu'à faire connoître au Roi que j'en avois envie pour qu'il le demandât à la Reine, car tout autre que lui ne l'auroit jamais pu obtenir d'elle. En effet, je ne manquai rien pour lui persuader qu'il me feroit un présent fort agréable s'il me le donnoit. Il étoit si triste qu'il ne me répondit rien ; cependant il le prit des mains de madame de Soissons, qui le tenoit, et l'alla montrer à toutes nos filles. Il s'adressa à La Vallière pour lui dire que nous en mourions toutes d'envie, et ce qu'elle en trouvoit ; elle lui répondit d'un ton languissant, précieux et admirable. Le Roi n'eut pas la patience ni la prudence d'attendre à le demander qu'il fût hors de chez moi ; car avec un grand sérieux il vint prier la Reine de le lui troquer, et elle le lui donna avec bien de la joie. Dieu sait quelle fut la mienne lorsque je le lui vis entre les mains !

Après que tout le monde fut parti, je ne pus m'empêcher de dire à toutes mes filles que je serois bien attrapée si je n'avois pas le lendemain ce bijou à mon lever. La Vallière rougit et ne répondit rien; un moment après elle partit, et la Tonnecharante la suivit doucement. Elle vit La Vallière comme je vous vois regarder ce bracelet, le baiser, puis le mettre dans sa poche, lorsque la Tonnecharante l'empêcha par un cri qu'elle fit, à dessein de lui faire peur. Je pense qu'elle en eut aussi; mais, après s'être remise, elle ne chercha point de finesse, elle lui dit : « Eh! bien, Mademoiselle, vous voyez que vous avez le secret du Roi entre vos mains; c'est une chose délicate, pensez-y plus d'une fois. » Voici la Tonnecharante aux prières de lui dire la vérité de toute cette intrigue. La Vallière lui dit sans façon les choses au point qu'elles en étoient; après quoi elle écrivit toute cette aventure au Roi.

Le lendemain il vint chez moi dès les deux heures, et parla près d'une heure à elle. Il voulut dès ce jour-là la tirer de chez moi; elle ne le voulut pas. Il souhaita qu'elle prît ces boucles d'oreilles et cette montre, et qu'elle entrât dans ma chambre avec tous ses atours; ce qu'elle fit. Je lui demandai devant le Roi qui lui pouvoit avoir donné cela. — « Moi », répondit le Roi peu civilement. Je demeurai muette; mais, comme le Roi souhaita que j'allasse à Versailles et que j'y menasse cette créature, j'attendis à la chapitrer devant les Reines. Assurément que le Roi s'en douta, et ce fut ce même jour qu'il nous fit cette incivilité à toutes, de nous laisser à la pluie qui survint dans ce temps-là pour donner la main à La Vallière, à laquelle il couvrit la tête de son chapeau. Ainsi il se moqua de nos desseins, et ne fit plus de secret d'une chose dont nous prétendions faire bien du mystère. Jugez après cela, ma chère, de l'obligation que je dois avoir au Roi.

La duchesse [1] la plaignit, et elles passèrent cinq à six jours parlant chacune de leurs affaires, après lequel temps elles revinrent à Paris. Madame alla descendre au Louvre, où elle trouva presque toutes les femmes de qualité de la cour qui étoient venues visiter la Reine-Mère, qui avoit une légère indisposition [2]. Le Roi vit entrer monsieur de Roquelaure, auquel il demanda si l'on parleroit éternellement de ses malices pour les femmes, à cause que le soir précédent il avoit rompu avec madame de Gersay [3] fort mal. — « En vérité, lui dit le Roi, cette réputation de se faire aimer des femmes et puis se moquer d'elles ne me charmeroit point ; qui peut autoriser un homme qui manque de probité pour elles ? car enfin, si parce que l'on n'a à essuyer que leurs plaintes et leurs larmes il faut n'en rien craindre, je trouve cela horrible ; et puis, quiconque a de la probité en doit avoir partout. — En vérité, reprit la première et la plus aimable duchesse de France, cela est bien glorieux pour nous, qu'un roi comme le nôtre défende nos intérêts si généreusement. —

---

1. L'auteur prend ici brusquement la parole, qu'il avoit laissée à MADAME depuis le commencement de ce récit. On se rappelle que Madame s'adressoit à la duchesse de Créqui.

2. La Reine mère étoit depuis long-temps atteinte d'un cancer.

3. Voy., sur le marquis de Jarsay, dont la femme est ici en jeu, t. J, p. 74.

Ah! Madame, dit le Roi, je n'en aurois pas besoin si toutes les femmes étoient faites comme vous. — Après tout, dit la Reine, monsieur de Guise[1] se décria tellement pour deux ou trois affaires de cette nature que quand il est mort il n'eût pas trouvé une lingère du palais qui l'eût voulu croire. — Mais, Madame, lui dit Roquelaure en riant, quand un confesseur commande de rompre? — Ah! la bonne conscience! interrompit le Roi; ah! l'homme de bien! » Il continua cette conversation encore une heure, toujours pillant[2] Roquelaure. Ensuite il alla penser pour se confesser le lendemain, qu'il communia avec une dévotion admirable, et partagea la journée en trois : à Dieu, aux peuples, et à La Vallière, à laquelle il donna la fête de toutes les façons. Mais celle qui m'auroit le plus agréé, c'est un meuble entier de cristal tout façonné : il est certain que tous les meubles que j'ai jamais vus en ma vie doivent céder à la beauté et à l'éclat de celui-ci ; le seul candélabre est de deux mille louis. Deux jours après La Vallière envoya au Roi, par un gentilhomme de son frère, un habit et la garniture avec ce billet :

Je vous avoue que je me sens un peu de vanité

1. Henri de Lorraine, deuxième du nom, duc de Guise, pair et grand chambellan de France, né en 1614, mort en 1664. Ses prétentions, sa jactance, ses nombreuses amourettes, ont été maintes fois racontées et chansonnées. On a vu plus haut (p. 93) une allusion à son amour pour mademoiselle de Pons. C'est à lui que Somaize dédia son *Dictionnaire des Précieuses*. Voy. notre édition de ce livre, t. 2, p. 251.
2. *Piller*, railler, agacer. Terme pris de la chasse ; on dit à un chien : *Pille, pille*, c'est-à-dire mords. De là *houspilier*.

lors que je pense que je suis en état de pouvoir faire des présens au plus grand roi du monde ; car vous voulez bien, mon illustre prince, que je sois persuadée que tout ce qui vous vient de moi vous est agréable, et que vous estimez plus une marque de ma tendresse et de mon amitié que tous les trésors de votre royaume. Pensez un peu, en vous habillant, qu'il n'est pourtant pas besoin d'être magnifique pour me plaire.

Cette lettre plut au Roi, comme tout ce qui vient de La Vallière ; voici ce qu'il lui repartit :

Oui, ma chère mignonne, vous êtes en état de me faire des présens, et je les reçois avec plus de joie de votre main que je ne ferois de tout l'empire de l'univers par celles de tous les hommes ; mais, ma belle enfant, conservez-moi toujours le glorieux don que vous m'avez fait de votre cœur, car c'est celui-là qui m'oblige à regarder tous les autres avec plaisir. Ayez un peu d'envie de me voir avec l'habit que vous me donnez.

Elle en eut une grande commodité, car il le porta plus de quinze jours de suite. Il lui en envoya peu de temps après six merveilleusement riches et superbes, avec une échelle [1] et une ceinture de diamans, afin de monter avec plus de facilité au haut du mont Parnasse, et une veste [2] comme celle de la Reine, qui lui sied fort bien.

---

1. Les femmes portoient alors des échelles de rubans, c'est-à-dire des nœuds de rubans fixés par échelons le long du busc ; les diamants remplacent ici les rubans.

2. « VESTE. Espèce de camisole qui est ordinairement d'étoffe de soie, qui va jusqu'à mi-cuisse, avec des boutons le long du devant et une poche de chaque côté. Les vestes étoient, il y a quelques années, plus courtes, et même elles n'avoient point de poches d'homme. » (*Richelet*.) — Il est à

Elle étoit dans cet état lorsque le Roi alla à la revue qu'il fit de ses troupes à Vincennes devant messieurs les ambassadeurs d'Angleterre. Voyant passer le carrosse de La Vallière, il s'avança au galop et fut une heure et demie à la portière, chapeau bas, quoiqu'il fît une petite pluie que nous trouvions fort incommode, et, en s'en retournant, il rencontra à douze pas de là celui des Reines, auquel il fit un grand salut. La semaine suivante, ils allèrent tous deux seuls à Versailles, ne voulant point que mademoiselle d'Artigny y fût, tant il est vrai que dans l'amour le secret est plaisant. Cela me fait souvenir du cardinal légat [1], qui disoit un jour à monsieur de Créqui : « Parbleu, Monsieur, mon plaisir diminueroit de la moitié si je croyois qu'on m'entendît. »

A moitié chemin, Des Fontaines [2], par ordre du roi, lui prépara un grand repas, duquel il eut cent louis. Ils restèrent six ou huit jours à Versailles, et se divertirent à la chasse, à la promenade, au lit et à tout ce qu'ils voulurent. En s'en revenant à Paris, mademoiselle de La Vallière tomba de cheval, qui ne se seroit pas fait grand mal si elle n'eût pas été maîtresse du Roi ; mais, à cause de cela, il la fallut saigner promptement. Je ne sais par quelle raison elle vouloit que ce fût au pied ; le Roi, qui voulut y

croire que les *vestes* des femmes différoient de celles que portoient les hommes.

1. Le cardinal Chigi, dont nous avons parlé plus haut, amoureux de madame de Créqui.
2. Le sieur Des Fontaines ne figure à aucun titre à cette époque sur l'état de la maison du Roi.

être, fit plus de mal que de bien, car il cria tant aux oreilles du chirurgien que la peur lui fit manquer deux fois son coup. Son amant devint pâle comme un linge; mais ce fut bien autre chose quand on vit que mademoiselle de la Vallière, en retirant son pied, fit rompre le bout de la lancette. Le Roi, animé comme si ce misérable l'eût fait exprès, lui donna un coup de pied de toute sa force, qui en vérité est beaucoup dire, et l'envoya d'un bout de la chambre à l'autre. Le Roi se jeta à sa place, et prit le pied de cette admirable[1], en attendant un autre chirurgien, qui lui tira le bout de la lancette et la saigna fort bien. Elle fut pourtant obligée de garder le lit un mois. Le Roi différa dix jours, pour l'amour d'elle, son voyage à Fontainebleau, après lequel il fallut partir; mais tous les jours elle avoit des nouvelles du Roi, et le Roi en avoit des siennes. Voici un des billets qu'elle lui écrivit :

Mon Dieu! qu'il est incommode d'aimer un prince aussi charmant que vous! on n'a pas un moment de repos, on craint même mille choses qui ne peuvent pas arriver; enfin je vous veux souvent du mal d'être trop aimable. Plaignez donc ce cœur que vous rendez malheureux; excusez-le de toutes les peines que je vous donne de m'aimer triste, absente, importune, et, si j'ose dire, jalouse.

En voici la réponse :

Le triste état où mon cœur me réduit depuis que je ne vous vois pas, mon enfant, est assez pitoyable

---

1. *Admirable, illustre*, remplacèrent le mot *précieuse*, lorsqu'il fut discrédité.

pour vous obliger à partager mes chagrins, et à être touchée de pitié pour les maux que votre absence me fait souffrir, qui ne peuvent être adoucis par tous les divertissemens que mon cœur me fournit; ainsi je puis être persuadé qu'il est des momens où vous souffrez tout ce qu'une personne qui aime peut souffrir.

Une heure après que ce billet fut parti, l'impatience du Roi fut si grande pour voir sa maîtresse qu'il pria le duc de Saint-Aignan de l'aller quérir, ne le pouvant pas lui-même à raison de quelques affaires importantes qu'on traitoit pour lors dans le conseil. Le duc partit aussitôt, et deux jours après nos deux amans goûtèrent la satisfaction qu'il y a de se voir après une si petite absence. Leur joie fut grande; celle de la Reine ne fut pas de même, qui avoit déjà assez de chagrin sans celui-là, d'avoir presque entendu toutes les nuits que le Roi rêvoit tout haut de cette petite pute (c'est ainsi qu'elle la nommoit, parce qu'elle ne sçait pas assez bien le françois).

C'est une bonne princesse; le Roi est un grand prince, personne n'est digne d'être sur nos têtes que lui; jamais on n'a vu de grands hommes qui, aussi bien que lui, n'aient été vaincus par l'amour: admirons toujours sa bonne foi, sa tendresse et sa grande constance, et de mademoiselle de La Vallière l'esprit et la modération [1].

---

1. A voir cette sorte de conclusion qui se rattache si peu à ce qui précède, il n'est pas douteux, ce semble, que le récit n'ait été interrompu, et qu'il y ait ici une lacune. — Nous avons vainement cherché un texte plus complet.

LA DÉROUTE ET L'ADIEU

DES

FILLES DE JOYE

DE LA VILLE ET FAUBOURGS DE PARIS

Avec leur nom, leur nombre, les particularités
de leur prise et de leur emprisonnement

ET LA

REQUÊTE A MADAME DE LA VALLIÈRE.

LA DEROUTE ET L'ADIEU

DES

FILLES DE JOIE

DE LA VILLE ET FAUBOURGS DE PARIS

Avec leur nom, leur nombre, les particularités
de leur prise et de leur emprisonnement

ET LA

REQUESTE A MADAME DE LA VALLIÈRE

J'écris la déroute fameuse
De la bande autrefois joyeuse,
Mais qui n'est plus en ce temps-ci
Qu'une bande fort en souci.
Quoiqu'il en soit, quoiqu'on en croie,
Je chante des filles de joie
L'adieu, les regrets et les pleurs,
Sans prendre part à leurs malheurs.

Muse, qui connois cette race,
Qui t'a souvent fait la grimace
Et méprisé cent fois tes vers,
Lorgne-les toutes de travers,

Et fais aussi que je les voie,
Non plus comme filles de joie,
Mais en filles qui font pitié;
Pourtant, vers moi sans amitié,
Pour cette troupe de sirènes,
Et pour fruit de toutes mes peines,
Fais que quelque fille de bien
M'aime un peu sans m'en dire rien.

Paris est un séjour commode
Où chacun peut vivre à sa mode,
Avec droit d'y manger son pain,
Comme dans l'empire romain,
Car on y vit sous un roi juste,
Comme on faisoit du temps d'Auguste,
Avec la même liberté,
Aussi bien l'hiver que l'été;
Et chacun à sa fantaisie
Y prend le droit de bourgeoisie;
Mais comme enfin tout se corrompt,
Le nom de bourgeois fait affront,
On veut être encor davantage[1]*;*
De liberté libertinage
Se produit insensiblement,
Et puis il faut un règlement.
La femme, comme plus fragile,
Commence un desordre de ville,
Et veut toujours prendre plus haut

---

1. La Fontaine a dit :
   Tout bourgeois veut bâtir comme les grands seigneurs,
      Tout prince a des ambassadeurs ;
      Tout marquis veut avoir des pages.
— Molière a souvent pris le mot *bourgeois* dans un sens injurieux.

Qu'elle ne doit et qu'il ne faut.
La moindre se fait demoiselle [1];
Il faut brocards, il faut dentelle,
Il faut perles et diamans,
Il faut riches ameublemens,
Et mille autres telles denrées [2];
Mais pour les rendre ainsi parées,
Il faudroit que tous les maris
Fussent de vrais Jean de Paris.
De la vient la source maligne
Qui cause le malheur insigne
D'être enfin prise au saut du lit
Et surprise en flagrant délit.
O Dieu! qu'on en prend de la sorte!
Sans celles que la fausse porte
Fait sauver par quelques détroits
Pour être prise une autre fois.
Ninon dans un fiacre est prise
Avec un homme à barbe grise;
Nannon au carrosse à cinq sous [3]
Se laisse prendre et file doux;
Lucrèce en sortant est grippée;
Babet en dansant est hapée;
On surprend Manon et Cataut

---

1. C'est-à-dire noble. Les filles nobles étoient seules appelées « mademoiselle ».

2. Les reproches faits de tout temps aux femmes à ce sujet ont toujours alimenté la littérature de feuilles volantes. Voy., dans cette collection, le *Recueil de poésies françoises du XVe et du XVIe siècle*, publié par M. Anat. de Montaiglon, *passim*, et surtout t. 5, p. 5, et les *Variétés historiques et littéraires*, publ. par M. Ed. Fournier.

3. Les carrosses à cinq sous étoient des espèces d'omnibus. Loret parle de leur établissement. M. de Montmerqué en a écrit l'histoire.

*Qui vont l'une en bas l'autre en haut;
Jeanneton aux sergens fait tête.
On ne vit jamais telle fête.
Pots, pintes, tables, escabeaux,
Sièges, chandeliers, cruches, seaux,
Vaisselle, sans être comptée,
Volent d'abord sur la montée.
Tout y fait le saut périlleux,
Jusqu'aux bouteilles deux à deux;
Puis Jeanneton court à la broche.
Cependant un sergent l'accroche;
Elle l'égratigne et le mord.
Les voilà tous deux en discord,
Prêts à s'arracher la prunelle;
Mais le sergent est plus fort qu'elle:
Il l'entraîne contre son gré,
Lui fait sauter plus d'un degré,
Et, sans entendre raillerie,
La mène à la Conciergerie.
On déniche dès le matin
La fameuse et fière Catin:
Quoiqu'on la fasse aller en chaise,
Elle n'est pas trop à son aise,
La commodité lui déplaît;
Mais on s'en sert telle qu'elle est.
Marquise, comtesse ou baronne,
Il faut comparoître en personne,
Et faire entrée au Chatelet,
A jour ordonné sans délai:
C'est un arrêt irrévocable.
On prend au lit, on prend à table;
Pourvu qu'on soit en mauvais lieu,
Suffit, la prise est de bon jeu.
On a beau dire: Je suis telle,*

Je suis d'auprès de la Tournelle,
Mon mari me connoit fort bien;
Tout ce discours ne sert de rien,
Il faut aller où l'on vous mène.
Pourquoi courir la pretantaine,
Lui disent les sergens railleurs,
Et venir autre part qu'ailleurs?
Hé bien! que votre mari vienne,
Qu'il vous retire et vous retienne,
S'il ne vous fait le même tour
Que le procureur de la cour
Fit l'autre jour à telle dame
Qui voulut se dire sa femme :
« Allez, je ne vous connois point,
Et demeurons en sur ce point »,
Lui dit-il fort bien en colère.
A cela que pourriez-vous faire ?
Quand un homme est ainsi faché,
Sa femme en porte le péché.
A propos, chez dame Thomasse,
Deux femmes de fort bonne race
Furent prises au trébuchet,
Et passèrent hier le guichet,
Et tous les jours on en attrape
A l'heure que l'on met la nape :
Cela veut dire en plein midi[1].
Ha! qu'un sergent est étourdi,
De venir frapper à cette heure!
Personne à table ne demeure;
Il peut tout seul se mettre là :

1. Pendant tout le 17e siècle l'usage se maintint de dîner à midi. Dans la satire du Repas, Boileau dit :

J'y cours, midi sonnant, au sortir de la messe.

Car aussitôt chacun s'en va,
Laisse chapon, ragoût et soupe,
Laisse du vin dedans sa coupe,
Et fait place à quatre sergents
Qu'il laisse buvans et mangeans,
Et souhaite qu'ils en étouffent,
Tandis que les dames s'époufent.

    D'autres, avec des Savoyards,
S'enferment bien de toutes parts,
Puis sortent par la cheminée;
De quoi la cohorte étonnée
Pense que le diable a pris part
A cet inopiné départ.
Rien ne sort à porte rompue,
Elles sont déjà dans la rue;
Les Savoyards crient haut et bas :
Sergens, vous ne nous tenez pas;
Mais les sergens, tout pleins de rage,
S'en prennent d'abord au ménage;
Ils renversent et brisent tout;
Chacun en emporte son bout,
Mais ce bout ne vaut pas la peine
De faire une entreprise vaine.
Ils vont chez la belle aux beaux yeux;
Chez elle ils réussiront mieux;
Elle est dame à se laisser prendre
Et point difficile à se rendre;
Tout bretteur se rend maître là,
Si-tôt qu'il a dit : Me voilà !
Sergent qui commande à baguette
N'a pas moins de droit que la brette;
Ouvrez vite, c'est temps perdu,
Levez-vous, le lit est vendu,

*Lui dit-il en propres paroles.
Prenez, dit-elle, deux pistoles
Et me laissez vivre en repos.
C'est párler for mal à propos.
Ha! vous ne ferez point affaire,
Dit le sergent fort en colère.
Pour qui me prenez-vous ici?
Pensez-vous échapper ainsi?
Si je n'avois la retenue,
Vous iriez à pied par la rue;
Mais c'est en chaise que l'on sort
Quand on en veut payer le port.
Tel est le destin de nos belles
Et d'autres qui sont avec elles:
Nicole, Claudine, Margot
Et Perrete et Jeanne au pied-bot,
Martine, la souffle-rôties,
Toutes servantes addenties,
Qui deçà, qui delà, font flus,
Mais elles ne reviennent plus.
Bon pied, bon-œil et bonne bête
Fait bien lors un coup de sa tête.
Comme on déniche des moineaux,
Ou comme l'on cuit des perdreaux,
Tout ainsi l'on prend Christoflette,
Poncette, Gilette, Nisette,
En sortant de leurs nids à rats;
L'une échappe de l'embarras,
On la prend, on lui dit. C'est que* [1]
*Il faut venir au Fort l'Evêque,
Et de prises pour un matin
J'en compte cent, sans le fretin.*

---

1. Vers faux, tel dans le texte. — On en remarquera plusieurs autres.

Guère de gens ne sont en peine
De s'informer où l'on les mène,
Excepté quelques perruquiers,
Quelques parfumeurs et poudriers,
Quelques faiseurs de confitures,
Ou bien de mignonnes chaussures,
De fards, de pommades, de gands,
De vieilles jupes, vieux rubans,
Repassez à la friperie,
Et faiseurs de pâtisserie.
Hé quoi ! si souvent escroqués,
Faut-il encore qu'ils soient moqués ?
O personnes ensorcelées,
De prêter ainsi leurs denrées
Sur janvier, février et mars,
Pour courre après de tels hazards !
Au contraire, mille personnes
Prudentes, sages, belles, bonnes,
Rendront grâce aux bons magistrats
Qui leur ont sauvé tant de pas,
Et réduit leurs maris à vivre
D'un air qu'il ne les faut pas suivre.
O combien d'argent épargné
A tel, qui pour être lorgné
Le faisoit, mettant tout en gage,
Et trop tôt gueux et trop tard sage !
Voilà ce que c'est d'écouter
Un sexe qui vient nous tenter,
Qui nous fait croire qu'il nous aime,
Et puis nous perd comme lui-même !
O qu'elles sont en bel état
Pour un marquisat ou comtat !
Ainsi fait la vanité sotte
D'une poupée une marotte,

D'une belle idole un jouet,
Et du jeu l'on en vient au fouet [1].
C'est là d'une façon fort belle
Se faire passer demoiselle.
Et pourtant une infinité
Passent en cette qualité ;
Mais la prudente politique
En va faire une république
Que l'on veut envoyer à l'eau,
S'entend pourtant dans un vaisseau.
Alors toute personne sage
Fera des vœux pour leur passage,
Priera les flots, Neptune aussi,
De les porter bien loin d'ici [2].
Aux vents, pour moi, je fais prière
De leur bien souffler au derrière,

1. Le fouet étoit alors un châtiment fort commun. Guy-Patin (Lettre du 6 juin 1664) parle d'une personne de la rue au Fer qui « avoit eu le fouet au cul d'une charrette », parcequ'elle faisoit passer, pour 15 sous de gain, des louis qui n'avoient pas le poids. Loret raconte une aventure du même genre :

> Tout à l'heure on me vient de dire
> Chose qui m'a quazi fait rire,
> C'est qu'a midi precizement,
> Par un arrêt du Parlement,
> On a fouetté par les rues
> Une vendeuse de morues,
> Sur le dos, et non pas pas partout,
> Et puis la fleur de lis au bout.
> Cette muette de la halle...
> Brocardoit d'etrange façon
> Ceux qui marchandoient son poisson...
> Quoique d'une façon cruelle
> Son sang coulât de tous côtez,
> Chascun crioit : fouetez ! Fouetez !

(*Muse hist.*, Gaz. du 9 juin 1657.)

1. On les envoyoit souvent en Amérique, au Canada de préférence.

*C'est du navire que je dis;
J'excepte le vent yapis* [1] :
*Car ce vent seroit tout contraire,
Et des poètes d'ordinaire
Il est invoqué pour les gens
Qu'on veut revoir en peu de temps.*

*Alors aussi d'autre manière
Tout débauché fera prière;
Mais prières de débauchés
Sont souvent autant de péchés;
Le Ciel, qui le sait, les délaisse
Et ne s'en hausse ni s'en baisse;
Les enfans leur crient au renard* [2].
*Pourtant dans ce fameux départ
On voit blémir un pauvre drôle
Quand il entend lire le rôle
Où des premières est Fanchon,
Qui de ses deux yeux de cochon
Lui vint percer le cœur et l'âme;
Alors il ne peut qu'il ne blâme
Et polices et magistrats.
O! dit-il en parlant tout bas,
Quelle injustice, quel dommage,
De faire à Fanchon cet outrage!
Puis, demeurant droit comme un pieu,*

---

1. L'Iapyx étoit le vent qui souffloit de l'ouest, favorable aux navigateurs qui alloient d'Italie en Grèce. Virgile a dit : ....*Undis et Iapyge ferri.*
2. On crioit au renard sur les gens emmenés par la police. Dubois (*Sylvius*), dans sa *Grammatica latino-gallica*, rapporte que l'on crioit *houhou* sur les prostituées. Le cri : Au renard! s'explique par le proverbe : Renard est pris, lâchez les poules.

Il enrage et jure morbieu,
Et maudit en soi la police
De peur qu'il a de la justice;
Mais il a beau se garder bien,
Jamais justice ne perd rien.
Dieu veuille qu'il s'amende
Et que jamais on ne le pende!
On en pend de bien plus hupés
Qu'un sexe pipeur a pipés.

Enfin nos pies dénichées,
De leur départ assez fachées,
De tous côtés d'un œil hagard
Regardent le tiers et le quart.
Mais tiers ni quart, tel qu'il puisse être,
Ne fait semblant de les connoître.
L'une soupire, l'autre rit;
L'une soupire, une autre maudit;
Quelque autre fait la grimace
D'un singe qui demande grâce;
Une autre sans honte et sans front
Se moque d'honneur et d'affront.
La demoiselle et la marquise,
Mais marquise de bonne prise,
Ont le bec alors bien gelé,
Et le caquet mal affilé.
Elles n'ont point ici par voye,
Bruns ni blondins qui les cotoye.
Les sergens sont leurs quinolas [1]
Qui sont des meneurs par le bras,

---

1. Au jeu de revresis, le *quinola* étoit le valet de cœur. Un valet de chambre ou autre homme gagé pour être meneur de dames, dit Furetière, porte le sobriquet de *quinola* : ce qu'on appelle *écuyer* chez les grands.

Meneurs de fort mauvaise grâce,
Et tous meneurs chassant de race,
Meneurs à leur rompre le cou,
En les menant devinez où.
Je croi qu'ils vont droit au Pont-Rouge [1]
Vers un grand bateau qui ne bouge.
Là, toutes entrant en complot,
On crie : A Chaillot! à Chaillot!
C'est aux Bons Hommes à Surène,
C'est où ce grand bateau les mène;
S'il fait beau temps l'on pourra bien
Passer outre sans dire rien.
Adieu Paris, comme il nous semble,
Disent-elles toutes ensemble.
Hélas! que de gens de métier
Sont fâchés en chaque quartier :
Car ils perdent la chalandise
Et de baronne et de marquise.
A présent tout est renversé,
Notre honneur est bien bas percé:
Nous donnerions, étant au rôle,
La qualité pour une obole.
Du moins que ne nous réduit-on
A reprendre le chaperon [2] *?*
Après avoir été coquettes,

---

1. Le pont Rouge, ainsi nommé parcequ'il étoit de bois peint en rouge, portoit aussi les noms de pont Barbier, parceque Barbier l'avoit fait construire ; de pont Sainte-Anne, en l'honneur d'Anne d'Autriche ; et enfin de pont des Tuileries. Il fut construit en 1632, et souvent detruit et reconstruit depuis.

2. Le chaperon étoit la coiffure propre des bourgeoises. Voy. les *Anciennes poésies françoises*, publ. par M. de Montaiglon, *passim*, et t. 5, p. 12.

Quel mal d'être chaperonettes,
Même de porter le tocquet [1]
Avecque quelque autre affiquet,
Tout ainsi que la bourgeoisie,
Qui de grande peur est saisie
Qu'on ne règle au temps de jadis
Et sa coiffure et ses habits;
Que d'une demi-demoiselle
On en fasse une péronnelle.
On en seroit tout aussi bien
Si le monde n'en disoit rien.
Mais, soit qu'il jase ou qu'il se taise,
On en seroit plus à son aise,
On ne se ruineroit point
Pour du brocart [2] *et pour du point* [3] *:*
La chemisette [4]*, la houbille* [5]*,*
Le corset, quelque autre guenille,
Un filet à mouche, un jupon
Pour parer seroit aussi bon.

1. Bonnet d'enfant, et surtout de petite fille ou de servante.
2. Richelet n'a point admis ce mot; Furetière le donne sous la forme *brocat*, d'où *brocatelle*.
3. Cf. *Variétés histor. et littér.*, publiées dans cette collection, t. 1, p. 223 et suiv.: *La révolte des passemens*.
4. Partie du vêtement qui couvroit les bras et tout le buste jusqu'à la ceinture. Les hommes portoient dessous leurs pourpoints des chemisettes de futaine, de basin, de ratine, de ouate; les femmes portoient la chemisette de serge par-dessus leur corps de cotte.
5. Nicot, Furetière ni Richelet ne donnent ce mot; nous ne le trouvons que dans les patois de Normandie, de Picardie et d'Anjou. En Anjou, c'est une sorte de blouse courte, en toile, ouverte par devant, qui ne va que jusqu'à la ceinture: les femmes le portent pour travailler aux champs.

Mais zeste, attendez-nous sous l'orme!
On nous prendra pour la réforme.
Bon Dieu! que nous avons de soin!
C'est bien de nous qu'on a besoin!
Laissons faire le politique
Qui règle la chose publique;
Mais qu'en le laissant faire aussi
Elle nous chasse loin d'ici!
Adieu bal, adieu comédie
Adieu, puisqu'il faut qu'on le die,
Au Marais, notre rendez-vous,
Où souvent, avec cent filoux,
Nous avons joué notre rôle
A dépouiller un pauvre drôle,
Etranger ou provincial,
Où je ne m'acquitai pas mal
Du beau soin d'escroquer la dupe
Tantôt d'un bas, puis d'une jupe,
D'un mouchoir, d'un collier, d'un lou,
D'un rubis, d'un autre bijou,
D'un anneau, d'une garniture,
D'un brasselet, d'une coiffure,
D'un miroir, d'un ameublement,
D'un cabinet, d'un diamant,
D'une aiguière, d'un bassin même,
Selon que plus ou moins on aime.
Manger enfin carosse et train,
Le mettre nud comme la main,
Etoit mon principal office.
J'en cachois si bien l'artifice,
Que mon pauvre dupe croyoit
Que je brulois comme il bruloit;
Mais bientot mon cœur, tout de glace,
Le forçoit de céder la place

A quelque autre simple niais
Qu'on prenoit du même biais;
Mais après toutes nos fredaines,
Dont nous allons porter les peines,
Voilà nos plaisirs qui sont morts,
Et nous en sommes aux remords.
Adieu promenades de Seine,
Chaillot, Saint-Cloud, Ruel, Surenne!
Ha! que nous allons loin d'Issy,
De Vaugirard et de Passy!
Mais c'est où le destin nous mène.
Adieu Pont Neuf[1]*, Samaritaine,*
Butte Saint-Roch, Petits-Carreaux,
Où nous passions des jours si beaux!
Nous allons en passer aux isles;
Puisqu'on ne nous veut plus aux villes,
Il nous faut aller au désert.
Et comme toute chose sert,
Nostre disgrâce nous délivre
De l'homme brutal, de l'homme ivre,
De l'homme jaloux, du coquin,
Et du voleur et du faquin,
Dont nous souffrons la tyrannie,
Les bassesses, la vilénie:
Supplice le plus grand qui soit.
Hélas! si la femme savoit
Quelle sujetion a celle
Qui fait le métier de donzelle,

---

1. Cf. *Variétés historiques et littéraires*, t. 3, p. 77. La Samaritaine étoit un des ornements du Pont-Neuf. La butte Saint-Roch, qui passoit pour avoir été formée par l'amas des immondices de la ville, n'avait pas meilleure réputation que les abords du Pont-Neuf. Voy. les *Tracas de Paris*, par G. Colletet.

Elle n'en tâteroit jamais,
Vivroit comme moi désormais,
Qui promets, qui proteste et jure
D'estre meilleure créature.
Mes compagnes en font autant;
Prenez-le pour argent comptant :
Nous tiendrons un chemin contraire,
Pourvu qu'on nous le fasse faire.
Ainsi ce beau discours finit.
Mais elles n'avoient pas tout dit;
Il falloit encor nous apprendre
Combien elles en ont fait pendre,
Combien de galans ébahis
Par elles se sont vus trahis,
Et combien de laches querelles
Se sont faites pour l'amour d'elles,
De mauvais coups, d'assassinats,
De vols qu'elles ne disent pas,
De marchands affrontés sans honte,
D'emprunts dont on ne tient nul compte;
Combien de jeunes gens enfin
Ont fait par là mauvaise fin;
Combien de désordre aux familles;
Combien il s'est perdu de filles,
Combien d'enfans ou d'avortons:
Quand finir, si nous les comptons?
Mais pensons à choses plus hautes,
Faisons profit de tant de fautes ;
Car des dames de la façon
Font une fort belle leçon
A toute fille de boutique
Qui de demoiselle se pique,
Et qui hors d'un comptoir tout gras
Fait la dame à vingt-cinq carats;

Instruction aux artisannes,
Aux servantes, aux paysannes,
A toute autre grisette aussi,
De ne jamais broncher ainsi ;
Désormais la sage bourgeoise,
Vivant en liberté françoise,
Ira partout le front levé,
Et tiendra le haut du pavé
Sans peur de se voir affrontée
Par quelque cambrouse effrontée
Qui fait par un méchant trotin,
Porter sa jupe de satin.
L'honneur, la vertu, le mérite,
Qu'il faudra que chacun imite,
Feront renaître dans nos jours
De justes et chastes amours.
L'impureté sera bannie
Des plaisirs de la douce vie.
Tout ira comme il doit aller.
Mais il faut d'ici détaler,
Rebut du sexe, on vous l'ordonne ;
Sans vous la ville est belle et bonne,
On y va vivre en sûreté
Dans une honnête liberté ;
Les bons desseins qu'on a pour elle
La font de plus belle en plus belle.
Paris est plus qu'il ne paroît,
Mais jamais ne fut ce qu'il est.
Les laquais y sont sans épées[2]*,*

---

1. Le *trotin* étoit au laquais ce que le *galopin* étoit au marmiton, de plusieurs degrés un inférieur.

2. Un gentilhomme, M. de Tilladet, capitaine aux gardes, neveu de M. Le Tellier, secrétaire d'Etat, a été ici tué mirablement par les pages et laquais de M. d'Epernon. Les

Les maris sans dames fripées,
Les rues sans boue en ce tems [1]*,*
Sans embarras et sans auvents [2]*,*
Et bientôt les modes nouvelles
Rendront nos casaques plus belles;
Et ce qui sera de plus beau
C'est la sûreté du manteau :
Car bientôt, grace à la police,
Paris sera purgé de vice,
Et des vicieuses aussi,
Qui n'aiment guère tout ceci;

deux carrosses de ces deux maîtres s'etoient rencontrez et entreheurtez. Ces laquais vouloient tuer le cocher de M. de Tilladet. Le maître voulut sortir du carrosse pour l'empêcher, et fut aussitôt accablé de ces coquins, qui le tuèrent brutalement. Le Roi veut que justice soit faite, et a donné une declaration contre les laquais pour empêcher à l'avenir de tels abus, savoir, qu'ils ne porteront plus d'espée ni aucune arme à feu, sur peine de la vie; qu'ils seront dorénavant habillez de couleur diverse, et non de gris, afin qu'ils soient reconnus. Cette daclaration a eté envoyée au Parlement pour être verifiée et publiée. Cela a eté fait. Elle a été publiée par tous les carrefours et affichée par toute la ville; mais je ne sais pas combien de temps elle sera observée. » (Lettre de Guy Patin, 16 janv. 1555.) — Cf. Loret, *Muse histor.*, Gaz. du 23 janv. 1655. Il raconte le même fait et ajoute :

> Chacun bénit le réglement
> Tant du Roi que du Parlement;
> Mais si plus de trois mois il dure,
> Ce sera grand coup d'aventure.

1. « Dès l'an 1666, dit le *Dict. de Paris*, par Hurtaut et Magny, l'on commença à nettoyer les rues de Paris. »

3. La même année 1666 fut portée une ordonnance pour supprimer les auvents, qui, avançant trop dans les rues, obscurcissoient le dedans des boutiques, et empêchoient, la nuit, la clarté des lanternes. Cf. *Variétés histor. et litter.*, t. 6, p. 249.

Mais plaise ou non, ris ou grimace,
Il faut que justice se fasse,
Et de la façon qu'on s'y prend
On fait tout ce qu'on entreprend.
Il faut que Paris se nettoye
De boue et de filles de joie.
Que de voleurs sont étourdis
De voir faire ce que je dis,
Et doutent pendant leur asyle
S'ils doivent demeurer en ville.
Je ne sais que leur conseiller,
Sinon de ne plus travailler
D'un métier bientôt sans pratique
Quand on n'en tiendra plus boutique.
Hélas! que de gens affligés
De se voir ainsi délogés!
Qu'ils seront mal dans leurs affaires!
Sans ces personnes nécessaires,
Le trafic ne vaudra plus rien,
Puisqu'il va manquer de soutien:
A moins que d'aller dans les Indes
Racheter cent pauvres Dorindes,
Cent Sylvies et cent Philis,
Les vols seront mal établis.
Que fera le laquais en peine
De la prise d'un point de Gène,
Et de la bague et des pendans,
Des nœuds, de la montre et des gans?
Il n'aura plus devant sa porte
Personne à présent qui les porte.
L'économe d'une maison
N'aura plus de dame Alison
Chez qui porter toutes les brippes
Et quelquefois de bonnes nippes

*Que l'on fait perdre tout exprès
Et qu'on cherche long-temps après.
Les pauvres filoux sans ressource
Auront-ils où vuider la bourse
Qui sera surprise avec art ?
Pour qui tant se mettre au hasard ?
C'étoit pour l'entretien de Lise
Que tout étoit de bonne prise ;
Sa juppe et tant de linge fin
N'étoient venus que de larcin ;
Mais présentement que l'on grippe
Et Lise et toute autre guenippe,
Il ne sera plus de besoin
De prendre d'elle tant de soin :
Le public la prend en sa charge,
Et pour l'avenir en décharge
Tous ces gens qui font aujourd'hui
La charité du bien d'autrui.
Cela fait tort à leur largesse,
Leur ôte leur bureau d'adresse*[1],
*Met un voleur sur le pavé
Fort en danger d'être trouvé
Saisi du vol qu'il vient de faire.
Il n'est pour lui plus de repaire
Contre le chevalier du guet
Qui prend le porteur du paquet.
Je l'avoue, et ces receleuses
Lui servoient encor de fileuses*

---

1. Le bureau d'adresse étoit à la fois un lieu de conférences académiques, un bureau de placement pour les domestiques et d'enseignement pour tout le monde, et enfin un lieu de prêt sur dépôt, sorte de mont-de-piété. C'est à ce dernier côté de l'établissement fondé par Renaudot que l'auteur compare les lieux de recel des voleurs.

A filer sa corde plus doux.
Que de malheur pour les filoux!
Quel danger leur pend sur la tête!
Que ne présentent-ils requête [1] *?*
Sans doute ils seroient bien reçus
A faire plainte là-dessus.

Deffita, leur juge fort tendre,
Ne condamne point sans entendre;
Il leur donnera par bonté
Quelque autre lieu de sûreté.
Mais soit de respect, soit de crainte,
Nul n'ose faire cette plainte,
Et nul pour eux ne veut prier ;
Ainsi donc adieu le métier.
Toutes les sociétés cessent
Quand les associés les laissent,
Et tel cas arrive ici, car
Cloris part pour Madagascar,
Et son chevalier de l'Etoile
Ne sait à quel vent faire voile.
Quels désordres, quels accidents,
Qui font, bon gré mal gré ses dens,
Obéir à la politique
Qui règle la chose publique!
Le siècle pour n'être pas d'or
Ne laisse pas de plaire encor,
Et plaira toujours davantage

---

1. On lit, en tête du 4e volume des *Variétés histor. et littér.*, publiées dans cette collection, un « Placet des amants au Roi contre les voleurs de nuit et les filoux », et, à la suite, une « Reponse des filoux au Placet des amants au Roy », jeu d'esprit de mademoiselle de Scudéry, daté de 1664.

Par une police si sage.
Deffita s'y prend comme il faut.
Bourgeois, voilà ce que vous vaut
Un magistrat de cette sorte,
Et qui n'y va pas de main morte.
Mais revenons à nos moutons;
Faisons le triage et comptons
Combien sont nos brebis galeuses;
Les listes sont assez nombreuses
Pour les envoyer en troupeau
Paître dans le monde nouveau.
Muse, laisse aller cette troupe;
Il est temps de manger la soupe.
Il est une heure et plus d'un quart,
C'est trop rimer pour leur départ;
Depuis le matin je travaille
Pour un adieu de rien qui vaille [1].

---

[1]. Nous n'avons pas trouvé d'exemplaire imprimé à part de cette pièce; mais nous avons vu une pièce du même genre, imprimée à Paris le 17 juillet 1657, pour Alex. Lesselin, qui avoit obtenu la permission « d'imprimer, vendre et debiter par tous les lieux de ce royaume, des epistres en vers composées par tel autheur capable qu'il voudra choisir, sur toutes sortes de sujets nouveaux et matières divertissantes, tant en feuilles volantes que recueils, sous le titre de : *Muse de la cour.* » Celle-ci, imprimée in-4, sur une, puis sur deux colonnes, a pour titre : *L'adieu des filles de joye de la ville de Paris.* Elle occupe six pages pleines, dont la dernière est signée C. L. P. La page 7 est occupée par un sonnet intitulé : « Consolation aux dônes et donzelles sur leur depart pour l'Amerique », et signé M. T. — La page 8 porte cet avis au lecteur : « Je pretens vous faire part au premier jour (si vous voyez de bon œil ce petit effort de ma muse) de tout ce qui s'est fait et passé à la prise et magnifique conduite de ces belles et joyeuses dames, leur embarquement, les receptions

qui leur seront faites aux villes, bourgs et villages de leur route, les deputez qui leur feront harangues et complimens à leurs entrées, les feux de joye, bals et comedies, et autres passe-temps pour les divertir. »

Voici quelques traits qui se rapportent assez à la pièce que nous publions :

> Leur affliction est publique
> Comme leur chaude amour la fut,
> Et toutes, lisant le statut,
> Pestent contre la politique.
> Les demoiselles du Marais,
> Les courtisanes du Palais,
> Les infantes du Roy de cuivre,
> Celles de la butte Saint-Roch,
> Dans ce grand chemin se font suivre
> Des pauvres coquettes sans coq.

> Catin, Suzon, Marotte, Lise,
> Dans l'oisiveté de leurs traits,
> Pleurent maint page, maint laquais,
> Dont ils perdent la chalandise...

> Le commun escueil d'amitié
> Les change de filles de joye
> En pauvres filles de pitié.

> La bourgeoise avec la marchante,
> La demoiselle au cul crotté,
> Suivent cette fatalité,
> Croissent cette nombreuse bande.
> La noblesse s'y trouve aussi,
> Les nymphes à l'amour chancy,
> Enfin toutes les bonnes dames
> Qui se gouvernent un peu mal,
> Ayant brûlé des mêmes flammes,
> Ont toutes un destin égal...

Une des femmes fait ses adieux au nom de la troupe, et dit :

> Vous, braves traisneurs d'espées,
> Desolés batteurs de pavé,
> Bretteurs qui d'un pauvre observé
> Fistes tant de franches lippées,
> Combien de savoureux morceaux
> Qui vous passoient par les museaux
> Vous sont flambez par cette chance !
> Et si vous estiez nostre appuy,
> Vous voyez, dans la decadence,
> Que nous estions le vostre aussy...

A tant se tut la grande Jeanne,

S'en allant droit à Scipion,
D'une grande devotion,
Avecque sa troupe profane.
Moy qui voyois leur entretien,
Et qui remarquois leur maintien,
J'en fis confidence à la Muse :
La Muse, avec sincerité,
Sans s'amuser à faire excuse,
Le laisse à la posterité.

(Bibl. maz., Recueil intitulé : *Poésies diverses*,
coté a B 18. — T. 1, in-4.)

REQUÊTE

DES

FILLES D'HONNEUR PERSÉCUTÉES

A MADAME DE LA VALLIÈRE.

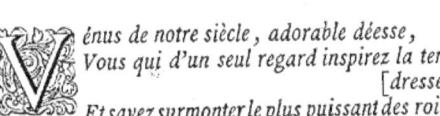

Vénus de notre siècle, adorable déesse,
Vous qui d'un seul regard inspirez la ten-
[dresse,
Et savez surmonter le plus puissant des rois,
Depuis cinq ans entiers nous vivons sous vos lois;
Nous vous avons connu la plus grande du monde;
C'est à présent en vous que notre espoir se fonde.
Prenez les intérêts des filles de Cypris,
Et ne permettez pas qu'on en fasse mépris.
Nous vous reconnoissons pour notre impératrice.
Montrez-vous digne enfin d'en être protectrice.
A notre commun bien votre intérêt est joint ;
L'on ne vous verra point, si l'on ne nous voit point.
Nous sommes à l'Etat toutes trop nécessaires
Pour nous laisser en butte à des coups téméraires ;
Les jeunes gens sans nous, par un crime odieux,

Attireront encor la vengeance des Dieux.
Si notre tendre amour n'échauffoit point leurs ames,
Ils se verroient brûler par d'effroyables flames;
Les femmes, les maris, les filles, les enfans,
Les hommes les plus saints et les plus innocens,
Se verroient tous les jours exposés à leur rage;
Ils enfreindroient les loix du plus saint mariage,
Et leur emportement et leur brutalité
Auroit toujours querelle avec l'honnnêteté.
Le substitut des Dieux en sait la conséquence;
Dessus lui nous avons une entière licence,
Son empire est ouvert à des gens comme nous;
Par prudence il permet les plaisirs les plus doux;
La vertu ne nous fait ni de tort ni d'injure
De peur de renverser l'ordre de la nature;
Dans ce royaume-ci comme dedans le sien,
Le mal que nous faisons se convertit en bien.
Vouloir être plus saint que la sainteté même,
C'est se tromper l'esprit par une erreur extrême,
Et l'on ne doit jamais faire cesser un mal
Quand il en étouffe un qui seroit plus fatal.
Faites donc retirer le bras qui nous oppresse;
D'un jeune lieutenant [1] *que la poursuite cesse;*
Empêchez désormais qu'on ne puisse offenser
Un corps qui sert au Roi plus qu'on ne peut penser:
Car nous entretenons par nos soins salutaires
La moitié de sa garde et de ses mousquetaires,
Et sans nous ces galans emplumés et poudrés,
Qui paroissent toujours plus jolis, plus dorés,
Que n'ont jamais été des hommes de théâtre,
Ces gens que leur habit fait qu'on les idolâtre
Seroient bientôt cassés ou quitteroient demain,

---

1. Le lieutenant de police, M. Deffita.

Si par quelque malheur nous resserrions la main.
Qu'on ne s'oppose plus avecque tant de peine
A ces commodités de la nature humaine;
Qu'on finisse des soins pris si mal à propos;
Que les femmes d'honneur puissent vivre en repos.
Aussi bien c'est en vain que le monde s'empresse;
Chaque jour en produit une nouvelle espèce,
Et si l'on vouloit bien en purger tout Paris,
On verroit à louer quantité de maris.
Croyez-moi, c'est un sexe inconnu que le nôtre;
Une femme de bien est faite comme une autre;
L'honneur le plus brillant n'a que de faux appas,
Et souvent l'on paroît tout ce que l'on n'est pas.
Grande Reine, songez à votre chaste empire :
Dans ce triste séjour, sans vos soins, il expire;
Mais si vous l'honorez de vos soins, désormais
Votre peuple galant ne finira jamais.

LA PRINCESSE

ou

LES AMOURS DE MADAME.

LA PRINCESSE

OU

LES AMOURS DE MADAME.

La prison de Vardes, l'éloignement du comte de Guiche et celui de la comtesse de Soissons[1] ne laissent pas à douter que l'amour, l'ambition, la jalousie et la haine n'eussent produit d'étranges effets entre quelques personnes des plus élevées du royaume. On en parloit diversement à la cour, et chacun raisonnoit selon son caprice, assurant les conjectures sur ce qui avoit éclaté, et faisant des histoires, des intrigues, des commerces, des vérités, des aventures qui n'étoient que des choses imaginaires sur des fondemens mal assurés; cependant assez de gens s'empressoient de

---

1. Nous avons parlé plus haut de cet exil collectif dont furent punies les intrigues faites pour entraver les amours du Roi et de mademoiselle de La Vallière.

persuader aux autres qu'ils savoient la vérité de tout cela, et, pour paroître mieux instruits, ils forgeoient des particularités vraisemblables; et, joignant l'effronterie au mensonge, ils débitoient leurs visions d'une manière si audacieuse qu'on ne pouvoit presque s'empêcher de leur donner quelque foi. Mais quelle apparence y avoit-il que ces actions particulières fussent connues de tout le monde, tandis qu'on avoit tant d'intérêt à les cacher? De tels mystères ne pouvoient avoir de solitude assez profonde, les intéressés n'avoient garde d'en révéler le secret, et si l'amour, qui avoit tout commencé, n'eût tout dit, on n'auroit eu de cette histoire que des lumières imparfaites.

Manicamp [1], affligé au dernier point de l'absence du comte de Guiche, son ami, tâcha de lier avec une dame de la cour une intelligence la plus forte qu'il pût pour adoucir son chagrin; et comme il avoit affaire à une personne qui vouloit aussi l'engager, mais qui songeoit à ses sûretés, elle le mit à plusieurs épreuves. La première fut à la vérité cruelle, et il falloit être Manicamp et amoureux pour ne s'en pas rebuter. Un jour qu'il la pressoit par les plus tendres paroles que la passion pût mettre à sa bouche: « Eh bien, Manicamp, dit-elle, je vous estime, et je vous aurois déjà dit que je vous aime si je pouvois être assurée que vous fussiez tout à moi. Mais comment voulez-vous que je le croie, pour-

---

1. Voy. t. 1, pp. 64, 301 et suiv. — M. de Manicamp avoit une sœur à qui Le Vert dédia, en 1646, sa tragédie d'*Arricidie*. Il étoit de la familie de Longueval. En 1656, sa sœur, au dire de Loret, se fit Carmélite.

suivit-elle; dans de si grands sujets de douter de votre confiance? Vous avez eu toute votre vie un commerce si étroit avec le comte de Guiche, que vous ne pouviez ignorer ses aventures, et surtout celles qui ont causé son éloignement. Je vous avoue que je suis curieuse, et que je voudrois savoir la vérité de cette intrigue; mais j'aurois voulu que de vous-même vous m'en eussiez conté le secret, et je vous en aurois tenu compte. »

Il n'en fallut pas davantage pour bannir tout scrupule du cœur de Manicamp : il avoit trop d'amour pour sa maîtresse pour garder encore une fidélité exacte à son ami; il étoit en état de la contenter là dessus, parce qu'il avoit dans sa poche un paquet de toutes les copies des lettres [1] qui étoient de l'histoire, dans le dessein de la faire plus sûrement qu'elle n'étoit. Et, après avoir témoigné à la dame qu'il étoit prêt de la satisfaire, et elle qu'elle l'étoit de l'écouter, il rêva quelques momens et commença de parler ainsi :

« Le mariage de Monsieur ayant accru la joie de la cour [2], on y faisoit tous les jours de nou-

---

1 L'INTIMÉ. J'en ai sur moi copie.
— CHICANEAU. Ah! le trait est touchant!
(*Les Plaideurs.*)

2. Le mariage de MONSIEUR n'accrut la joie ni de Madame, ni du Roi, ni de la Reine Mère. La Reine Mère, au moment où il se fit, « y avoit moins de répugnance » qu'avant la mort du Cardinal, « qui, de son vivant, ne croyoit pas que l'affaire fût avantageuse à Monsieur. » Quant au Roi, il disoit à Monsieur qu'il ne devoit pas se presser d'aller épouser les os des Saints-Innocents » (Madem. de Montp., *Mémoires*, t. 5, p. 188), et madame de Motteville (*Mémoires*,

velles parties de divertissemens, et Madame
étant une princesse jeune et accomplie, comme
vous savez, tout le monde qui la voyoit ne songeoit qu'à lui proposer des plaisirs conformes à
une personne de son rang et de son mérite [1]. Le
Roi, qui ouvroit les yeux comme les autres à ses
belles qualités, lui donnoit mille marques de
bienveillance, et, selon les apparences, elle avoit
toujours, avec la comtesse de Soissons, la principale part à tout ce qu'il faisoit de plus galant
pour les dames; le comte de Guiche et le marquis de Vardes, étant bien auprès du Roi, en

édit. 1723, t. 5, p. 176) ajoute : « Le Roi n'avoit pas beaucoup d'inclination pour cette alliance. Il dit lui-même qu'il
sentoit naturellement pour les Anglois l'antipathie que l'on dit
avoir été toujours entre les deux nations. »

1. Son rang étoit égal à celui de Monsieur, puisqu'elle
étoit fille de roi ; elle étoit, de plus, sa cousine germaine.
Son mérite a été célébré par Bossuet ; mais, à côté de ces
louanges d'apparat, il est bon de voir comment la jugeoient
ses contemporains:

Si mademoiselle de La Vallière étoit boiteuse, MADAME
avoit peu à lui reprocher. « Sa taille n'étoit pas sans défaut », dit madame de Motteville ; mais, dit mademoiselle
de Montpensier avec son franc-parler, « elle avoit trouvé le
secret de se faire louer sur sa belle taille, quoiqu'elle fût bos-
sue, et Monsieur même ne s'en aperçut qu'après l'avoir
épousée.

« Au moral, on ne sauroit disconvenir qu'elle ne fût très
aimable; elle avoit si bonne grâce à tout ce qu'elle faisoit,
et étoit si honnête, que tous ceux qui l'approchoient en
étoient satisfaits. » (*Mém. de Montp.*) — « Madame avoit le
don de plaire, elle étoit l'ornement de la cour, et, comme le
monde l'aimoit, elle, de son côté, ne le haïssoit pas. Elle
s'abandonnoit à tout ce que l'âge de seize ans et la bienséance lui pouvoit alors permettre. Elle le faisoit avec légèreté et emportement. » (*Mém. de Mott.*) Son mariage avoit
eu lieu le 1er avril 1661.

reçurent souvent des grâces et étoient de tous les plaisirs, comme des gens qu'il aimoit particulièrement. Ce fut dans une vie si douce et si charmante que ces deux malheureux prirent tant d'amour et d'ambition qu'ils en perdirent la raison, et qu'ils se préparèrent des infortunes qui, possible, ne finiront qu'avec eux.

« Le comte de Guiche voyoit tous les jours Madame, et sentoit en lui-même augmenter sans cesse le plaisir qu'il prenoit à la voir, sans songer à ce qui lui en arriveroit. Mais la pente au précipice étoit grande; il ne fut pas longtemps sans reconnoître qu'il avoit fait plus de chemin qu'il ne vouloit. Madame, d'un autre côté (sans savoir les pensées du comte), le regardoit d'une manière à ne le pas désespérer : elle a un certain air languissant, et quand elle parle à quelqu'un, comme elle est toute aimable, on diroit qu'elle demande le cœur, quelque indifférente chose qu'elle puisse dire. Cette douceur est un puissant charme pour un homme sensible comme l'étoit le comte : la beauté et le rang de la personne élevèrent dans son âme tant de brillantes espérances, qu'il n'envisagea les périls de son entreprise que pour s'en promettre plus de gloire.

« Enfin il s'abandonna tout à l'amour. Je le vis quelquefois rêveur et chagrin; et, lui ayant un jour demandé ce qu'il avoit, il me dit qu'il n'étoit pas temps de l'expliquer, qu'il me répondroit précisément quand il seroit plus ou moins heureux qu'il ne l'étoit alors, et que par aventure il m'annonçoit qu'il étoit amoureux.

« A mon retour d'un voyage de trois semaines, je trouvai le comte qui m'attendoit chez moi ; mais il me parut si brillant, si magnifique et si fier, qu'à le voir seulement je devinai une partie de ses affaires. « Ah ! cher ami, me dit-il d'abord, il y a trois jours que je meurs d'impatience de vous voir ! » Et s'approchant de mon oreille : « Je ne sentois pas toute ma joie ni ma bonne fortune, poursuivit-il tout bas, ne vous ayant pas ici pour vous en confier le secret. »

« Mes gens s'étant retirés, le comte ferma la porte de ma chambre lui-même, et m'ayant prié de ne l'interrompre point, il me parla en cette sorte : « Bien que je ne vous aie pas nommé la personne que j'aime, vous pouvez bien connoître que ce ne peut être que Madame, de la manière dont je vous parle ; ainsi je crois que l'aveu que je vous fais ne vous surprend pas. Je sais que si je vous avois ouvert mes sentimens dans le commencement de ma passion, vous m'auriez dit mille choses pour m'en détourner ; mais elles auroient été inutiles autant que toutes celles que m'a dit ma raison, qui m'y a représenté des dangers effroyables pour ma fortune et pour ma vie, sans donner seulement la moindre atteinte à mes desseins. A n'en mentir pas, j'aimois déjà trop quand je me suis aperçu que je devois m'en défendre, et je n'ai voulu m'abstenir qu'alors que je me suis vu sans résistance ; j'ai senti que j'étois jaloux presque aussitôt que je me suis vu amant. Le Roi m'a donné des chagrins si terribles qu'il a mis vingt fois le désespoir dans mon âme ; il témoignoit tant d'empressement auprès de Madame que tout le monde croyoit qu'il l'aimoit et qu'elle en étoit persuadée elle-même ; cela a duré deux ou trois mois, et assurément ils ont été pour moi deux ou trois siècles de souffrance. Tandis que le Roi faisoit tant de galanteries pour Madame, je la voyois tous les jours et je remarquai avec une rage extrême qu'elle les recevoit avec joie. J'en devins maigre, hâve, sec et défait, dans le temps que vous m'en demandâtes la raison; et, ce qui pensa me faire mourir, ce fut que le Roi me demanda si j'étois malade, et Madame m'en fit la guerre. Enfin ma prudence m'alloit abandonner, et j'allois être la victime de mon silence et de mon rival (car je n'avois encore rien dit à Madame que par le pitoyable état où j'étois) lorsque je reçus une consolation à laquelle je ne m'attendois pas. Le Roi, qui avoit son dessein formé, continuoit toujours de venir chez Madame; et, soit que son procédé eût été jusqu'alors une politique ou qu'il devînt scrupuleux, il détourna tout d'un coup les yeux de sa belle-sœur et les attacha sur mademoiselle de La Vallière. La manière d'agir de ce prince fut si éclatante que peu de jours firent remarquer sa passion à tout le monde : il garda toutes les mesures de l'honnêteté, mais il ne s'embarrassa plus des égards qu'on croyoit qu'il avoit pour Madame; et cette princesse, qui s'imaginoit que le cœur étoit pour elle, fut bien étonnée de le voir aller à sa fille d'honneur; de l'étonnement elle passa au ressentiment et au dépit de voir échapper une si belle conquête; et l'un et l'autre furent si grands qu'elle ne put s'empêcher de nous en témoigner quelque chose, à mademoiselle de Montalais et à moi.

« Un jour que le roi entretenoit sa belle à trente pas de Madame : « Je ne sais, nous dit-elle tout bas, si l'on prétend nous faire servir longtemps de prétexte ; j'ai honte pour les gens de les voir s'attacher si indignement, et de voir tant de fierté réduite à un si grand abaissement. » En achevant ces paroles, elle se tourna de mon côté. « Madame, lui dis-je, l'amour unit toutes choses quand il s'empare d'un cœur ; il en bannit toutes les craintes et les scrupules, et cette sorte d'inégalité que vous condamnez n'est comptée pour rien entre les amants. Le Roi ne peut aimer dans son royaume que des personnes au-dessous de lui ; il y a peu de princesses qui puissent l'attacher ; et, comme ses prédécesseurs, il faut qu'il porte sa galanterie aux demoiselles s'il veut faire des maîtresses. — Il me semble, reprit-elle assez brusquement, qu'ayant commencé d'aimer en Roi, il ne devoit pas faire une si grande chute ; cela me fait connoître, ce que je ne croyois pas de lui, que, la couronne à part, il y a des gentilshommes dans son royaume qui ont plus de mérite que lui, et plus de cœur et de fermeté. Je parle librement devant vous, comte, dit-elle, parce que je crois que vous avez l'âme d'un galant homme, et que j'ai une entière confiance à Montalais. Mais je vous avoue que je voudrois que le Roi prît un autre attachement — Qu'importe à Votre Altesse ? reprit Montalais ; il a toujours à peu près les mêmes déférences, il ne voit point La Vallière qu'après vous avoir rendu visite ; si vous aimez les divertissemens, il ne tient qu'à vous d'être des parties qu'il fera. Du reste, Madame, je n'ai jamais cru que vous y dussiez prendre part, et du dernier voyage de Fontainebleau je me suis douté de ce que je vois aujourd'hui à deux conversations qu'il a eues avec elle. — Voilà justement, dit Madame, ce qui me fâche de cette aventure, dont ils m'ont voulu faire la dupe. — Et c'est pourquoi, repartis-je, Votre Altesse se peut faire un divertissement agréable, si elle veut regarder cela indifféremment. »

« Et alors Madame, se repentant d'en avoir tant dit : « Vous avez raison, dit-elle, je ferai semblant d'ignorer la chose, je ne troublerai point les plaisirs du Roi ; et je ferai si bien mon personnage, qu'il ne saura pas que sa conduite m'ait donné le moindre chagrin. Mais, pour changer de discours, qu'avez-vous eu si longtemps, continua-t-elle en s'adressant à moi, que vous aviez la tristesse dans les yeux, et presque la mort peinte sur le visage ? Dites-nous, poursuivit-elle, voyant que je demeurois immobile et que je ne faisois que soupirer, qui vous a ainsi changé ? Parlez librement, je suis de vos amies, je serai discrète et Montalais le sera aussi, car vous ne revenez au monde que depuis quinze jours. — Ah ! Madame, que voulez-vous savoir ? » lui dis-je. Je n'en pus dire davantage, et je ne sais comment je serois sorti d'un pas si dangereux, si Monsieur ne fût arrivé avec plusieurs femmes, qui se mirent à jouer au reversis. Voilà l'unique fois que sa personne m'a réjoui, car je l'aurois souhaité bien loin en tout autre temps. Le lendemain, Madame vint jouer chez la Reine, où le Roi se trouva. En sortant je donnai la main à Montalais, qui me dit assez bas : « On m'a donné ordre de vous dire que vous n'en êtes pas quitte, et qu'il faut que vous disiez ce que l'on veut savoir. Pour moi, ajouta-t-elle, je n'ai plus de curiosité pour cela ; je pense en être bien instruite, et si vous m'en croyez, vous en direz la vérité. — Si on veut que je la déclare, repartis-je, ne vaut-il pas mieux mourir en obéissant que se perdre par un silence qui me causeroit mille douleurs ? — Ne soyez pas si fou, me dit-elle ; allez, vous me faites pitié, adieu. » Je n'eus le temps que de lui serrer la main sans lui répondre, car elle se trouva à la portière du carrosse, où elle monta, et je crus qu'ayant compassion de ma peine je lui en pouvois faire confidence, ou du moins trouver quelque soulagement à l'entretenir.

» A deux jours de là, je suivis le Roi chez Madame, qui, après lui avoir fait son compliment, s'en alla chez La Vallière, où Vardes, Biscaras[1] et quelques autres le suivirent. Pour moi, je demeurai chez Madame, où j'eus le loisir d'entretenir Montalais. Tandis que la comtesse de Soissons était en conversation avec Madame, je fis

1. MM. de Biscaras, de Cusac et de Rotondis étoient trois frères que M. de La Chataigneraie, grand père de M. de La Rochefoucauld, quand il étoit capitaine des gardes de Marie de Médicis, avoit fait entrer dans sa compagnie, parce qu'ils lui étoient parents. Depuis, Biscaras fut officier dans la compagnie des gendarmes de Mazarin. Un démêlé qu'il eut avec M. de La Rochefoucauld, du temps qu'il étoit encore M. de Marsillac, amena pour lui une série de mésaventures ; d'abord ils furent mis l'un et l'autre à la Bastille, Marsillac conduit par un exempt et Biscaras par un simple garde. Marsillac sortit le premier, et quand leur différend fut porté devant le tribunal d'honneur des maréchaux, on continua à mettre entre eux une grande différence ; on fit même des recherches sur la noblesse de Biscaras ; elle fut enfin confirmée, et ce fait explique et autorise sa présence ici auprès du roi.

ce que je pus pour gagner l'esprit de cette fille ; je lui exprimai les sentimens de mon cœur les plus secrets, et tout ce que je pus tirer d'elle fut qu'elle vouloit bien être de mes amies, mais que je prisse garde de lui rien demander qui fût contre les intentions de sa maîtresse, et qu'elle me plaignoit de me voir prendre une visée si dangereuse. Elle me dit mille choses de bon sens là-dessus, auxquelles j'ai souvent pensé pour ma conduite, et je n'ai jamais pu savoir d'elle si Madame avoit d'aussi bons yeux qu'elle pour découvrir ma passion. Je la conjurai de me dire encore quelque chose, lorsque la comtesse sortit.

» Ce fut alors que me trouvant seul, tout le monde étant parti excepté Montalais, je tremblai de l'assaut que l'on m'alloit donner. Je n'eus pas fait cette réflexion que Madame me dit : « Eh bien, comte de Guiche, parlerez-vous aujourd'hui ? — Je ne sais pas précisément ce que je dirai, répondis-je, mais je sais bien que je vous obéirai toujours aveuglément. J'aurois bien voulu vous taire mes folies, par le profond respect que j'ai pour Votre Altesse, et parce que je ne puis faire de tels aveux sans confusion. — Je me doutois bien, reprit-elle, qu'il y avoit quelque chose, et par ce que vous venez de me dire vous avez redoublé ma curiosité ; mais assurez-vous encore une fois que vous ne hasarderez rien à la satisfaire. — J'avois besoin de cette assurance, Madame, lui dis-je, pour me résoudre tout à fait ; mais vous vous souviendrez, s'il vous plaît, que vous me l'avez ordonné. Il y a six mois, poursuivis-je, que j'aime une dame qui touche assez près à Votre Altesse pour craindre que vous ne preniez ses intérêts contre moi, et que vous ne trouviez à dire que j'aie osé élever mes yeux et mes pensées jusqu'à elle. Mais qui auroit pu lui résister, Madame? Elle est d'une taille médiocre et dégagée; son teint, sans le secours de l'art, est d'un blanc et d'un incarnat inimitables; les traits de son visage ont une délicatesse et une régularité sans égale; sa bouche est petite et relevée, ses lèvres vermeilles, ses dents bien rangées et de la couleur de perles; la beauté de ses yeux ne se peut exprimer: ils sont bleus, brillans et languissans tout ensemble; ses cheveux sont d'un blond cendré le plus beau du monde; sa gorge, ses bras et ses mains sont d'une blancheur à surpasser toutes les autres; toute jeune qu'elle est, son esprit vaste et éclairé est digne de mille empires; ses sentimens sont grands et élevés, et l'assemblage de tant de belles choses fait un effet si admirable qu'elle paroît plutôt un ange qu'une créature mortelle[1]. Ne croyez pas, Madame, que je parle en amant; elle est telle que je la viens de figurer, et si je pouvois vous faire comprendre son air et les charmes de son humeur, vous demeureriez d'accord qu'il n'y a pas au monde un objet plus adorable. Je la vis quelque temps sans imaginer

1. Comparez à ce portrait celui que trace de madame Henriette madame de Motteville : « Elle avoit le teint fort délicat et fort blanc; il étoit mêlé d'un incarnat naturel comparable à la rose et au jasmin. Ses yeux étoient petits, mais doux et brillants. Son nez n'étoit pas laid; sa bouche étoit vermeille, et ses dents avoient toute la blancheur et la finesse qu'on leur pouvoit souhaiter. Mais son visage trop long et sa maigreur sembloit menacer sa beauté d'une prompte fin. » (*Mém. de Mottev.*, édit. 1723, 5, p. 177.)

faire autre chose que l'admirer ; mais je sentis enfin que je n'étois plus libre, et que l'embrasement étoit trop grand pour le penser éteindre ; il ne me resta de raison que pour cacher le feu qui me dévoroit. Ce n'est pas que lorsque je me trouvois auprès de cette dame je ne fusse hors de moi, et que, si elle a pris garde à ma contenance et à mes petits soins, elle n'ait pu aisément remarquer le désordre où me mettoit sa présence. La crainte de me faire le rival du plus redoutable du royaume me rendit si mélancolique que j'en perdis l'appétit et le repos, et que je tombai dans cette langueur qui m'a défiguré pendant deux mois. J'étois rongé de tant d'inquiétudes que je n'avois plus guère à durer en cet état, lorsqu'il a plu à la fortune de me guérir d'un de mes maux. Ce rival, auquel je n'osois rien disputer, a pris un autre attachement, et m'a délivré des persécutions que je souffrois de la première galanterie. Ainsi, me voyant moins malheureux, j'ai respiré plus doucement et j'ai repris de nouvelles forces pour me préparer à de nouveaux tourmens. »

« Madame voyant que j'avois cessé de parler : « Est-ce là tout, comte ? me dit-elle ; le nom de cette belle, ne le saurons-nous point ? Je ne vois rien à la cour semblable au portrait que vous avez fait, et je ne connois point non plus ce rival qui vous a fait tant de peine. — Quoi ! Madame, voudriez-vous bien me réduire à déclarer ce que je n'ai pas encore dit à la personne que j'aime ? Du moins attendez que je lui aie fait ma déclaration, pour savoir son nom ; je promets à Votre Altesse que vous le saurez aussitôt que je lui aurai parlé. — Et bien, je me contente de cela, reprit-elle ; mais je vous conseille, de quelque manière que ce soit, de l'instruire au plus tôt de vos sentimens, de peur que quelqu'autre moins respectueux que vous ne vous donne de l'esprit[1]. Jusques à cette heure vous avez aimé comme on fait dans les livres, mais il me semble que dans notre siècle on a pris de plus courts chemins, pour faire la guerre à l'amour, que l'on ne faisoit autrefois. On prétend que ceux qui ont tant de considération n'aiment que médiocrement ; quand votre passion sera aussi grande que vous le croyez, vous parlerez sans doute. Ce n'est pas qu'une discrétion comme la vôtre soit sans mérite ; mais il faut donner de certaines bornes à toutes choses. — Ha ! Madame, lui dis-je, quand vous saurez combien il y a loin de moi à ce que j'aime, vous direz bien que je suis téméraire. »

« Je voulois poursuivre, lorsque mademoiselle de Barbezière entra, qui dit à Madame que le Roi alloit repasser. Tandis que ceux qui le précédoient entrèrent, Montalais, qui n'avoit fait qu'aller et venir par la chambre durant notre conversation, me demanda si j'étois bien sorti d'affaire. Je lui dis qu'on ne pouvoit faillir avec un aussi bon conseil que le sien. Nous n'eûmes pas loisir de nous entretenir davantage, car le Roi sortit, après avoir prié Madame de se tenir prête pour aller le lendemain dîner à Versailles, et moi je me coulai dans la presse.

1. *Var.:* De peur que quelque autre, moins expérimenté que vous, ne vous dame le pion. Il me semble que dans notre ville on a pris de plus courts chemins...

« Je ne fus pas plus tôt rentré chez moi, que je donnai ordre qu'on renvoyât tous ceux qui me viendroient demander, et vous fûtes le seul excepté. Je repassai mille fois dans mon esprit l'entretien que j'avois eu avec Madame, et, après avoir fait cent résolutions opposées l'une à l'autre, je me déterminai enfin à lui écrire ce billet :

LE COMTE DE GUICHE A MADAME.

C'est vous que j'aime, Madame ; le portrait que je vous fis hier de vous-même ne vous l'a que trop fait connoître. Si vous trouvez que cet aveu soit trop hardi, vous devez vous en prendre à votre curiosité, et vous souvenir que je n'ai pas dû désobéir à la plus belle personne du monde. La crainte de vous déplaire me feroit encore balancer à me déclarer, s'il étoit quelque chose de plus funeste pour moi que le déplaisir de vous taire que je vous adore. Pardonnez-moi, divine princesse, si je vous dis que je ne pense point à tous les malheurs dont vous me pouvez accabler, pour me punir. Je n'ai l'esprit rempli que de la joie de vous faire juger que ma passion est infinie par la grandeur de votre mérite et par celle de ma témérité.

« Après avoir relu ce billet, que je trouvai assez conforme à mes intentions, je le cachetai le plus proprement que je pus ; et le lendemain, étant à Versailles, où le nombre de courtisans étoit médiocre, je pris mon temps de m'approcher de Madame, tandis que Saint-Hilaire chantoit ;

j'étois derrière la chaise de Madame, et, comme elle se tourna de mon côté : « Madame, lui dis-je assez bas pour n'être entendu que d'elle, je parlai hier à la dame : mon intention étoit de vous satisfaire en toutes choses ; mais, ayant prévu que je ne le pouvois facilement en ce lieu, j'ai mis ce qu'il faut que vous sachiez dans un billet que je vous donnerai avant que de sortir d'ici. J'ose vous le recommander, Madame : il y va de ma fortune et de la perte de ma vie, si vous le montrez. — Il me semble, me repartit-elle, que je vous en ai assez dit pour vous rassurer. »

« Elle ne m'en dit pas davantage ; un quart d'heure après elle se leva pour aller voir les ouvrages de filigrane, et je pris une de ses mains pour lui aider à marcher. J'étois dans une émotion si grande, qu'il m'en prenoit des tressaillemens de moment en moment ; toutefois comme j'avois pris ma résolution, je lui coulai doucement dans la main le billet que je vous ai dit, et je remarquai que, m'ayant lâché la main sous prétexte de prendre un mouchoir, elle le mit doucement dans sa poche et se rappuya sur mon bras. De tout le reste de la journée je ne lui parlai que haut et devant tout le monde.

« Je retournai à Paris avec la gaîté d'un homme qui s'est déchargé d'un pesant fardeau. Aussitôt que je fus dans mon lit, je fus affligé de nouvelles inquiétudes, qui se représentoient à mon souvenir par cent bizarres images, et je ne fis que me tourmenter, en attendant l'heure que je pourrois savoir le succès de mon billet.

« Le jour arriva, que je ne savois encore si je suivrois le Roi au Palais-Royal, lorsque vous vîntes me dire qu'il y avoit grande collation chez Monsieur, où les hommes et les dames seroient fort parés. Cela me fit résoudre à prendre l'habit le plus magnifique que j'aie jamais porté, et aller recevoir de bonne grâce tout ce qui m'étoit préparé par ma destinée. Le Roi mena La Vallière sur le soir chez Monsieur ; nous y trouvâmes la comtesse de Soissons, madame de Montespan, près de laquelle Monsieur faisoit fort l'empressé, et plusieurs autres dames de la Cour. Madame y arriva un moment après, si parée de pierreries et de sa propre beauté, qu'elle effaça toutes les autres. Je m'avançai pour me trouver sur son passage ; je la regardai avec des yeux qui marquoient quelque chose de si soumis et si rempli de crainte, que, me voyant en cet état, elle eut quelque compassion de moi, et me fit un petit signe de tête si obligeant que j'en fus une demi-heure hors de moi, tant les grandes joies sont peu tranquilles. On dansa, on joua, et pendant tout ce temps je me trouvai le plus souvent que je pouvois en vue de Madame sans l'approcher. J'aurois toujours fait la même chose pendant la collation, si Montalais ne se fût approchée de moi, laquelle voyoit par mes yeux dans le fond de mon cœur, et ne m'eût averti de prendre garde à moi et à ce que je faisois ; elle y ajouta l'ordre de ne pas manquer de me trouver chez Madame le lendemain au soir, et, quelque question que je lui fisse, elle ne me voulut rien dire davantage, ni même m'écouter.

« Vous pouvez croire que je ne manquai pas de me rendre au Palais-Royal avec une exactitude extrême. Montalais me vint recevoir dans un petit passage, d'où elle me mena dans sa chambre, où nous nous entretînmes quelque temps. Je la conjurai de me dire si elle ne savoit point ce qu'on vouloit faire de moi, lorsque Madame entra elle-même; elle étoit en robe de chambre, mais propre et magnifique. D'abord je lui fis une profonde révérence; et, après que je lui eus donné un fauteuil, elle me commanda de prendre un siége et de me mettre auprès d'elle. Dans le même temps, Montalais s'étant un peu éloignée de nous, elle parla ainsi :

« Comte, votre malheur a pris soin de me venger de vous; je le trouve si grand, que je veux bien vous en avertir, afin que vous vous y prépariez. J'ai lu votre billet, et, comme je le voulois brûler, Monsieur l'a arraché de mes mains et lu d'un bout à l'autre. Si je ne m'étois servie de tout le pouvoir que j'ai sur lui et de toute mon adresse, il auroit déjà fait éclater sa vengeance contre vous. Je ne vous dis point ce que la fureur lui a mis à la bouche. C'est à vous à penser aux moyens de sortir du danger où vous êtes.

— Madame, lui dis-je en me jetant à ses pieds, je ne fuirai point ce mortel danger qui me menace; et si j'ai pu déplaire à mon adorable princesse, je donnerai librement ma vie pour l'expiation de ma faute. Mais si vous n'êtes point du parti de mes ennemis, vous me verrez préparé à toutes choses avec une fermeté qui vous fera connoître que je ne suis pas tout-à-fait indigne d'être à vous. — Votre parti est trop fort dans mon cœur, reprit-elle en me commandant de me lever et me tendant la main obligeamment, pour me ranger du côté de ceux qui voudroient vous nuire. Ne craignez rien, poursuivit-elle en rougissant, de tout ce que je vous viens de dire de votre billet : personne ne l'a vu que moi. J'ai voulu vous donner d'abord cette allarme pour vous étonner. Croyez que je ne saurois vous mal traiter sans être infidèle aux sentimens de mon cœur les plus tendres. J'ai remarqué tout ce que votre passion et votre respect vous ont fait faire, et, tant que vous en userez comme vous devez, je vous sacrifierai bien des choses et je ne vous livrerai jamais à personne.— Est-il possible, lui dis-je, que Votre Altesse ait tant de bonté, et que la disproportion qui est entre nous de toute manière vous laisse abaisser jusqu'à moi? C'est à cette heure, Madame, que je connois que j'ai de grands reproches à faire à la nature et à la fortune, de ce qu'elles m'ont refusé de quoi offrir à une personne de votre mérite et de votre rang. Mais, Madame, si un zèle ardent et fidèle, si une soumission sans réserve vous peut satisfaire, vous pouvez compter là-dessus et en tirer telles preuves qu'il vous plaira.—Comte, répondit-elle, j'y aurai recours quand il faudra ; soyez persuadé que, si je puis quelque chose pour votre fortune, je n'épargnerai ni mes soins ni mon crédit. — Ah ! Madame, lui dis-je, jamais pensée ambitieuse ne se mettra avec ma passion. — Hé bien, repartit-elle, si pour vous satisfaire il faut faire quelque chose pour vous, on vous permet de croire qu'on vous aime. »

« Et alors, voyant que Montalais n'étoit plus dans la chambre, je me laissai aller à ma joie, et, à genoux comme j'étois, je pris une des mains de Madame, sur laquelle j'attachai ma bouche avec un si grand transport que j'en demeurai tout éperdu. Je fus une demi-heure en cet état, sans pouvoir prononcer une parole et sans avoir seulement la force de me lever. Je commençois un peu à revenir, lorsque Montalais vint avertir Madame qu'il étoit temps qu'elle retournât dans sa chambre, où Monsieur alloit venir. Je ne fus pas fâché de cet avis, car je me sentois en un abattement si grand, que je serois mal sorti d'une conversation plus longue. Elle ne me donna pas le temps de dire un mot, et, s'étant levée de sa place : « Venez, Montalais, dit-elle, je vous le remets entre les mains; ayez en soin, je crois qu'il est malade. » A ces mots elle sortit de la chambre et je n'osai la suivre; mais ayant prié Montalais de me donner de l'encre et du papier, j'écrivis ce billet :

J'avois assez de résolution pour souffrir ma disgrâce, et je n'ai pas assez de force pour soutenir ma bonne fortune. Ma foiblesse étant un effet du respect et de l'étonnement, pardonnez-moi, belle princesse : les joies immodérées agitent trop violemment d'abord, et c'en étoit trop à la fois pour un homme. Si vous voulez bien que je croie ce que vous m'avez dit, vous me donnerez bientôt un quart d'heure pour ma reconnoissance.

« Je donnai ce billet à Montalais, qui me promit de le rendre sûrement. Après cela, elle me fit sortir par le même endroit par où j'étois venu. Je vous avoue que la joie de mon aventure étoit troublée par le chagrin de cette émotion, qui m'avoit tout à fait interdit, et que j'eus toujours mille inquiétudes jusqu'à trois jours de là, qu'on me donna rendez-vous au même endroit et à la même heure. Je m'y rendis avec plus de joie, parce que Monsieur soupoit au Louvre et que je crus que j'y serois moins interrompu. La nuit étoit claire et sereine ; elle me parut sans doute mille fois plus belle que le jour, et, sitôt que Montalais m'eut introduit, je n'eus pas beaucoup de temps à rêver, car Madame entra peu après dans cette même chambre où je l'attendois. — Hé bien, comte, me dit-elle d'un visage assez gai, êtes-vous guéri ? — Madame, lui repartis-je, les maux que cause la joie ne sont pas des maux de durée ; si Votre Altesse m'eût donné un peu plus de temps, j'en serois revenu bien plus vite. — Il est vrai, reprit-elle, que je croyois vous voir mourir à mes pieds, tant vous me parûtes languissant. — Je ne suis pas, lui dis-je, destiné à une fin si glorieuse ; mais je sais bien que les plus grands princes envieroient ma condition présente et que je l'aime mieux que la leur. — Ce que vous me dites, reprit-elle, est assez comme je souhaite qu'il soit ; mais, poursuivit-elle en riant, que ces pensées-là ne vous rejettent pas en l'état de l'autre jour, car enfin vous me mîtes dans une peine extrême. — Vous ne m'avez, lui dis-je, donné que trop de temps pour me préparer à mon bonheur, et je croyois avoir le bonheur de vous revoir plus tôt.— Cela n'est pas si aisé que vous le pourriez croire, dit-elle ; si vous saviez toutes les précautions que je suis obligée de prendre pour cela et tous les soins de Montalais, vous nous en sauriez bon gré à toutes deux. Mais dites-moi, tout de bon, avez-vous eu beaucoup d'impatience de me revoir ? Vous y aviez plus d'intérêt que vous ne pensez, car je suis assurément de vos meilleures amies.

« A ces mots elle me tendit sa main en rougissant. Alors je fis tout ce que je pus pour lui bien représenter la grandeur de ma passion, et j'eus le plaisir de voir que je la persuadois. Nous eûmes une conversation de quatre heures, la plus tendre et la plus touchante du monde ; et il me semble que j'avois un esprit nouveau auprès d'elle. Ses beaux yeux, sa douceur, et cent choses favorables et spirituelles, m'animèrent si puissamment à l'entretenir agréablement, qu'elle me témoigna par mille caresses et mille paroles obligeantes qu'elle étoit très-contente de moi. A la fin, après nous être dit que deux amans ne pouvoient pas être plus contens l'un de l'autre que nous ne l'étions, nous prîmes des mesures pour ma conduite. Elle me dit de lier amitié plus étroite avec de Vardes que je n'avois fait jusque alors, et d'aller deux ou trois fois la semaine chez la comtesse de Soissons ; qu'on y feroit des parties entre peu de personnes pour se divertir, et que là nous aurions le temps plus commode qu'au Palais Royal pour ménager nos entretiens particuliers, et sans le ministère de personne que de Montalais, en qui elle se confioit absolument. Et après cela je sortis ; et Montalais, qui étoit demeurée dans un cabinet, me vint conduire jusqu'au petit escalier, où je la remerciai de tous ses soins.

« Depuis ce temps-là j'ai vu de Vardes chez la comtesse de Soissons, où je trouve infailliblement Madame, quand elle n'est pas au Louvre ou au Palais Royal. Nous avons lié entre nous quatre une société fort agréable et sur le pied d'une bonne amitié; nous nous sommes promis une union inséparable. De même je ne ferai point de difficulté de vous dire que nous travaillons de concert à faire en sorte que le Roi quitte La Vallière et qu'il s'attache à quelque personne dont nous puissions gouverner l'esprit, car celle-ci est fière et inaccessible. Pour cela nous avons trouvé à propos de donner de la jalousie à la Reine par une lettre que nous fîmes il y a huit jours, et que j'ai traduite en espagnol. J'ai déguisé mon caractère ; et étant dans la chambre de la Reine, il y a quatre ou cinq jours, j'ai glissé cette lettre dans son lit [1]. Elle a été trouvée par la Molina, qui, au lieu de la donner à sa maîtresse, la porta au Roi. Elle contenoit ces mots; la voici en françois :

A LA REINE.

Le Roi se précipite dans un dérèglement qui n'est ignoré de personne que de Votre Majesté ; mademoiselle de La Vallière est l'objet de son amour et de son attachement. C'est un avis que vos serviteurs fidèles donnent à Votre Majesté.

« On y ajouta :

C'est à vous à savoir si vous pouvez aimer le Roi entre les bras d'une autre, ou si vous voulez empêcher une chose dont la durée ne vous peut être glorieuse.

1. Voy. dans ce volume, p. 63.

« Ce qu'il y a de rare en cette aventure, c'est que le Roi en a parlé à de Vardes, lui a montré la lettre et lui a recommandé de tâcher de découvrir, sans bruit, qui peut en être l'auteur. Cela ne me fait pas peur, car de Vardes lui-même, qui en a fait l'original en françois, nous dit hier qu'il avoit fait ce qu'il avoit pu pour jeter dans l'esprit du Roi des soupçons sur monsieur le Prince ; mais il ne le croit pas capable de cela, mais bien plutôt mademoiselle de Montpensier, qu'il croit malfaisante, et madame de Navailles, à cause de sa vertu imprudente [1]. Vardes n'a point tâché de le désabuser, et fait toujours semblant d'en chercher adroitement l'auteur. Nos dames, de leur part, font voir au Roi une des plus belles personnes de France, qui est tantôt chez Madame, tantôt chez la comtesse de Soissons. Mais la lettre a tout gâté et n'a fait que l'attacher plus fortement à La Vallière. Nous le voyons tous les jours, car Vardes de son côté est amoureux de la comtesse de Soissons. Nous ne nous sommes fait aucune confidence là-dessus ; mais à nos façons

---

1. Voy. ci-dessus, p. 59. — Aux détails que nous avons déjà donnés sur l'éloignement de madame de Navailles, ajoutons que la comtesse de Soissons avoit de fortes raisons pour chercher à l'écarter. Madame de Navailles étoit dame d'honneur, et madame de Soissons surintendante de la maison de la reine ; leurs fonctions, très mal définies, avoient été réglées par le Roi lui-même, au grand mécontentement de madame de Navailles. Sur les explications de Sa Majesté, la dame d'honneur, assurée de pouvoir continuer à présenter à la Reine la serviette à table, et la chemise, s'applaudit de la décision prise, et ce fut le tour de madame de Soissons d'être mécontente. Poussé par elle, son mari provoqua même M. de Navailles. — Sur toutes ces intrigues, Voy. *Mém. de Mottev.*, anno 1661.

d'agir, nous ne connoissons que trop nos affaires. Cependant je fais ma cour fort régulièrement à Monsieur ; j'ai même tâché de me mettre de ses parties pour avoir plus d'occasion de lui témoigner quelque complaisance. Mais j'ai remarqué qu'il aime à être seul parmi les dames, et je suis bien aise qu'il soit de cette humeur. Je lui ai offert de négocier auprès de madame d'Olonne pour lui, et il l'a trouvée belle et aimable deux ou trois fois. Je l'ai vu presque résolu en cette affaire ; mais il craint tout, il ne peut se résoudre à rien ; il fait difficulté sur tout, et, à vous parler franchement, je ne crois pas qu'il aime à conclure. Je ne me suis point rebuté, je lui en ai parlé dix fois ; car j'ai grand intérêt qu'il se donne un amusement. Madame de Montespan me l'a débauché, et comme la moindre chose l'arrête, me voilà délivré de ses soins. Jugez, cher ami, si je ne suis pas heureux, et si quelqu'un en France peut se vanter de me surpasser en bonne fortune.

— J'avoue, lui dis-je[1], que votre bonheur est si grand que j'en tremble pour vous ; je le vois environné de tant d'abîmes que ce sera un miracle si vous pouvez sortir de cet engagement par une issue favorable : vous avez à tenir bride en main et à vous défendre de deux emportements où vous peut porter un état si glorieux, et, quelque sage conduite que vous puissiez observer, il faut que la fortune ne vous quitte point. Pour

---

1. On peut avoir oublié que, pendant tout le long récit qui précède, Manicamp a laissé la parole au comte de Guiche ; il parle maintenant en son nom.

sortir des dangers de tant d'embarquements, ce n'étoit pas assez de votre amour, sans vous mêler de traverser les plaisirs d'un prince de qui vous recevez tous les jours des faveurs, et je vous conseille, comme un homme qui vous aime, de ne prendre point de part à tous les desseins que vos amis voudront faire sur ses intentions.— Si vous étiez amant, reprit le comte, vous ne seriez pas si scrupuleux ; de plus, je vous dirai que la jalousie ne sort jamais si bien d'un cœur tant que les objets sont présens. Je ne saurois aimer le Roi après ce qu'il m'a fait souffrir. Madame est de mon sentiment ; j'ai intérêt de l'entretenir dans cette pensée. D'ailleurs Vardes et la comtesse de Soissons nous ont fait comprendre que, si on peut lui donner une maîtresse qui soit de nos amies, nous disposerons par ce moyen de la plus grande partie de grâces que le Roi fera ; nous nous rendrons si nécessaires à ses affaires de plaisir, qu'il ne pourra se passer de nous, et que ce sera un moyen de nous introduire dans les plus grandes et importantes affaires. Si vous saviez comme moi la charmante diversité des pensées que l'amour et l'ambition produisent dans une âme, vous ne raisonneriez pas tant. Nous vous y verrons peut-être comme les autres ; et quand cela sera, vous ne serez plus si sévère à vos amis ; adieu. »

« A ces mots il s'en alla, et me laissa une matière de rêverie assez grande sur tout ce qu'il venoit de me dire.

« Trois mois se passèrent sans que le comte parût avoir la moindre inquiétude. Il est vrai qu'il étoit tellement occupé à son amour et à ses intrigues que je ne le voyois qu'en passant. Il étoit sans cesse de parties de plaisir; il faisoit une dépense effroyable en habits; il se retiroit insensiblement du commerce de ses amis ordinaires, et il fit enfin tant de choses qu'il n'en fit que trop pour faire soupçonner la cause de ces changements. Quelqu'un m'ayant averti de ce que l'on disoit, je ne manquai pas de lui en donner avis, et de lui conseiller de prendre garde à lui fort exactement. Mais comme la prospérité endort la vigilance et obscurcit la raison, il m'assura qu'il alloit au devant de toutes choses, et qu'il falloit que ces gens se missent de telles visions dans la tête sur des fondements imaginaires, que jusques à l'heure qu'il me parloit il n'avoit pas fait un pas sans précaution. Il négligea si bien ce que je lui avois dit, ou bien il fut si malheureux, que Monsieur en prit de l'ombrage et mit des gens aux écoutes pour s'éclaircir. La cour est toute pleine de ces lâches flatteurs qui, pour acquérir la confiance de leur maître, lui troublent son repos par des rapports, et qui, pour lui persuader leur fidélité, lui diroient les choses les plus affligeantes. Telle fut la destinée de Monsieur, qui trouva des gens qui tournèrent ses soupçons en certitude, et qui traversèrent tellement l'esprit de ce jeune prince (encore novice en telle matière), qu'il oublia sa naissance, son courage, son pouvoir, et toutes voies bienséantes pour se venger. Dans les premières atteintes de ses douleurs, il alla, tout en larmes, se plaindre au Roi de l'insolence du comte, et, après avoir exagéré tout ce qu'il avoit pu apprendre de ses démarches, lui en demanda justice, et qu'il chassât d'auprès de Madame toutes les personnes qui pourroient faciliter de tels commerces. Le Roi fut touché de l'air naïf dont son frère lui exprimoit sa jalousie; de tout le reste, il lui dit que de tels chagrins devoient plutôt s'étouffer que de paroître ; que néanmoins, si la témérité du comte avoit éclaté, il n'y avoit pas de milieu à tenir; qu'il y avoit des gardes chez lui pour punir sur-le-champ ceux qui oublieroient le respect qu'ils lui devoient ; qu'on n'offensoit pas ceux de son rang impunément ; que sans examiner si le comte étoit coupable ou non, il falloit l'envoyer si loin, qu'à peine sauroit-on ce qu'il seroit devenu; qu'au reste c'étoit à lui d'éloigner doucement de Madame les personnes qui pourroient lui être suspectes ; qu'il ne falloit pas prendre de l'ombrage facilement ; que surtout il avoit à ménager délicatement l'esprit de Madame sur ce chapitre; que c'étoit une jeune personne qui, tout éclairée qu'elle étoit, avoit peut-être ignoré que ces petites façons libres, mais innocentes dans le fond, ne l'étoient pas dans l'extérieur, et qu'en étant avertie à propos, elle n'y tomberoit plus assurément. Enfin le Roi n'oublia rien de ce qui pût adoucir le ressentiment de son frère, et lui rassurer l'esprit sur un sujet si délicat.

« Le jour même que Monsieur étoit en colère, et qu'il avoit oublié ce qu'on venoit de lui dire, il fit sortir Montalais et Barbezières de chez Madame, qui ne souffrit pas sans larmes l'éloignement de deux filles qu'elle aimoit.

« Cependant le Roi envoya quérir le maréchal de Grammont. D'abord qu'il le vit, il fit retirer tout le monde et lui dit : « Monsieur le maréchal, votre fils est un extravagant, il aura bien de la peine à devenir sage ; si je n'avois de la considération pour vous, je l'abandonnerois au ressentiment de mon frère, pour qui il a manqué de respect. Envoyez-le en Pologne faire la guerre jusqu'à nouvel ordre[1] ; et afin que la cause de son départ ne soit pas connue, qu'il vienne demain me demander congé de faire ce voyage pour lui et pour son frère[2]. Le maréchal remercia le Roi de sa bonté, sans prendre aucun soin d'excuser son fils, et l'assura qu'il alloit exécuter ses ordres. Le comte étoit encore au lit, parcequ'il étoit revenu fort tard de l'hôtel de Soissons, quand son père entra dans sa chambre, d'où leurs gens se retirèrent, se doutant bien que le maréchal ne venoit pas chez son fils sans affaire.

« — Hé bien, monsieur le comte de Guiche, lui dit-il de son ton railleur, vous êtes un homme à bonnes fortunes ; vous en ferez tant, que quelqu'un prendra le même soin de votre femme que vous prenez de celles des autres. Vous avez assez bien réussi, poursuivit-il ; vous êtes un joli cavalier et surtout fort prudent, vous avez fait votre cour admirablement. Le Roi vient de me

1. Jean-Casimir, roi de Pologne, avoit épousé Marie de Gonzague, sœur de la princesse Palatine. Cette alliance du roi avec une princesse françoise explique pourquoi la France soutint Jean Casimir tant contre les Moscovites que contre sa propre armée, qui s'étoit tournée contre lui avec Lubomirski. Jean Casimir, soutenu par l'énergie de sa vaillante femme, ressaisit son autorité. Après la mort de sa femme, il abdiqua et se retira en France, où il mourut abbé de Saint-Germain-des-Prés. — On voit son tombeau dans l'église de ce nom.

2. Le comte de Louvigny, depuis comte de Guiche et duc de Grammont, après la mort de son aîné, tué au passage du Rhin en 1672.

dire qu'il connoît votre mérite et qu'il veut vous récompenser, et pour cela que vous vous prépariez à aller voir si le Roi de Pologne voudra bien vous recevoir pour volontaire dans son armée. Un homme de cervelle comme vous n'est pas tout à fait indigne d'un tel emploi. Vous vous y prenez de bonne manière pour établir votre fortune ; vous vous imaginez que ces sortes de galanteries vous feront grand seigneur. » Il lui dit cent autres choses, sans que le comte eût la force de l'interrompre, tant il étoit étourdi d'un voyage qu'il croyoit inévitable ; et après que son père, d'un air un peu plus sérieux, lui eut fait entendre la volonté du Roi, il le laissa en repos, s'il y en avoit pour un homme qu'on alloit arracher à lui-même, et qui s'imaginoit déjà par avance tout ce qu'il alloit souffrir.

« La première chose que fit le comte fut de me venir avertir de son malheur, et je n'eus pas grande consolation à lui donner sur un mal sans remède, hors de le flatter de l'espérance du retour. Après cela il alla chez Vardes, auquel ayant dit la nécessité où il étoit de partir bientôt, il l'engagea de rendre ses lettres à Madame et de lui renvoyer ses réponses, et Vardes lui promit de le servir fidèlement en cela et en toutes choses [1]. Je le trou-

1. Le récit de madame de Motteville diffère de celui-ci ; nous croyons plus volontiers des mémoires signés qu'un pamphlet anonyme. Suivant elle, mademoiselle de Montalais, malgré sa disgrâce, avoit pu emporter toute la correspondance du comte de Guiche et de Madame, que celle-ci lui avoit confiée. « Vardes avoit été l'ami du comte de Guiche, et, par la comtesse de Soissons, il étoit entré dans la confidence de Madame. L'histoire dit qu'en l'absence de l'exilé, et même depuis son retour, sous le nom d'ami, il le voulut perdre auprès de cette jeune princesse, et qu'ayant

vai chez lui, où il parut plus résolu. Il me conta ce qu'il venoit d'établir avec Vardes, n'ayant pas jugé à propos de me charger de cela, parceque j'étois trop connu pour être son ami, et parceque Vardes avoit plus d'habitude que moi chez Madame.

« Après cela, me voyant tête à tête avec lui : « N'avez-vous point examiné, lui dis-je, ce qui peut causer votre disgrâce ? — Depuis hier, répondit-il, j'ai fait vingt fois la revue de mes actions passées, je n'ai trouvé que deux choses qui puissent m'avoir trahi. Vous étiez il y a quinze jours d'un repas où l'on s'échauffa à boire : il vous peut souvenir qu'on y dit que les yeux de Madame étoient beaux; j'en parlai avec un peu trop de chaleur, et même je dis que le cavalier qui en étoit le maître pouvoit assurément se dire heureux, et je proférai ces paroles avec une certaine joie fière, qui auroit été fort indiscrète parmi des gens de sang-froid, et possible cela passa-t-il sans être remarqué, car nous étions tous assez échauffés de vin. Il me souvient pourtant que vous me

fait dessein de la tenir attachée à lui par la crainte des maux qu'il pourroit lui faire, il lui conseilla de retirer ses lettres et celles du comte de Guiche des mains de Montalais. Je sçais avec certitude que Madame, ne connoissant point la malice de ce conseil, y consentit, et qu'elle lui donna un billet pour les demander à celle qui les avoit; que, quand il s'en vit possesseur, il eut la perfidie de les garder malgré Madame, qui fit tout ce qu'elle put pour l'obliger à les lui rendre, et que cette princesse, outrée de sa trahison, en voulut du mal, non seulement à lui, mais aussi à la comtesse de Soissons, qu'elle soupçonna d'être de concert avec lui pour lui faire cet outrage. Les dames se brouillèrent; le comte de Guiche et Vardes devinrent rivaux et ennemis, et cette division fit naître la jalousie et la haine entre ces quatre personnes. » (*Mém. de Mottev.*, année 1665.)

marchâtes sur le pied. L'autre chose dont je me doute est plus dangereuse. Nous avions remarqué, Madame et moi, que Monsieur ne manquoit jamais de tremper presque toute sa main dans l'eau bénite qui est dans la chapelle du Palais-Royal, et de s'essuyer à son mouchoir après s'en être mis au visage. Cela nous servit à lui faire une malice pour nous venger de sa mauvaise humeur, car il nous avoit rompu une partie de promenade le jour auparavant. Nous prîmes notre temps un matin qu'il étoit à Saint-Cloud, pour ne revenir que le soir. Ce même matin je me trouvai à la messe dans la chapelle du Palais-Royal, et, après que tout le monde se fut retiré, étant demeuré seul avec Madame et Montalais, comme si nous eussions eu quelque chose à nous dire[1], elles sortirent toutes deux. Je tirai de ma poche une petite bouteille pleine d'encre et un paquet de noir à noircir et le jetai dans le bénitier, en sorte que le lendemain matin, quand Monsieur eut entendu la messe, après que tout le monde se fut retiré, il ne manqua pas, en prenant de l'eau bénite, de se noircir toute la main et le front. Cela passa assez doucement, parcequ'on ne pouvoit soupçonner qui avoit fait cette malice. Son visage ressembloit quasi à un ramoneur de cheminée. Ces deux actions ne me rendent pas beaucoup coupable, puisque la première n'a pu être observée, et que la seconde n'est sue que de Madame et de moi. Cependant, me dit-il, il faut que je

---

1. Dans les éditions imprimées, après ce mot on trouve : « Nous exécutâmes ce que nous avions résolu. » — Le récit est inachevé ; nous avons pu le compléter à l'aide d'un manuscrit du temps qui nous a été communiqué.

m'apprête à suivre les ordres du Roi avec constance, et je suis bien obligé à sa bonté de donner lui-même une honnête couleur à mon exil, de le faire passer pour une humeur de bravoure de ne pouvoir supporter l'oisiveté. C'est où les gens de courage sont réduits en France depuis qu'il a plu à Sa Majesté de donner la paix à son royaume, et que moi-même je l'ai prié de m'accorder mon éloignement. L'obéissance que je dois à ses volontés ne me permet pas de songer à un retardement de l'aller trouver. L'amitié qu'il a pour Monsieur, son frère, fait que je ne serois pas bien fondé à me justifier. N'avez-vous pas pitié de me voir en ce malheureux état, et la fortune n'est-elle pas bizarre ? Elle ne m'a montré son visage propice que pour me rendre misérable. Il n'importe, le Roi peut me priver du jour, il est le maître de ma vie comme de mes biens ; mais Madame est maîtresse de mon cœur ; elle l'a accepté, j'espère qu'elle le garantira de tout événement dangereux. Pour ne la pouvoir voir avant de partir, je serai bien consolé au moins de lui écrire. Ah ! grand Dieu ! que je suis malheureux ! C'est à ce coup qu'il faut que j'obéisse à quoi le Roi m'a condamné. Adieu, cher ami, je vais au Louvre[1]. »

Le maréchal de Grammont, qui avoit été trouver le comte chez lui, l'attendoit dans l'antichambre du Roi, et avoit fait quelques démarches pour détromper sa Majesté de l'accusation que Mon-

---

[1]. Depuis cet alinéa, rien n'indique plus que le récit soit continué par Manicamp, et bientôt même le nom de Manicamp est prononcé, ce qui prouve que l'auteur parle en son nom.

sieur faisoit du comte son fils; mais il n'y avoit rien gagné. Le comte arrive. Le maréchal prit l'occasion qu'il n'y avoit auprès du Roi que le valet de chambre et celui de la garde-robe qui l'habilloit, et lui dit : « Sire, voici mon fils que je vous amène, suivant le commandement que vous m'en avez fait. Il avoit quelque bonne raison à dire pour justifier son innocence, mais il croyoit se rendre criminel de songer à s'expliquer sur quelque chose qui pût faire changer de résolution à Votre Majesté. Il vous demande par ma bouche son passe-port, et les ordres qu'il vous plaira qu'il exécute. »

Le Roi lui répondit : « Mon cousin, je vous plains, il vous doit être sensible que votre fils, que j'ai honoré de mon amitié, se soit oublié au point où son insolence est montée. A votre considération et des services que vous m'avez rendus, j'use entièrement de clémence. Comte de Guiche, ajouta le Roi, retirez-vous de ma cour; que je ne vous voie point que je ne vous demande; et pendant que j'aurai fait vos passe-ports, pour donner ordre à votre équipage et à vos affaires, allez à Meaux, où vous recevrez mes ordres. Faites par vos actions que je vous puisse voir un jour le plus sage de ma cour. »

Le comte de Guiche, au sortir de chez le Roi, étoit, comme vous pouvez vous imaginer, dans un grand désordre. Le marquis de Vardes, qui savoit que son ami étoit dans cette peine, avoit mille impatiences de savoir le succès de ses affaires, et l'étoit allé attendre chez lui, où le comte fut. Le comte fut bien aise de le trouver, pour se consoler le mieux qu'il pouvoit.

Le marquis, aussi bien que Manicamp, flatta le comte d'un retour ; les dernières paroles du Roi lui firent juger que c'étoit avec peine qu'il en venoit là, mais que la politique l'emportoit par dessus son inclination. Ils se jurèrent mille protestations d'amitié et de fidélité. Le marquis se chargea d'assurer Madame de la constance du comte, qui ne faisoit que bénir et louer la cause de ses peines, et qui n'accusoit enfin que sa mauvaise fortune de toutes ses traverses.

Le comte partit pour Meaux, où il fut huit jours dans des tristesses extrêmes. La comtesse sa femme le conduisit en ce lieu. Madame, à qui Vardes avoit dit les sentiments du comte, ne pouvoit sans grande peine supporter l'absence de cet amant ; comme la cause de son éloignement, elle balança longtemps si elle lui écriroit ou si elle lui enverroit quelqu'un. Elle estima que le dernier étoit le plus sûr, et, comme elle vouloit assurer le comte de son amitié, elle fit écrire ces lignes par Collogon [1].

BILLET DE MADAME AU COMTE DE GUICHE.

Ce n'est pas l'ordre de la cour que les femmes fassent beaucoup de protestations ; mais je m'y suis obligée puisque vous souffrez pour moy. Vos peines

---

1. Mademoiselle de Coëtlogon, Louise-Philippe, qui épousa Louis d'Oger, comte de Cavoye, grand maréchal de la maison du Roi, dont elle resta veuve. Madame de Sévigné a parlé plusieurs fois de son frère, le marquis de Coëtlogon, et de l'influence qu'avoit son mari. Née en 1641, elle mourut le 31 mars 1729, âgée de 88 ans ; elle étoit, à l'époque qui nous occupe, fille d'honneur de la jeune Reine.

sont grandes ; je sais que vous m'aimez. Je ne vous déclare point les miennes de peur d'augmenter les vôtres. Soyez seulement persuadé de mon amour. Le temps ne le changera pas; mais il vous pourra rendre plus heureux si nous nous revoyons. C'est ce que je souhaite avec passion.

Madame, qui ne connoissoit pas d'homme plus affidé au comte que Vardes, lui donna ce billet, et le pria de le lui remettre. Il ne manqua pas de s'acquitter de cet honnête emploi. Le comte fut ravi de recevoir cette lettre, et partit avec les ordres du Roi, en quelque sorte consolé de son éloignement.

Madame la comtesse de Soissons et Vardes, qui avoient minuté la lettre espagnole, continuoient à faite leurs efforts pour détourner l'amour que le Roi avoit pour mademoiselle de La Vallière, et, dans diverses conférences, blâmèrent son inconstance, jusques à dire que peu de choses l'engageoient en amour. De sorte que la comtesse, pleine de dépit, trouvoit que La Vallière étoit devenue insolente depuis le rang qu'elle avoit, et fit cet entretien à Madame : « Vous êtes peut-être en peine de savoir d'où vient l'amour du Roi pour La Vallière. Je le veux dire à Votre Altesse [1].

« Un jour que nous nous promenions dans le jardin du Palais-Royal, que j'étois avec le Roi et mes filles derrière et un peu éloignées, nous faisions notre conversation de ceux que nous aimerions

1. La version donnée dans l'*Histoire de l'amour feinte du Roi pour Madame* (voy. plus haut) diffère de celle-ci et paroît être la vraie.

le mieux, lorsque La Vallière survint, et, se mêlant dans notre entretien, le Roi lui demanda son sentiment, et moi pareillement. Elle fit quelques discours assez bien ordonnés, et dit à demi-bas que ce seroit pour le Roi qu'elle auroit le plus de penchant, parce qu'il étoit mieux fait qu'aucun de sa cour et qu'elle préféroit toujours sa conversation à toute autre.

« Le lendemain le Roi me vint voir. Un moment après, la comtesse de Fiesque me rendit visite. Après quelques petits compliments que nous fîmes à Sa Majesté, je tirai le Roi à part et lui demandai s'il avoit bien entendu ce qu'avoit dit La Vallière à la promenade. Il se prit à rire et me dit que cette fille avoit l'esprit hardi, et que cependant il ne laissoit pas de l'aimer. Je lui repartis naïvement : « Il est vrai qu'elle est digne du cœur d'un Roi. Elle n'est point farouche, elle prise votre entretien, elle danse à merveille [1],

---

1. On voit souvent mademoiselle de La Vallière figurer dans les ballets du temps; toute boîteuse qu'elle étoit, elle dansoit parfaitement bien. Dans le ballet des Saisons, dansé à Fontainebleau en 1661, elle représentoit une nymphe; au ballet des Arts, en 1663, une bergère; et, en 1666, encore une bergère dans le ballet des Muses. Dans le ballet des Arts, le poète parloit ainsi pour mademoiselle de la Vallière :

> Non, sans doute, il n'est point de bergère plus belle;
> Pour elle cependant qui s'ose déclarer?
> La presse n'est pas grande à soupirer pour elle,
> Quoiqu'elle soit si propre à faire soupirer.
> Elle a dans ses beaux yeux une douce langueur;
> Et, bien qu'en apparence aucun n'en soit la cause,
> Pour peu qu'il fût permis de fouiller dans son cœur,
> On ne laisseroit pas d'y trouver quelque chose.
> Mais pourquoi là dessus s'étendre davantage?
> Suffit qu'on ne sçauroit en dire trop de bien ;
> Et je ne pense pas que dans tout le village
> Il se rencontre un cœur mieux placé que le sien.

elle aime la musique et toutes sortes d'instruments ; on dit à la cour qu'elle est votre fidèle. »
Je prenois plaisir à lui faire ces contes. Cela lui plut tellement qu'il ne put s'empêcher de jurer qu'il l'aimeroit toute sa vie. Ce qui me donna plus d'envie de rire, c'est qu'il me dit qu'elle étoit de la meilleure race de son royaume. Voilà, Madame, tout le progrès jusques ici et le succès en peu de mots de l'amour du Roi pour La Vallière. »

Mais cette particularité[1] ne fut pas si secrète qu'elle ne fût sue. Le Roi ordonna au comte de Soissons de se retirer en son gouvernement de Brie et de Champagne, et le marquis de Vardes, allant à Pézénas, dont il étoit gouverneur, fut arrêté à Pierre-Encize. Cependant le comte de

---

1. Cette particularité, c'est-à-dire l'histoire de la lettre espagnole, fut révélée au Roi dans les circonstances suivantes : Après le passage que nous avons cité plus haut, de madame de Motteville, l'auteur ajoute : « La comtesse de Soissons, qui prétendoit avoir sujet de se plaindre de Madame, la menaça de dire au Roi tout ce qu'elle disoit avoir été fait par elle et par le comte de Guiche contre lui. Mais Madame, craignant l'effet de ses menaces, fut comme forcée de la prévenir et d'avouer tout le passé au Roi... La comtesse de Soissons, de son côté, pour se justifier au Roi, lui apprit aussi que le comte de Guiche, outre cette lettre que Madame avoit avouée, en avoit écrit d'autres à Madame, où il le traitoit de fanfaron, parloit de lui d'une manière qui ne lui pouvoit pas plaire et faisoit ce qu'il pouvoit pour obliger cette princesse à conseiller au roi d'Angleterre, son frère, de ne point vendre Dunkerque au Roi. Toutes ces choses furent amplement éclaircies par ce grand prince. Il en voulut même des déclarations par écrit de la propre main du comte de Guiche, qui en dénia une partie, et avoua la lettre écrite par Vardes et mise en espagnol par lui. » (*Mém. de Mottev.*, année 1665.)

Guiche étoit en Pologne, où il signala fort son courage et s'exerça à l'amour autant qu'il put. Il étoit infiniment considéré à la cour polonoise, où il fit beaucoup de connoissances. La guerre des Turcs contre l'empereur obligea le Roi de France de désirer que sa jeune noblesse allât, avec les secours qu'il donnoit, servir de volontaires dans cette guerre si importante à toute l'Europe.

Le comte de Guiche y fit si bien qu'en considération de ses services et des brigues que le maréchal son père et le chancelier [1], aïeul de sa femme, avoient faites pour détromper l'esprit du Roi, il consentit qu'il revînt à la cour, après qu'on lui eût assuré qu'il avoit regret de lui avoir déplu. Enfin il y fut parfaitement bien reçu. Monsieur même lui témoigna de l'amitié.[2] Il ne tarda guère à renouveler ses anciennes amours avec d'Olonne et les autres; mais il garda pour Madame de certaines mesures qui furent assez cachées et assez secrètes. Il s'habilloit tantôt d'une manière et tantôt d'une autre [3], et sa conduite étoit si adroite que Monsieur n'en prenoit

---

1. Le chancelier Seguier, père de Charlotte Seguier, qni, de son mariage avec Maximilien-François, duc de Sully, eut une fille, Marguerite-Louise-Suzanne de Béthune, femme du comte de Guiche.

2. « Le comte de Guiche revint donc en France et alla trouver le Roi à Marsal (au siége de Marsal), qui le reçut favorablement; et Monsieur le traita comme il devoit, c'est-à-dire avec quelque froideur. Le comte de Guiche, à son retour, montra vouloir observer les ordres qu'il avoit reçus (de ne pas se montrer aux lieux où seroit Madame) avec exactitude. Monsieur crut être obéi... (*Mém. de Mottev.*, anno 1665.)

3. Voyez ci-dessus, p. 64.

aucun ombrage. Au contraire, il lui faisoit confidence de ses aventures amoureuses.

Il lui en arriva un jour une qui faillit bien à découvrir tout ce mystère. Monsieur avoit été toute l'après-midi au Louvre et avoit soupé chez la Reine-Mère. Madame feignit d'être incommodée du rhume pour ne pas sortir. Le comte de Guiche, pour qui cette maladie étoit faite exprès, ne manqua pas d'aller donner ses soins à la malade, qui ne le fut pas longtemps; ils passèrent bien des heures sans ennui. Mais après le souper, Monsieur revint au Palais-Royal et un peu plus tôt qu'on ne l'attendoit. Mais Collogon étoit la fidèle confidente. Elle étoit toujours sur les ailes pour découvrir si quelqu'un ne pouvoit pas troubler les plaisirs de ces amants. Elle entendit Monsieur qui venoit et vint le dire à Madame, qui dit au comte : « Nous sommes perdus ! Quel moyen de vous sauver ? Passez dans cette cheminée qui ferme à deux volets, et essayez de vous empêcher de tousser et de cracher. Le pauvre amant n'eut pas le loisir de songer davantage et s'y enferma dans le moment que Monsieur entroit. Après divers entretiens, il eut envie de manger une orange de Portugal qui étoit sur le manteau de la cheminée. Il se leva, et lorsqu'il la prit, vous pouvez juger quelle devoit être l'inquiétude de ces deux amants, et lequel des deux pouvoit avoir l'esprit plus en repos. Quand Monsieur eut mangé le dedans de cette orange, il voulut jeter le reste dans la cheminée, et comme il avoit la main sur le lambris pour l'ouvrir, Collogon lui dit : Mon prince, ne jetez pas, je vous supplie, cette écorce : c'est ce que j'aime de l'orange. Monsieur la lui donna, et par ce moyen le comte et Madame l'échappèrent belle. Monsieur s'en retourna peu après à son appartement. Le comte sortit et protesta bien de ne plus hasarder[1] de la sorte, et, comme il ne céloit rien à Manicamp, il ne put s'empêcher de lui dire cette aventure. Manicamp lui représenta qu'il devoit bien dorénavant se tenir sur ses gardes, et que c'étoit un avant-coureur de quelque chose bien funeste.

Mais enfin, par malheur et sans qu'on sût comment, Monsieur en apprit plus qu'il n'en vouloit savoir. Il fit venir le maréchal, qui n'eut rien à dire contre son ressentiment, sinon qu'il étoit le maître de la vie de son fils, et que, s'il vouloit sa tête, il la lui donnoit. Le lendemain, le maréchal et le comte allèrent trouver le Roi à son lever, qui maltraita fort le comte de Guiche et lui dit : « Eloignez-vous de devant moi et ne revenez en France de votre vie sans mon mandement[2]. »

1. *Hasarder* pour *se hasarder*. Quoique ce dernier ait été employé par Maucroix, Furetière ne l'a pas admis dans la 2e édit. de son Dictionnaire. On le trouve dans Richelet.

2. Ce fut alors que le comte de Guiche se retira en Hollande. Il y rédigea des mémoires sur les événements dont il fut témoin depuis le mois de mai 1665 jusqu'en 1667, et auxquels même il prit une part active pendant la guerre navale que soutinrent les Provinces-Unies, aidées de la France, contre l'Angleterre. En 1668, le Roi lui permit d'exercer la charge de vice-roi de Navarre que possédoit son père, et dont il avoit la survivance. Après la mort de Madame (1670), le comte de Guiche revint à la Cour. Sa fatuité, son désir de se singulariser, ont été vivement signalés par madame de Sévigné, Bussy-Rabutin et madame de Scudéry, dans leurs Lettres. — Voy., dans la collection Petitot et Montmerqué,

Cet infortuné cavalier fut privé par ce désastre encore une fois de l'objet qu'il aimoit avec tant d'ardeur.

Il fallut obéir si promptement qu'il n'eut pas le loisir de voir Madame, ni même de lui faire parler. Il s'en alla comme un désespéré. Elle en témoigna de sensibles déplaisirs. Mais comme la jeunesse ne sauroit être sans amitié, et particulièrement Madame, qui est fort susceptible d'amour, et qui en fait un ordinaire proportionné aux désirs d'une personne de son inclination et de sa naissance, Monsieur ne la satisfaisant pas, elle veut toujours avoir quelques suffragants. Mais la grandeur de son rang et les disgrâces du comte de Guiche rebutent les plus entreprenants et les plus hardis. Néanmoins, comme la témérité est souvent la cause du bonheur de ceux qui se hasardent, il se présenta sur les rangs un amant de meilleur appétit que de belle taille, qui fut atteint des beaux yeux de cette princesse. Il eut de la peine à cacher son feu, mais, comme il étoit trop grand, Madame ne fut pas longtemps à s'en apercevoir. Il lui fit une déclaration en peu de mots qu'il étoit résolu de l'aimer, malgré l'exemple du comte de Guiche et tous les dangers où il pouvoit tomber. Elle lui répondit : « Je sais que vous êtes d'une race à ne vous pas rendre pour des défenses et que les accidents ne

---

la *Notice* qui précède les Mémoires du maréchal de Grammont (t. 56, p. 279-288). Le comte de Guiche dit lui-même, dans ses Mémoires (2 vol. in-12, Utrecht, 1744), qu'il commença à les écrire en 1666 et les termina en 1669 (t. 2, p. 35).

vous ébranleront pas, témoin monsieur de Boutteville votre père [1]. »

C'est celui qu'on appelloit Coligny, frère de madame de Châtillon, et qu'on nomme aujourd'hui duc de Luxembourg [2]. Comme le cavalier se vit si bien traité de sa maîtresse, il ne perdit pas un moment de la visiter avec toutes les assiduités qu'un nouvel amant doit avoir pour plaire à l'objet de son cœur. Cette pratique a duré plus de six mois sans être sue, en sorte que les plus surveillants n'y pouvoient rien découvrir. Il avoit même surpris les esprits les plus jaloux. Un jour Monsieur survint brusquement au cabinet de

1. Il étoit fils de François de Montmorency, comte de Boutteville, qui eut la tête tranchée en 1627, avec Fr. de Rosmadec, comte des Chapelles, pour s'être battu en duel contre le marquis de Beuvron et Henri d'Amboise, marquis de Bussy. Dans un des nombreux duels qu'il avoit eus avant celui-ci, Boutteville avoit déjà tué le comte de Thorigny (1626). De son mariage avec Elisabeth-Angélique de Vienne il avoit eu deux filles et un fils. Sa fille aînée épousa le marquis d'Etampes de Valençay; la seconde fut la galante duchesse de Châtillon. Quand il mourut, sa femme étoit enceinte d'un enfant qui, né le 8 janvier 1628, reçut le nom de François-Henri de Montmorency; il fut pair et maréchal de France, et, sous le nom de maréchal de Luxembourg, il signala fréquemment son courage et ses talents militaires à la fin du règne de Louis XIV. Il étoit marié depuis 1661 avec Catherine de Clermont-Tallard, héritière de Luxembourg. Desormeaux (*Hist. du maréchal de Luxembourg*), dans son Histoire de la maison de Montmorency, t. 4, p. 106, prétend que Mazarin auroit songé à se l'attacher par une alliance.

2. « Le maréchal de Luxembourg n'avoit pas une figure heureuse et brillante : il étoit d'une taille contrefaite; de longs et épais sourcils venoient se joindre sur ses paupières et lui rendoient la physionomie austère. » (Desormeaux, ouvrage cité, p. 411-412.)

Madame. Il la trouva qu'elle contemploit un petit portrait du duc de Luxembourg, en tenant de l'autre une lettre de la même personne. Monsieur se saisit du portrait, et blâma Madame seulement, en tirant promesse d'elle qu'elle lui interdiroit désormais toute visite, et qu'elle le prépareroit à éviter le danger où il pourroit s'exposer.

Cet événement ne fit qu'augmenter l'amour de ce duc, qui se priva bien pour quelques jours de voir Madame; mais il ménagea son temps de manière que, l'ayant revue, Monsieur en fut averti et s'en plaignit au Roi, qui l'exila tout aussitôt.

Personne n'a osé se déclarer depuis, quoiqu'il y ait autant d'amants que de gens qui voient cette princesse.

Lettre[1].

Après avoir vécu dans la contrainte des Cours, je me console d'achever ma vie dans la liberté d'une république, où, s'il n'y a rien à espérer, il n'y a pour le moins rien à craindre.

Quand on est jeune, il seroit honteux de ne pas entrer dans le monde avec le dessein de faire sa fortune. Quand on est sur le retour, la nature nous rappelle à nous, et nous revenons des sentimens de l'ambition au désir de notre repos.

Il est doux de vivre dans un pays où les lois nous mettent à couvert des volontés des hommes, et où, pour être sûr de tout, il n'y ait qu'à être sûr de soi-même. Ajoutez à cette douceur que les magistrats sont autorisés dans leur adresse par le bien public, et peu distingués en leurs personnes par des avantages particuliers[2]; on n'y voit point de différence odieuse

---

1. Cette lettre est celle dont il a été parlé ci-dessus, p. 78-79.

2. Il suffit, pour se convaincre de la vérité de cette observation, de lire, dans les Mémoires du comte de Guiche (2 vol. in-12, Utrecht, 1744, t. 1, p. 126, 134 et ailleurs), les portraits qu'il fait de de Witt : il y fait fort bien ressortir ce point que le pouvoir étoit alors occupé, en Hollande, par des hommes « peu distingués. »

par des priviléges dont l'égalité soit blessée; on n'y voit point de factieuses grandeurs qui gênent notre liberté sans faire notre fortune. Ici les soins de ceux qui gouvernent nous mettent en repos sans qu'ils pensent même à en adoucir le chagrin, par les respects qu'on leur rend très peu, mais qui exigent beaucoup; moins encore ils sont sévères dans les ordres de l'Etat, plus ils sont impérieux avec les nations étrangères ; parmi les citoyens et toute sorte de particuliers, ils usent de la facilité qu'apporte une fortune égale. Le crédit n'étant point insolent, la conduite n'est jamais dure si les lois ne sont rigoureuses, ou, pour mieux dire, que vous ne soyez coupable.

Pour les contributions, elles sont véritablement grandes, mais elles regardent toujours le bien public, et sont communes à ceux qui les tirent, comme à ceux sur qui elles sont tirées. Elles laissent à chacun la consolation de ne contribuer que pour soi-même; ainsi on ne doit pas s'étonner de l'amour du pays, puisque c'est, à le bien prendre, un véritable amour-propre.

C'est trop dire du gouvernement, sans rien dire de celui qui paroît y avoir le plus de part et lui faire justice: rien n'est égal à sa suffisance que son désintéressement et sa fermeté[1]. Les choses spirituelles sont conduites avec une pareille modération; la différence de religion, qui excite ailleurs tant de troubles, ne cause pas la moindre altération dans les esprits; chacun cherche le ciel par ses voies, et ceux qu'on croit égarés, plus plaints que haïs, attirent la compassion de la charité, et jamais la persécution d'un

---

1. Jean de Witt. Le comte de Guiche parle de lui avec moins d'enthousiasme dans ses Mémoires.

faux zèle. Mais il n'y a rien dans ce monde qui ne laisse quelque chose à désirer; nous voyons moins d'honnêtes gens que d'habiles, plus de bon sens pour les affaires que de délicatesse dans les conversations.

Les dames y sont dans les conversations, et les hommes ne trouvent pas mauvais qu'on les préfère à eux; leur compagnie peut faire l'amusement d'un honnête homme, et est trop peu animée pour en troubler le repos. Ce n'est pas qu'il n'y en ait quelques-unes d'assez aimables; j'en connois dont la douceur vous plairoit, où vous trouveriez un air touchant propre à inspirer des secrètes langueurs; j'en connois qui ont de la bonne mine, le procédé raisonnable et l'esprit bien fait; le commerce en est satisfaisant, mais il n'y a rien à espérer davantage, ou pour leur sagesse, ou par leur froideur, qui leur tient lieu de vertu de quelque façon que ce soit. On voit en Hollande un certain usage de pruderie quasi généralement établi, et je ne sais quelle vieille tradition de continence, qui passe de mère en fille comme une espèce de religion. A la vérité on ne trouve pas à redire à la galanterie des filles, qu'on leur laisse employer bonnement, avec d'autres aides innocentes, à leur procurer des époux. Quelques-unes terminent ce cours de galanterie par un mariage heureux; quelques malheureuses s'entretiennent de la vaine espérance d'une condition, qui se diffère toujours et n'arrive jamais. Les longs amusemens ne doivent pas s'attribuer, ou je me trompe, au dessein d'une infidélité méditée. On se dégoûte avec le temps, et un dégoût pour la maîtresse prévient la résolution bien formée d'en faire une femme. Ainsi, dans la crainte de passer pour trompeurs, on n'ose se retirer quand on ne peut pas conclure; et, moitié par habitude, moitié par un honneur qu'on se fait d'être constant, en entretient plusieurs ans le misérable reste d'une passion usée. Quelques exemples de cette nature font faire de sérieuses réflexions aux plus jeunes filles, qui regardent le mariage comme une aventure, et leur naturelle condition comme le veritable état où elles doivent demeurer. Pour les femmes, s'étant données une fois, elles croient avoir perdu toute disposition d'elles-mêmes, et ne connoissent plus autre chose que la simplicité du devoir. Elles se feroient conscience de se garder la liberté des affections, que les plus prudes se réservent ailleurs séparées de leur engagement, et sans aucun égard à leur dépendance. Ici tout paroît infidélité, et l'infidélité, qui fait le mérite galant des cours agréables, est le plus gros des vices chez cette bonne nation, fort sage dans la conduite du gouvernement, peu savante dans les plaisirs délicats et les mœurs polies. Les maris payent cette fidélité de leurs femmes d'un grand assujettissement; et si quelqu'un, contre la coutume, affectoit l'empire dans la maison, la femme seroit plainte de tout le monde comme une malheureuse, et le mari décrié comme un homme de très méchant naturel.

Une misérable expérience me donne assez de discernement pour bien démêler toutes ces choses, et me fait regretter un temps où il est bien plus doux de sentir que de connoître; quelquefois je rappelle ce que j'ai été pour ramener ce que je suis; du souvenir des vieux sentimens, il se forme quelque disposition à la tendresse, ou du moins un éloignement de l'indolence. Tyrannie heureuse que celle des passions, qui font les plaisirs de notre vie! Fâcheux empire que celui de la raison s'il nous ôte les sentimens *agréables et nous tient en des inutilités ennuyeuses au lieu d'établir un véritable repos!*

Je ne vous parlerai guère de la beauté de La Haye. Il suffit que les voyageurs en sont charmés après avoir vu les magnificences de Paris et les raretés d'Italie. D'un côté vous allez à la mer par un chemin digne de la grandeur des Romains; de l'autre vous entrez dans un bois le plus agréable que j'aie vu de toute ma vie; dans le même lieu vous voyez assez de maisons pour former une grande et superbe ville, assez de bois et d'allées pour former une solitude délicieuse aux heures particulières. On y trouve l'innocence des plaisirs des champs en public, et tout ce que la foule des villes les plus peuplées nous sauroit fournir. Les maisons sont plus libres qu'en France, aux heures destinées à la société; plus réservées qu'en Italie, lòrsqu'une régularité trop exacte fait retirer les étrangers et remet la famille dans un domestique étroit.

Pour dire tout, on diroit des vérités qu'on ne croiroit point; et par un mouvement secret d'amour-propre, j'aime mieux taire ce que je connois que manquer à être cru de ce que vous ne connoissez pas.

LE PERROQUET

OU

LES AMOURS DE MADEMOISELLE.

LE PERROQUET

ou

LES AMOURS DE MADEMOISELLE.

Vous devez sans doute, cher lecteur, avoir ouï dire qu'il y a quelque temps on parla de marier M. le comte de Saint-Paul[1] à Son Altesse royale Mademoiselle, ce qui donna beaucoup d'occasion à

---

1. Fils de madame de Longueville. Mademoiselle de Montpensier parle ainsi, dans ses Mémoires, de ce projet de mariage :

« ... A propos de madame de Longueville, elle m'avoit toujours donné de grandes marques d'estime et d'amitié ; depuis que je l'eus revue et que M. de Lauzun fut arrêté, elle me fit parler tout de nouveau par Mme de Puisieux et mademoiselle de Vertus d'épouser son fils. On lui avoit fait quelques propositions pour le faire roi de Pologne; les Polonois vouloient ôter le roi Michel, dont ils ne s'accommodoient pas, et l'empereur vouloit bien démarier sa sœur, et... il ne vouloit pas consentir qu'ils eussent un autre roi s'il n'épousoit sa sœur. Madame de Longueville me fit dire qu'elle me demandoit encore une fois si je voulois faire l'honneur à son fils de l'épouser ; qu'il n'y avoit royaume ni sœur de l'empereur à quoi elle ne me préférât... — Je lui répondis que je ne voulois pas me marier. » Nous avons cité ces lignes, qui

plusieurs personnes de parler, comme vous savez que l'on fait en de pareilles rencontres, principalement aux gens de cour, lesquels, comme plus savants en ces sortes de choses, en parlent plus pertinemment et plus hardiment.

Il y avoit en ce même temps une fort célèbre compagnie, en un certain lieu de Paris ou ailleurs ; je ne sais pas assurément l'endroit, mais je sais bien que c'étoit des intimes de M. le comte de Lauzun[1], comme vous jugerez par leurs discours, lesquels, après avoir longtemps conversé ensemble, tombèrent enfin sur le mariage de Mademoiselle ; et après en avoir dit chacun son sentiment, et le peu de cas que Son Altesse royale en avoit fait, un de la compagnie s'adressa à M. de Lauzun, et lui dit : « Et vous, monsieur de Lauzun, à quoi songez-vous, et d'où vient qu'un homme d'esprit comme vous êtes s'oublie dans une occasion si belle et si noble ? Quoi ! croyez-vous que cette affaire ne mérite pas bien que vous y songiez ? Vous pourriez bien plus mal employer votre temps. »

Cette harangue si peu attendue surprit si fort M. de Lauzun qu'un esprit moindre que le sien auroit eu assez de peine à répondre. En effet, après avoir reculé deux ou trois pas : « Quoi ! monsieur, répondit-il à celui qui lui avoit parlé,

---

ne se rapportent pas au passage qui nous occupe, parce-qu'elles rappellent les démarches antérieures faites par madame de Longueville pour assurer à son fils, à peine âgé de vingt ans, moins l'honneur d'une alliance disproportionnée que les immenses richesses de mademoiselle de Montpensier.

1. Voy., sur M. de Lauzun, une note de M. Boiteau dans le 1er volume de l'*Histoire amoureuse*, p. 132 et suiv.

moi! que dites-vous? moi, songer à Mademoiselle! Ah! monsieur, je connois trop cette princesse et je me connois trop moi-même pour concevoir un dessein dont le bruit m'épouvante, et dont la seule pensée me rendroit criminel. Je n'ai garde d'en oser seulement former le dessein. — Pourquoi non? reprit son ami; vous savez que l'on perd souvent faute de chercher. Quel mal y auroit-il, quand vous tenteriez la fortune? Cette princesse n'est pas inaccessible, et à vous surtout, car nous savons que vous êtes assez bien avec elle, et même qu'elle vous souffre et qu'elle vous écoute plus volontiers qu'aucun autre. Ainsi, quel mal y auroit-il, encore un coup, quand vous la sonderiez un peu? — Ah! répondit M. le comte de Lauzun, je n'oserois seulement pas y penser. La réponse que je suis obligé de faire à vos discours obligeants me met à la torture, tant je vois d'impossibilité à ce que vous me dites. — Vous y songerez si vous voulez, s'écria alors toute la compagnie; nous sommes tous de vos amis, et nous vous le conseillons, parcequ'ayant eu tant d'esprit et de conduite que vous en avez et possédant l'oreille avec les bonnes grâces de votre Roi comme vous faites, rien ne vous est impossible. Pensez-y si vous nous croyez; c'est pour vous, et nous aurions tous la dernière joie[1] si vous pouviez réussir, et vous n'agirez pas sagement si vous ne nous croyez. »

M. de Lauzun ayant répondu à tous comme il avoit fait au premier, et s'en étant défendu par

[1]. Le mot *dernier*, employé en ce sens, avoit été introduit par les Précieuses. Voy. notre édition du Dictionnaire des Précieuses (*Bibl. elzev.*); Paris, Jannet, 2 vol in-16, t. 1.

des raisons les plus fortes et les plus apparentes, cette illustre compagnie se sépara. Or, comme naturellement nous aimons ce qui nous flatte, quoique la bienséance ne nous permette pas de le témoigner, nous nous défendons souvent d'une chose et la rejetons avec ardeur, lorsque nous la souhaitons le plus; et plus l'esprit de l'homme est capable de connoître la valeur et le mérite d'une chose qu'on lui propose pour son avancement, plus il sent enflammer son désir à la possession.

M. le comte de Lauzun s'étoit retiré chez lui après avoir quitté ses amis, où il ne fut pas plus tôt arrivé que tout ce dialogue qu'on lui avoit fait sur Mademoiselle lui repassa dans l'esprit, et ce qu'il avoit rejeté comme fâcheux par le peu d'apparence qu'il y trouvoit lui parut un peu moins rude et plus facile. Et comme il a infiniment de l'esprit, et au dessus du commun, il commença à ne désespérer pas entièrement; il y voyoit à la vérité beaucoup de difficulté, mais plus la chose lui paroissoit difficile, plus elle excitoit son courage, sachant bien que la plus grande gloire est attachée principalement aux plus grands obstacles. Il voyoit d'un côté une des plus grandes princesses de l'univers, qui avoit méprisé un grand nombre de rois et de souverains[1], comme si la

---

1. La liste est longue des partis proposés à Mademoiselle et refusés par elle : la complaisance avec laquelle ses *Mémoires* énumèrent tour à tour tant de soupirants rappelle assez la fable du héron et se termine de même.

D'abord la reine d'Angleterre veut lui persuader que le prince de Galles est amoureux d'elle; mais elle se flatte d'épouser l'empereur : cette ambition, soutenue par Mazarin,

nature n'avoit pas de quoi lui offrir un cœur digne d'elle. Il trouvoit dans cette princesse l'humeur la plus fière et le courage le plus grand et le plus élevé qu'on pût imaginer. N'importe, il passa par-dessus toutes ces considérations, après les avoir mûrement pesées pendant un mois ; et après avoir très souvent perdu le repos pour s'appliquer entièrement au grand projet qu'il avoit déjà fait, il fit ce que faisoient ces fameux courages de l'antiquité, lesquels n'entreprenoient jamais que ce qui paroissoit presque impossible, ou du moins très difficile ; et c'est par là que plusieurs se sont immortalisés et se sont fait eux-mêmes un tombeau de gloire. Enfin, après avoir repassé mille fois une infinité de pensées qui lui venoient en foule dans l'esprit, et ayant fait réflexion au prix inestimable que lui offroient déjà ses travaux, s'il étoit assez heureux de pouvoir réussir, son grand cœur fait un puissant effort et prend dès ce moment une forte résolution d'exécuter ce qu'il avoit projeté, voyant bien que s'il perdoit cette occasion il ne la recouvreroit de sa vie, et

trouve de l'opposition à la Cour, et lui attire les réprimandes de la Reine ; le prince de Lorraine veut ensuite la marier avec l'archiduc, puis avec le duc de Neubourg ; Monsieur, frère du Roi, échoue ; voici venir le roi d'Angleterre, qu'elle avoit déjà refusé et qu'elle refuse encore. Le duc de Lorraine lui offre le prince Charles son neveu, et se présente lui-même ; Turenne se joint à ces persécuteurs et appuie auprès d'elle le roi de Portugal : elle eût alors préféré épouser le duc de Savoie. Condé lui-même la trouve, malgré son âge, un parti sortable pour son jeune fils, le duc d'Enghien ; mais ni le duc de Savoie ni le duc d'Enghien ne devoient terminer ce célibat obstiné. C'est alors qu'elle songe à Lauzun. Elle refuse de nouveau Monsieur, frère du Roi, et aussi, malgré les démarches réitérées de madame de Longueville, le brillant comte de Saint-Paul.

qu'il ne trouveroit jamais de si glorieux moyens pour élever et établir plus heureusement sa fortune.

Le voilà donc qui recommence à redoubler ses soins pour rendre ses hommages à Mademoiselle. Il n'eut pas beaucoup de peine à trouver accès auprès de cette princesse ; son esprit, des plus adroits, l'avoit depuis longtemps charmée. Il la voyoit tous les jours, et n'en sortoit que le plus tard qu'il lui étoit possible. Il ne lui parloit néanmoins que de respect, de devoirs, de nouvelles et de mille autres gentillesses d'esprit capables d'attirer l'estime de tout le monde. Et comme un grand esprit goûte les belles choses bien mieux qu'un moindre, qui à peine les distingue et ne goûte que celles qui sont médiocres, Mademoiselle prenoit grand plaisir à écouter M. de Lauzun avec une application merveilleuse ; de manière que notre comte, qui ne jouoit autrement son jeu que couvert et à l'insu de tout le monde, ne manquoit jamais de nouvelles matières et de nouveaux entretiens ; son esprit éclairé lui faisoit découvrir la façon obligeante avec laquelle il étoit écouté de la princesse, et lui fournissoit toujours de quoi satisfaire le plaisir qu'elle témoignoit y prendre.

Cependant M. de Lauzun commençoit déjà à concevoir quelque rayon d'espérance, quoiqu'à la vérité foible. Il est vrai qu'il étoit bien reçu, mais il l'étoit auparavant ; que si la princesse lui témoignoit quelque bonté, ce n'étoit ou pouvoit n'être qu'un effet de sa générosité. Ainsi il n'avoit pas un grand fondement en ses espérances. D'ailleurs la grande disproportion qu'il y avoit entre cette princesse et lui le mettoit au désespoir; aussi c'étoit son plus grand obstacle[1]. Il poursuivit toutefois son dessein. Quelque temps s'étoit passé de cette façon, lorsqu'il lui vint dans la pensée qu'il étoit temps de commencer son jeu un peu plus hardiment. Vous allez voir une leçon bien faite à ceux qui veulent se faire souffrir auprès d'une maîtresse; c'est qu'il faut surtout étudier à se faire à son humeur : voilà le seul et véritable chemin par où l'on peut sûrement s'insinuer.

M. le comte de Lauzun voulut, à quelque prix que ce fût, mourir ou s'insinuer dans l'esprit de Mademoiselle. Il avoit besoin de secours pour cela; il s'étoit fait une règle de ne rien emprunter que de lui seul. Que fait-il? Son génie s'attache à considérer attentivement cette princesse; il s'y attache sérieusement pendant quelque temps, et enfin, ayant remarqué que cette princesse aimoit et la cour et les beaux esprits, et que naturellement (comme cela est ordinaire à son sexe) elle étoit curieuse, il se résolut de prendre cette route, comme la plus aisée pour arriver à sa fin.

Il étoit un jour chez la princesse, où, après mille beaux discours, comme à son ordinaire, qui servirent comme de prélude à ce qu'il avoit médité, il tomba merveilleusement bien à propos sur son dessein, et, parlant des affaires de la cour les moins communes : « Eh bien! Mademoiselle, lui dit-il, Votre Altesse Royale veut-

---

[1]. Lauzun n'étoit pas encore lieutenant général; il avoit cédé sa charge de colonel général des dragons et n'avoit que celle de capitaine des gardes du corps. Il n'obtint que plus tard ses autres emplois et dignités.

elle être toujours particulière[1] et ne jamais faire de commerce avec la Cour? Est-il possible que la Cour du monde la plus florissante n'ait rien qui vous puisse plaire? On y voit des gens qui y viennent incessamment des quatre coins de la terre, pour voir la majesté et la magnificence du Louvre, et pour y admirer notre incomparable monarque avec toute sa maison royale, qui est sans doute la plus belle et la plus charmante qu'il y ait dans l'univers. Est-il possible, encore une fois, Mademoiselle, que tout cela, joint à la délicatesse des esprits, qui y sont sans nombre, n'ait pas de quoi attirer Votre Altesse Royale? Il est vrai, Mademoiselle, que Votre Altesse Royale a seule l'avantage d'être à la Cour sans sortir de chez elle, et vous pouvez, en ôtant le plus bel ornement du Louvre, je veux dire en la privant de la présence de votre royale personne, vous pouvez seule en composer une tout entière au Luxembourg ou ailleurs où Votre Altesse Royale sera. — Vous voulez donc rire, monsieur de Lauzun, répondit Mademoiselle, et votre esprit toujours galant veut enfin me faire part de ses galanteries? — Ah! Mademoiselle, répartit M. de Lauzun, à Dieu ne plaise que je sorte jamais du respect que je dois à Votre Altesse Royale! Je sais trop comme je dois parler à des personnes de votre rang pour manquer jamais à mon devoir. Et ce que je prends la liberté de vous dire n'est qu'un foible effet du zèle que j'ai eu toute ma vie, et que je sens augmenter à tous moments, pour le service de Votre Altesse Royale.

---

1. C'est-à-dire vivre à l'écart, agir *en son particulier*.

Oui, Mademoiselle, poursuivit-il, j'ai un désir, mais un désir que je ne puis exprimer, de vous voir maîtresse de tout l'univers, et si j'étois assez heureux pour y pouvoir contribuer quelque chose[1], ma vie seroit le moindre don que je voudrois pouvoir faire pour cela, tant il est vrai, Mademoiselle, que je veux désormais m'attacher aux intérêts de Votre Altesse Royale. — Ah! monsieur de Lauzun, répondit Mademoiselle, vous êtes trop généreux, et vous me comblez de civilités. Je souhoiterois être en état de vous témoigner ma reconnoissance; mais comme mes sentiments sont hors du commun et très-rares dans le siècle où nous sommes, il faudroit être quelque chose de plus que je ne suis pour pouvoir dignement les reconnoître. Souvenez-vous au moins que je conserverai toute ma vie le souvenir de vos bons et généreux souhaits. — Ce n'est pas, dit M. de Lauzun, une reconnoissance intéressée du côté des biens de la fortune qui me fait parler ainsi, Mademoiselle; votre royale personne en est le seul motif, et la cause m'en paroît si glorieuse et si juste que je serai toujours prêt à toutes sortes d'événements pour tenir ma parole. — Mais, monsieur de Lauzun, reprit Mademoiselle, que voulez-vous que je fasse pour vous, après une si noble et si généreuse déclaration? Quoi! sera-t-il dit qu'un gentilhomme aura, par ses hauts sentiments, mis une princesse de ma qualité dans l'impossibilité de lui pouvoir répondre? Ah! de grâce, contentez-vous de ce que je vous ai dit,

---

1. *Contribuer quelque chose*, et non : *en quelque chose*. — La locution usitée au XVIIe siècle étoit calquée sur le latin : *aliquid contribuere*.

sans me presser davantage, et attendez du temps et de la fortune quelque chose de mieux, et vous souvenez surtout de votre parole ; si vous ne l'oubliez pas, je m'en souviendrai. — Non certainement, Mademoiselle, dit M. le comte de Lauzun, je ne l'oublierai pas, et lorsque Votre Altesse Royale me fera la grâce de m'en demander des preuves, elle verra de quelle manière je sais exécuter ce que j'ai une fois résolu. Et pour mieux lui marquer ma sincérité, je vais dès à présent lui donner le moyen de m'éprouver. Vous savez, Mademoiselle, que je suis assez heureux pour être bien dans l'esprit de mon Roi, et qu'il se passe peu de choses à la Cour que je ne sache des premiers, de façon, Mademoiselle, que je prétends, si vous m'honorez de votre confidence, vous instruire de tout. Je ne vous parle point de secret : Votre Altesse Royale n'a jamais manqué de prudence dans les occasions les plus pressantes ; ainsi j'ai lieu de m'assurer là-dessus. Enfin, Mademoiselle, vous êtes aimée du Roi, et le serez encore davantage si vous voulez témoigner quelque empressement pour lui ; vous serez de sa table, et la première dans tous ses plaisirs ; le Roi sera ravi de vous posséder. Vous êtes une princesse à marier : indubitablement Sa Majesté ne manquera pas à vous pourvoir selon votre rang, s'il ne peut suivant votre mérite. Pour ce qui est de moi, Mademoiselle, Votre Altesse Royale peut compter là-dessus, comme sur une personne qui lui est entièrement dévouée ; et je vous proteste, Mademoiselle, que je ne laisserai jamais passer un moment où il s'agira de votre intérêt, sans faire tout ce qui me sera possible, soit vers le Roi ou bien ailleurs; et j'espère bien que Votre Altesse Royale s'apercevra bientôt de mes soins pour elle. »

Cet heureux commencement ne peut promettre à M. le comte de Lauzun qu'une belle et glorieuse fin; il parle à Mademoiselle de savoir des secrets, de confidence, de plaisirs, et enfin il touche en passant la corde du mariage. Ce furent de grandes choses pour cette princesse, et celui qui les disoit ajouta tant d'éloquence et d'agrément, qu'elle ne put résister à tant d'ennemis qui l'attaquoient à la fois; de façon qu'ayant écouté fort attentivement M. de Lauzun, cette princesse y prit tant de plaisir qu'enfin elle se rendit à un discours si doux et qui la flattoit si agréablement. Le premier témoignage qu'en reçut M. le comte de Lauzun fut en cette manière : « He bien, comte de Lauzun, que faut-il donc faire? Je suis prête à faire ce que vous me dites; mais le moyen? — C'est, Mademoiselle, répondit-il d'abord, qu'il faut qu'auparavant vous fassiez une confidence [1] particulière avec quelqu'un, sur qui vous pourrez vous fier. — Mais où prendre, répliqua Mademoiselle en souriant, quelque personne sur qui l'on se puisse assurer? — Mademoiselle, répondit M. de Lauzun, que je serois heureux si Votre Altesse royale trouvoit en moi sur qui s'assurer! Ha! que je serois fidèle! Oui, Mademoiselle, si ce bonheur m'arrivoit, je me sacrifierois plutôt que

---

1. *Faire confidence avec quelqu'un*, c'étoit *mettre sa confiance en quelqu'un.* — Nous disons encore maintenant, avec un semblable emploi du mot *confidence* : Il est en grande confidence avec M. N.

de manquer de fidélité. Et de plus, après que Votre Altesse Royale auroit commencé à se fier à moi, elle seroit assurée de n'ignorer pas ce qui se feroit ou diroit jusques dans le cabinet du Roi, soit qu'elle fût à la Cour ou non. — Eh bien ! monsieur de Lauzun, dit Mademoiselle, continuant à sourire, je suis résolue, puisque vous dites qu'il le faut, à me choisir un confident à qui je découvrirai ma pensée fort ingénuement, pour l'obliger à en faire de même. Mais aussi il peut bien s'attendre que si je viens à découvrir qu'il me fourbe, il en sera tôt ou tard puni ; et au contraire, s'il agit en galant homme, il sera mieux récompensé qu'il n'ose peut-être espérer. — Quoi ! Mademoiselle, répartit M. de Lauzun, après la charmante parole que Votre Altesse Royale vient de prononcer, se trouveroit-il bien un courage assez lâche pour manquer à son devoir ? Ah ! cela ne se peut, Mademoiselle, et le ciel est trop juste pour permettre une si noire injustice. Que si par un malheureux hasard cela arrivoit, la grâce que je demande dès à présent à Votre Altesse Royale, c'est qu'elle me permette d'espérer de servir d'instrument pour punir un si horrible crime, ou de demeurer dans une si glorieuse entreprise. — Eh bien vous serez pleinement satisfait, monsieur de Lauzun, dit Mademoiselle, si cela est capable de vous satisfaire, et vous seul punirez ce coupable, du moins s'il le devient. Mais aussi ne prétendez pas avoir lieu de révoquer votre parole ; car ce n'est pas à des personnes de mon rang à qui l'on doit promettre plus qu'on n'a dessein de tenir. — Oui, Mademoiselle, je vous la tiendrai, cette parole, ré-

pondit M. de Lauzun, ou j'y finirai ma vie.
— Mais si dans le choix que je fais pour mon
confident, vous y trouviez un véritable ami, ou
un parent proche ou allié, enfin quelqu'un que
vous aimassiez plus que vous-même, que feriez-
vous en cette rencontre ? car il est bon de vous
expliquer toutes choses, afin que vous ne pré-
tendiez point de surprise. — Ah ! Mademoiselle,
Votre Altesse Royale fait tort à mon courage, s'il
m'est permis de lui parler ainsi avec tout le respect que je lui dois, et mon devoir m'est plus
cher que parents et amis, de même que la vie
ne m'est rien en comparaison de mon honneur.
Mais enfin, Mademoiselle, continua notre incomparable comte, ne m'est-il point permis de
demander quel est cet heureux homme, contre
lequel Votre Altesse Royale semble avoir pris plaisir de m'animer, comme si j'avois une armée
nombreuse à combattre ? — Comme l'ennemi,
dit Mademoiselle, que vous aurez en tête, si
l'on me trahit, est puissant et fort en effet, quoique petit en apparence, j'ai été bien aise de
savoir si vous ne chancelleriez point à m'entendre parler. — Moi chanceler, Mademoiselle !
reprit M. de Lauzun, vous me verrez toujours ferme et inébranlable. — Je suis pourtant
assurée, dit Mademoiselle, que son seul nom
vous y fera songer plus d'une fois, et peut-être
sera-t-il assez fort pour vous faire repentir de
tout ce que vous avez avancé sur ce chapitre. —
Moi repentir, Mademoiselle ! répondit M. de
Lauzun ; toute la terre ni la mort même n'est
pas capable de me faire dédire, et quand toutes
les puissances s'armeroient pour ma perte, je les

verrois venir avec un courage intrépide, sans rien diminuer de mon généreux dessein. »

Sur quoi Mademoiselle lui parla en cette façon : « Préparez-vous donc à deux choses, ou à vous dédire, ou à vous punir vous-même de ce crime si noir que vous vouliez punir sur un autre, si vous êtes assez malheureux pour en être jamais coupable ; car c'est en vous seul que je veux me confier ; je n'en connois point de plus capable, ni qui s'en puisse mieux acquitter. Consultez-vous bien avant que de vous engager, et voyez si vous êtes disposé à me servir fidèlement. — Oui, Mademoiselle, dit M. le comte de Lauzun ; je suis disposé à tout ce qu'il faudra faire pour votre service. Et puisque Votre Altesse Royale me fait l'honneur de me préférer à mille autres qui le méritent mieux que moi, je lui proteste de ne jamais manquer de parole. »

Monsieur le comte de Lauzun n'eut pas plus tôt prit congé de Mademoiselle, qu'il commença à rêver sur l'heureux succès de son entreprise ; enfin il pouvoit se vanter d'avoir assez bien réussi pour une simple tentative ; aussi ne manqua-t-il point à exécuter de point en point ce qu'il avoit promis à cette princesse, qui d'ailleurs n'étoit pas moins aise de s'être assurée d'une personne qui seule lui pouvoit donner des nouvelles assurées de tout ce qui se passoit à la Cour. Elle voyoit que cette personne s'étoit entièrement attachée à elle, et qu'elle prenoit un soin particulier de l'informer de tout ce qu'il y avoit de plus secret. Enfin cette princesse étoit dans une joie qu'elle ne pouvoit presque contenir.

Quelque temps se passa de cette sorte, et monsieur de Lauzun, qui poursuivoit toujours sa pointe, et qui continuoit toujours à redoubler ses soins auprès d'elle, connut enfin qu'il étoit assez bien dans son esprit pour espérer d'y pouvoir un jour être mieux, si le sort lui étoit toujours autant favorable qu'il avoit été, et c'étoit le désir du succès qui l'animoit toujours.

Un jour qu'il venoit un peu plus matin qu'à son ordinaire, soit par hasard ou de dessein formé, ou bien qu'il eût effectivement quelque nouveauté à apprendre à Mademoiselle, il n'eut pas plutôt monté l'escalier qu'ayant aussitôt traversé jusqu'à la chambre de cette princesse, il se prépara pour y entrer comme il avoit accoutumé, et pour cet effet, ayant entr'ouvert la porte, il aperçut cette princesse devant son miroir, ayant la gorge découverte. D'abord il se retira, et il referma la porte, le respect ne lui permettant pas d'avancer plus avant. Mademoiselle, qui entrevit quelqu'un et qui entendit la porte se fermer, cria assez haut et demanda avec beaucoup d'empressement qui c'étoit ; et dans le temps qu'on y vint voir elle demanda : « N'est-ce point monsieur de Lauzun ? » La personne qui y étoit venue voir lui répondit que oui. « Qu'il entre ! » s'écria cette princesse par plusieurs fois. Dans ce même temps monsieur de Lauzun étant entré et ayant fait une profonde révérence, Mademoiselle lui dit : « Hé ! pourquoi, Monsieur, n'entrez-vous pas sans faire toutes ces cérémonies ? Quoi ! poursuivit cette princesse en souriant, est-ce par la fuite que l'on fait sa cour auprès des dames ? — Mademoiselle, répondit-il, j'ai su jusques aujourd'hui ce que l'on doit aux dames du commun, mais je n'ai jamais pu apprendre tout ce que je dois aux personnes royales, ou, si je l'ai su, je l'ai oublié depuis peu.— Mais qu'est-ce que vous voulez dire? lui dit Mademoiselle.[1] — Ce que je veux dire, Mademoiselle? répondit monsieur de Lauzun; quoi! Votre Altesse Royale voudroit-elle bien qu'en perdant le respect que je lui dois, je vinsse encore m'exposer à un combat où je prévois ma perte tout entière? — Mais encore une fois, qu'est-ce donc que vous voulez dire? lui dit-elle en souriant, je ne comprends rien en vos discours; expliquez-vous mieux si vous voulez que je vous entende. — Ha! Mademoiselle, répartit monsieur de Lauzun, je crains de ne m'expliquer que trop pour mon malheur; si toutefois Votre Altesse Royale feint de ne me point entendre, je m'en expliquerai plus ouvertement quand elle m'en donnera la permission. — Je serois fort aise que ce fût présentement, reprit Mademoiselle, continuant son souris. — Puisque Votre Altesse Royale me le commande, dit monsieur de Lauzun, il faut lui obéir. A l'ouverture de la porte de votre chambre, commença-t-il, je n'ai pas eu sitôt fait le premier pas, que le premier objet qui s'est présenté à mes yeux a été votre Royale personne, mais dans un état si éclatant que jamais mes yeux n'ont été si surpris; et cette surprise ou la crainte de manquer de respect et de faire naufrage m'ont fait retirer avec la dernière précipitation. J'aime les belles choses autant que qui que ce soit; aussi, Mademoiselle, à l'entrée de votre chambre, j'ai aperçu, quoique de loin, comme un rayon du brillant éclat de votre Royale personne ; je veux dire, Mademoiselle, Votre Altesse Royale, sur qui les grâces et les beautés ensemble faisoient un assemblage de tout ce qui peut flatter la vue : car, quoique vous soyez charmante toujours, la blancheur des lis que vous cachez sous du fil ou de la soie, cette gorge admirable, ce sein de neige [1], dont vous n'avez pas pu me dérober la vue, tout cela joint à la majesté sans égale de votre taille, auroit produit sur moi les mêmes effets que sur les plus grands princes du monde ; je n'aurois pu voir tant de merveilles ensemble sans les vouloir considérer attentivement. Je sais que la considération des belles choses donne du plaisir, que le plaisir allume le désir, et enfin que le désir n'aboutit qu'à la jouissance [2]. En un mot, je n'aurois jamais pu éviter ce charme, qui par conséquent auroit fait mon malheur. Hélas ! je reconnois bien aujourd'hui que c'est une belle et avantageuse qualité que celle de roi ou de souverain, puisqu'il n'y a qu'à eux seuls d'aspirer sans crime à la possession de ces belles choses [3].

1. Un pareil langage n'a rien d'étonnant dans un temps où les poètes, faisant l'éloge des dames, ne manquoient jamais de chanter leur sein ; où elles-mêmes décrivoient volontiers toutes leurs beautés dans leurs portraits.
2. Il parut au XVIIe siècle tant de pièces, élégies, sonnets, etc., sous ce titre de *Jouissances,* que le sieur de La Croix, auteur d'un art poétique, a fait de la *Jouissance* un genre de poésie particulier, comme l'épithalame ou la ballade. Les femmes elles-mêmes, et des plus considérées, faisoient des pièces de ce genre ; il en est jusqu'à dix que je pourrois citer.
3. C'est ce qui faisoit dire à mademoiselle de Montpensier, quand on lui annonça l'arrivée du roi d'Angleterre, dont on

Oui, je soutiens, Mademoiselle, que celui qui peut légitimement aspirer après ces beautés de Votre Altesse Royale, celui-là est sans doute le plus heureux homme du monde; à plus forte raison le bonheur de celui qui les possédera sera encore plus grand. — Je n'en attendois pas moins de vous, monsieur de Lauzun, dit Mademoiselle, et je m'imaginois bien que la feinte que vous avez faite à la porte de ma chambre se termineroit enfin par la galanterie du monde la mieux inventée et la mieux conduite. — Ha! Mademoiselle, reprit monsieur de Lauzun, que Votre Altesse Royale juge mal de moi si elle a cette pensée! Le respect que je dois avoir pour elle, et le vœu que j'ai fait de finir ma vie pour son service, ne me feront jamais déguiser ma pensée; je publierai à toute la terre quand il en sera besoin ce que je viens d'avancer. — Vous croyez donc, Monsieur, répondit Mademoiselle, qu'il n'y a que les rois et les souverains qui puissent prétendre légitimement à la possession des belles choses? Quoi! ne savez-vous pas que c'est le seul mérite qui doit avoir cette prétention, et que le sang ni le rang même n'augmente point le prix d'une personne, si elle n'a que cela pour partage? Vous savez qu'il y en a une infinité qui,

lui avoit proposé l'alliance : « Je meurs d'envie qu'il me dise des douceurs, parceque je ne sais encore ce que c'est; personne ne m'en a osé dire. » Toutefois elle ajoutoit : « Ce n'est pas à cause de ma qualité; puisque l'on en a dit à des reines de ma connoissance; c'est à cause de mon humeur, que l'on connoît bien éloignée de la coquetterie. Cependant, sans être coquette, j'en puis bien écouter d'un roi avec lequel on veut me marier; ainsi je souhaiterois fort qu'il m'en pût dire. » (*Mém.*, édit Maëstricht, 1, 236.)

sans le secours de la naissance ni du sang, se sont mis en état eux-mêmes de pouvoir aspirer à tout ce qu'il y a de plus grand, et cela par leur propre mérite. Et je puis avancer sans feinte que monsieur le comte de Lauzun, autrement monsieur de Peguillin, en est un des premiers, et que, sa vertu le distinguant du commun des hommes, cette même vertu le peut élever avec justice à quelque chose d'extraordinaire. Je ne veux pas vous en dire davantage; mais je sais bien que si vous saviez de quelle façon vous êtes dans mon esprit, vous n'auriez pas sujet d'envier un autre rang que celui où vous êtes, s'il est vrai que vous comptiez mon estime pour vous pour quelque chose[1]. — Ha! Mademoiselle, répondit monsieur de Lauzun, que je suis heureux d'avoir l'honneur de vous avoir plu! Mais que je suis

---

[1] Tout le passage qui précède semble avoir été inspiré par les lignes que voicy, tirées des Mémoires de Mademoiselle : « L'affaire qui me paroissoit la plus embarrassante étoit celle de lui faire entendre qu'il étoit plus heureux qu'il ne pensoit. Je ne laissois pas de songer quelquefois à l'inégalité de sa qualité et de la mienne. J'ai lu l'histoire de France et presque toutes celles qui sont écrites en françois; je savois qu'il y avoit des exemples dans le royaume que des personnes d'une moindre qualité que la sienne avoient épousé des filles, des sœurs, des petites-filles, des veuves de rois; qu'il n'y avoit point de différence de ces gens-là à lui que celle qu'il étoit né d'une plus grande et plus illustre maison qu'eux, et qu'il avoit plus de mérite et plus d'élévation dans l'âme qu'ils n'en avoient eu. Je surmontai cet obstacle par une multitude d'exemples qui se présentoient à mon souvenir... Je me souvins que j'avois lu dans les comédies de Corneille une espèce de destinée pareille à la mienne, et je regardois du côté de Dieu ce que le poëte avoit imaginé par des vues humaines. J'envoyai à Paris, acheter toutes les œuvres de Corneille... Les œuvres de Corneille arrivées, je ne fus pas longtemps à

doublement heureux d'avoir quelque part dans votre estime ! Oui, Mademoiselle, puisque Votre Altesse Royale a eu la bonté de m'annoncer un si grand bonheur, souffrez, de grâce, que je me laisse transporter aux doux transports que me cause la joie que je ressens, et que mon âme vous fasse connoître par quelque puissant effort l'extase dans laquelle vos dernières paroles l'ont mise : car, s'il est vrai, comme il n'en faut point douter, que votre âme soit sincère, n'ai-je pas raison de m'estimer le plus fortuné de tous les hommes? Et qu'est-ce que je pourrois faire pour reconnoître tant d'obligations que j'ai à Votre Altesse Royale, puisque je suis assez malheureux pour ne pouvoir donner que des souhaits, mais des souhaits inutiles, qui ne pourront jamais m'acquitter de la moindre de vos bontés ? — Je ne vous demande rien, lui dit Mademoiselle, sinon la continuation de ces mêmes souhaits, et l'exécution, si l'occasion s'en présente. — Oui, Mademoiselle, répondit monsieur de Lauzun, je souhaiterai, j'entreprendrai et j'exécuterai tout pour le service de Votre Altesse Royale jusqu'au dernier soupir. »

Voilà une belle avance pour notre nouvel amant, et, à mon avis, jamais il ne conduisit une entreprise si douteuse et si hardie avec tant de

trouver les vers que je vais mettre ici ; je les appris par cœur :

Quand les ordres du ciel nous ont faits l'un pour l'autre,
Lyse, c'est un accord bientôt fait que le nôtre... »

(*Mém.*, édit. citée, VI, 32-34.)

Les vers de Corneille cités ici sont tirés de *La suite du menteur*, acte IV, sc. 1re.

succès ; aussi fut-ce une douce amorce pour lui que cette dernière conversation, où il trouva tout sujet d'espérer. Et ce fut ce qui l'enhardit de pousser sa fortune à bout.

Il passa quelque temps dans cet état, et à toujours rendre ses soins avec plus d'assiduité qu'à l'ordinaire à Mademoiselle. Et à mesure qu'il remarquoit que cette princesse prenoit plaisir à le souffrir, il ne manquoit pas aussi de faire tout ce qu'un bel esprit est capable de faire pour se maintenir dans ses bonnes grâces. Et il en avoit toujours l'occasion en main, par cent belles choses que son génie lui fournissoit ; et dans tous les entretiens qu'il avoit avec cette princesse, il faisoit paroître tant de respect en toutes ses actions, et un tel enjouement dans son humeur, qu'enfin tout cela, joint à la vivacité de son esprit et à la force de son raisonnement, tout cela, dis-je, étoit trop puissant pour y résister. Aussi, Mademoiselle, qui, mieux que qui que ce soit, avoit un esprit capable de juger de ces choses, y trouvoit trop de quoi se plaire pour n'y pas prendre plaisir, et par conséquent pour se pouvoir défendre. Elle étoit même ravie quand elle le voyoit entrer chez elle, parcequ'elle le regardoit déjà comme une conquête assurée, et elle auroit quitté toutes choses pour avoir sa conversation, ne trouvant rien où elle eût un si agréable divertissement.

Ils en étoient là, lorsque monsieur le comte de Lauzun, devenant de jour en jour plus hardi et plus familier avec Mademoiselle, à mesure qu'il en devenoit amoureux, s'avisa d'une invention pour savoir si son bonheur étoit vrai ou faux, s'il en étoit l'ombre ou le corps. Et c'est un coup assez extraordinaire, comme vous allez voir, mais qui lui réussit merveilleusement bien, puisqu'il s'assura de son entier bonheur.

Un jour qu'il étoit avec cette princesse, car il ne la quittoit que le moins qu'il pouvoit, et s'il témoignoit de l'empressement pour y demeurer, Mademoiselle n'en faisoit guère moins pour le retenir ; il étoit donc un jour avec elle, où, après un assez long entretien, il témoigna à cette princesse qu'il avoit quelque chose de particulier à lui dire. Mademoiselle, qui n'eut pas de peine à le reconnoître, le tira à part, et lui ayant dit qu'elle étoit prête à l'écouter s'il avoit quelque chose à lui dire : « Il est vrai, répondit monsieur de Lauzun à Mademoiselle, que j'ai une grâce à demander à Votre Altesse Royale ; mais je n'ose pas le faire sans sa permission. — Il y a long-temps que vous l'avez tout entière, Monsieur, dit Mademoiselle ; vous n'avez qu'à parler et demander hardiment tout ce qui dépend de moi, et vous assurer en même temps de tout. — Quoique Votre Altesse Royale ait assez de bonté pour m'accorder ma demande, poursuivit monsieur de Lauzun, il n'est pas juste que j'en abuse, et si tout autre motif que celui de vos intérêts me faisoit agir, je serois sans doute moins hardi et plus circonspect. — Que ce soit votre intérêt ou le mien, dit Mademoiselle, tout m'est égal ; parlez seulement avec assurance d'obtenir tout ce que vous demanderez. »

Monsieur le comte de Lauzun répondit à ces discours si obligeants de Mademoiselle par une profonde révérence, et poursuivit après en cette manière : « Il y a déjà quelques jours, Mademoiselle, que je me suis mis en tête que Votre Altesse Royale doit être bientôt mariée [1]; et cette pensée s'est si fort imprimée dans mon esprit, que je me la présente comme un présage assuré, ou, pour mieux m'exprimer, comme une chose faite; et la créance que j'y donne et la joie que

1. Deux partis se présentoient alors pour Mademoiselle, M. de Longueville et Monsieur, frère du roi. Mademoiselle avoit écarté le premier et ne vouloit pas entendre parler du second.
Tout le passage qui suit se retrouve dans les *Mémoires de Mademoiselle*, mais avec une différence qu'on remarque, d'ailleurs, dans tout le cours de son récit et de celui-ci : c'est que dans les *Mémoires* c'est Mademoiselle qui presse, tandis que Lauzun recule; ici c'est le contraire.
« J'allai à Saint-Cloud chercher le corps de Madame pour le conduire à Saint-Denis... J'allai coucher ce soir-là à Paris, et m'en retournai le lendemain à Saint-Germain, où M. de Lauzun me vint dire, chez la Reine, qu'il me supplioit très humblement de ne lui plus parler. Il me dit qu'il avoit été assez malheureux pour avoir déplu à Monsieur, parcequ'il étoit serviteur de Madame; il croiroit, dit-il, que toutes les difficultés que vous lui feriez viendroient de moi... — Je lui dis que ce qu'il vouloit que je fisse me mettoit au désespoir; que je ne voulois pas absolument épouser Monsieur. — Il me répondit toujours que j'avois tort, que je devois obéir, qu'il me demandoit en grâce de ne lui plus parler, qu'il me fuiroit... — Je lui répondis : « Au moins, marquez-moi un temps, c'est-à-dire dites-moi : Si dans six mois votre affaire n'est pas faite avec Monsieur, je vous parlerai. Pourvu que vous disiez que votre résolution à ne pas me voir ait des bornes, je serai satisfaite... » — Il me dit : « Je vois bien que nous ne finirons jamais, et qu'il faut nécessairement que ce soit moi qui prenne le premier congé... » — Je lui dis : « Répondez-moi sur le temps, parce que sûrement je romprai l'affaire avec Monsieur. » — Il me dit : « Ce n'est ni à vous ni à moi à fixer un temps, ni à régler d'une affaire qui est entre les mains du Roi; je ne saurois vous faire d'autre réponse. » (*Mémoires de Mademoiselle*, édit. Maëstricht, 6, p. 109 et suiv.)

je m'en promets m'ont forcé à prendre la liberté de vous faire une très humble prière : c'est, Mademoiselle, que comme c'est une chose infaillible selon toutes les apparences, puisque les plus grands du monde ont aspiré à ce haut bonheur, votre renommée a publié partout le pouvoir de vos charmes; de manière que, parmi tous ceux qui ont appris les merveilles de votre vie, il y en a peu, ou, pour mieux dire, il n'y en a point dont l'esprit n'ait été agréablement surpris, et qui ne soupirent pour vous[1]. Ainsi, dans cette foule de soupirants, il ne se peut, à moins que le ciel ne voulût se rendre coupable de la dernière injustice, que vous ne soyez un jour à quelqu'un, et je sçais que ce sera bientôt : car enfin je ne sçaurois faire sortir cette pensée de mon esprit, et mon imagination en est tellement préoccupée, qu'à tous moments, et même dans le peu de repos que je prends, je n'en suis pas exempt. Il y a déjà long-temps que je ne rêve à autre chose; de façon, Mademoiselle, que la grâce que je demande à Votre Altesse Royale, c'est que, comme elle m'a si souvent honoré de sa confidence, il me soit permis d'en espérer une seconde. »

Alors Mademoiselle, en le regardant d'un air doux et sincère, répondit en ces paroles : « Il est bien juste, Monsieur; depuis qu'on a une fois choisi quelqu'un pour confident en une chose, ce seroit démentir son choix que de ne lui pas confier tout sans réserve. Pour moi, qui ne pré-

---

1. Tout ce texte est fort mauvais et ne présente pas de suite; aucune édition, aucune copie manuscrite ne nous a autorisé à le modifier.

tends pas démentir le mien, je veux vous faire l'unique dépositaire de mes pensées les plus secrètes. Que si par hasard je manque de prudence en parlant, souvenez-vous qu'en qualité d'homme d'honneur comme vous êtes, vous êtes obligé par toutes sortes de raisons à garder le secret, et qu'il n'y a pas moins de science à se taire qu'il y en a à bien parler. A propos, dites-moi donc ce que vous me demandez; je ne vous parle point de vos galanteries, je souffre même, pour l'estime que j'ai pour vous, que vous m'en disiez toujours quelques unes en passant, parce que je sais bien qu'un esprit galant et de cour comme le vôtre ne sauroit s'en passer. Il n'y a que vous, Monsieur, qui soit capable de cajoler[1] de si bonne grâce, jusqu'à vouloir faire passer une simple pensée pour une chose inébranlable et assurée, lors même qu'elle n'est qu'imaginaire. — Mais, Mademoiselle, répliqua monsieur de Lauzun, de grâce que dites-vous ? Vous croyez donc que je n'ai pas seulement pensé ce que je viens de vous dire? Que si Votre Altesse Royale pouvoit lire jusqu'au fond de mon cœur, elle verroit bien la vérité de la chose, et je m'assure qu'elle n'auroit pas lieu de douter de moi comme elle fait. Et pour faire voir à Votre Altesse Royale que je

1. Voici un exemple de l'emploi du mot *cajoler* qui montre bien qu'il étoit pris ici dans son véritable sens : « La politesse de norre galanterie, dit Huet, évêque d'Avranches, dans son traité *de l'origine des romans*, vient, à mon avis, de la grande liberté dans laquelle les hommes vivent avec les femmes. Elles sont presque recluses en Italie et en Espagne, et sont séparées par tant d'obstacles qu'on ne leur parle presque jamais, de sorte qu'on a négligé de les *cajoler* agréablement, parceque les occasions en étoient fort rares. »

suis persuadé de ce que je viens d'alléguer, c'est qu'assurément elle en verra bientôt les effets, et, si mes vœux sont exaucez, le temps en sera court. Et je demande à Votre Altesse Royale, comme ce sera une chose que tout le monde saura tôt ou tard, que je sois le premier qui ait l'honneur de l'apprendre. — Quoi? interrompit la princesse. — Celui, poursuivit monsieur de Lauzun, pour qui de tous vos soupirants Votre Altesse Royale aura plus de penchant de tous ceux de la Cour, ou bien hors du royaume. Tout le monde le saura un jour, et l'apprendra avec un plaisir extrême; et comme je suis infiniment plus à vous que le reste des hommes, c'est par cette seule raison que je demande la préférence à Votre Altesse Royale, afin que, votre belle bouche m'ayant annoncé celui qu'entre les hommes elle veut rendre le plus heureux, je sois le premier aussi à vous en féliciter et à vous en témoigner la joie que j'aurai quand je verrai approcher le moment qui vous doit donner celui que vous aurez honoré de votre choix et que vous aurez trouvé digne de votre affection [1]. »

[1]. M. de Lauzun ne pouvoit douter des sentiments de Mademoiselle ; toute la conduite de cette princesse les lui montroit assez, et elle s'étoit même déjà expliquée à ce sujet d'une manière fort claire avec madame de Nogent, sœur du comte : « ... Le dimanche venu, je causois avec madame de Nogent, chez la Reine ; je lui avois parlé si souvent et lui avois tenu tant de discours qui avoient rapport à M. son frère, qu'il ne se pouvoit pas faire qu'elle n'eût pénétré mes intentions... Ce jour-là, je lui disois : « Vous seriez bien étonnée de me voir dans peu mariée ? J'en veux demander, lui dis-je, la permission au Roi, et l'affaire sera faite dans vingt-quatre heures. » Elle m'écoutoit avec une très grande attention. Je lui dis : « Vous pensez peut-être à qui je me

Il finit ces derniers mots par un profond soupir, que Mademoiselle ne laissa pas passer sans le remarquer; car elle l'observoit de trop près pour perdre la moindre de ses actions. « Mais, monsieur de Lauzun, dit Mademoiselle, d'où vient que vous soupirez? Vous me prédites de si belles choses, cependant vous les finissez par un grand soupir! Et où est donc cette joie que vous vous en promettez! Il me semble que ce n'est pas en soupirant que l'on reçoit de la joie et du plaisir. Comment voulez-vous donc, poursuivit cette princesse en souriant, que j'explique ceci?— Ha! Mademoiselle, répondit-il, un esprit aussi intelligent comme est le vôtre n'aura pas bien de la peine à donner une application juste à cette action, surtout quand elle se souviendra que c'est après ces choses que l'on désire ardemment que l'on soupire. — Il est vrai, répondit Mademoiselle; mais aussi vous n'ignorez

marierai? je ne serois pas fâchée que vous l'eussiez deviné. » Elle me dit : « C'est sans doute à M. de Longueville? » Je lui répondis : « Non, c'est un homme de très grande qualité, d'un mérite infini, qui me plaît depuis longtemps. J'ai voulu lui faire connoître mes intentions, il les a pénétrées, et, par respect, il n'a osé me le dire. » Je lui dis : « Regardez tout ce qu'il y a de gens ici, nommez-les l'un après l'autre, je vous dirai oui lorsque vous l'aurez nommé. » Elle le fit, et, après m'avoir parlé de tout ce qu'il y avoit de gens de qualité à la Cour, et que je lui avois toujours dit que non, et que cela eut duré une heure, je lui dis tout d'un coup : « Vous perdez votre temps, parcequ'il est allé à Paris; il en doit revenir ce soir. » L'aveu ne pouvoit être plus formel, car, quelques jours auparavant, M. de Lauzun avoit dit à Mademoiselle : « Je m'en vais à Paris, et je serai ici sans faute dimanche. » (Voy. *Mém. de Madem.*, édit. citée, 6, p. 92-93, et cf. p. 91.)

pas que les soupirs ne sont pas moins les effets de la crainte que de la joie et du désir. Ainsi un cœur qui pousse des soupirs embarrasse fort un esprit à en faire la différence pour savoir connoître leur véritable cause; car je n'en ai jamais ouï que d'une même façon et sur un même ton. — Je vois bien, Mademoiselle, dit monsieur de Lauzun, que Votre Altesse Royale veut se divertir; mais enfin que répond-elle à ma demande? — Vous seriez bien trompé dans votre attente, interrompit la princesse, si c'étoit le refus. Mais, puisque je me suis engagée, je veux vous tenir ma parole; je vous assure que je vous la tiendrai ponctuellement, et je vous dirai au vrai celui que j'aimerois le plus de tous ceux que je croirois pouvoir aspirer à moi. — Mais quand sera-ce, Mademoiselle? répondit monsieur de Lauzun avec un transport et un empressement inconcevables. »

La princesse, qui en devinoit sans doute la cause, quoiqu'elle ne le témoignât pas ouvertement, et qui même faisoit paroître au dehors une partie de la joie qu'elle en avoit au fond du cœur, lui dit, toujours en souriant, que ce seroit dans trois mois. — « Ha! Mademoiselle, que ce temps va être long pour moi, repartit notre amant, et qu'il va mettre ma patience à une rude épreuve! Mais n'importe, continua-t-il, il faut attendre, puisque Votre Altesse Royale le veut. »

Voilà le premier progrès de ce moyen qu'il a inventé pour savoir si c'étoit tout de bon qu'il devoit espérer ou non. Vous en verrez la fin par la suite et par l'effet qui succéda.

Peu de temps après l'on parla du voyage de

Flandres[1], et M. le comte de Lauzun, qui ne songeoit qu'à plaire à Mademoiselle, ne s'appliquoit qu'à en chercher les moyens, mais tout cela avec honneur et sans perdre un moment de ce qu'il devoit au Roi son maître. Il étoit presque toujours chez cette princesse, ou avec elle, quand elle étoit au Louvre. Et surtout il ne manquoit jamais de nouvelles, et il les débitoit avec tant de grâce, que, quoiqu'il les dît le dernier et qu'il y mêlât des choses sérieuses (et il y falloit une grande présence d'esprit et une solidité de jugement toute particulière), néanmoins la manière aisée avec laquelle il racontoit ces nouvelles et mille choses agréables qu'il y ajoutoit leur donnoit un nouveau lustre, et faisoit connoître à cette princesse qu'il n'étoit pas tout à fait indigne de son attention. Aussi peut-on dire qu'il est seul capable d'entretenir agréablement quelque belle compagnie que ce soit[2]. Enfin, on peut tirer une conséquence infaillible de ce que j'ai dit, puisqu'il rendit captif l'esprit du

---

[1]. « L'on parla de faire un voyage en Flandres, et, quoique l'on eût la paix, le Roi, qui ne marche pas sans troupe, en fit assembler pour faire un corps d'armée qui seroit commandé par le comte de Lauzun, qu'il fit lieutenant général. Le jour de Pâques, je le trouvai dans la rue; je ne saurois exprimer la joie que j'eus de voir venir son carrosse au mien, ni l'honnêteté avec laquelle je le saluai. Il me parut qu'il me faisoit, de son côté, une révérence plus gracieuse qu'à l'ordinaire : cette pensée me fit un très grand plaisir. » Mademoiselle raconte ensuite longuement tous les détails de ce voyage, où elle continua à poursuivre Lauzun, toujours indifférent, quelquefois brutal, et qui sembloit toujours reculer davantage plus elle s'avançoit. Voy. *Mém. de Mademoiselle*, édit. de Maëstricht, 6, p. 51 et suiv.

[2]. Ne faudroit-il pas lire : qu'il seroit capable d'entretenir seul..., etc.?

monde le plus fin que l'on voie dans tout son sexe. Comme il n'est point de plus fâcheux obstacle à un amant qui veut s'établir dans l'esprit de l'objet qu'il aime que l'éloignement et la privation de la vue, cette absence et cet éloignement sont beaucoup plus à craindre lorsqu'on a quelque heureux commencement, parce qu'il n'est pas seulement besoin de s'insinuer dans un cœur que l'on veut réduire entièrement, mais encore il est nécessaire de ne point lâcher prise que l'on ne s'en voie absolument le maître. Nous en avons même vu qui avoient tous les avantages et qui se les conservoient par leur patience; aussi leur est-il arrivé que, de paisibles possesseurs qu'ils étoient, par ce moyen ils ont perdu et l'objet et les espérances, et souvent même le souvenir, pour s'être absentés. M. le comte de Lauzun avoit trop de prévoyance pour ignorer toutes ces choses, et il avoit témoigné trop de conduite jusques à cet endroit, pour en manquer à l'avenir; aussi trouva-t-il le secret d'éviter un si funeste et dangereux accident.

Notre incomparable amant voyant donc qu'il étoit obligé de suivre le Roi partout où il iroit, et par conséquent contraint de quitter son entreprise, qu'il voyoit déjà si avancée, s'avisa de faire en sorte que Mademoiselle fît le voyage avec la Cour : c'est le voyage de Flandres que le roi fit en 1671[1]; et, pour cet effet, il se servit de deux moyens qu'il tenoit pour assurés, comme il arriva. Le premier moyen dont il se servit fut

---

1. Il s'agit ici du voyage que fit en effet le Roi en 1671, pour aller visiter ses nouvelles conquêtes.

envers Mademoiselle, qu'il alla voir un jour. Il ne manqua pas d'abord de dire tout ce qui le pouvoit faire tomber sur ce discours. Ayant enfin trouvé lieu de le faire, il dit à cette princesse : « Il ne faut pas demander, Mademoiselle, si Votre Altesse royale sera du voyage de Flandres ; la chose est trop juste et trop raisonnable pour en douter. — Moi, dit Mademoiselle, j'en serai si le Roi le veut ; autrement je ne m'en soucie pas beaucoup. — Que dites-vous, Mademoiselle? répondit-il ; vraiment le Roi ne le désire que de reste, et je suis assuré qu'il s'y attend. — Je n'irai pourtant point sans qu'il me le dise, repartit la princesse. — Je sais bien, poursuivit notre comte, que la Cour est partout où vous êtes, et que toute autre vous peut sans injustice paroître indifférente. Mais, s'il m'est permis de dire ma pensée avec tout le respect que je dois à Votre Altesse Royale, vous ne pouvez pas vous dispenser de ce voyage sans vous opposer en quelque manière au dessein que le Roi a de paroître en ce pays-là avec le plus d'éclat qu'il lui sera possible, parce que, Votre Altesse royale faisant un des plus beaux et glorieux ornements de la Cour, vous ne pouvez vous en séparer sans la priver de la plus belle partie de son éclat. D'ailleurs, je sais que Votre Altesse Royale est trop considérée du Roi pour permettre, à moins que vous ne le vouliez absolument, que vous restiez ; et je suis persuadé que vous aimez trop le Roi pour tromper ses espérances, car assurément il s'y attend. — Vous direz et croirez tout ce qu'il vous plaira, M. de Lauzun, dit Mademoiselle, mais je puis vous assurer que je n'irai point sans ordre. — Eh bien.

Mademoiselle, répondit M. de Lauzun, s'il ne faut que cela, je suis assuré que mes souhaits seront accomplis et que Votre Altesse royale verra la Flandre. »

Il prit congé là-dessus de Mademoiselle, et dit en souriant, au sortir de la chambre de cette princesse : « Je m'en vais demander un ordre au Roi ; ce n'est pourtant pas celui de Saint-Michel, ni celui du Saint-Esprit. — Quel peut-il donc être ? dit Mademoiselle avec un souris ; nous n'en avons point d'autre en France, hors celui de Malthe ; mais je ne crois pas que vous songiez à celui-là. — Votre Altesse Royale a raison, dit M. de Lauzun, qui s'étoit arrêté à la porte de la chambre de cette princesse pour lui répondre. L'ordre, poursuivit-il, que je vais demander au roi m'est infiniment plus cher et plus agréable que tous ceux que Votre Altesse royale vient de nommer. — Mais quel est-il donc ? continua Mademoiselle en s'approchant de lui et continuant son souris ; ne peut-on point le savoir ? — Et comme je me promets de l'obtenir, dit notre comte, Votre Altesse sera la première à qui je le dirai. — Mais vous reverra-t-on bientôt, Monsieur ? dit Mademoiselle. — Oui, Mademoiselle, et plus tôt que vous ne pensez et avec de bonnes nouvelles. » Et ayant fait une profonde révérence, il s'en alla tout droit vers le Roi, à qui il demanda, après plusieurs discours, si Mademoiselle ne seroit point du voyage. Le Roi lui répondit qu'elle en seroit si elle vouloit. « Ha, Sire, poursuivit notre amoureux comte, vous savez que les princes et surtout les princesses du sang ne marchent pas sans ordre ; ainsi Mademoiselle n'y songera pas assurément d'elle-même, et puis il est important qu'elle en soit, afin de tenir compagnie à la Reine. Il n'y en a point, à la Cour, qui fasse tant d'honneur à Sa Majesté, comme étant la première princesse du sang et celle qui est en état, et par ses biens, et par toutes sortes de raisons, de paroître avec plus d'éclat et de pompe. Ainsi Votre Majesté aura égard, s'il lui plaît, qu'il est de conséquence que Mademoiselle ne quitte point la Reine, qui sans doute ne seroit pas bien aise de faire ce voyage sans avoir avec elle cette princesse. Je sais, Sire, que Mademoiselle ne peut rien résoudre d'elle-même, par le profond respect qu'elle a pour Votre Majesté. Il seroit fâcheux que cette princesse fût obligée de partir sans avoir eu le temps qu'il faut aux personnes de son rang pour se préparer, parce qu'il faudra sans doute faire les choses d'un air proportionné à la qualité et au désir qu'elle a de satisfaire pleinement au dessein de Votre Majesté. Vous n'avez donc, Sire, qu'à lui faire savoir vos ordres par quelqu'un, et je suis assuré que la soumission qu'elle m'a toujours témoignée pour vos volontés les lui fera recevoir avec joie. Et j'ose avancer même que, si Votre Majesté paroissoit sans cette princesse, elle en seroit inconsolable, tant elle est attachée à ses intérêts.—Allez-vous-en donc lui dire, dit le Roi, que je la prie de se tenir prête pour accompagner la Reine à son voyage, et que je lui en témoignerai ma gratitude. »

Il ne falloit pas dire deux fois pour faire partir M. de Lauzun, qui, voyant tous ses desseins si heureusement réussir, si heureusement, dis-je, pour ne s'éloigner pas de Mademoiselle, partit sur l'heure, sans s'arrêter un moment; il s'en alla chez cette princesse, qui, le voyant entrer en sa chambre avec un visage gai et qui marquoit un esprit content, lui dit : « Vous voilà donc, Monsieur ? Apparemment vous avez reçu du Roi ce que vous lui avez demandé ? — Il est vrai, Mademoiselle, répondit M. de Lauzun après avoir fait une grande révérence et s'être approché un peu plus près, je viens d'être créé chevalier tout présentement, et je viens exécuter ma promesse dès ce matin, et mon premier ordre.— Nous l'aurons donc, dit Mademoiselle en riant, qui sans doute s'imaginoit bien la vérité de la chose. — Oui, Mademoiselle, répondit-il, et je vais vous l'apprendre en peu de mots. Votre Altesse Royale, continua-t-il, peut, s'il lui plaît, se préparer à prendre les armes; le Roi, ayant dessein de vaincre tous les Flamands, s'est avisé de les attaquer avec des armes auxquelles ils ne puissent pas résister, et c'est pour cela que Sa Majesté veut faire ce voyage dont j'ai eu l'honneur de vous parler ce matin. Et comme, dans la dernière campagne qu'il fit dans le pays de ses ennemis, il ne put étendre ses conquêtes que sur quelques provinces, il a résolu de ne les point quitter qu'il n'en soit le maître absolu, et l'ordre que j'ai reçu de Sa Majesté est qu'elle vous prie de vous disposer à l'accompagner. C'est de Votre Altesse Royale qu'il espère ses principales forces; il m'a commandé de vous exhorter de sa part à ne le pas abandonner dans un dessein si grand et si important. »

Notre amoureux comte disoit si agréablement

toutes choses qu'il n'y avoit rien de plus charmant que de les lui entendre prononcer ; et Mademoiselle, qui y prenoit un indicible plaisir, l'écoutoit avec une merveilleuse attention. Mais voulant savoir la fin de cette galanterie (car elle prévoyoit bien que c'en étoit une de l'invention de M. de Lauzun), cette princesse impatiente lui demanda : « Que voulez-vous donc dire, monsieur, quand vous me parlez de guerre ; et le Roi auroit-il besoin de moi, s'il en avoit le dessein ? Vous seriez bien plus propre à lui rendre service que moi, puisque c'est votre métier. — Il s'en faut bien, Mademoiselle, répondit M. de Lauzun. Ce n'est pas avec des épées et des mousquets que le Roi veut attaquer ce peuple ; il se veut servir de plus douces, mais de plus dangereuses armes ; c'est par le grand éclat et la majesté de sa Cour que le Roi veut éblouir leurs esprits naturellement curieux de choses extraordinaires. Et comme Votre Altesse Royale a plus de charmes que tout le reste ensemble, c'est d'elle aussi qu'il attend le plus grand secours. Oui, Mademoiselle, je puis l'avancer avec justice, que vous seule avez de quoi vaincre agréablement non seulement les esprits les plus grossiers, mais tout le monde ensemble. Enfin, c'est assez dire quand le plus grand Roi du monde vous choisit pour être comme le plus beau et principal instrument qui lui doit assurer ses conquêtes, et lui faciliter le moyen d'en faire d'autres plus grandes. Et si Votre Altesse Royale pouvoit espérer quelque secours étranger et hors d'elle-même pour la faire estimer, cette haute estime que notre glorieux et invincible monarque fait éclater tous les jours pour votre rare mérite lui donneroit un prix au dessus de ce qu'on peut se figurer de grand et d'aimable. — C'est-à-dire, dit Mademoiselle, que M. de Lauzun est toujours l'homme du monde qui a le don d'inventer à tout moment les plus agréables galanteries, et, quelques prières que je lui aie faites pour m'en exempter, son bel esprit ne peut se faire cette violence. Est-il possible qu'il n'y ait qu'un Lauzun dans le monde qui soit capable de si rares inventions, et que lui seul se puisse vanter de débiter tout ce qu'il y a de beau et de recherché, pour former un entretien digne des plus beaux esprits du siècle ? Pour moi, je ne comprends pas, continua-t-elle, d'où vous prenez tout ce que vous dites, et je ne puis m'empêcher d'être surprise par la nouveauté des choses que vous faites paraître. — Ah ! qu'il est aisé de parler et de dire de belles choses, Mademoiselle, reprit M. de Lauzun, quand on a l'avantage de les voir éclater sur Votre Altesse Royale avec le brillant avec lequel elles y paroissent, et qu'il est aisé et glorieux de devenir docteur lorsqu'on a l'honneur de converser avec vous ! —Taisons-nous là dessus, car je sais bien que je ne gagnerai rien avec vous, dit Mademoiselle, et sachons ce que vous a dit le Roi. — Le Roi vous a priée, Mademoiselle, continua M. de Lauzun, de vous disposer à faire le voyage avec la Reine, mais il vous en prie très instamment. Je savois que, s'il ne falloit qu'un ordre pour cela, vous ne resteriez pas ici, poursuivit-il en souriant, et d'une façon fort enjouée ; car il m'auroit été trop rude et sans doute impossible de pouvoir trouver du repos sans être toujours auprès de vous pour vous rendre mes très humbles respects. Et je bénirai toute ma vie ce premier moment où j'ai été assez heureux pour faire que la Cour n'allât pas sans vous. Oui, Mademoiselle, et j'ai travaillé avec chaleur et avec empressement, parce que ma charge et les étroites obligations que j'ai à mon Roi m'obligent de le suivre partout; et Votre Altesse Royale demeurant ici, c'étoit m'arracher à moi-même que de m'éloigner d'où elle auroit demeuré. Je vous demande mille pardons, Mademoiselle, si je vous parle si librement et si j'en ai agi ainsi sans votre permission; mais j'ai cru qu'en me servant je ne vous désobligerois pas, et que vous ne seriez pas fâchée d'aller avec un Roi qui vous aime tendrement, qui me l'a fait connoître par les discours les plus passionnés et les plus sincères du monde. — Non, je n'en suis pas fâchée, reprit cette belle, et, bien loin de cela, je veux vous remercier, comme d'une chose qui m'est fort agréable. Et pour vous parler franchement, cette indifférence que je vous ai témoignée ce matin pour ce voyage a été en partie pour voir si vous étiez aussi fort dans mes intérêts que vous le dites, et si vous pouviez me quitter sans peine : car je savois bien qu'ayant autant d'attache que vous témoignez en avoir pour moi depuis si longtemps, et ayant l'esprit que vous avez, vous ne manqueriez pas de tenter quelque chose pour cela, et je me promettois même que vous y travailleriez sérieusement, et que l'accès libre que vous avez par-dessus tous les autres auprès du Roi vous feroit agir avec honneur; et je ne sais pas même, si vous en aviez agi autrement, si j'aurois pu vous le pardonner de ma vie. Enfin, je vous remercie, et souvenez-vous que je n'oublierai jamais ce service; vous en verrez des preuves peut-être plus tôt que vous ne l'espérez, et qui vous surprendront assez pour vous faire connoître que vous ne vous êtes pas attaché à une ingrate, mais à une personne qui mérite peut-être les soins que vous lui donnez. »

Voyez, de grâce, ce que c'est quand une fois le bonheur nous en veut : tout ce que nous faisons et entreprenons réussit à notre avantage. M. le comte de Lauzun avoit tellement le vent en poupe, comme l'on dit, que non seulement tout lui réussissoit à merveille, mais encore ce qu'il faisoit pour lui seul lui faisoit mériter des sentiments de reconnoissance tout extraordinaires; et vous eussiez dit, à entendre parler Mademoiselle, qu'elle lui étoit obligée de tout ce qu'il entreprenoit pour son intérêt propre, comme si c'eût été pour elle-même. Le voilà donc content autant qu'un homme qui a un grand dessein, et qui se voit en état de tout espérer, le puisse être. Il tente tous les moyens que son génie lui suggère, tout lui est favorable. Enfin il n'a plus qu'une démarche à faire; encore est-il en trop beau chemin pour s'arrêter. Il semble même que, n'osant pas se découvrir comme il le souhaitoit, cette princesse, pour partager, pour ainsi dire, les peines de cette dure violence, qu'elle est obligée de lui faire souffrir; cette princesse, dis-je, qui voit dans ses yeux et dans toutes ses actions, et qui croit découvrir et pénétrer le favorable motif qui le fait agir, le met souvent en train pour l'obliger à parler plus hardiment. Mais comme M. de Lauzun ne se croit pas encore assez avancé pour cela, il veut ménager toutes choses, afin de ne point bâtir, comme l'on fait souvent, sur du sable mouvant. Il continue cependant ses soins avec plus d'assiduité que jamais. Et cela est assez rare qu'ayant affaire à une princesse du rang de Mademoiselle, dont l'humeur fière étoit tout à fait à craindre, il n'a jamais rien perdu du libre accès qu'il trouva d'abord auprès de cette princesse ; au contraire, il s'y est insinué peu à peu, mais toujours de mieux en mieux, de sorte qu'elle le souffre, l'estime, et le traite plus obligeamment qu'elle n'a jamais fait homme, non pas même les plus grands princes qui ont soupiré pour elle. Elle fait plus, car il ne se met pas sitôt en devoir de prendre congé d'elle, quand il y est, qu'elle lui demande avec empressement quand elle le reverra. Il n'est point d'heure indue pour lui, et il lui est permis d'entrer chez elle à toute heure et à tous moments. Et je crois même que, si elle eût eu envie de lui faire quelque défense, ç'auroit été de ne point sortir d'avec elle que le moins qu'il lui seroit possible.

C'est de cette façon que M. le comte de Lauzun passoit agréablement mille doux moments tous les jours, à donner et recevoir d'innocents témoignages d'un amour caché et qu'il n'étoit pas encore temps de découvrir. Cependant le temps que Mademoiselle lui avoit dit qu'elle lui découvriroit sincèrement celui des hommes qu'elle aimeroit le plus étoit fort avancé, et M. de Lauzun comptoit les jours comme autant d'années. Enfin, le jour étant venu auquel le terme expiroit[1], notre comte ne manqua pas d'aller chez Mademoiselle, et son impatience l'y fit même aller beaucoup plus matin qu'à son ardinaire, chose qu'il dit à cette princesse après l'avoir saluée : « Enfin, Mademoiselle, voici ce jour tant désiré arrivé, auquel je dois recevoir tant de joie. Je ne pense pas, Mademoiselle, que Votre Altesse Royale se dédise de sa parole; elle me l'a promis trop solen-

[1]. Le récit de Mademoiselle diffère encore de celui-ci en ce qu'il retire à Lauzun l'initiative qu'on lui prête ici :

« Lorsque nous fûmes retournés à Saint-Germain, je vis M. de Lauzun sur la porte; je lui dis, comme je passois : « J'ai rompu l'affaire de Monsieur. Ne voulez-vous pas me parler? Il me semble que j'ai beaucoup à vous dire. » Il me répondit d'une manière gracieuse : « Ce sera quand vous voudrez. » Je lui dis de se trouver le lendemain chez la Reine. Il fut ponctuel à me venir écouter à l'heure que je lui avois marquée. Je lui rendis compte de tout ce que j'avois fait... Je lui demandai s'il n'étoit pas temps de reprendre mon autre affaire... Il me répondit qu'il étoit obligé de me dire de ne rien presser...

« Je suis naturellement impatiente; je souffrois avec peine les longueurs d'une affaire qui m'occupoit assez fortement pour troubler mon repos. Je liai une autre conversation avec M. de Lauzun; je lui dis qu'absolument je voulois exécuter mon dessein, et que j'avois pris celui de lui nommer la personne que j'avois choisie. Il me répondit que je le faisois trembler. Il me disoit : « Si, par caprice, je n'approuve votre goût, résolue et entêtée comme vous êtes, je vois bien que vous n'oserez plus me voir. Je suis trop intéressé à me conserver l'honneur de vos bonnes grâces pour écouter une confidence qui me mettroit au hasard de les perdre : je n'en ferai rien, je vous supplie de tout mon cœur de ne me plus parler de cette affaire. » Plus il se défendoit de s'entendre nommer, plus j'avois envie de le faire; comme il s'en alloit toujours lorsqu'il m'avoit précisément répondu ce qu'il avoit à me dire, j'avoue que j'étois fort embarrassée moi-même de lui dire : C'est vous. » (*Mém. de Montp.*, édit. citée, t. VI, p. 126-129.)

nellement pour y manquer. » Il prononça ces paroles avec cet agrément ordinaire dans tous ses discours; et Mademoiselle, qui n'étoit pas fâchée du soin qu'il avoit à lui faire tenir sa promesse, fut bien aise de voir l'empressement avec lequel M. de Lauzun le faisoit. Et cette princesse lui ayant demandé, quoiqu'elle le sût aussi bien que lui, s'il y avoit déjà trois mois, notre amant lui répondit en ces paroles : « Il est vrai, Mademoiselle, que j'ai tâché à bien compter; mais, quelque exactitude que j'y aie pu apporter, je suis assuré que je me suis trompé moi-même, et qu'au lieu de trois mois que Votre Altesse Royale avoit pris, j'ai laissé passer trois années. Et si je voulois compter selon l'ardeur de mon attente, je suis assuré que j'irois jusqu'à l'infini sans en trouver le compte. — Mais, lui dit Mademoiselle, qu'est-ce que vous en ferez, de cette confidence, quand je vous l'aurai faite ? — Ce que j'en ferai? répliqua M. de Lauzun; je m'en réjouirai, et la joie que j'en attends me rendra un des plus contents hommes du monde ; et d'autant plus que je serai le premier à qui ce glorieux avantage sera permis. — Eh bien, dit Mademoiselle, je vous le dirai ce soir[1]. — Mais de

---

[1]. « Un jeudi au soir, je le trouvai chez la reine. Je lui dis : « Je suis déterminée, malgré toutes vos raisons, à vous nommer l'homme que vous savez. » Il me dit qu'il ne pouvoit plus se défendre de m'écouter ; il me répondit sérieusement : « Vous me ferez plaisir d'attendre à demain. » Je lui répondis que je n'en ferois rien, parceque les vendredis m'étoient malheureux. Dans le moment que je voulus le nommer, la peine que je conçus que cela lui pourroit faire augmenta mon embarras. Je lui dis : « Si j'avois une écritoire et du papier, e vous écrirois le nom ; je vous avoue que je n'ai pas la force

quelle façon? répondit-il. — Je vous l'écrirai sur une vitre de mes fenêtres, dit la princesse.— Sur une vitre, Mademoiselle? répliqua notre comte, et le premier de votre maison qui s'en approchera le saura même plus tôt que moi, et ce n'est que l'honneur de la préférence que j'ai tant demandé à Votre Altesse Royale? — Comment voulez-vous donc que je vous le dise? dit Mademoiselle. — Comme il plaira à Votre Altesse Royale, répondit-il, pourvu que je sois le premier qui le sache.

Enfin Mademoiselle fut bien aise de ne pouvoir pas en quelque façon se dédire, et cette violence que M. de Lauzun lui faisoit pour apprendre ce secret diminua beaucoup la peine qu'elle avoit à le lui dire; de façon que ce que notre amant demandoit à savoir, Mademoiselle souhaitoit de le lui dire, quoiqu'elle n'en fît pas le semblant; et je trouve qu'elle ne pouvoit se considérer telle qu'elle étoit sans consulter ce qu'elle alloit faire. Mais n'importe; elle a quelque chose de plus puissant que le sang qui la fait agir, et elle veut achever ce qu'elle a commencé. Aussi cette princesse prend tout à coup ses résolutions sur la réponse qu'elle avoit à faire à M. de Lauzun, et voyant qu'il la pressoit, mais agréablement et dans un profond respect, de lui tenir sa parole, puisque le temps étoit écoulé :

de vous le dire. J'ai envie, lui dis-je, de souffler sur le miroir, cela épaissira la glace ; j'écrirai le nom en grosses lettres, afin que vous le puissiez bien lire. » Après nous être entretenus longtemps, il faisoit toujours semblant de badiner, et moi je lui parlois bien sérieusement. » (*Mém. de Madem.*, édit. citée, t. VI, p. 129.)

« Oui, dit-elle, je vous la tiendrai, mais surtout ne pensez pas que je vous le dise; je vous l'écrirai sur du papier et vous le donnerai ce soir, je vous le promets. » Il fallut encore attendre ce moment, malgré l'impatience de M. de Lauzun[1]. Enfin, le soir étant arrivé, Mademoiselle s'en alla au Louvre. M. de Lauzun, qui avoit pour lors la puce à l'oreille, ne manqua pas, aussitôt qu'il vit arriver cette princesse, de se rendre auprès d'elle et de débuter par demander d'abord le billet après lequel il soupiroit. « Enfin, Mademoiselle, lui dit-il, voici le soir arrivé; Votre Altesse Royale me remettra-t-elle encore ? — Non, dit Mademoiselle, je ne vous remettrai plus. » Et en même temps ayant tiré un billet ployé et cacheté de son cachet, elle le donna à M. de Lauzun, et lui dit en le lui donnant avec des

1. « Il se trouva qu'il étoit minuit. Je lui dis : « Il est vendredi, je ne vous dirai plus rien. » Le lendemain j'écrivis dans une feuille de papier : « *C'est vous.* » Je le cachetai et le mis dans ma poche. Je le rencontrai chez la Reine. Je lui dis : « J'ai le nom dont il est question écrit dans ma poche, et je ne veux pas vous le donner un vendredi. » Il me répondit : « Donnez-moi le papier, je vous promets de le mettre sous mon lit pour ne le lire qu'après que minuit sera sonné. Je m'assure, me dit-il, que vous ne douterez pas que je ne veille jusqu'à ce que j'entende l'horloge, et que je n'attende avec impatience que l'heure soit venue...... » Je lui dis : « Vous vous tromperiez peut-être à l'heure, vous ne l'aurez que demain au soir. » Je ne le vis que le dimanche, à la messe. Il vint l'après-dîner chez la Reine; il causa avec moi, comme avec tous ceux qui étoient au cercle. Je sortois mon papier, je le lui montrois, et, après, je le remettois quelquefois dans ma poche et d'autres fois dans mon manchon. Il me pressa extrêmement de le lui donner; il me disoit que le cœur lui battoit... Je lui dis : « Voilà le papier. » (*Mém. de Madem.*, édit. citée, VI, p. 130-131.)

termes et une action tout à fait touchante : « Voilà, Monsieur, le billet dans lequel est ce que vous souhaitez si ardemment de savoir; mais ne l'ouvrez pas qu'il ne soit minuit passé, parce que j'ai remarqué souvent que les jours de vendredi, comme il est aujourd'hui, me sont tout à fait malheureux; ainsi ne me désobligez pas jusque là, et je verrai si vous avez de la considération pour moi, si vous m'obligez en ce rencontre. — Oh! Mademoiselle, répondit notre comte, que ce temps me va être long! et le moyen d'avoir son bonheur entre les mains sans l'oser goûter? — Je verrai par là, dit Mademoiselle, si vous m'êtes fidèle; et si vous me le refusez, je mettrai sur vous tous les événements qui suivront s'ils me sont funestes. — Oui, Mademoiselle, je vous obéirai jusques à la fin, répondit M. de Lauzun, et je ne manquerai jamais à donner des preuves de ma fidélité et de mon devoir à Votre Altesse Royale. » Peu de temps après, onze heures frappèrent; notre comte, qui tenoit sa montre dans sa main, ne manqua pas de la montrer à Mademoiselle, et pendant tout ce temps-là, jamais homme ne témoigna plus d'empressement que fit M. de Lauzun; et tous ces petits emportements qu'il faisoit remarquer à cette princesse pour le temps qu'elle lui avoit fixé étoient autant de puissans aiguillons qui la perçoient jusques au fond du cœur. Elle étoit ravie de le voir; aussi ce fut ce qui l'acheva d'enflammer, et qui fit déclarer toutes ses affections en faveur de cet heureux soupirant. Enfin, le voici encore qui vient avec la montre à la main dire à Mademoiselle que minuit étoit passé. —

Vous voyez, dit-il, Mademoiselle, comme je suis fidèle à vos ordres; minuit vient de sonner, et cependant voilà encore ce billet avec votre cachet dessus tout entier, sans que j'y aie touché. Mais enfin, continua-t-il, plus transporté que jamais, n'est-il pas encore temps que je me réjouisse de mon bonheur? — Attendez encore un quart d'heure, dit Mademoiselle, après je vous permets de l'ouvrir. » Ce quart d'heure étant passé : « Il est donc temps, Mademoiselle, dit-il, que je me serve du privilége que Votre Altesse Royale m'a donné, puisqu'il est presque minuit et demi? — Oui, répondit Mademoiselle, allez, ouvrez-le, et m'en dites demain des nouvelles. Adieu, jusqu'à ce temps-là, où nous verrons ce qu'a produit ce billet tant désiré. » M. de Lauzun, ayant pris congé de Mademoiselle, se retira chez lui avec une promptitude inconcevable.

La curiosité est comme une chose naturellement attachée à l'esprit de l'homme; cela est si vrai qu'il n'y a chose au monde que l'homme ne mette en usage pour apprendre ce qu'il s'est mis une fois en tête de savoir, et cette curiosité produit des effets différens, suivant les différens sujets qui la causent. Celle de M. de Lauzun étoit très-louable et très-bonne en sa nature. Le moyen dont il se pouvoit servir pour en voir la fin étoit fort incertain, et la fin très-douteuse et même dangereuse. Sa curiosité étoit louable et bonne, car il vouloit savoir s'il se pouvoit faire aimer de Mademoiselle ; les moyens dont il se servit pour cela sont honnêtes, même fort nobles, et quoique jusqu'ici il n'ait eu que de grandes espérances de leurs bons effets, néanmoins il n'en a point encore de véritable certitude. Il n'y a donc que ce billet qu'il tient entre ses mains qui le puisse instruire de tout ; et ce sera par la fin qu'il nous sera permis, aussi bien qu'à lui, de juger certainement de toutes choses.

Il ne fut pas plus tôt arrivé chez lui, où il s'étoit rendu avec la dernière promptitude, que la première chose qu'il fit fut d'ouvrir ce billet; mais il ne fut pas peu surpris de voir son propre nom écrit de la main de Mademoiselle. Je vous laisse à juger de son étonnement, et si cette vue ne lui donna pas bien à penser : car enfin il est certain qu'il y avoit de quoi craindre aussi bien que d'espérer. Il est vrai que jusque-là toutes choses lui avoient, selon toutes les apparences, fort bien réussi; mais comme le sexe est d'ordinaire fort dissimulé, Mademoiselle pouvoit n'avoir fait tout cela que pour son plaisir, et peut-être pour se moquer de lui, et la grande disproportion qu'il y a entre cette princesse et M. de Lauzun lui donnoit une furieuse crainte. Il eut pendant toute cette nuit l'esprit agité de mille pensées différentes. Tantôt il repassoit dans son souvenir le procédé de Mademoiselle, et il y trouvoit mille bontés et un traitement si favorable et si extraordinaire pour une personne de sa qualité, qu'il se figuroit que toutes ces choses ne pouvoient partir que de la sincérité de cette princesse; et la manière obligeante avec laquelle elle avoit agi avec lui lui disoit à tous momens qu'il y avoit quelque motif secret qui l'avoit poussée à toutes ces choses, mais qu'il étoit aisé de voir qu'assurément elle y alloit de bonne foi, et qu'il devoit espérer une glorieuse fin après un si heureux commencement et des progrès si avantageux. Il n'y avoit donc que l'inégalité des conditions qui lui étoit un grand obstacle, et qui le faisoit toujours douter. Il étoit tellement embarrassé sur ce qu'il devoit faire, s'il lâcheroit le pied ou s'il poursuivroit jusques au bout, qu'il passa, comme j'ai déjà dit, la nuit entière dans des inquiétudes horribles, et son cœur, qui avoit combattu longtemps entre l'espoir et la crainte, étoit encore dans l'irrésolution sur ce qu'il devoit faire, lorsque le jour parut. Enfin, l'un l'emporta sur l'autre; de tous les divers mouvemens entre lesquels ce pauvre cœur flottoit, un seul l'emporta sur tous, je veux dire l'espérance; aussi elle est comme le lait et la nourriture qui fait subsister l'amour.

M. le comte de Lauzun, dont l'âme étoit à la gêne, animé d'un doux et agréable espoir, prend une forte résolution de voir la fin de son entreprise à quelque prix que ce soit. Pour cet effet, après s'être préparé à toutes sortes d'événemens, il veut, comme un autre César, forcer le destin; faisant même voir par là, comme fit ce grand empereur, que son grand cœur n'est pas moins disposé à résister hardiment à toutes les attaques de la mauvaise fortune qu'à recevoir agréablement le fruit d'un heureux succès. Il veut que ce cœur, qui se promet un siècle de délices s'il est victorieux, attende de pied ferme toutes les rigueurs de son infortune s'il est vaincu; il sait que c'est dans les grands combats et dans les entreprises les plus hardies et douteuses que l'on trouve une véritable gloire, et qu'il n'est pas même besoin de toujours vaincre pour emporter la victoire, mais qu'il suffit de faire une glorieuse et vigoureuse résistance, et de ne souffrir jamais que notre ennemi ait la moindre prise sur notre courage, s'il a l'avantage sur notre sort.

Ce tant désiré matin étant enfin arrivé, il s'en va, sans tarder, chez Mademoiselle[1]. Cette princesse ne le vit pas plus tôt dans sa chambre avec un visage pâle et où l'image de la mort étoit entièrement dépeinte, qu'elle s'approcha de lui et lui dit : « D'où vient ce changement si prompt ? Hier vous étiez le plus gai et le plus joyeux homme du monde, et aujourd'hui vous paroissez tout à fait triste et mélancolique. Quoi ! est-ce là cette joie que vous vous promettiez de cette confidence pour laquelle vous avez témoigné tant d'empressement ? Vous me disiez que vous seriez le plus heureux de tous les hommes si je vous découvrois ce secret, et cependant vous paroissez tout au contraire depuis que vous le savez. Voilà justement l'ordinaire de ceux qui font tant les zélés. — Oh ! Mademoiselle, ré-

---

1. « Après être sorties de l'église (dans le récit de Mademoiselle, l'on est encore au dimanche), nous allâmes chez M. le dauphin. La Reine s'approcha du feu. Je vis entrer M. de Lauzun, qui s'approcha de moi sans oser me parler, ni presque me regarder. Son embarras augmenta le mien. Je me jetai à genoux pour me mieux chauffer. Il étoit tout auprès de moi. Je lui dis, sans le regarder : « Je suis toute transie de froid. » Il me répondit : « Je suis encore plus troublé de ce que j'ai vu. Je ne suis pas assez sot pour donner dans votre panneau ; j'ai bien connu que vous vouliez vous divertir... » Je lui répondis : « Rien n'est si sûr que les deux mots que je vous ai écrits, ni rien de si résolu dans ma tête que l'exécution de cette affaire. » Il n'eut pas le temps de répliquer, ou ne se trouva pas la force de soutenir une plus longue conversation. » (*Mém. de Madem.*, loc. cit.)

pondit alors notre comte, qui jusque là avoit écouté fort attentivement Mademoiselle, je ne l'aurois jamais cru, que Votre Altesse Royale se fût moquée de moi si ouvertement. Quoi ! Mademoiselle, pour m'être entièrement voué à Votre Altesse Royale, la fidélité avec laquelle j'en ai agi méritoit, ce me semble, quelque chose de moins qu'une moquerie si claire et qui me va rendre le jouet et la risée de toute la Cour ; et vous me demandez encore d'où vient le sujet de ma tristesse ? Vous me mettez, si je l'ose dire, le poignard dans le sein, et vous vous informez de la cause de ma mort ! Enfin ; vous me traitez comme le dernier de tous les hommes, et pour me rendre l'affront que vous me faites plus sensible, vous me voulez encore forcer à la cruelle confusion de vous le dire moi-même. Ha ! Mademoiselle, que ce traitement est rude pour une personne qui en a agi si sincèrement avec vous ! Je n'ai jamais agi envers Votre Altesse royale que de la manière que je le dois. Je vous connois comme une des plus grandes princesses de toute la terre, et je me connois moi-même comme un simple cadet, qui vous doit tout par toutes sortes de raisons. Mais quoique cadet et simple gentilhomme, la nature m'a donné un cœur haut et assez bien placé pour ne me souffrir rien faire d'indigne.
— Mais que voulez-vous dire ? reprit Mademoiselle ; il semble, à vous entendre parler que je vous ai fait quelque grand tort en vous accordant une chose qui m'est de la dernière importance et dont j'ai fait un secret à toute la terre. Jusques ici vous m'avez paru fort galant, mais à cette fois je vous avoue que je ne vous recon-

nois plus. Quoi ! je vous accorde ce que vous me demandez préférablement à tout autre ; cependant ce qui peut être un sujet de joie à beaucoup d'autres n'en est pour vous que de plaintes ! En vérité, je ne sais pas ce qu'il faut faire pour vous satisfaire. — De grâce, Mademoiselle, répondit M. de Lauzun, n'insultez pas davantage un misérable ; que Votre Altesse Royale se divertisse tant qu'il lui plaira à mes dépens, j'y consens de tout mon cœur. Mais je lui demande seulement qu'elle ait la bonté de révoquer une raillerie qui donneroit lieu à tout le monde après vous de me traiter de fou et de ridicule. Et encore un coup, Mademoiselle, je n'ai reçu toutes ces marques de votre bienveillance dont Votre Altesse Royale m'a honoré que comme des effets de votre générosité et d'une bonté toute particulière ; et dont je n'ai jamais mérité la moindre partie ; et tous les bons accueils, ni l'estime que Votre Altesse Royale a témoigné avoir pour moi, ne m'ont jamais fait oublier qui vous êtes, ni qui je suis. Que si j'en ai usé si librement, ç'a été sans dessein, et je vous demande, Mademoiselle, de m'en punir de toute autre manière qu'il plaira à Votre Altesse Royale ; je subirai son jugement jusques à m'éloigner de sa vue pour jamais ; je mourrai même pour expier les fautes que je puis avoir commises, quoique involontairement, envers votre Royale personne. Je ne demande seulement à Votre Altesse Royale que l'honneur de son souvenir, et qu'elle soit persuadée que jamais elle ne trouvera personne qui soit plus soumis à ses volontés, ni si inséparable de ses intérêts que moi. »

Mademoiselle, qui jusque là avoit feint de ne point entendre ce que vouloit dire M. de Lauzun, et qui même en avoit ri au commencement, voyant qu'il parloit tout de bon et que la manière dont il avoit exprimé sa douleur étoit effectivement sincère et sans feinte, cette princesse en fut effectivement touchée, et cette humeur riante faisant place à la compassion, se changea en un moment en un véritable sérieux. Et comme ce qu'elle avoit fait d'abord n'étoit que pour l'éprouver, et que d'ailleurs elle ne souhaitoit rien tant que de s'assurer du cœur de M. le comte de Lauzun, elle ne s'en crut pas plutôt assurée, que cette tendresse qu'elle avoit pris soin de cacher au fond de son cœur se découvrit enfin à sa faveur. Et cette langueur que Lauzun avoit sur tout son visage l'ayant touchée jusques au vif, Mademoiselle le regardant d'un œil plus favorable qu'elle n'avoit encore fait, après avoir longtemps gardé le silence, cette princesse lui dit : « Ha! Monsieur, que vous faites un grand tort à la sincérité de mon procédé envers vous, et que vous connoissez mal les sentimens que mon cœur a conçus pour vous! Si vous saviez l'injure que vous me faites de me traiter ainsi, vous vous puniriez vous-même de l'affront que vous me faites. Quoi! vous tournez en raillerie la plus grande affection du monde, où j'ai apporté toute la sincérité qui m'étoit possible! Je me suis fait violence avant que de faire ce que j'ai fait pour vous; mais enfin la tendresse l'a emporté sur ma fierté ; je m'oublie, s'il faut le dire, pour vous donner la plus forte preuve de mes affections que j'aye jamais donnée à personne. J'en ai vu, et vous le savez, d'un rang qui n'étoit pas inférieur au mien, qui ont fait tout ce qu'ils ont pu pour mériter mon estime; cependant ils ont travaillé en vain, et non seulement je vous donne cette estime, mais je me donne moi-même! Après cela vous dites que je me moque de vous et que je hasarde votre réputation; je me hasarde bien plutôt moi-même. Néanmoins je passe par dessus toutes ces considérations qui s'y opposent, et pourquoi cela, sinon pour vous élever à un rang où, selon toutes les apparences, vous ne deviez pas prétendre, quoique vous méritiez davantage ? »

M. de Lauzun, qui n'osoit pas croire encore ce qu'il venoit d'entendre [1], au moins en faisoit-il semblant, après avoir vu que Mademoiselle ne parloit plus, répondit en ces termes : « Oh ! Mademoiselle, que vous êtes ingénieuse à tourmenter un malheureux ! et qu'il faut bien avouer que les personnes de votre condition ont bien de l'avantage de pouvoir se divertir si agréablement, mais cruellement pour ceux qui en sont le sujet ! Votre Altesse Royale me veut rendre heureux en idée et en imagination pour un moment, pour me rendre malheureux ensuite le reste de mes jours. Et de grâce, encore une fois, Mademoiselle, faites-moi plutôt mourir tout d'un coup, il

1. Madame de Nogent, sœur de M. de Lauzun, fut moins difficile à persuader : « J'avois écrit sur une carte : Monsieur, M. de Longueville, et M. de Lauzun. Comme je causois, le soir, avec madame de Nogent, je lui montrai ces trois noms, et je lui dis : « « Devinez lequel de ces trois hommes j'ai envie d'épouser ? » Elle ne me fit d'autre réponse que celle de se jeter à mes pieds et me répéter qu'elle n'avoit que cela à me dire. » (*Mém. de Madem.*, édit. citée, 6, p. 133.)

me sera bien plus doux que de me voir languir et être la risée de tout le monde. J'ai toujours eu le désir de me sacrifier pour Votre Altesse Royale, mais puisqu'elle m'en croit indigne, que du moins elle ait égard à ma bonne volonté... Je le dis encore, Mademoiselle, que je n'ai jamais perdu le souvenir de ce que vous êtes et de ce que je suis; et ainsi je n'ai jamais été assez audacieux pour aspirer à ce bonheur, dont vous prenez plaisir de me flatter, seulement pour vous divertir. »

Il prononça ces paroles avec une action qui marquoit effectivement que son âme étoit dans un grand trouble et que la douleur qu'il souffroit étoit des plus aiguës, et Mademoiselle, qui l'observoit de près, le reconnut aisément, de façon qu'elle souffroit de le voir souffrir. Elle le témoigna assez par ces paroles : « Quoi! dit cette princesse avec une action toute passionnée, que faut-il donc faire, Monsieur, pour vous persuader? Vous prenez autant de soin pour vous tourmenter que j'en prends pour vous procurer du repos. Je vous le dis encore, que je suis une princesse sincère, et ce que je vous ai déjà dit n'est que conformément à mes intentions; et je vous en donnerai telle preuve que vous n'aurez pas lieu d'en douter. Pensez-vous que je voulusse vous traiter aussi favorablement comme j'ai fait, si je n'eusse pas eu pour vous les sentimens d'une véritable tendresse ? Non, poursuivit cette princesse, versant quelques larmes qu'elle ne put retenir, parcequ'elle voyoit M. de Lauzun dans la dernière affliction et toujours obstiné dans l'erreur qu'elle se moquoit de lui; non, je ne déguise point ma pensée; et puisque mes paroles n'ont pas pu vous persuader les véritables sentimens de mon cœur, il faut que j'emprunte le secours de mes yeux, et que les larmes que vous me forcez de verser vous en soient des témoins auxquels vous ne puissiez rien objecter. Me croyez-vous, Monsieur, après vous avoir donné des preuves si fortes de mon amour? Douterez-vous encore de la sincérité de mon procédé, après l'avoir ouï de ma bouche, et que mes yeux même n'ont pas épargné leurs soins et leur pouvoir pour ne vous laisser aucun doute? Répondez-moi donc, s'il vous plaît : cette déclaration si ingénue, et, ce me semble, assez extraordinaire, mérite-t-elle que vous y ajoutiez foi? M'acquittai-je bien de ma promesse? Il vous peut souvenir sans doute que, lorsque vous me disiez qu'il n'y avoit que les rois et les souverains qui pussent justement prétendre à la possession des grandes princesses, je vous répondis que vous vous trompiez, qu'ils n'étoient pas les seuls, et qu'il y en avoit d'autres qui, par leur propre mérite et sans le secours du sang, y pouvoient prétendre, et que, parmi un grand nombre qu'on trouvoit, je n'en voyois point qui le pût mieux prétendre que vous. Je vous parlois alors pour vous animer, et aujourd'hui je vous parle pour vous faire heureux, si la possession d'une personne de mon rang peut vous le rendre. Je veux partager la peine avec vous : travaillez de concert à cela; agissez hardiment et sans crainte; faites tout ce que vous pouvez de votre côté, et assurez-vous à ma foi de princesse que je n'oublierai rien du mien. Etes-vous content, Monsieur ? Et après ce que je viens de vous dire, douterez-vous encore de ma franchise ? — Ha ! Mademoiselle, s'écria M. de Lauzun, se jetant à ses pieds, ravi d'un discours si tendre et si obligeant que Mademoiselle venoit de prononcer en sa faveur, qu'est-ce que je pourrois faire pour reconnoître l'excès de vos bontés ? Quoi ! Mademoiselle, sera-t-il dit que celui des hommes que Votre Altesse Royale rend le plus heureux soit le plus ingrat par l'impossibilité de ne pouvoir rien faire qui puisse marquer sa reconnoissance ? La plus grande princesse du monde élèvera un misérable jusques au plus haut degré de bonheur, et il n'aura rien que des souhaits pour reconnoissance d'un bienfait si extraordinaire ? Que vous me rendez heureux, Mademoiselle, par l'excès d'une générosité sans exemple ! Mais que ce haut point de gloire me sera rude, tandis que je ne pourrai rien faire pour reconnoître la déclaration que Votre Altesse Royale vient de faire en ma faveur ! Elle m'est trop avantageuse et a trop de charmes pour moi pour demeurer sans réponse, et la gratitude me doit obliger de dire aujourd'hui ce qu'un profond respect et le devoir même m'ont fait taire si longtemps. Et puisque je ne puis rien faire pour Votre Altesse Royale pour lui marquer ma gratitude, je dois lui dire du moins et lui découvrir les sentimens de mon cœur. Il est vrai, Mademoiselle, que depuis que j'ai eu l'honneur d'entrer chez Votre Altesse Royale, j'ai remarqué tant de charmes, que ce que je ne faisois autrefois que par devoir, je l'ai fait depuis par un motif plus doux et plus agréable. Oui, Mademoiselle, pardonnez, s'il vous plaît, à mes transports, si je vous parle si librement. Je vous vis, je vous considérai, je vous admirai pendant longtemps. Votre Altesse Royale a trop de charmes pour s'en pouvoir défendre ; les beautés de votre âme qui sont jointes à celles de votre corps font un admirable composé de toutes les beautés ensemble. Et ainsi, Mademoiselle, j'ai eu des yeux pour voir, des oreilles pour entendre, un esprit pour admirer, et un cœur pour aimer. J'ai fait tous mes efforts pour me défendre de cette passion lorsqu'elle ne faisoit encore que naître ; non pas par quelque sorte de répugnance, car je sais trop qu'outre que vous méritez les adorations de toute la terre, je ne pouvois jamais être embrasé d'une si digne et glorieuse flamme. Je pourrois ajouter à cela, quoique Votre Altesse Royale me taxe de présomption, que, si la nature a mis tant d'inégalité entre votre condition et la mienne, elle m'a donné un cœur assez noble et élevé pour n'aspirer qu'à de grandes choses, et qui jusqu'ici n'a pu se résoudre à s'attacher à autre qu'à Votre Altesse Royale. Oui, Mademoiselle, je l'avoue à vos pieds, après l'aveu sincère que vous venez de faire sur le sujet de vos inclinations. Je n'en aurois jamais osé parler, si votre procédé ne m'en avoit donné la licence, quoique je ne visse point d'autre remède à mon mal que la langueur pendant le reste de mes jours. J'aimois mieux traîner une vie mourante dans un mortel silence, que de risquer à vous déplaire et à m'attirer pour un seul moment votre disgrâce par la moindre parole qui vous pût faire connoître mon amour. Et comme j'ai fait par le passé, je tâcherai avec soin à composer et mes yeux et toutes mes actions, de peur qu'à l'insu de mon cœur ils ne vous disent quelque chose de ce qu'il ressent pour vous : car, quelle apparence, Mademoiselle, qu'un simple cadet qui n'a que son épée pour partage osât aspirer à la possession d'une princesse qui n'a jamais su regarder les têtes couronnées qu'avec indifférence, et qui a refusé les premiers partis de l'Europe ? Quelle apparence, dis-je, qu'après le refus de tant de souverains parmi lesquels il y en a qui, par le rang qu'ils tiennent, pouvoient sans doute prétendre avec quelque justice à la possession de Votre Altesse Royale... Néanmoins toute la terre sait qu'elle a eu toujours un cœur ferme à toutes ces poursuites, comme si la terre ne portoit pas un homme digne d'elle. Ainsi, Mademoiselle, après une connoissance si parfaite de toutes ces choses, tout le monde ne m'auroit-il pas blâmé, si on avoit su quelque chose des sentimens de mon âme envers Votre Altesse Royale ? Et n'aurois-je pas lieu de craindre toutes choses de votre ressentiment, si j'étois assez téméraire pour vous le découvrir ? Oui, Mademoiselle, je vous le dis encore, que, de quelque suite affreuse de tourmens dont je prévoyois que mon cruel silence alloit être indubitablement suivi, je préparois mon âme à une forte et respectueuse résistance. Il m'étoit bien plus avantageux de vous aimer d'un amour caché et à votre insu, que de hasarder une déclaration capable de vous déplaire et de m'interdire l'accès entièrement libre que j'avois auprès de Votre Altesse Royale. Il est vrai, Mademoiselle, que dans cet embarras je souffrois véritablement des peines inconcevables, et, à parler à cœur ouvert, je ne sais pas si j'aurois pu y résister longtemps sans mourir ; mais la crainte d'un plus grand mal modéroit en quelque façon celui que je sentois. »

Mademoiselle, qui jusque là l'avoit écouté fort attentivement sans l'interrompre, prit la parole en cet endroit : « Le choix que j'ai fait, dit cette princesse, n'est pas un choix fait à la hâte ; il y a longtemps que j'y travaille, et j'y ai fait réflexion plus que vous n'avez pensé d'abord. Je vous ai observé de près auparavant, et je ne me suis déclarée enfin qu'après avoir bien songé à ce que j'allois faire. Je n'ai pas choisi seule, afin que vous ajoutiez plus de foi sur l'avis de plusieurs que si ce n'étoit que le mien seul ; et ceux que j'ai consultés là-dessus m'ont entièrement confirmée dans mon dessein. C'est votre esprit, vos actions, votre vertu, c'est de vous-même que j'ai voulu me conseiller, et je vous ai trouvé si raisonnable en tout depuis que je vous observe, que, loin de me repentir de ce que je viens de dire, au contraire je crains de ne pas faire assez pour vous marquer sensiblement mes affections. Quant à cette inégalité de conditions qui vous fait tant de peine, n'y songez point, je vous prie, et soyez assuré que je ne laisserai pas imparfaite une chose à laquelle j'ai travaillé avec tant de plaisir, et j'y travaillerai jusqu'à la fin avec soin, et comme à une affaire dont je prétends faire votre fortune et le sujet de mon repos ; comptez seulement là-dessus. Ce que l'éclat des couronnes dont vous venez de parler n'a pu faire sur mon esprit, votre mérite le fait excellemment ; et mon cœur, qui jusque aujourd'hui s'est conservé dans son entière liberté, malgré toutes les recherches des rois et des souverains, n'a su cependant éviter de devenir captif d'un simple cadet, comme vous dites. Si tous les cadets vous ressembloient, Monsieur, il se trouveroit peu d'hommes qui voulussent être les aînés. Je ne prétends pas faire votre panégyrique, mais je suis obligée de donner cela premièrement à la vérité, secondement à vous-même, afin que vous n'ignoriez pas que je vous connois assez pour en juger, troisièmement au choix que j'ai fait, pour faire voir à toute la terre que je ne l'ai fait qu'après un long examen, après l'avoir trouvé digne de moi, et à ma propre satisfaction ; car il est bien juste, ce me semble, et je vous crois trop raisonnable pour ne me pas permettre la même chose sur vous que vous vous êtes permis sur moi. Vous avez dit tout ce que votre bel esprit s'est imaginé de moi, de mes prétentions et de ma qualité, et de cent autres choses les plus belles et les plus obligeantes du monde, sans qu'il ait été en mon pouvoir de vous en empêcher ; souffrez que j'aie ma revanche. — Ah ! dit M. de Lauzun, que Votre Altesse Royale est ingénieuse à se donner du plaisir, et que le prétexte de revanche est agréablement exécuté ! Il est vrai, si je l'ose dire, que puisque vous avez, par un effet de votre bonté et d'une générosité sans exemple, voulu faire un choix si peu digne de vous, il semble qu'il est de votre intérêt de l'élever, par des louanges excessives, aussi haut que votre belle bouche le pourra, afin que l'approbation particulière que votre esprit éclairé en fera fasse naître celle de tout l'univers. Et puisque votre royale main me destine à une place dont le seul souvenir me fait trembler de crainte et de respect, il faut que cette belle main qui me prépare à un si haut bonheur ne soit pas la seule à agir dans une action si peu commune : c'est-à-dire, Mademoiselle, qu'étant assez malheureux pour ne mériter pas seulement que Votre Altesse Royale pense à moi, et que, nonobstant toutes ces raisons, elle a la bonté de me destiner au plus suprême degré de bonheur, vous devez, Mademoiselle, pour l'amour de vous-même, m'estimer : car c'est de votre estime seule que le choix que vous avez fait de moi recevra tout son prix, et c'est par là que toute la terre me verra avec moins de peine et de tourment monté en peu de temps à un si haut faîte de grandeur ; et cette élévation si prompte et cette haute estime me feront trouver l'accès libre chez les esprits des personnes même qui en seront d'abord surprises. C'est le seul moyen, Mademoiselle, de trouver de quoi vous satisfaire, et de quoi n'avoir pas lieu de vous repentir.

— S'il ne faut que vous estimer, Monsieur, dit Mademoiselle, pour ne me point repentir, je me vante de ne me repentir jamais ; et pour vous tout dire, il suffit de vous aimer tendrement pour être aussi contente de mon choix que je me le promets. Et pour vous obliger à en faire autant, je suis assurée de vivre le reste de mes jours la plus heureuse princesse du monde. Jusqu'ici vous n'avez eu que des paroles qui vous aient flatté, mais vous verrez bientôt les effets.

Et je m'en vais vous faire voir la sincérité de mon cœur d'une manière qui vous ôtera tout scrupule, et je ne veux plus que vous me croyiez qu'aux effets. Songez seulement à cela, si vous voulez votre fortune, et ne perdez point le temps, si vous m'aimez; le Roi vous aime, faites en sorte d'avoir son consentement, et soyez assuré du mien, et que je m'en vais y faire tout ce que je pourrai. — Oh! Mademoiselle, s'écria alors le comte de Lauzun, se jetant pour une seconde fois à ses pieds, qu'est-ce que je pourrai faire pour reconnoître toutes les étroites obligations que j'ai à Votre Altesse Royale, après en avoir reçu des preuves si sensibles? Quoi, la plus grande princesse de la terre en qualité, en biens et en mérite, s'abaissera jusqu'à venir chercher un homme privé pour l'honorer de ses bonnes grâces? Ah! c'est trop. Mais elle lui offre non seulement ses bonnes grâces, son amitié, mais aussi son cœur privativement à tout autre, et ses affections! Et pour dernier témoignage d'une générosité inestimable, cette même princesse lui veut donner sa royale main et généralement ce qui est en son pouvoir! Ah! fortune, que tu m'es aujourd'hui prodigue, et que tu m'es aussi cruelle, puisque, me donnant tout, tu me laisses dans l'impossibilité de pouvoir témoigner ma juste reconnoissance que par de seuls désirs! Le présent que tu me fais est d'une valeur infinie, mais il seroit plus conforme et à mes forces et à mon peu de mérite s'il étoit moindre, parce que je pourrois concevoir quelque sorte d'espérance de m'acquitter. Il est vrai, Mademoiselle, que Votre Altesse Royale me met aujourd'hui au-dessus du bonheur même; mais de grâce, souffrez, Mademoiselle, que je me plaigne de l'excès de votre bonté, et que je lui dise que je serois beaucoup plus heureux si je l'étois moins, parce que je goûterois ma fortune avec toute sa douceur, si elle étoit médiocre, au lieu que je me vois accablé sous le poids de celle que Votre Altesse Royale m'offre, tant elle est au-dessus de moi et de mes espérances. Et comme je n'ai rien que de vous, agréez, s'il vous plaît, le vœu solennel que je fais à Votre Altesse Royale de tous les moments de ma vie. Le don que je vous fais est peu de chose en comparaison de ce que j'en ai reçu, mais il est sincère, et l'exactitude avec laquelle j'exécuterai ma promesse persuadera Votre Altesse Royale et ne laissera jamais le moindre doute sur ce sujet. »

Vous voyez quel admirable progrès en si peu de temps M. de Lauzun avoit fait sur l'esprit de Mademoiselle; non seulement il avoit lieu d'espérer, mais encore il n'avoit rien à craindre, puisqu'il avoit obligé cette princesse à se déclarer d'une manière qui surpassoit de beaucoup toutes ses espérances. De façon que, se voyant entièrement assuré de ce côté, et ne pouvant plus douter qu'il ne fût véritablement aimé de Mademoiselle après la déclaration tendre et sincère qu'il en avoit ouï de la propre bouche de cette princesse, il ne songea plus qu'à avoir l'agrément du Roi, sans quoi il lui étoit impossible de pouvoir rien conclure. L'occasion s'en présenta peu de temps après, ou pour mieux dire il la fit naître lui-même, voyant qu'il ne manquoit plus que cela à son entier bonheur.

Il étoit un jour auprès du Roi, où, après avoir

dit beaucoup de choses sur le sujet de Mademoiselle, qui faisoient assez connoître qu'il falloit qu'il y eût quelque chose de plus qu'à l'ordinaire entre cette princesse et lui, ce Monarque, qui a un jugement et un esprit des plus éclairés, se douta de quelque chose, et, comme il a toujours fait l'honneur à M. de Lauzun de l'aimer, Sa Majesté lui dit en riant : « Mais, Lauzun, il semble que tu n'es pas trop mal dans l'esprit de ma cousine; car, à t'entendre parler d'elle, il faut nécessairement que tu aies plus d'accès auprès d'elle que beaucoup d'autres. — Sire, répondit M. de Lauzun, je suis assez heureux pour n'y être pas mal, et cette princesse me fait l'honneur de me traiter d'une manière à me faire croire que, si Votre Majesté m'est favorable, je puis prétendre à un bonheur qui n'a point de semblable. — Comment! reprit le Roi, continuant davantage son ris, tu pourrois bien aspirer à devenir mon cousin[1]? — Ah! Sire, répondit M. de Lauzun, à Dieu ne plaise que j'eusse une pensée

1. Il semble, au contraire de ce qui est avancé ici, que Lauzun n'ait jamais osé parler lui-même au Roi de ce grand projet de mariage. Il eut la plus grande peine du monde à laisser mademoiselle de Montpensier écrire à ce sujet à Sa Majesté. « Il me remettoit toujours d'une journée à une autre, sans y vouloir consentir; à la fin, après l'avoir extrêmement pressé, et m'être fâchée contre lui des longueurs qu'il apportoit à une affaire qu'il devoit savoir me donner de l'inquiétude, j'écrivis ma lettre avec tant de précipitation, de crainte qu'il ne changeât de sentiment, que je n'eus pas la patience de prendre le temps qu'il m'auroit fallu pour en faire une copie. Je crois même que je ne me donnai pas celui de la relire. » Mademoiselle se rappela dans la suite quels étoient à peu près les termes de sa lettre, et la refit pour l'insérer dans ses Mémoires (t. 6, p. 147 et suiv., *édit. citée*).

au-dessus de ma condition, et qui me rendroit criminel si j'osois la mettre au jour de moi-même, s'il étoit vrai que je l'eusse conçue ; je sais trop mon devoir envers mon Roi et toute la maison royale. Et outre ce devoir et ce respect, je sais encore que je ne suis qu'un gueux de cadet, qui n'a rien qu'il ne tienne des libéralités toutes royales de Votre Majesté ; je sais que sans elle je ne serois rien : je n'avois rien quand je me suis voué à son service, et aujourd'hui je puis me vanter d'avoir quelque chose, ou, pour parler plus juste, je puis avancer que je suis trop riche, puisque j'ai l'honneur de ne vous pas être indifférent. Tous les bienfaits que je reçois tous les jours de Votre Majesté me font croire que j'ai le bonheur d'avoir quelque part dans vos bonnes grâces. Aussi, Sire, et mon devoir, et ma juste reconnoissance, joints avec toutes sortes de raisons, ne veulent pas que je prétende jamais rien sans l'aveu de Votre Majesté. Mais, Sire, s'il m'est permis de le redire encore avec tout le respect que je vous dois, si Votre Majesté ne m'est point contraire, je me puis dire le plus heureux de tous les hommes. »

Madame de Montespan, qui étoit là et qui avoit écouté, sans parler, tout ce dialogue, et qui étoit, aussi bien que le Roi, ravie d'étonnement de voir la façon passionnée et soumise avec laquelle M. de Lauzun venoit de parler, fut sensiblement touchée, et ce fut ce qui lui fit dire au Roi : « Et pourquoi, Sire, vous opposeriez-vous à sa fortune ? Laissez-le faire, il n'y a point de personne qui ait plus de mérite que lui ; que cela vous fait-il ? — Bien, dit le Roi, va, Lauzun, je t'assure qu'au lieu de t'être contraire, je te serai autant favorable que je le pourrai. — Ah! Sire, répondit M. de Lauzun, les rois et les souverains peuvent promettre tout, sans qu'ils soient obligés à tenir s'ils ne veulent, puisqu'ils sont au-dessus des lois. — Allez, M. de Lauzun, dit madame de Montespan, le Roi le veut bien, poussez votre fortune. — Mais, Madame, reprit Lauzun, je ne puis rien que je n'aie la permission du Roi mon maître. » Le Roi, voyant cet esprit dans une si louable et si soumise ambition, et qu'il a toujours honoré d'une cordiale amitié, lui dit : « Eh bien, Lauzun, pousse ta fortune, je t'assure ma foi que je t'aiderai de tout ce que je pourrai, et tu en verras les effets. »

A votre avis, y eut-il jamais homme plus heureux que notre Lauzun, ni qui eut de si heureux progrès dans une entreprise où toutes les apparences étoient directement opposées ? Et ne pouvoit-il pas se promettre un entier bonheur où tout autre auroit trouvé sa perte ! Le voilà donc qui s'en va porter l'heureuse nouvelle de la parole qu'il avoit du Roi. Jamais cette princesse ne témoigna plus de joie que dans cette rencontre. Ils demeurèrent quelques jours dans cet état à se donner mutuellement tous les témoignages innocens d'un véritable amour, ménageant toutes choses de manière qu'ils pussent achever et finir leurs desseins par un heureux mariage.

Or ce fut dans ce temps-là que, la mort de Madame étant survenue[1], M. de Lauzun s'en

---

1. Madame Henriette mourut le 30 juin 1670. Plusieurs

alla d'abord chez Mademoiselle, et lui parla ainsi : « Enfin je vois bien, Mademoiselle, que le destin, jaloux de mon bonheur, s'est aujourd'hui déclaré contre moi; la mort de Madame va entièrement faire avorter tous les glorieux desseins que Votre Altesse Royale avoit conçus pour moi. La mort de cette princesse vous a laissé une place plus digne de vous, et plus sortable à votre condition que celle que vous vous destiniez. Vous vouliez un cadet, mais il falloit que dans ce cadet vous trouvassiez un grand prince, et votre attente ne pouvoit jamais mieux être remplie que par la royale personne de Monsieur, frère unique du Roi. C'est avec ce grand prince que vous jouirez d'un véritable repos et d'un bonheur solide et plus proportionné à votre qualité, s'il n'y en a point qui le soit à votre mérite. Ma chute m'est d'autant plus sensible que je tombe du plus haut degré de gloire où Votre Altesse Royale m'avoit élevé dans la plus grande confusion de me voir si malheureusement frustré du fruit de mes espérances. Mais dans cet étrange revers de fortune j'y trouve encore une espèce de consolation : c'est, Mademoiselle, qu'ayant tout reçu de Votre Altesse Royale par le don qu'elle m'avoit déjà fait de sa royale personne, je lui étois infiniment obligé et redevable par

des faits qui précèdent sont postérieurs à cette date. Il est certain qu'il fut alors grandement question de marier avec Mademoiselle Monsieur, duc d'Anjou, frère du Roi. Mais si Monsieur désiroit cette alliance pour faire entrer dans sa maison les biens immenses de Mademoiselle, celle-ci, qui connoissoit l'arrière-pensée du prince, et qui d'ailleurs aimoit Lauzun, s'y refusa toujours. On trouve à ce sujet de grands détails dans ses *Mémoires*, édit. citée, t. 6, *initio*.

l'inégalité du présent qu'elle avoit fait de celui qu'elle avoit reçu. Mais aujourd'hui je prétends m'acquitter de tout envers elle : vous avez fait paroître une générosité sans exemple quand vous vous êtes donnée à un simple cadet; ce misérable gentilhomme, n'ayant rien à vous offrir pour s'acquitter envers vous de vos libéralités, a enfin résolu de vous rendre vous-même à vous-même, afin de contribuer par cette généreuse restitution au repos de Votre Altesse Royale. Je ne veux pas vous donner la peine de vous dégager vous-même de votre promesse, je vous crois l'âme trop belle pour en avoir la pensée; mais je veux faire mon devoir en me dégageant moi-même. Ne pensez pas, Mademoiselle, qu'il y ait d'autre motif que celui de votre intérêt qui me fasse agir ainsi; j'ai un cœur tendre et sensible, plus que Votre Altesse Royale ne se peut l'imaginer, quoique dans la perte que je vais faire aujourd'hui je prévoie ma ruine. Oui, Mademoiselle, la langueur va succéder à toutes les joies que Votre Altesse Royale avoit causées par ses bontés, et ce cœur que vous aviez animé par de si hautes et glorieuses espérances se va plonger dans la douleur et se va dessécher et consumer à petit feu. Allez donc, grande princesse, allez occuper cette place que Madame vient de vous céder. Après cette grande et vertueuse princesse, il n'y en a point qui la puisse remplir si dignement que vous; elle vous est due par toutes sortes de raisons, et, après la perte que Monsieur vient de faire, il ne peut être consolé que par la jouissance de Votre Altesse Royale. Il mérite seul vos affections, et vous seule êtes digne des siennes. Allez, Mademoiselle, encore un coup, vivre heureuse le reste de vos jours. Que votre mariage avec ce grand prince vous rende tous les deux aussi contents que vous le méritez et que je l'ai souhaité. »

M. de Lauzun, pendant tout ce discours, fit paroître tant d'amour et un si véritable regret de la perte qu'il disoit et croyoit sans doute faire, que dans le même instant Mademoiselle lui répondit : « Je n'attendois pas un pareil bonjour de vous, Lauzun; je croyois que mon repos vous devoit être plus cher, pour ne venir pas me l'interrompre. Il me semble que vous ne cherchez qu'à m'inquiéter de plus en plus par des alarmes qui ont si peu de fondement. Je ne songe ni ne vis que pour vous, et pour vous mettre en état de n'envier le sort de personne. Ce n'est pas l'éclat ni la qualité que je cherche; vous savez que j'en ai refusé assez souvent, pour n'en pas chercher aujourd'hui. Etes-vous content, Monsieur, et cette déclaration est-elle assez ample pour vous ôter tout soupçon? Je veux encore faire davantage, et vous le verrez bientôt. » A ces mots, M. de Lauzun se jetant aux pieds de Mademoiselle : « Je vous demande pardon, lui dit-il, de ma légère conduite; ne l'imputez, de grâce, qu'à l'amour excessif que j'ai pour Votre Altesse royale. Si j'aimois moins, je craindrois moins et vivrois plus en repos et sans inquiétude; mais la force de mon amour ne me permettra en nulle sorte de n'être pas alarmé que je ne sois parvenu à cet heureux moment qui me doit assurer paisiblement toutes les promesses de Votre Altesse Royale. J'y vais travailler avec ardeur, afin que je vous laisse jouir paisiblement de ce repos que je vous ai souvent interrompu. »

Peu de jours après, Mademoiselle, comme elle vouloit ôter toute apparence de crainte à M. de Lauzun, pria le Roi de vouloir prier Monsieur de se désister de sa recherche, et de ne point songer à elle autrement que comme ayant l'honneur d'être sa parente, ce que le Roi fit : dont Monsieur parut un peu fâché, sans savoir d'où cela provenoit. Cependant Mademoiselle ne manqua pas de dire à M. de Lauzun la prière qu'elle avoit faite au Roi, ce qui acheva de le mettre en repos, dont elle eut bien de la joie.

Or, voulant mettre fin à leurs désirs, ils demandèrent au Roi l'effet de sa parole[1]. Sa Majesté, voyant que Mademoiselle le désiroit ardemment, y acquiesça volontiers[2], de façon qu'il n'y restoit

---

[1]. « Lorsque M. de Lauzun m'eut renvoyé ma lettre, je la donnai à Bontemps pour la donner au Roi, qui me fit une réponse très honnête. Il me disoit qu'il avoit été un peu étonné, qu'il me prioit de ne rien faire légèrement, d'y bien songer, et qu'il ne me vouloit gêner en rien ; qu'il m'aimoit, qu'il me donneroit des marques de sa tendresse lorsqu'il en trouveroit des occasions. » (*Mém. de Madem.*, 6, p. 150.)

[2]. « ... Le Roi joua cette nuit-là jusqu'à deux heures... Il me trouva dans la ruelle de la Reine ; il me dit : « Vous voilà encore ici, ma cousine ? Vous ne savez pas qu'il est deux heures ? » Je lui répondis : « J'ai à parler à Votre Majesté. » Il sortit entre deux portes, et il me dit : « Il faut que je m'appuie, j'ai des vapeurs. » Je lui demandai s'il vouloit s'asseoir. Il me dit : « Non, me voilà bien. » Le cœur me battoit si violemment que je lui dis deux ou trois fois : « Sire ! Sire ! » Je lui dis, à la fin : « Je viens dire à Votre Majesté que je suis toujours dans la résolution de faire ce que je me suis donné l'honneur de lui écrire... » Il me dit : « Je ne vous conseille ni ne vous défends cette affaire ; je vous prie d'y bien songer avant de la terminer. J'ai encore, me dit-il, un autre avis à vous donner : vous devez tenir votre

qu'à épouser; et M. de Lauzun avoit la dispense de
M. l'archevêque en sa poche, et la parole du Roi.
Ce qui étoit si assuré pour lui, il ne le remettoit
qu'afin de faire cette cérémonie avec plus d'éclat
et de pompe; de manière que, cela ayant éclaté
ouvertement [1], les princes et les princesses du

dessein secret jusqu'à ce que vous soyez bien déterminée.
Bien des gens s'en doutent; les ministres m'en ont parlé;
M. de Lauzun a des ennemis : prenez là-dessus vos mesures.»
Je lui répondis : « Sire, votre Majesté est pour nous, personne
ne sauroit nous nuire. » (*Mém.*, 6, 156 et suiv.)

Le secret de ce mariage, exactement gardé par Lauzun
et par Mademoiselle, avoit été surpris par Guilloire, secrétaire des commandements de cette princesse, et il en avoit
averti M. de Louvois. Lauzun avoit su cette indiscrétion et
l'avoit apprise à Mademoiselle, qui ne consentit à garder
Guilloire auprès d'elle que sur l'avis formel du comte. Guilloire, au dire de Segrais, avoit même entretenu Mademoiselle à ce sujet. « M. Guilloire, dit Segrais, qui parloit plus
librement que moi à Mademoiselle, par la confiance que sa
charge lui donnoit auprès d'elle, lui dit tout ce qu'un véritable zèle pouvoit lui faire dire là-dessus; et un jour, étant
dans l'antichambre, je l'entendis lui dire dans sa chambre,
assez haut, en lui parlant : « Vous êtes la risée et l'opprobre
de toute l'Europe. » (*Mém. anecd.* de Segrais, Œuvres, 1755,
2 vol. in-18, t. 1, p. 79 et suiv.)

1. La nouvelle de ce mariage, dont le projet avoit été tenu
si secret jusque-là, éclata vite. On connoît la fameuse lettre
adressée à M. de Coulanges à ce sujet, le lundi 15 décembre 1670, par Mme de Sévigné : « Je m'en vais vous mander
la chose la plus étonnante..., etc. »

Le jeudi 18 décembre, Mme de Sévigné alla complimenter
mademoiselle de Montpensier : « Ce même jeudi, j'allai dès
neuf heures du matin chez Mademoiselle, ayant eu avis qu'elle
alloit se marier à la campagne, et que le coadjuteur de Reims
(Charles-Maurice Le Tellier) faisoit la cérémonie. Cela étoit
ainsi résolu le mercredi au soir, car pour le Louvre cela fut
changé dès le mardi. » (Cf. Segrais, Œuvres, 1755, 2 vol. in-18,
t. 1, p. 80.)—« Mademoiselle écrivoit; elle me fit entrer, elle
acheva sa lettre, et puis, comme elle étoit au lit, elle me
fit mettre à genoux dans sa ruelle...; elle me conta une con-

sang firent tant auprès du Roi qu'ils le firent changer [1], en sorte que Sa Majesté ayant mandé un soir Mademoiselle au Louvre, il lui en fit ses excuses. La première parole que cette princesse

versation mot à mot qu'elle avoit eue avec le Roi. Elle me parut transportée de la joie de faire un homme heureux.... Sur tout cela je lui dis : « Mon Dieu ! Mademoiselle, vous voilà bien contente ; mais que n'avez-vous donc fini promptement cette affaire dès lundi ? Savez-vous bien qu'un si grand retardement donne le temps à tout le royaume de parler, et que c'est tenter Dieu et le Roi que de vouloir conduire si loin une affaire si extraordinaire ? » Elle me dit que j'avois raison, mais elle étoit si pleine alors de confiance que ce discours ne lui fit alors qu'une légère impression... A dix heures elle se donna au reste de la France, qui venoit lui faire compliment. » (Mad. de Sévigné, lettre du 24 déc. 1670.)

Mademoiselle de Montpensier, dans ses Mémoires, ne parle point de cette visite et de cette prédiction de madame de Sévigné ; mais elle énumère complaisamment les noms de tous les grands personnages qui vinrent, au nom de la noblesse de France, remercier elle et le Roi de l'honneur que recevoit tout le corps de la noblesse dans un de ses membres, etc.

1. « Ce qui s'appelle tomber du haut des nues, dit madame de Sévigné, c'est ce qui arriva hier au soir aux Tuileries ; mais il faut reprendre les choses de plus loin... Ce fut donc lundi que la chose fut déclarée. Le mardi se passa à parler, à s'étonner, à complimenter. Le mercredi, Mademoiselle fit une donation à M. de Lauzun, avec dessein de lui donner les titres, les noms et les ornements nécessaires pour être nommé dans le contrat de mariage, qui fut fait le même jour. (Cf. *Mém. de Montp.*, 6, 201.) Elle lui donna donc, en attendant mieux, quatre duchés : le premier, c'est le comté d'Eu, qui est la première pairie de France, et qui donne le premier rang ; le duché de Montpensier, dont il porta hier le nom toute la journée ; le duché de Saint-Fargeau, le duché de Châtellerault, tout cela estimé vingt-deux millions. Le contrat fut dressé ; il y prit le nom de Montpensier. Le jeudi matin, qui étoit hier, Mademoiselle espéra que le Roi signeroit le contrat, comme il l'avoit dit ; mais, sur les sept

proféra après avoir ouï ce rude arrêt fut : « Et que deviendra M. de Lauzun, Sire, et que deviendrai-je? — Je ferai en sorte, répliqua le Roi, qu'il aura lieu d'être satisfait. Mais, ma cousine, me promettez-vous de ne rien faire sans moi ? — Je ne promets rien », dit cette princesse affligée, en sortant brusquement de la chambre du Roi. Et pour M. de Lauzun, le Roi lui dit, pour le consoler, qu'il ne songeât point à sa perte, et qu'il le mettroit dans un état qu'il n'envieroit la fortune de personne.

N'admirez-vous pas ce prompt changement de Fortune, qui jusque-là avoit ri à ces amants? Au point qu'ils se croyoient en sûreté, ils ont fait naufrage; et par une vicissitude qui n'eut jamais de semblable, tous les plaisirs que ces deux cœurs étoient à la veille de goûter ensemble se sont changés en des amertumes qui ne finiront qu'avec leur vie. Si vous avez fait réflexion sur cette première parole de Mademoiselle, lorsque le Roi lui annonça ce funeste arrêt, elle demanda quel seroit le sort de son amant, et après : « Que deviendrai-je moi-même ? » comme si l'union de leurs corps ensemble devoit faire leur mutuel bonheur. Voilà, ce me semble, ce que l'on doit appeler amour sincère et véritable, et l'on en voit peu de cette trempe, principalement dans ce sexe. Je souhaiterois qu'elles

heures du soir, la Reine, Monsieur et plusieurs barbons firent entendre à Sa Majesté que cette affaire faisoit tort à sa réputation; en sorte qu'après avoir fait venir Mademoiselle et M. de Lauzun, le Roi leur déclara devant M. le Prince qu'il leur défendoit absolument de songer à ce mariage. » (Lettre du vendredi 19 déc. 1670.)

prissent cette leçon pour elles, à l'imitation d'une si grande princesse.

N'avouerez-vous pas que voilà tous les soins et les peines de Mademoiselle et de M. de Lauzun bien mal récompensés, lorsqu'ils ne pouvoient désirer qu'un entier applaudissement de tout ce qu'ils avoient projeté?

Peu de jours après, quoique ce mariage fût rompu, le bruit ne laissoit pas de courir parmi le peuple qu'il se renouoit. Il est vrai que les uns en parloient d'une façon et les autres d'une autre. L'on se fondoit sur la bonté que le Roi avoit pour M. de Lauzun, et que tout ce qui paroissoit au dehors n'étoit qu'une feinte que l'on croyoit que Sa Majesté faisoit pour ôter les discours que l'on auroit faits sur l'inégalité de Mademoiselle avec M. de Lauzun. Mais pour faire voir que le procédé du Roi n'étoit pas une feinte, mais une vérité, il en voulut donner des preuves écrites de sa propre main, non seulement aux personnes de la Cour, mais à tout le public [1], par la lettre que je rapporte ici, où il s'explique assez ouvertement :

Lettre du Roi.

Comme ce qui s'est passé depuis cinq ou six jours par un dessein que ma cousine de Montpensier avoit formé d'épouser le comte de Lauzun, l'un des capitaines des gardes de mon corps, fera sans doute grand

[1]. « Les ministres conseillèrent au roi d'écrire une lettre à tous les ambassadeurs qu'il avoit dans les pays étrangers pour leur donner part des raisons qu'il avoit eues de rompre mon affaire. » (*Mém. de Mademoiselle*, 6, 236.)

éclat partout, et que la conduite que j'y ai tenue pourroit être malignement interprétée, et blâmée par ceux qui n'en seroient pas bien informés; j'ai cru en devoir instruire tous mes ministres qui me servent au dehors. Il y a environ dix ou douze jours que ma cousine, n'ayant pas encore la hardiesse de me parler elle-même d'une chose qu'elle connoissoit bien me devoir infiniment surprendre, m'écrivit une longue lettre[1] pour me déclarer la résolution qu'elle disoit avoir prise de ce mariage, me suppliant par toutes les raisons dont elle put s'aviser d'y vouloir donner mon consentement, me conjurant cependant, jusqu'à ce qu'il m'eût plu de l'agréer, d'avoir la bonté de ne lui en point parler quand je la rencontrerois chez la Reine. Ma réponse, par un billet que je lui écrivis, fut que je lui mandois d'y mieux penser, surtout de prendre garde de ne rien précipiter dans une affaire de cette nature, qui irremédiablement pourroit être suivie de longs repentirs. Je me contentois de ne lui en point dire davantage, espérant de pouvoir mieux de vive voix, et, avec tant de considérations que j'avois à lui représenter, la ramener par douceur à changer de sentiments. Elle continua néanmoins, par de nouveaux billets et par toutes les autres voies qui lui pouvoient tomber en l'esprit, à me presser extrêmement de donner le consentement qu'elle me demandoit, comme la seule chose qui pouvoit, disoit-elle, faire tout le bonheur et le repos de sa vie, comme mon refus de le donner la rendroit la plus malheureuse qui fût sur la terre.

---

1. On a remarqué sans doute qu'il n'est pas question, dans le cours de ce récit, de la lettre de mademoiselle de Montpensier au Roi. Beaucoup d'autres circonstances sont omises; nos notes y ont suppléé pour la plupart.

Enfin, voyant qu'elle avançoit trop peu à son gré dans sa poursuite, après avoir trouvé moyen d'intéresser dans sa pensée la principale noblesse de mon royaume, elle et le comte de Lauzun me détachèrent quatre personnes de cette première noblesse, qui furent les ducs de Créqui et de Montauzier, le maréchal d'Albret et le marquis de Guitry, grand maître de ma garderobe [1], pour me venir représenter qu'après avoir consenti au mariage de ma cousine de Guise [2], non seulement sans y faire aucune difficulté, mais avec plaisir, si je résistois à celui-ci, que sa sœur souhaitoit si ardemment, je ferois connoître évidemment au monde que je mettois une très grande différence entre les cadets de maison souveraine et les officiers de ma couronne, ce que l'Espagne ne faisoit point, au contraire préféroit les grands à tous princes étrangers, et qu'il étoit impossible que cette différence ne mortifiât extrêmement toute la noblesse de mon royaume. Ils m'alléguèrent

1. « Nous traitâmes à fond de tout ce que nous avions à faire, et prîmes la résolution que MM. les ducs de Créquy et de Montauzier, le maréchal d'Albret et M. de Guitry, iroient le lendemain trouver le Roi pour le supplier de ma part de trouver bon que j'achevasse mon affaire. Il se passa tant de circonstances dans ces moments-là que je ne me souviens pas précisément de ce que ces messieurs étoient chargés de dire au Roi. Je sais pourtant que, lorsque la résolution de les faire parler fut prise, je dis à M. de Lauzun : « Pourquoi n'allons-nous pas nous-mêmes faire cette affaire? » Il me dit qu'il étoit plus respectueux d'en user de cette sorte. » (*Mém. de Montp.*, 6, 164.)

2. Il s'agit du mariage de mademoiselle d'Alençon, sœur du second lit de mademoiselle de Montpensier, avec Louis-Joseph de Lorraine, duc de Guise, le 15 mai 1667. Mademoiselle avoit d'abord été assez opposée à cette alliance, qui devint ensuite pour elle un précédent sur lequel elle s'appuya pour déroger encore davantage.

ensuite qu'ils avoient en leur faveur plusieurs exemples, non seulement de princesses du sang royal qui ont fait l'honneur à des gentilshommes de les épouser, mais même des reines douairières de France. Pour conclusion, les instances de ces quatre personnes furent si pressantes en leurs raisons et si persuasives sur le principe de ne pas désobliger toute la noblesse françoise, que je me rendis à la fin et donnai un consentement au moins tacite à ce mariage, haussant les épaules d'étonnement sur l'emportement de ma cousine, et disant seulement qu'elle avoit quarante-cinq ans[1] et qu'elle pouvoit faire ce qui lui plairoit. Dès ce moment l'affaire fut tenue pour conclue; on commença à en faire tous les préparatifs; toute la Cour fut rendre ses respects à ma cousine, et fit des complimens au comte de Lauzun.

Le jour suivant il me fut rapporté que ma cousine avoit dit à plusieurs personnes qu'elle faisoit ce mariage parceque je l'avois voulu. Je la fis appeler, et ne lui ayant point voulu parler qu'en présence de témoins, qui furent le duc de Montauzier, les sieurs Le Tellier, de Lionne, de Louvois[2], n'en ayant pu trouver d'autres sous ma main, elle désavoua fortement d'avoir jamais tenu un pareil discours, et m'assura au contraire qu'elle avoit témoigné et témoigneroit toujours à tout le monde qu'il n'y avoit rien de possible que je n'eusse fait pour lui ôter son dessein de l'esprit et pour l'obliger à changer de résolution. Mais hier, m'étant revenu de divers endroits que la plupart des gens se mettoient en tête

1. Mademoiselle avoit en réalité quarante-trois ans, et M. de Lauzun trente-sept ans. Elle étoit née en mai 1627 et lui en 1633.
2. Tous trois ses ministres.

une opinion qui m'étoit fort injurieuse : que toutes les résistances que j'avois faites en cette affaire n'étoient qu'une feinte et une comédie, et qu'en effet j'avois été bien aise de procurer un si grand bien au comte de Lauzun, que chacun croit que j'aime et que j'estime beaucoup, comme il est vrai, je me résolus d'abord, y voyant ma gloire si intéressée, de rompre ce mariage et de n'avoir plus de considération ni pour la satisfaction de la princesse, ni pour la satisfaction du comte, à qui je puis et veux faire d'autre bien. J'envoyai appeler ma cousine : je lui déclarai que je ne souffrirois pas qu'elle passât outre à faire ce mariage ; que je ne consentirois point non plus qu'elle épousât aucun prince de mes sujets, mais qu'elle pouvoit choisir dans toute la noblesse qualifiée de France qui elle voudroit, hors du seul comte de Lauzun, et que je la mènerois moi-même à l'église. Il est superflu de vous dire avec quelle douleur elle reçut la chose, combien elle répandit de larmes et de sanglots et se jeta à genoux, comme si je lui avois donné cent coups de poignard dans le cœur; elle vouloit m'émouvoir ; je résistai à tout, et après qu'elle fut sortie, je fis entrer le duc de Créquy, le marquis de Guitry, le duc de Montauzier; et, le maréchal d'Albret ne s'étant pas trouvé, je leur déclarai mon intention, pour la dire au comte de Lauzun, auquel ensuite je la fis entendre, et je puis dire qu'il la reçut avec toute la constance et la soumission que je pouvois désirer [1].

---

1. Mademoiselle de Montpensier, dans ses *Mémoires*, et madame de Sévigné, dans ses *Lettres*, n'ont pas manqué d'insister sur la douleur bruyante de Mademoiselle et sur la facile fermeté avec laquelle Lauzun supporta le refus du Roi. Pour nous, Lauzun, ambitieux, ne paroît avoir vu

Cette lettre ôta tout le soupçon au public, et comme l'on vit qu'effectivement il n'y avoit plus rien à prétendre, il y en eut qui firent des vers burlesques sur ce mariage, qu'ils firent couler de main en main, en sorte qu'ils sont venus aux miennes. Le Roi est représenté en aigle, comme le roi des oiseaux, Mademoiselle en aiglonne, et M. de Lauzun en moineau, comme le plus petit de tous; c'est un perroquet qui parle, et qui représente M. de Guise.

FABLE.

L'AIGLE, LE MOINEAU ET LE PERROQUET.

Tout est perdu, disoit un Perroquet,
  Mordant les bâtons de sa cage;
Tout est perdu, disoit-il plein de rage.
  Moi, tout surpris d'entendre tel caquet,
Qu'il n'avoit point appris dedans son esclavage,

dans toute cette affaire qu'une occasion de fortifier et d'augmenter son crédit auprès du Roi par une soumission aveugle à ses volontés, soumission dont il ne manquoit, dans aucun cas, de lui faire sentir le prix. Poursuivi par mademoiselle de Montpensier, pour qui son indifférence est fort visible dans toutes les paroles, dans tous les actes que rapporte de lui, en les admirant, mademoiselle de Montpensier, trop prévenue en faveur de sa passion, le comte de Lauzun avoit, par ses charges et ses gouvernements, une fortune qui pouvoit suffire au luxe de sa table et de ses équipages; celle que lui auroit apportée son mariage ne devoit lui servir qu'à faire avec plus d'éclat sa cour au Roi, et il n'en faisoit même pas un mystère à Mademoiselle. Sa soumission devoit accroître son crédit : il fut soumis.

Je lui dis : « Parle, que veux-tu
Avecque ton « Tout est perdu ? »
— Ah! je ne veux, dit-il, pas autre chose,
Et après ce qu'hier certain oiseau m'apprit,
J'étoufferai si je ne cause;
Voici donc ce que l'on m'a dit :
« Comme vous le savez, l'espèce volatille,
Reconnoît de tout temps les Aigles pour ses Rois,
Eh bien, vous savez donc que dans cette famille
De qui nous recevons les lois
Est une Aiglonne généreuse,
Grande, fière, majestueuse,
Et qui porte si haut la grandeur de son sang,
Que parmi toute notre espèce
Elle ne connoît point d'assez haute noblesse
Qui puisse lui donner un mari de son rang.
Mille oiseaux pour elle brûlèrent;
Mais parmi tous ceux qui l'aimèrent
Aucun n'osa se déclarer,
Aucun n'osa même espérer.
Mais ce que mille oiseaux n'osèrent,
Qui sembloient mieux le mériter,
Un oiseau de moindre puissance,
Un Moineau (tant partout règne la chance),
A même pensé l'emporter.
Ce moineau donc, suivant la règle
Qui commande aux oiseaux d'accompagner le Roi,
Etoit à la suite de l'Aigle,
Et même avoit près de lui quelque emploi.
Ce fut là que, suivant la pente naturelle
Qui le portoit aux plaisirs de l'amour,
Il s'occupoit moins à faire sa cour
Qu'à voltiger de belle en belle,
Et s'y prenoit si bien qu'il trouvoit chaque jour

Sujet de flamme et maîtresse nouvelle.
        Mais le petit ambitieux
Voulut porter trop haut son vol audacieux;
     Voyant souvent l'Aiglonne incomparable,
    Il la trouvoit infiniment aimable;
        Enfin il l'aima tout de bon,
        Et, sans consulter la raison,
        Le drôle se mit dans la tête
        De lui faire agréer ses feux
        Et d'entreprendre sa conquête.
Voyez comme l'amour nous fait fermer les yeux,
Et voyez cependant combien il fut heureux!
        D'une si charmante manière
        Et d'un air si respectueux
        Il sut faire offre de ses vœux,
        Que notre aiglonne noble et fière,
        Pour lui mettant bas la fierté,
Ne se ressouvient pas de l'inégalité.
    Ouï, d'autant plus qu'il lui paroissoit brave,
Vigoureux, plein d'amour, galant au dernier point,
        La belle ne dédaigna point
L'impérieux effort de cet indigne esclave;
Bien plus, elle approuva son désir indiscret,
        Lui sut bon gré de sa tendresse,
        Rendit caresse pour caresse,
        Et même n'en fit point secret.
Encor pour un de nous la faute étoit passable :
Notre plumage vert la rendoit excusable,
        Et d'ailleurs notre qualité
        Rendoit le parti plus sortable;
        Mais pour un si petit oiseau,
C'est un aveuglement qui n'est pas pardonnable!
Il est vrai que c'étoit un aimable Moineau,
Quoiqu'à ce qu'on m'a dit, il n'étoit pas fort beau;

Et l'on tient que parmi les simples Tourterelles
Il a fait de terribles coups,
Et que son ramage est si doux,
Qu'il a bien fait des infidelles,
Et plus encore de jaloux.
Mais qu'est-ce que cela, sinon des bagatelles,
Au prix du dessein surprenant
Que se proposoit ce galant ?
Aussi, quand l'Aigle, chef de la famille,
Fut averti de cette indigne ardeur,
Il prévit bien le déshonneur
Qui résultoit d'alliance si vile.
Ayant donc fait venir nos amans étonnés,
Il les reprend de s'être abandonnés
Aux mutuels transports d'une égale folie;
A l'Aiglonne, de ce que sortie
Du plus illustre oiseau qui vole sous les cieux,
Elle s'abaisse et se ravale
Par un choix si peu glorieux,
Et au Moineau sa faute sans égale,
De ce qu'oubliant le respect,
Il ose bien lever le bec
Jusqu'à l'alliance royale.
Pour conclusion, il leur défend
De faire jamais nid ensemble,
Malgré l'amour qui les assemble.
Notre couple, accablé sous un revers si grand,
A ses commandements se rend,
Quoique ce ne fut pas sans traiter de barbare,
D'injurieux et de cruel,
L'ordre prévoyant qui sépare
Ce qu'unissoit un amour mutuel.
L'Aiglonne fière et glorieuse
S'élève dans les airs, affligée et honteuse

*De voir ouvertement son dessein condamné,
　Et le Moineau passionné,
De désespoir de voir son espérance en poudre,
　Se retira de son côté,
　Et fut contraint de se résoudre
　A rabaisser sa vanité
　Sur des objets de plus d'égalité.
　　Voilà donc le récit fidelle
　　De ce qui me tient en cervelle.
　　Est-ce que je n'ai pas sujet
De dire que l'amour ne sait plus ce qu'il fait?
　　Que la nature se dérègle,
　Puisque l'on voit, par un dessein nouveau,
　　L'Aigle s'abaisser au Moineau,
　Et le Moineau s'élever jusqu'à l'Aigle?
Et n'ai-je pas raison de dire à haute voix:
　Tout est perdu, pour la troisième fois? »
　　Ici le jaseur, hors d'haleine,
　　Et quoique avec bien de la peine,
　　Mit fin à sa narration.
　　J'en trouvai l'histoire plaisante;
　　Mais, y faisant réflexion,
　Je la trouvai trop longue et trop piquante.
　　Mais quoi! c'étoit un Perroquet:
　　Il faut excuser son caquet*[1].

[1]. Ces deux derniers vers font allusion à une chanson fort à la mode quarante ans auparavant, et qu'on chantoit encore à cette époque. Le refrain étoit:

　　　Perroquet, perroquet,
　　S'en doit rire dans son caquet.

RÉPONSE DU MOINEAU AU PERROQUET.

Ah! ah! vous parlez donc, monsieur le
    Perroquet,
        Et jasez dedans votre cage?
        A ce qu'on dit, parbleu, vous faites rage.
    D'où vous vient un si grand caquet,
Vous qui depuis longtemps souffrez un esclavage
        Qui doit vous avoir abattu?
        Dès que je vous ai entendu
A tort et à travers parler d'une autre chose
        Que de celle qu'on vous apprit,
        J'ai bien vu qu'un Perroquet cause
        Sans savoir souvent ce qu'il dit.
Sachez donc, Perroquet, qu'entre la volatille
Qui reconnoît toujours les Aigles pour ses rois,
Et qui a du respect pour toute leur famille,
        Dont elle exécute les lois,
    Un jeune oiseau dont l'âme est généreuse,
        Grande, belle, et majestueuse,
Qui joint à la vertu la noblesse du sang,
        Peut bien souvent changer d'espèce ;
Son mérite suffit avecque la noblesse,
Pour pouvoir aspirer au plus illustre rang.
        Cent oiseaux autrefois brûlèrent
        Pour des Aigles, et les aimèrent
        Sans l'oser jamais déclarer.
        Ceux-ci ne l'osant espérer,
        Mille oiseaux plus petits l'osèrent,
        Qui pouvoient moins le mériter ;
        Mais, ayant le cœur de tenter,
        Firent si bien tourner la chance,

Qu'ils eurent lieu de l'emporter.
Ce n'est pas toujours une règle
Que l'on puisse manquer de respect à son Roi
    Pour aimer quelquefois un Aigle,
    Sans s'écarter de son emploi.
C'est entre les oiseaux chose fort naturelle
  De s'adonner aux plaisirs de l'amour ;
    Chacun d'eux veut faire sa cour,
    Chacun cherche à charmer sa belle,
Et, si dans peu de temps il n'y voit pas de jour,
Il tâche d'allumer une flamme nouvelle.
    Ce n'est pas être ambitieux,
Et un jeune Moineau n'est pas audacieux
Quand il aime une Aiglonne, encor qu'incomparable :
  Il faut aimer ce que l'on trouve aimable,
    Et il faut aimer tout de bon.
    C'est être privé de raison,
    Et c'est se rompre en vain la tête,
    D'improuver de si justes feux.
    Chacun cherche à faire conquête,
Et, sans se mettre en peine où l'on porte ses yeux,
On cherche seulement à devenir heureux,
    Sans s'arrêter à la manière.
    D'ailleurs, quand on dit : « Je le veux »,
    On peut faire offre de ses vœux
A la plus belle Aiglonne, et même à la plus fière,
    Quand elle met bas la fierté,
Qu'elle veut suppléer à l'inégalité.
    Pourvu qu'un jeune oiseau soit brave,
Vigoureux, plein d'amour, galant au dernier point,
    Une Aiglonne ne dédaigne point
De recevoir les vœux d'un si charmant esclave.
Un si parfait oiseau ne peut être indiscret ;
    Il peut témoigner sa tendresse,

Et recevoir quelque caresse,
Sans faire le moindre secret.
Quoi! un Moineau bien fait, dont la taille est passable,
Pour aimer une Aiglonne est-il inexcusable?
Ne peut-il pas tenter une jeune beauté?
D'ailleurs, s'il est de qualité,
Le parti n'est-il pas sortable?
Mais, en un mot, il est oiseau,
Et, entre les oiseaux, il est bien pardonnable
Qu'une Aiglonne orgueilleuse aime un jeune Moineau
Sage, discret, civil, adroit, vaillant et beau.
L'aiglonne n'aime pas comme les tourterelles :
Elle est sensible aux moindres coups ;
Les feux d'un Moineau lui sont doux
Quand elle les connoît fidèles ;
Et, s'il se trouve des jaloux,
Elle entend leurs discours comme des bagatelles.
Qu'y a-t-il donc de surprenant?
Un jeune oiseau qui est galant,
Qu'on connoît généreux et de noble famille,
Qui sert son prince avec ardeur,
Qui ne fait rien qu'avec honneur,
Son alliance est-elle vile?
S'il y a des oiseaux qui s'en sont étonnés,
Ce sont des envieux, qui sont abandonnés
Aux cruels mouvements d'une étrange folie.
Quoiqu'une Aiglonne soit sortie
D'un des plus grands oiseaux qui volent dans les cieux,
Croyez-vous qu'elle se ravale
Et qu'il lui soit peu glorieux
De choisir un Moineau dont l'âme est sans égale,
Qui a pour elle du respect,
Qui n'a point d'aile ni de bec
Que pour cette Aiglonne royale?
Où est cette loi qui défend

Que l'on ne puisse mettre ensemble
Deux oiseaux que l'amour assemble
Et qui n'ont rien en eux que d'illustre et de grand?
C'est une injustice qu'on rend,
Et c'est un sentiment sans doute trop barbare,
Et qu'on peut appeler cruel,
De quelque raison qu'il se pare,
Que de blâmer un amour mutuel.
L'Aiglonne, quoique glorieuse,
Pour aimer le Moineau doit-elle être honteuse?
Un feu si naturel sera-t-il condamné?
Mais un Moineau passionné
Qui peut mettre en un jour cinquante oiseaux en poudre,
Qui a le dieu Mars à côté,
Dont le cœur fier s'est pu résoudre
A modérer sa vanité
Et le traiter avec égalité,
Si ce moineau est si fidèle,
Qu'est-ce qui vous donne sujet
De déclamer si fort contre tout ce qu'il fait?
Si votre cerveau se dérègle,
Pour avoir bu par trop de vin nouveau,
Faut-il en faire souffrir l'Aigle?
Apprenez, Perroquet, qu'il faut changer de voix,
Et parler mieux une autre fois.
Lorsque j'aurai repris haleine,
Vous pourrez vous donner la peine
De poursuivre pourtant votre narration.
L'histoire en est assez plaisante,
Et, sans faire réflexion
Si elle peut être piquante,
Puisque ce n'est qu'un Perroquet,
On se moque de son caquet.

JUNONIE

ou

LES AMOURS DE MADAME DE BAGNEUX.

JUNONIE

ou

LES AMOURS DE MADAME DE BAGNEUX.

Tous les malheurs que l'amour a causés jusqu'à présent n'empêchent pas qu'on n'en ait encore de nouveaux exemples.
Pendant la conférence de Saint-Jean-de-Luz[1], plusieurs personnes considérables de Paris tâchoient de réunir deux des plus anciennes familles, et, pour y réussir mieux et empêcher qu'elles ne se pussent rebrouiller, leur proposoient de faire une alliance.
Les chefs de ces deux familles étoient MM. de

---

1. Au temps du traité des Pyrénées et du mariage de Louis XIV, en 1660.

Chartrain [1] et de Bagneux [2]. Ils possédoient les premières charges de la robe, et le sujet de leur différend venoit de ce qu'étant encore jeunes et sans charges, M. de Bagneux avoit été préféré à M. de Chartrain, ce qui avoit produit entre eux une haine secrète et un désir secret de s'entre-nuire, qu'ils avoient fait paroître en plusieurs occasions.

M. de Chartrain avoit une fille dont la beauté étoit admirée de tout le monde et qui avoit été recherchée par plusieurs personnes de sa naissance et fort riches, et M. de Bagneux avoit un fils, lequel, avec les qualités qu'il possédoit d'ailleurs, avoit l'avantage d'être fils unique.

Son inclination lui avoit fait prendre l'épée, contre le sentiment de son père : ce qui faisoit désirer à M. de Bagneux qu'il se mariât, dans l'espérance qu'étant marié il lui feroit plus facilement quitter les armes.

En effet, son mariage avec la fille de M. de Chartrain étant enfin conclu par l'entremise de leurs amis communs, il quitta l'épée et prit la robe, M. de Bagneux, qui avoit de grands biens, lui ayant donné une charge comme la sienne.

Après leurs noces, les nouveaux époux passèrent plusieurs mois dans la joie et dans les fêtes

---

1. M. de Chartrain descendoit de Gilles de Chartrain, seigneur d'Ivry et de Bry-sur-Marne, l'un des cent gentilshommes de la maison du roi, qui avoit épousé Jeanne de Créqui, fille de Jean de Créqui II, seigneur de Ramboval, etc.
2. M. Chapelier, sieur de Bagneux, étoit avocat général en la Cour des aides. La charge qu'il occupoit nous fait connoître celle que poursuivoit M. de Chartrain. Voy. les *Courriers de la Fronde*, Bibl. elzev., t. 2, p. 172.

et les divertissemens. Quoique leur mariage eût moins été d'affection que d'obéissance, le jeune M. de Bagneux se croyoit le plus heureux des hommes de posséder une personne si accomplie ; et sa femme n'oublioit rien de toutes les choses à quoi elle croyoit être obligée par son devoir, pour lui faire connoître qu'elle étoit aussi très-contente.

Quelque temps après qu'ils furent mariés, elle eut une légère indisposition, pour laquelle les médecins lui ordonnèrent de se baigner. Elle résolut d'aller à une maison que son mari avoit, qui n'étoit qu'à deux lieues de Paris, proche de la rivière, la saison et le temps étant propres alors à prendre le bain.

Elle fit amitié avec une dame nommée madame de Vandeuil[1], qui avoit aussi une maison en ce lieu-là. Un jour que le temps étoit extrêmement beau, des amis du mari de cette dame et d'elle les y allèrent voir. Comme ce lieu étoit proche de Paris, ils y arrivèrent avant la chaleur, et, pour profiter du temps, on alla d'abord se promener.

Du jardin l'on sortit sur le bord de la rivière, qui n'en étoit séparée que par une balustrade, et, insensiblement s'étant éloignés de la maison de madame de Vandeuil, on arriva en un lieu qui étoit derrière celle de madame de Bagneux, où elle se promenoit entre des saules.

Quoiqu'elle fût négligée, sa beauté et son air

1. La maison de Vandeuil étoit de Picardie. Un arrêt du mois de décembre 1666 maintient dans leur noblesse : Louis de Vandeuil, seigneur du Crocq ; ses deux neveux, Timoléon de Vandeuil, seigneur de Condé, et Alexandre, seigneur de Forcy ; puis enfin François de Vandeuil, cousin de ceux-ci, seigneur d'Etailfay. Nous ne savons duquel de ceux-ci étoit femme cette dame de Vandeuil dont il est parlé ici.

causèrent à tout le monde une surprise extraordinaire, et jetèrent dans le cœur du chevalier de Fosseuse [1], qui étoit celui qui avoit fait cette partie, les commencemens d'une violente passion : il demeura interdit à la vue d'une personne à laquelle il lui sembloit que rien ne pouvoit être comparable.

Après le dîné, madame de Vandeuil pensant, par ce que chacun avoit dit de madame de Bagneux, que toute la compagnie seroit bien aise de la connoître, elle l'envoya prier de venir passer le reste de la journée chez elle. M. de Bagneux y vint avec elle. Sa conversation acheva de blesser mortellement le chevalier de Fosseuse. Elle avoit naturellement une mélancolie douce, accompagnée d'un esprit plein de bonté, qui le charmèrent, et il en devint violemment amoureux.

D'autre côté, si le chevalier de Fosseuse avoit été épris si fortement de sa beauté et des charmes de son esprit, elle avoit remarqué avec quelque joie l'attachement qu'il avoit eu d'abord pour elle, ayant trouvé aussi en lui quelque chose qui le lui avoit fait distinguer des autres. Aussi avoit-il dans sa personne tout ce qui peut préoccuper avantageusement : avec toutes les qualités qu'un cavalier jeune et bien fait peut avoir, il avoit l'air si noble et si grand, qu'il sembloit être né pour quelque chose d'extraordinaire.

Après souper, madame de Bagneux, qui étoit obligée de se lever de grand matin à cause de son bain, voyant que son mari s'étoit engagé au

1. Frère de mademoiselle de Fosseuse, fille d'honneur de la Reine. (Airs et vaudevilles de cour, Paris, Sercy, 1665, t. I, p. 2.)

jeu avec le mari de madame de Vandeuil, se retira seule.

Le chevalier de Fosseuse, qui n'avoit pu trouver l'occasion de lui dire ce qu'il sentoit pour elle, et qui avoit une extrême douleur de partir de ce lieu sans le lui témoigner, s'abandonna à la violence de son amour. Il sortit secrètement de chez madame de Vandeuil quelque temps après que madame de Bagneux en fut sortie, et, sans considérer à quoi il alloit s'exposer, il alla à son logis, où, sans la demander à personne, il entra dans sa chambre, qu'il trouva heureusement ouverte.

Madame de Bagneux, qui étoit couchée et qui entendit marcher, croyant que c'étoit son mari, lui demanda s'il avoit perdu. « Oui, Madame, lui répondit alors le chevalier de Fosseuse en soupirant, j'ai perdu, et plus que je ne croyois jamais perdre : car enfin, madame, je suis ce malheureux chevalier de Fosseuse qui vous a vue aujourd'hui et qui vient vous demander pardon de vous avoir trouvée plus adorable mille fois que tout ce qu'il a jamais vu. Je m'expose à tout, Madame, pour vous le dire ; et puisque vous le savez, ordonnez-moi que je meure si vous voulez, mais n'accusez de la hardiesse que j'ai prise que l'excès d'une passion que vous avez causée et que je sens bien qui ne finira qu'avec ma vie. »

Madame de Bagneux fut dans le dernier étonnement d'une pareille aventure. Après avoir traité le chevalier de Fosseuse comme le dernier de tous les hommes, et lui avoir dit plusieurs fois que, s'il ne se retiroit, elle seroit obligée de le faire repentir de sa hardiesse, elle appela une de ses femmes, nommée Bonneville.

Le chevalier de Fosseuse aperçut alors jusqu'où son amour l'avoit transporté et à combien de choses il étoit exposé. Il approcha du lit de madame de Bagneux, et, rencontrant une de ses mains qu'elle avançoit pour le repousser, la prenant des siennes et la mouillant de mille larmes : « Ce n'est pas tant pour moi que pour vous, Madame, lui dit-il d'un air qui marquoit l'état de son âme, que je vous conjure de penser à ce que vous faites. Que dira-t-on, Madame, si l'on sait qu'un homme ait été dans votre chambre à pareille heure? Ah! Madame, on n'aura pas plus de pitié pour vous que pour moi, et néanmoins je souhaite que je sois seul malheureux.»

Bonneville, qui avoit entendu sa maîtresse l'appeler, entra dans la chambre et lui demanda ce qu'elle désiroit. Madame de Bagneux, après avoir conçu du discours du chevalier de Fosseuse qu'en effet, si une telle chose venoit à être sue, on la pourroit tourner criminellement, et même qu'elle pourroit faire impression sur l'esprit de M. de Bagneux, s'étant remise le mieux qu'elle put pour se défaire de Bonneville, elle lui donna quelques ordres pour le lendemain, tels que le trouble où elle étoit lui permit d'imaginer.

Mais après que Bonneville se fut retirée, s'adressant au chevalier de Fosseuse, qui étoit dans le même état d'un criminel qui attend le coup de la mort : « Ne pensez pas, dit-elle en continuant de lui parler d'un ton de colère, que ç'ait été le dessein de vous épargner la confusion que vous méritez qui m'ait fait changer de résolution : ma seule considération m'y a obligée, quoique je sois fâchée qu'une personne pour qui j'avois conçu de l'estime m'ait fait une telle injure. Mais, puisque par votre procédé vous vous en êtes rendu indigne, tout ce que je puis faire, si vous m'obéissez en vous retirant, c'est de ne me venger de votre indiscrétion qu'en vous laissant la honte que vous devez en avoir toute votre vie.» En achevant ces paroles, et en lui faisant mille autres reproches, elle lui commanda encore de se retirer.

Le chevalier de Fosseuse, accablé de ces reproches, se jeta à genoux auprès du lit de madame de Bagneux, et, l'ayant conjurée de vouloir l'entendre, il lui représenta si fortement, et avec des marques si grandes d'une âme remplie d'amour et de douleur, qu'il reconnoissoit que sa passion ne l'avoit pas laissé maître de sa raison, mais qu'il n'avoit pu se résoudre à s'éloigner d'elle sans lui déclarer l'effet que sa beauté avoit fait sur son cœur, qu'elle commença d'attribuer à la force d'un véritable amour ce qu'elle avoit pris d'abord pour une indiscrétion où le mépris avoit part.

Il se fit ensuite un horrible combat dans son cœur. L'inclination secrète qu'elle avoit eue pour le chevalier de Fosseuse, succédant à son ressentiment, lui fit sentir de la joie de connoître qu'elle en étoit aimée. Elle rejeta au commencement cette joie comme une chose criminelle ; mais elle en fut enfin vaincue. Si elle ne lui pardonna pas entièrement ce que la violence de sa passion lui avoit fait commettre, elle ne continua pas de le traiter avec la même rigueur, et lui fit seulement considérer qu'elle ne pouvoit souffrir, sans blesser sa vertu, qu'un autre homme que son mari eût de l'affection pour elle.

Elle l'obligea ensuite de se retirer, appréhendant le retour de M. de Bagneux, qui ne lui avoit pas donné peu d'inquiétude, de quoi elle avoit eu un extrême sujet. Ayant vu qu'elle s'étoit retirée, il avoit quitté le jeu presqu'en même temps que le chevalier de Fosseuse étoit sorti de chez madame de Vandeuil ; mais, par un bonheur extraordinaire, craignant de la réveiller, il alla dans une chambre proche de celle où elle étoit couchée.

Lorsqu'il rentra, ses gens fermèrent les portes aussitôt qu'ils l'eurent vu rentré. Le chevalier de Fosseuse, les ayant trouvées fermées, fut étrangement embarrassé. Il se les fit ouvrir, comme s'il fût venu de quitter M. de Bagneux, lequel étoit entré dans la chambre de madame de Bagneux un instant après que le chevalier de Fosseuse en étoit sorti. M. de Bagneux, ayant entendu rouvrir les portes comme il se couchoit, demanda le lendemain à ses gens à qui ils les avoient ouvertes. Sur quoi ils lui dirent ce que le chevalier de Fosseuse leur avoit dit, et, quoique aucun d'eux ne lui pût dire qui il étoit, ni presque même comment il étoit fait, il eut des soupçons qui ne lui donnèrent pas peu d'inquiétude. Comme il pouvoit douter que sa femme l'aimât lorsqu'il l'avoit épousée, il doutoit toujours d'en être aimé, ce qui empêchoit que sa satisfaction ne fût tout à fait tranquille, et lui avoit donné un extrême penchant à la jalousie.

Si le chevalier de Fosseuse eut beaucoup de joie d'avoir apaisé en partie madame de Bagneux, il n'en fut pas de même du côté de cette belle personne. La foiblesse qu'elle avoit eue lui donna toute la confusion qu'on peut imaginer. Elle se fit mille reproches, comme si elle eût été coupable des dernières fautes, et, faisant ensuite réflexion sur les peines et les dangers où un engagement l'exposeroit selon toutes les apparences, elle prit des résolutions capables de la défendre contre l'amour même, et crut que sa raison reprendroit facilement son premier empire. Elle désavoua les sentimens de son cœur, et n'accusa que le désordre où elle avoit été de la foiblesse qu'elle avoit eue.

Elle fut encore près de deux mois à achever de prendre son bain et à se reposer après l'avoir pris. Pendant ce temps-là, elle se fortifia dans ses résolutions, encore qu'elle ne pût s'empêcher de penser quelquefois au chevalier de Fosseuse. Mais le peu de trouble que ces pensées excitoient dans son âme lui faisoit croire que, si son idée n'en étoit pas entièrement effacée, au moins elle n'y pourroit jamais causer de grandes agitations.

Enfin elle retourna à Paris, plus belle de l'effet qu'avoient produit son bain et l'air de la campagne. M. de Bagneux demeuroit proche l'hôtel de Soissons[1], et madame de Bagneux s'alloit sou-

---

1. « Le jardin qui servoit de vue, dit Sauval, aux deux appartements principaux de l'hôtel de Soissons, avoit de longueur quarante-cinq toises, et régnoit depuis la rue de Nesle ou d'Orléans jusqu'à la Croix-Neuve, proche Saint-Eustache; dans le milieu, orné d'un grand bassin avec une

vent promener dans le jardin de l'hôtel. Elle fut bien surprise, quelques jours après son retour, d'y voir le chevalier de Fosseuse, qui y avoit été tous les jours depuis qu'il l'avoit vue, s'étant bien douté que c'étoit le lieu où il pourroit la voir plus tôt. Voyant qu'elle étoit seule, il l'aborda; il lui dit qu'il avoit attendu, avec une impatience digne de la passion qu'il avoit osé lui faire connoître, le bonheur de la revoir, et que, si, pendant le temps qu'il n'avoit pu avoir ce bonheur, elle lui avoit fait la grâce de penser quelquefois à lui, il ne croyoit pas la pouvoir remercier jamais assez de ses bontés.

D'abord elle suivit la résolution qu'elle avoit prise : malgré l'émotion qu'elle avoit sentie à la vue du chevalier de Fosseuse, elle lui répondit, affectant un ton de colère, que, si elle lui avoit dit des choses qui l'avoient flatté, lorsqu'il avoit eu la hardiesse de venir dans sa chambre, ce n'avoit été que pour le faire retirer sans éclat, et qu'elle étoit bien étonnée de le voir appréhender si peu son ressentiment et qu'il osât encore se présenter devant elle.

Le chevalier de Fosseuse fut surpris étrangement de cette réponse. « Ah! Madame, lui dit-il avec une tristesse horrible, pourquoi est-ce que je ne mourus pas ce jour-là en sortant de votre chambre? J'aurois cru mourir au moins sans toute votre haine, et aurois cru mourir heureux. »

Ces paroles, accompagnées d'un air le plus

fontaine jaillissante, ayant à côté une place où le roi et les princes venoient assez souvent joûter. Outre ce grand jardin, il y en avoit encore d'autres plus petits. » (Liv. VII, t. 2, p. 216.)

passionné du monde, achevèrent de faire renaître dans le cœur de madame de Bagneux son inclination pour le chevalier de Fosseuse. Elle ne put lui dissimuler davantage sa tendresse; elle lui avoua l'inclination qu'elle avoit sentie d'abord pour lui, les efforts qu'elle avoit faits pour la vaincre, et l'état où son âme venoit de retomber en le revoyant. Mais elle le conjura ensuite, par la sincérité qu'elle lui témoignoit et par toute l'estime qu'il pouvoit avoir pour elle, de ne s'obstiner point à lui donner des marques d'une passion qui donneroit atteinte à sa réputation et troubleroit indubitablement le repos de sa vie, si son mari venoit à en avoir le moindre soupçon, et à laquelle elle lui dit, avec toute la fermeté dont elle étoit alors capable, qu'elle étoit résolue de ne point répondre.

Le chevalier de Fosseuse eut une joie inconcevable d'avoir pu toucher un cœur d'un si haut prix ; il ne put le cacher à madame de Bagneux. Mais ce qu'elle lui demandoit l'affligea au dernier point, ne croyant pas pouvoir vivre davantage si elle ne lui permettoit de l'aimer, et il en fut frappé comme d'un coup mortel.

Sa douleur fut remarquée de madame de Bagneux encore plus que la joie ne l'avoit été. Elle excita en elle une pitié contre laquelle elle fit peu d'efforts, le penchant qu'elle avoit pour le chevalier de Fosseuse lui en ôtant la force. Il lui représenta si bien et avec tant d'amour que, sa passion n'ayant rien que de respectueux, elle ne diminueroit point de son mérite, et qu'il pouvoit cacher à tout le monde son amour et son bonheur, et empêcher que personne en eût connoissance, qu'elle consentit enfin à recevoir ses vœux, après néanmoins lui avoir fait connoître encore mille scrupules, et lui avoir témoigné qu'elle appréhendoit bien les suites de la foiblesse qu'elle avoit.

Il s'établit ensuite entre eux un commerce très-doux. Bonneville, de l'esprit de laquelle madame de Bagneux étoit entièrement assurée, prenoit les lettres du chevalier de Fosseuse et lui rendoit celles de sa maîtresse. Quoiqu'ils ne se vissent point dans les compagnies où ils eussent pu se voir, de peur que quelqu'un ne s'aperçût de leur amour en observant leurs actions, le chevalier de Fosseuse avoit le bonheur de voir souvent madame de Bagneux chez elle, cette adroite confidente ménageant si bien les temps que M. de Bagneux étoit absent, qu'il n'y avoit presque point de semaine qu'ils ne se vissent.

En ce temps-là un des amis de M. de Bagneux, nommé le baron de Villefranche, qu'il y avoit peu qui étoit revenu de Portugal[1], vint le voir. M. de Bagneux s'étoit marié depuis qu'ils ne s'étoient vus, et il ne put le lui apprendre sans le mener à la chambre de sa femme.

Le baron de Villefranche fut ébloui de sa beauté. Il lui fit ensuite plusieurs visites, dans lesquelles elle lui parut si charmante et si aimable qu'en peu de temps il fut touché du même mal que le chevalier de Fosseuse. Madame de

---

1. C'étoit l'époque où la veuve du premier roi de Portugal de la maison de Bragance, dona Luisa de Guzman, régente du royaume, alloit résigner le pouvoir entre les mains de son fils aîné, l'incapable Alphonse VI, qui avoit atteint sa majorité (23 juin 1662).

Bagneux s'en aperçut et en eut beaucoup de déplaisir par les suites qu'elle en craignit.

Elle appréhenda que cette nouvelle passion ne traversât son commerce avec le chevalier de Fosseuse, soit par jalousie de son mari, qui en deviendroit plus défiant envers elle, soit par celle qu'elle pourroit donner au chevalier de Fosseuse même, ou par le soin que le baron de Villefranche prendroit, à l'avenir, de savoir toutes ses actions, par l'intérêt de son amour.

C'est pourquoi, lorsqu'elle revit le chevalier de Fosseuse, elle lui dit sincèrement ce qu'elle pensoit de la passion du baron de Villefranche, et en même temps l'assura qu'elle le croyoit toujours seul digne de son estime, et qu'elle étoit incapable d'être jamais sensible pour un autre que pour lui, et lui recommanda de s'observer dans la suite encore plus que par le passé, et de garder de plus grandes mesures en ce qui la regardoit.

Le chevalier de Fosseuse fut extrêmement surpris de ce que lui apprenoit madame de Bagneux; mais son procédé généreux le rassura en partie. Il lui répondit que, sans la grâce qu'elle lui faisoit de l'assurer qu'elle étoit incapable de changer, il seroit très-malheureux; qu'il croyoit bien, par l'effet que sa beauté avoit fait sur lui, que sans cette grâce il n'auroit pas seulement à craindre le baron de Villefranche, mais tout ce qu'il y avoit d'hommes sur la terre; mais qu'il osoit aussi la conjurer de croire que personne ne pouvoit jamais avoir pour elle autant d'admiration qu'il en avoit, et enfin qu'il auroit plus de douleur qu'elle-même si la bonté qu'elle avoit pour lui, en lui permettant de l'adorer, lui causoit jamais aucun chagrin.

Le baron de Villefranche devint plus amoureux. Il ne manquoit guère de se trouver dans les compagnies dans lesquelles madame de Bagneux avoit accoutumé d'aller, où il lui rendoit tous les devoirs que peut rendre une personne qui aime. Il ne pouvoit lui rendre ces soins sans qu'ils fussent remarqués de plusieurs personnes, et que M. de Bagneux n'en eût aussi connoissance, lequel en témoignoit à sa femme une sorte de jalousie, quoiqu'elle fît voir par plusieurs choses que la passion du baron de Villefranche lui déplaisoit.

Ce malheureux amant fut longtemps à se plaindre en vain de sa rigueur. Elle rendoit un compte exact au chevalier de Fosseuse des chagrins qu'il lui causoit. Ce n'est pas qu'elle ne connût bien qu'il avoit du mérite; mais son cœur ne pouvoit penser qu'au chevalier de Fosseuse.

Le baron de Villefranche l'aimant violemment, et voyant enfin que ses soins étoient inutiles, il crut que, s'il pouvoit engager Bonneville dans ses intérêts, sa fortune changeroit peut-être en peu de temps : il ménagea si bien l'esprit de cette fille, qui étoit intéressée, qu'elle lui promit de le servir en tout ce qu'elle pourroit auprès de madame de Bagneux, et lui apprit ce qui s'étoit passé entre sa maîtresse et le chevalier de Fosseuse.

Cette connoissance lui donna d'abord du dépit, mais ensuite elle lui donna de l'espoir. Il crut que c'étoit beaucoup pour lui d'avoir découvert que madame de Bagneux n'étoit pas insensible, et que, s'il pouvoit brouiller le chevalier de Fosseuse avec elle, il la trouveroit peut-être moins rigoureuse.

Il communiqua sa pensée à Bonneville, qui lui dit que, connoissant l'humeur et la délicatesse de sa maîtresse, elle croyoit qu'il n'y avoit point de moyen plus sûr pour y réussir que de la faire douter de la fidélité du chevalier de Fosseuse.

Après avoir cherché longtemps des biais pour exécuter ce dessein, ils résolurent de se servir du portrait d'une personne assez belle que le baron de Villefranche avoit aimée, et de le faire trouver par madame de Bagneux.

Cet artifice réussit ainsi qu'ils avoient souhaité. Peu de jours après, le chevalier de Fosseuse obtint de madame de Bagneux de la voir chez elle. Sitôt qu'il fut sorti, elle trouva à l'endroit où ils avoient été ce portrait, que Bonneville y avoit mis adroitement.

Elle entra d'abord dans une défiance terrible, et ouvrit la boîte où étoit ce portrait; mais elle ne douta plus du crime du chevalier de Fosseuse lorsqu'elle y aperçut la peinture d'une personne jeune et bien faite. Elle pensa mourir de regret d'avoir pu aimer un homme qui lui faisoit une si grande infidélité. Il lui avoit donné mille marques de son amour qui ne lui parurent plus que des tromperies, et elle prit la résolution de ne le revoir jamais.

C'étoit vers le carnaval. Le lendemain, le chevalier de Fosseuse s'étant trouvé déguisé à un bal où elle étoit, il voulut lui parler. « Si je croyois tout mon ressentiment, lui dit-elle pleine de dépit, je vous accablerois de reproches et vous mettrois dans la dernière confusion; mais je veux avoir seule celle de vous avoir aimé, trop heureuse d'être délivrée par votre faute de la foiblesse que j'ai eue et dont vous vous êtes rendu si indigne, que je me croirois déshonorée à l'avenir si je vous regardois seulement. »

Le chevalier de Fosseuse ne put lui répondre, parce qu'elle s'éloigna aussitôt; et d'ailleurs il avoit été si surpris de ces paroles, qu'il fut longtemps sans le pouvoir croire lui-même, pénétré jusqu'au vif de ces reproches, et accablé d'une douleur incroyable.

Il examina ensuite toute sa conduite, mais inutilement. Enfin il se ressouvint qu'il avoit un rival, et ce souvenir augmenta sa douleur, ne doutant plus que ce ne fût la cause de sa disgrâce. Il crut que madame de Bagneux avoit changé de sentimens en faveur du baron de Villefranche, et que sa colère avoit été un artifice pour rompre avec lui. Il en fut affligé comme s'il en avoit eu des preuves assurées, et il en souffroit tout ce que la jalousie peut inspirer de plus cruel.

Il chercha ensuite les occasions de parler à madame de Bagneux et de se plaindre à elle de son inconstance, sans en pouvoir obtenir aucune audience. Encore qu'elle ne pût le chasser entièrement de son esprit et qu'elle regrettât quelquefois la perte d'un cœur qu'elle avoit cru digne de son affection, le dépit la faisoit demeurer ferme dans la résolution qu'elle avoit prise.

Cependant Bonneville apprit au baron de Villefranche à quel point madame de Bagneux étoit irritée, lequel redoubla ses soins auprès d'elle, et fit tout ce qu'il put pour tâcher de lui faire oublier le chevalier de Fosseuse, en lui persuadant qu'il l'aimoit véritablement. Mais madame de Bagneux ne l'en traita pas plus favorablement ; elle ne regardoit toutes les marques qu'il lui donnoit de sa passion que comme de seconds piéges que lui tendoit la perfidie des hommes.

Ces différentes pensées, jointes à la jalousie de son mari qu'elle voyoit augmenter, lui donnoient incessamment des chagrins.

Une chose l'en accabla et lui donna une extrême affliction. Un frère qu'elle avoit, qui étoit avancé dans les armes, tua en duel une personne des plus considérables d'une province où il étoit. Les parens du mort, par le crédit et les habitudes qu'ils avoient dans le pays, le firent arrêter, et aussitôt, aidés par la rigueur des lois contre ces crimes, que beaucoup de personnes tiennent honorables, firent travailler vivement à lui faire son procès.

Cette affaire fit du bruit dans le monde, et le chevalier de Fosseuse l'apprit comme les autres, mais avec un extrême déplaisir, pour l'intérêt qu'y avoit madame de Bagneux.

Son procédé envers lui le confirmoit dans sa jalousie. Il ne doutoit pas que, si elle eût pu lui faire de justes reproches, et, au contraire, si elle n'eût pas appréhendé ceux qu'elle voyoit qu'il pouvoit lui faire, elle n'auroit point refusé si opiniâtrement de l'entendre, et il en sentoit la dernière douleur.

Son amour lui inspira le dessein de sauver son frère, espérant que ce service le justifieroit dans son esprit, ou traverseroit au moins le bonheur de son rival.

Peu de temps après avoir formé ce dessein, il voulut encore aborder madame de Bagneux, désirant de savoir, avant que de partir, si véritablement elle croyoit avoir sujet de l'accuser, ou s'il ne devoit plus douter de son inconstance. Il lui sembloit qu'il seroit bien moins malheureux si elle avoit ces soupçons contre lui, quelque criminel qu'elle se l'imaginât, que si le bonheur du baron de Villefranche étoit la cause de l'état où il étoit et qui lui sembloit si cruel; il croyoit que ce qu'il avoit résolu paroîtroit à madame de Bagneux de tout autre prix, et que, s'il y périssoit, comme il pouvoit arriver, il en seroit au moins regretté.

Mais il la trouva la même qu'auparavant, c'est-à-dire aussi ferme à ne lui point parler et à ne le point entendre.

Ne pouvant plus être maître des mouvemens de sa jalousie : « Non, non, Madame, lui dit-il avec une douleur mortelle, vous ne pouvez, par la confusion que vous auriez, m'avouer ce qui fait mon malheur. Votre beauté a touché d'autres cœurs que le mien, qui ne pouvoit être touché que pour vous; le vôtre a été capable de recevoir enfin d'autres vœux que les miens. Mais ce que je vais entreprendre vous fera voir que je n'étois pas indigne de cet honneur, et que je mettrai toujours tout mon bonheur à vous adorer et à vous en donner des marques, nonobstant toute votre injustice et votre inconstance. »

Et enfin, voyant qu'elle refusoit de lui répondre, sa douleur redoubla, et il partit avec plus de désespoir.

Il apprit, aussitôt qu'il fut arrivé au lieu ou le frère de madame de Bagneux étoit prisonnier, qu'on devoit dans peu de jours le transférer en des prisons plus sûres. Il résolut de prendre cette occasion pour le sauver. En effet, il attaqua avec tant de vigueur ceux qui le conduisoient, encore qu'ils fussent en plus grand nombre que ceux de sa suite, qu'il le délivra, sans être connu de lui, ni pas un des siens, leur ayant à tous fait prendre des masques. Il le conduisit ensuite lui-même en cet état en un lieu où le frère de madame de Bagneux lui dit qu'assurément il seroit en sûreté, et où il fit toutes les instances imaginables pour l'obliger de se faire connoître à lui.

Si madame de Bagneux eut bien de la joie d'apprendre que son frère avoit été sauvé, elle ne fut guère moins surprise de la manière dont elle apprit qu'il l'avoit été.

Quelques jours après qu'elle en eut reçu les nouvelles, elle vit le chevalier de Fosseuse à l'église où elle avoit accoutumé d'aller, aussi triste que d'ordinaire, mais néanmoins qui sembloit la regarder avec plus d'attention. Elle se souvint alors qu'elle ne l'avoit point vu depuis qu'il lui en avoit fait des reproches, comme s'il l'avoit crue inconstante, et lui avoit dit d'autres choses qu'elle n'avoit pas comprises. Elle y fit réflexion, et, s'en ressouvenant en partie en ce moment, elle ne put s'empêcher d'admirer l'action du chevalier de Fosseuse, ne doutant plus que ce ne fût lui qui avoit sauvé son frère, et de lui faire voir qu'elle s'en doutoit de la manière qu'elle le regarda. Il en eut plus de hardiesse : croyant qu'ils n'étoient observés de personne, il l'aborda en sortant, et, après lui avoir fait connoître qu'elle ne se trompoit point d'avoir cette pensée, il lui dit que ce qu'il avoit fait n'étoit pas un effet de son désespoir, mais de son amour; qu'il auroit fait la même chose s'il eût eu encore dans son cœur la place qu'il croyoit qu'il avoit eu le bonheur d'y avoir ; mais qu'à la vérité il avoit été bien aise de trouver une occasion de lui rendre un service qu'elle n'avoit point reçu de son rival. Il ne put s'empêcher de lui faire voir combien il avoit de jalousie, et qu'il croyoit qu'elle le traitoit si mal par le changement de son cœur en faveur du baron de Villefranche; et enfin il se plaignit à elle de son injuste procédé envers lui, soit qu'elle le crût coupable, ou que son inclination pour lui fût diminuée; et la conjura de vouloir au moins avoir la bonté de lui apprendre son crime ou son malheur; ajoutant, avec une extrême soumission, que, s'il ne se pouvoit justifier, il se croyoit lui-même indigne de ses bontés et de se présenter jamais devant elle, et que, s'il n'étoit plus pour elle ce qu'il avoit été, il obéiroit à ses ordres, quelque cruels qu'ils pussent être, ne voulant point mériter sa haine par ses importunités, quoiqu'il sentît bien qu'il n'y survivroit guère.

Madame de Bagneux, qui voyoit ce que le chevalier de Fosseuse venoit de faire pour elle, ne put lui parler avec la même aigreur qu'elle eût fait auparavant; mais aussi, ne pouvant s'ôter de l'esprit son infidélité, elle ne put lui parler avec douceur. Après l'avoir détrompé sur le sujet de sa jalousie et lui avoir dit de quoi elle le croyoit coupable, elle ajouta qu'elle n'oublieroit jamais le service qu'il venoit de lui rendre ; qu'il la connoissoit assez pour ne pas douter de sa reconnoissance, et qu'elle ne lui eût une éternelle obligation ; mais que ce service n'exigeoit point de retour en de pareilles choses, son procédé témoignant une légèreté naturelle ; qu'il seroit toujours prêt à en faire autant, et qu'elle ne le pourroit jamais regarder que comme un homme capable de recevoir tous les jours de nouvelles idées ; et enfin qu'elle avoit quelque joie qu'il eût éteint lui-même dans son cœur une affection qu'elle avoit souvent condamnée, mais qu'elle n'avoit pu vaincre, et que ce qu'il venoit de faire eût sans doute augmentée.

Le chevalier de Fosseuse pensa mourir de douleur des sentimens de madame de Bagneux ; il lui dit encore plusieurs choses pour tâcher de lui faire connoître qu'il n'étoit point coupable, mais inutilement, rien ne pouvant la faire douter des preuves qu'elle croyoit en avoir. N'ayant pu se justifier envers elle, il ne put entièrement s'en plaindre et demeura dans une perplexité horrible.

Madame de Bagneux, de son côté, n'avoit pas un trouble médiocre. Ce que le chevalier de Fosseuse venoit de faire lui sembloit d'un tel prix, qu'elle se repentit presque de lui avoir parlé comme elle avoit fait. Elle avoit toujours pour lui la même inclination, et eût donné toutes choses pour le voir innocent. Il n'y avoit que la délicatesse qui s'opposoit dans son cœur à le croire entièrement, ou au moins à lui pardonner.

Le lendemain, possédée de ces pensées, étant en visite et s'étant rencontrée proche d'un miroir, éloignée du reste de la compagnie, elle s'y regarda, et, s'étant trouvée dans une beauté dont elle fut contente, elle tira de sa poche ce portrait fatal, qu'elle avoit toujours porté sur elle, comme on porte d'ordinaire les choses qui sont chères ou qui tiennent à l'esprit, pour voir si cette rivale étoit aussi belle qu'elle croyoit l'être ce jour-là.

Pendant qu'elle étoit devant ce miroir, et charmée de l'avantage qu'elle croyoit avoir sur cette peinture, deux dames de la compagnie s'approchèrent d'elle, et aperçurent qu'elle tenoit un portrait. Elles lui en firent la guerre, comme ne doutant pas que ce ne fût celui d'un de ses amans. Elle voulut leur assurer que ce n'étoit point le portrait d'un homme; mais, voyant qu'elles n'ajoutoient pas foi à ce qu'elle leur disoit, et jugeant d'ailleurs qu'il n'y avoit point de danger pour elle de leur montrer ce portrait, au lieu qu'il pouvoit y en avoir de les laisser dans la croyance qu'elles avoient, elle le leur montra.

Le baron de Villefranche, qui connoissoit aussi ces dames, le leur avoit montré plusieurs fois, comme étant une chose qui étoit alors de nulle conséquence, la personne de qui il étoit étant morte. Ces dames, qui savoient l'amour de ce baron pour madame de Bagneux, lui dirent, en continuant de railler, qu'au moins il lui sacrifioit ce qu'il avoit aimé. Madame de Bagneux n'en étant point convenue, après plusieurs discours, elles lui donnèrent l'explication de ce qu'elles venoient de lui dire, et lui apprirent comment il leur avoit montré ce portrait, et de qui il étoit, et qu'infailliblement il venoit de lui.

Madame de Bagneux eut bien de la peine à cacher le trouble que cette conversation causoit dans son âme. Elle ne sentoit pas une joie médiocre des choses qui la pouvoient faire douter que le chevalier de Fosseuse fût coupable. Elle pensa qu'il se pouvoit que le baron de Villefranche, qui avoit été la voir quelques jours avant qu'elle trouvât ce portrait, l'eût laissé tomber et qu'il n'eût osé le lui demander; mais elle n'osoit espérer un changement si heureux.

Le baron de Villefranche connoissoit aussi la dame chez qui cette dispute venoit d'arriver; il vint pour la voir un moment, et acheva de donner un éclaircissement qui lui fut plus cruel qu'aucune chose lui eût jamais été. Ces dames lui firent reconnoître ce portrait et l'obligèrent d'avouer qu'il étoit à lui. A quoi il ajouta, pour empêcher que madame de Bagneux n'eût aucun soupçon de la tromperie qu'il lui avoit faite, qu'il s'étoit bien aperçu qu'il l'avoit perdu, mais qu'il ne s'étoit point souvenu où ç'avoit été, et voulut ensuite lui faire entendre que le peu de soin qu'il avoit eu de tâcher de le recouvrer étoit une marque qu'il ne songeoit plus à la personne de qui il étoit, et qu'elle en avoit entièrement effacé le souvenir dans son cœur.

Madame de Bagneux s'abandonna à la joie.

Elle dit en raillant, sans faire semblant d'entendre ce qu'il lui disoit, qu'elle devoit lui être bien obligée de lui avoir conservé des restes si précieux.

Le baron de Villefranche, qui voyoit d'où procédoit la joie de madame de Bagneux, en eut plus de douleur. Ce lui avoit été quelque sorte de consolation dans les mauvais traitemens qu'il recevoit d'elle, de voir le chevalier de Fosseuse mal dans son esprit; et il ne doutoit pas qu'elle ne seroit pas longtemps à lui apprendre tout ce qui venoit d'arriver, et qu'il ne fût bientôt plus heureux qu'auparavant. D'autre côté, il ne pouvoit voir, sans croire être le plus malheureux de tous les hommes, qu'il avoit servi lui-même à le justifier, et il en auguroit tout ce qu'un amant affligé et désespéré peut imaginer de plus cruel pour lui et de plus avantageux pour son rival.

Cette conversation avoit fait voir à madame de Bagneux la justification du chevalier de Fosseuse; elle ne doutoit plus qu'elle n'en eût toujours été aimée fidèlement. L'ayant abordée quelques jours après, il la trouva la même qu'elle étoit avant qu'elle crût qu'il lui étoit infidèle. Elle lui apprit ce qu'ils devoient à la fortune; comment le chagrin qu'elle avoit de croire qu'une autre eût partagé son cœur avoit été cause qu'elle avoit reconnu son innocence, et la joie qu'elle en avoit eue; et ils admirèrent ensemble par quelle étrange erreur ils avoient été brouillés si longtemps.

Ils goûtèrent ensuite toute la douceur que peut donner une intelligence parfaite et heureuse. Ce que le chevalier de Fosseuse venoit de faire pour madame de Bagneux, en sauvant son frère, avoit achevé de lui faire connoître la grandeur de sa passion; et ce chevalier recevoit d'elle des marques de tendresse qui ne lui laissoient aucun lieu de douter qu'il ne possédât toute son affection. D'ailleurs, croyant que leur commerce n'étoit su de personne, ayant le bonheur de se voir avec assez de facilité, rien ne manquoit à leur satisfaction.

La mort du père de M. de Bagneux les sépara. M. de Bagneux fut obligé de faire un voyage en diverses provinces, où il lui avoit laissé plusieurs terres considérables. Il mena avec lui sa femme, qu'il aimoit aussi fortement qu'aux premiers jours de leur mariage; joint que la jalousie qu'il avoit du baron de Villefranche contribua aussi à lui faire prendre cette résolution.

Quoique madame de Bagneux eût bien désiré de ne point faire ce voyage, les grands biens que M. de Bagneux avoit de son côté, en comparaison de ceux qu'elle lui avoit apportés, l'obligeoient à une grande complaisance.

Si le chevalier de Fosseuse et elle furent privés du plaisir de se voir, ils tâchèrent à s'en consoler en s'écrivant souvent. Bonneville recevoit les lettres du chevalier de Fosseuse et lui envoyoit celles de sa maîtresse.

La passion du chevalier de Fosseuse, qui étoit très violente, lui fit désirer, quelque temps après que madame de Bagneux fut partie, de la voir. Il la pria, par une de ses lettres, de lui permettre de se trouver en quelque lieu où il auroit ce bonheur; elle ne put lui refuser une chose dont elle sentôit qu'elle auroit une partie de la joie.

Elle le dit à Bonneville, qui le manda au baron de Villefranche, lequel résolut de les y troubler. Il crut que, se trouvant au lieu que madame de Bagneux avoit marqué au chevalier de Fosseuse au temps qu'il devoit s'y rendre, il empêcheroit qu'ils ne se vissent, outre qu'il auroit lui-même le plaisir de voir madame de Bagneux, qu'il aimoit toujours éperdûment.

Il suivit la résolution qu'il avoit prise. Il se trouva en ce lieu au temps que madame de Bagneux avoit marqué au chevalier de Fosseuse, et ayant prétexté quelque affaire plus loin, il témoigna à M. de Bagneux qu'il s'estimoit bien heureux de s'être trouvé sur sa route, et que, son voyage n'ayant rien de pressé, il demeureroit en ce lieu jusqu'à ce qu'il en partît.

Cette rencontre acheva de confirmer M. de Bagneux dans sa jalousie. L'un et l'autre eurent de la peine à croire qu'une pareille chose fût arrivée par hasard, et selon leurs différens intérêts ils en conçurent beaucoup de chagrin.

Le baron de Villefranche s'attacha fortement auprès de madame de Bagneux, et M. de Bagneux ne pouvant souffrir ce grand attachement, il obligea le baron de Villefranche d'aller avec lui voir une personne qu'il connoissoit, qui demeuroit à deux lieues d'où ils étoient, qu'il n'eût point été voir sans la considération de l'éloigner d'auprès de sa femme.

Pendant qu'ils furent en cette visite, où il leur fallut un temps considérable, et que M. de Bagneux fit durer autant qu'il put, madame de Bagneux eut la joie de voir son cher chevalier de Fosseuse. Leur conversation fut telle qu'on peut se l'imaginer. Le chevalier de Fosseuse donna à madame de Bagneux tous les témoignages qu'elle pouvoit souhaiter de la continuation de son amour, et elle lui fit voir qu'elle avoit pour lui la même tendresse.

Bonneville apprit au baron de Villefranche qu'ils s'étoient vus. Il pensa mourir de désespoir d'avoir tant fait pour l'empêcher sans avoir pu y réussir, et peut-être même de leur en avoir facilité l'occasion. Il voyoit bien qu'il avoit été cause que M. de Bagneux avoit fait cette visite ; à peine sa jalousie lui laissoit-elle assez de modération pour ne point montrer sa rage à madame de Bagneux. Il partit après avoir pris congé d'elle, et M. de Bagneux fut encore deux jours en ce lieu, sans que le chevalier de Fosseuse espérât de la voir davantage. Il ne put néanmoins s'en éloigner tant qu'elle y demeura.

Il en partit enfin, mais avec une augmentation extrême d'amour. Les sentimens tendres où il l'avoit trouvée, et mille nouveaux charmes qu'il crut y avoir découverts, rendirent sa passion une des plus grandes qui aient jamais été.

M. de Bagneux fut près de deux ans en son voyage, quoiqu'il fît toutes choses possibles pour l'abréger. Ce temps dura plusieurs siècles au chevalier de Fosseuse, et madame de Bagneux n'avoit pas un désir médiocre d'en voir la fin. Les lettres qu'ils s'écrivoient leur étoient une foible consolation dans une si longue séparation, et ne faisoient qu'accroître en eux le désir de se revoir.

Enfin, les affaires de M. de Bagneux étant faites, il revint à Paris et y ramena sa femme. Le chevalier de Fosseuse eut toute la joie imaginable de son retour. L'entrée de M. le Légat se fit en ce temps-là [1]. Le chevalier de Fosseuse, jugeant bien que M. de Bagneux ne manqueroit pas d'aller voir cette entrée, pria madame de Bagneux de faire semblant d'être indisposée le jour qu'elle se devoit faire, et lui permettre de l'aller voir ce jour-là, où il pourroit avoir le bonheur d'être à ses pieds tout le temps que dureroit cette cérémonie, et de lui conter les ennuis que lui avoit causés sa longue absence. Madame de Bagneux préféra facilement le plaisir de le voir à celui de l'entrée; elle feignit une indisposition dès le jour précédent.

Le baron de Villefranche avoit été malade avant son retour, et il n'étoit pas encore bien remis de la maladie qu'il avoit eue. M. de Bagneux, n'étant pas persuadé que sa femme se trouvât effectivement mal, crut qu'elle feignoit de l'être pour donner occasion de la voir au baron de Villefranche, qui pouvoit facilement se dispenser d'aller voir cette cérémonie à cause du mauvais état de sa santé. Dans ce soupçon, il résolut de n'aller point voir l'entrée si le baron de Villefranche n'y alloit aussi.

La curiosité et la complaisance firent oublier au baron de Villefranche la foiblesse où il étoit; il s'engagea à cette partie, et le lendemain M. de Bagneux et lui, avec quelques-uns de leurs amis et des dames, furent au lieu qu'ils avoient fait retenir pour voir passer cette pompe.

1. Voy. p. 80.

Le chevalier de Fosseuse ne fut pas longtemps sans aller consoler madame de Bagneux du divertissement dont il étoit cause qu'elle se privoit. Il la trouva avec des charmes infinis, et en un état de beauté qui ne convenoit en aucune manière à une personne qui eût été le moins du monde malade. Il la remercia de la grâce qu'elle lui avoit accordée, et, se croyant asseurés de n'être point interrompus, leurs cœurs s'expliquèrent avec plus de liberté, et ils goûtèrent une véritable joie de pouvoir avoir une conversation aussi longue et hors de toute appréhension.

Cependant le baron de Villefranche, par l'incommodité du lieu, ou par sa propre disposition, se trouva mal peu de temps après que la marche fut commencée. Il tâcha quelque temps de résister, mais, craignant que le mal qu'il sentoit n'augmentât, il jugea qu'il feroit mieux de se retirer avant que d'être incommodé ; et sans en rien dire à personne, de peur de troubler la compagnie avec laquelle il étoit venu, il sortit et s'en retourna chez lui.

M. de Bagneux s'aperçut, peu de temps après, qu'il s'étoit retiré. Il ne douta plus que madame de Bagneux n'eût feint d'être malade pour donner lieu au baron de Villefranche de la voir, et qu'il n'en avoit pu manquer une si belle occasion après l'avoir si fort espérée, et enfin qu'il ne fût alors auprès de sa femme.

Il ne put être maître de sa jalousie ; il sortit sans prendre congé de personne, transporté de rage et de fureur, et arriva à son logis dans des résolutions épouvantables.

Bonneville, qui étoit à une fenêtre, d'où l'on pouvoit voir ceux qui entroient, fut bien surprise de le voir revenir si tôt. Elle courut toute troublée à la chambre de sa maîtresse, et lui dit que M. de Bagneux venoit d'entrer. Madame de Bagneux demeura sans pouvoir parler d'étonnement, et le chevalier de Fosseuse n'en fut guère moins surpris qu'elle, ne croyant pas pouvoir empêcher que M. de Bagneux ne les trouvât ensemble, n'y ayant point d'autre montée pour sortir de cette chambre que celle par laquelle il devoit monter.

Ils étoient tous trois si saisis de peur que M. de Bagneux étoit déjà proche de la chambre sans qu'ils eussent encore pensé à aucun moyen pour détourner un éclat qui eût sans doute été terrible. Enfin Bonneville, l'entendant approcher, alla tirer devant les fenêtres les rideaux qui servoient ordinairement à empêcher que le grand jour ne donnât dans la chambre, ce qui, joint à ce qu'il étoit déjà tard, y causa une grande obscurité, et lorsque M. de Bagneux entra, elle se mit devant le chevalier de Fosseuse, afin que M. de Bagneux le pût moins voir; et pendant que, transporté de fureur, il alla ouvrir les rideaux qui causoient cette obscurité et l'empêchoient de voir, elle prit le faux baron de Villefranche et le fit sortir de la chambre.

Madame de Bagneux, qui étoit à moitié morte, s'étoit jetée sur son lit. M. de Bagneux s'en approcha aussitôt qu'il vit clair. Encore qu'il ne vît personne et qu'il n'eût point entendu sortir le chevalier de Fosseuse, le trouble où il remarqua qu'elle étoit augmenta les soupçons qu'il avoit eus, et il crut, sans en douter, que toutes ces choses n'étoient point sans mystère ; mais, n'en ayant aucune preuve, il n'osa éclater.

Le chevalier de Fosseuse eut une inquiétude extraordinaire de savoir comment s'étoit passé le reste de cette étrange aventure, ayant la dernière appréhension que M. de Bagneux ne l'eût aperçu dans la chambre de sa femme ou dans la rue.

Il ne put pourtant le savoir si tôt. M. de Bagneux fit connoître ses soupçons à sa femme par la mauvaise humeur où il fut durant plusieurs jours. Elle eut bien de la peine à se ménager avec lui pendant ce temps-là, ce qui lui fit comprendre le malheur que ce lui seroit s'il venoit à savoir enfin ce qu'il avoit été si près de découvrir, et lui fit prendre la résolution de défendre au chevalier de Fosseuse de la plus revoir.

Mais quelques jours après, le voyant sensiblement touché du danger où elle avoit été, et connoissant par sa douleur combien elle lui étoit chère, elle n'eut pas la force de lui faire cette défense. Elle lui témoigna seulement les appréhensions qu'elle avoit, et le pria de ne lui point demander des choses à l'avenir où elle pût être ainsi exposée, lui disant qu'elle se sentoit trop foible pour lui rien refuser, et qu'elle mourroit infailliblement si le malheur qu'elle craignoit lui arrivoit.

Bonneville, qui étoit toujours dans les intérêts du baron de Villefranche, lui apprit d'où elle avoit tiré le chevalier de Fosseuse et madame de Bagneux. Il fut fâché en lui-même que le chevalier de Fosseuse eût échappé à la fureur de M. de Bagneux, et eût souhaité qu'il y eût été exposé, quand même madame de Bagneux eût dû y être aussi exposée, la voyant toujours aussi insensible pour lui. Ce qu'elle faisoit pour le chevalier de Fosseuse l'irritoit aussi contre elle ; et dans sa jalousie, que cette nouvelle augmenta, il eût eu de la joie de se voir vengé, par ce coup, d'une maîtresse cruelle et d'un rival heureux.

Emporté de ses sentimens, il dit à Bonneville qu'il ne pouvoit plus vivre en cet état, et que, si elle ne faisoit quelque chose pour lui, il n'auroit plus de considération et feroit tout ce que sa passion lui inspireroit, et la pria surtout de tâcher d'éloigner le chevalier de Fosseuse, sans quoi il seroit toujours malheureux.

Bonneville fut bien embarrassée à trouver encore un moyen pour mettre mal le chevalier de Fosseuse avec madame de Bagneux, ne voulant rien faire qui pût nuire à sa maîtresse. Se voyant pressée par le baron de Villefranche, elle lui dit enfin qu'elle croyoit qu'il n'y avoit que le seul moyen dont elle s'étoit déjà servie ; que, connoissant la délicatesse du cœur de madame de Bagneux, il n'y avoit selon toutes les apparences qu'un puissant doute de la fidélité du chevalier de Fosseuse qui pût la détacher de l'affection qu'elle avoit pour lui, et qu'elle espéroit, en lui donnant de nouveaux doutes, lui rendre le service qu'il lui demandoit.

En effet, peu de jours après elle dit à madame de Bagneux, témoignant être fâchée elle-même de ce qu'elle lui disoit, que deux personnes, en attendant M. de Bagneux, s'étoient entretenues de presque tout ce qui s'étoit passé entre le chevalier de Fosseuse et elle, et qu'il paroissoit par leur discours qu'ils le savoient du chevalier de Fosseuse même, qui le leur avoit dit comme une chose dont il ne faisoit pas grand état; qu'elle avoit entendu tout leur entretien d'un lieu proche de celui où elle lui dit qu'ils parloient, et d'où l'on auroit pu effectivement les entendre; et enfin elle lui supposa qu'ils avoient dit tant de particularités de ce qui s'étoit véritablement passé entre elle et le chevalier de Fosseuse, et qui ne pouvoient être sues que d'eux et de Bonneville, qu'elle ne douta point de la perfidie du chevalier de Fosseuse, et qu'elle crut qu'il n'avoit pu se voir aimé d'une personne comme elle sans le publier dans le monde.

Elle se plaignit de ce procédé, qu'elle croyoit surpasser toutes sortes de lâcheté, à Bonneville, de qui elle étoit bien éloignée d'avoir aucune défiance.

Ce fut alors qu'elle prit une véritable résolution de rompre avec le chevalier de Fosseuse et de l'oublier entièrement. Comme elle l'aimoit au dernier point avant que Bonneville lui eût dit ces choses, elle ne laissa pas de sentir un cruel déplaisir d'être obligée de prendre cette résolution; mais, se croyant si fort offensée, son ressentiment vainquit facilement toute l'inclination qu'elle avoit pour lui. Lorsqu'elle avoit cru qu'il avoit de l'amour pour une autre que pour elle et que son cœur étoit partagé, elle n'avoit senti qu'une partie de la douleur que lui donnoit la pensée où elle étoit.

Elle ne put se refuser de lui reprocher sa perfidie. Ils se devoient voir le lendemain dans le jardin de l'hôtel de Soissons, où le chevalier de Fosseuse l'avoit vue la seconde fois, et où ils s'étoient vus souvent depuis. Elle y alla pour ne point différer au moins la seule vengeance qu'elle en pouvoit prendre, et lorsqu'il voulut l'aborder : « C'est être bien lâche, lui dit-elle avec un ressentiment extraordinaire, que de me perdre pour satisfaire à sa vanité. On ne peut regarder avec assez d'horreur une pareille ingratitude, car enfin on sait la foiblesse que j'ai, et on ne peut la savoir que de vous ; mais, ajouta-t-elle, j'en éteindrai jusqu'à la mémoire, et vous ne devez plus me regarder que comme une personne qui vous détestera le reste de sa vie. » Aussitôt elle s'éloigna de lui et joignit des dames qu'elle connoissoit, qui entroient, pour n'être pas obligée de l'écouter.

Si elle fût demeurée pour entendre ce qu'il eût pu lui répondre, les marques de la douleur qu'elle auroit vu qu'elle lui avoit causée eussent pu servir en partie de justification au chevalier de Fosseuse. Il fut si accablé de ces reproches qu'il demeura longtemps interdit au lieu où il étoit lorsque madame de Bagneux lui avoit parlé. Il avoit toujours pris garde avec un soin incroyable que personne eût aucun soupçon de leur intelligence, parce qu'aimant et estimant cette belle personne au dernier point, sa réputation lui étoit infiniment chère ; et néanmoins il se voyoit alors accusé de manque de secret et de fidélité, et, ce qui ne l'affligeoit guère moins, il ne pouvoit s'imaginer qu'elle eût jamais pu le croire capable d'un pareil procédé.

Comme madame de Bagneux étoit absolument

persuadée qu'il l'avoit trahie, il lui fut impossible d'obtenir d'elle qu'elle lui dît les particularités du crime dont elle l'accusoit et qu'il tâchât à s'en justifier, quoiqu'il la conjurât plusieurs fois de se souvenir qu'elle l'avoit déjà cru coupable d'un autre presque aussi grand, duquel elle avoit vu elle-même sa justification, et qu'il lui demandât souvent avec beaucoup de douleur si elle vouloit qu'il attendît encore que le hasard lui fit voir son innocence, dont il n'auroit peut-être jamais le bonheur. La douleur où il étoit lui fit abandonner la poursuite d'une charge qu'il sollicitoit. La cour étoit à Fontainebleau : il ne put se résoudre à quitter l'intérêt de son amour pour celui de sa fortune.

Cependant le baron de Villefranche, à qui Bonneville avoit appris ce qu'elle avoit persuadé à madame de Bagneux et la resolution où elle étoit, n'oublia rien pour en profiter. Il redoubla son assiduité auprès d'elle, comme il avoit fait lorsqu'elle avoit été irritée la première fois contre le chevalier de Fosseuse, et s'attacha avec un soin extrême à lui marquer plus d'amour. Il lui faisoit voir tous les jours par cent choses combien il étoit malheureux de n'avoir pas le bonheur de lui plaire, et quelle obligation il auroit à ses bontés si elle daignoit enfin l'entendre.

Mais rien de sa part ne pouvoit la toucher, joint qu'elle étoit alors incapable d'avoir d'autres pensées que celle que la lâcheté dont elle croyoit que le chevalier de Fosseuse avoit usé envers elle lui avoit inspirée, ce qui affligeoit extrêmement le baron de Villefranche. D'ailleurs elle ne vouloit toujours point souffrir que le chevalier de Fosseuse tâchât à se justifier, et même, de peur de l'irriter davantage, il n'osoit plus l'aborder. Enfin l'on ne peut voir des sentimens plus confus et plus cruels que ceux de ces trois personnes.

En ce temps-là Bonneville reçut des lettres par lesquelles elle apprit qu'un frère qu'elle avoit, dont elle étoit héritière, étoit mort ; ce qui l'obligea de partir aussitôt pour en aller recueillir la succession. Son départ mit le baron de Villefranche au désespoir ; se voyant privé de la seule chose qui l'avoit entretenu jusque-là dans quelque espérance, il résolut de mettre fin à ses peines de façon ou d'autre, de voir enfin s'il pouvoit être aimé de madame de Bagneux, s'il devoit continuer sa passion pour elle ou l'abandonner pour toujours.

Ayant trouvé l'occasion de lui parler telle qu'il désiroit, il pressa tellement madame de Bagneux et lui dit des choses qui lui déplurent si fort qu'elle ne garda aucune mesure et le maltraita tout à fait. N'étant plus maître de lui-même, il pensa, pour se venger de ces traitemens, lui reprocher tout ce qu'il savoit de son commerce avec le chevalier de Fosseuse, et il lui eût donné sur l'heure ce cruel déplaisir, si la vue dont il étoit encore charmé ne lui en eût ôté la force.

Mais il ne put se refuser cette satisfaction après qu'il fut retourné chez lui : il lui écrivit une lettre où il lui manda tout ce que Bonneville lui avoit appris de l'amour du chevalier de Fosseuse et d'elle, et tout ce qu'il avoit fait pour la faire rompre avec lui; que, nonobstant cet engagement, il l'avoit adorée pendant qu'elle n'avoit eu pour lui que des rigueurs insupportables; mais que ses derniers traitemens lui avoient procuré le repos, et qu'il étoit entièrement guéri de la passion qu'il avoit eue pour elle; néanmoins qu'il ne pouvoit s'empêcher de lui reprocher son injustice, de laquelle ce qu'il lui disoit étoit une preuve certaine, puisqu'elle pouvoit reconnoître alors qu'il avoit été l'objet de la jalousie de son mari, pendant que le chevalier de Fosseuse étoit aimé d'elle, sans en murmurer, et qu'il avoit eu entre ses mains un moyen infaillible de se venger de ses rigueurs sans s'en être voulu servir, et enfin qu'il trouveroit d'autres cœurs que le sien qui seroient et plus justes et plus reconnoissants.

Lorsque madame de Bagneux reçut cette lettre, elle en eut un étonnement et une douleur inconcevables. Elle vit en un instant tout ce qu'elle devoit en appréhender. Elle ne crut pas que le baron de Villefranche oubliât facilement les rigueurs qu'elle avoit eues pour lui, et ne douta presque point que son mari sauroit infailliblement dans peu une chose qui la rendroit malheureuse toute sa vie.

Elle eut néanmoins, dans un si grand déplaisir, la consolation de reconnoître l'innocence du chevalier de Fosseuse. Comme elle n'avoit éteint son affection pour lui que parce qu'elle l'avoit cru coupable, elle la sentit rallumée, et même avec augmentation; dès qu'elle le vit innocent, elle ne put différer de lui apprendre qu'il étoit justifié, et tout ce que le baron de Villefranche lui avoit écrit, quoiqu'elle vît bien qu'ils ne pouvoient continuer de se voir comme auparavant sans s'exposer davantage, et qu'il falloit qu'ils s'en privassent pendant un temps. Mais elle fut extrêmement en peine à s'imaginer comment elle le pourroit voir sans que le baron de Villefranche pût en avoir connoissance.

A la place de Bonneville elle avoit pris confiance en une de ses femmes nommée Florence, qu'elle connoissoit être entièrement désintéressée. Elle lui donna un billet pour rendre au chevalier de Fosseuse, par lequel elle lui marqua de se trouver le lendemain en masque à un bal où elle étoit priée.

La joie du chevalier de Fosseuse fut pareille à sa douleur. Cette marque de bonté de madame de Bagneux effaça dans un moment en son esprit tout ce qu'il avoit souffert. Sans examiner ce qui avoit pu produire ce changement, il lui sembla que c'étoit assez de voir ses malheurs finis.

Mais, si le lendemain il sentit d'abord sa joie augmenter voyant madame de Bagneux le recevoir d'une manière tendre, qui le confirma qu'elle avoit reconnu son innocence, il fut étrangement surpris lorsqu'elle lui apprit ce que le baron de Villefranche lui avoit écrit, et ne fut guère moins affligé lorsque ensuite elle lui dit qu'il falloit qu'ils fussent un temps sans se voir. Ayant été privé longtemps de ce bonheur, ce commandement lui fut une nouvelle affliction, outre qu'elle lui parut dans un état de beauté qui lui faisoit trouver ces ordres plus rudes.

Toutefois l'intérêt de madame de Bagneux

le fit résoudre à tout ce qu'elle souhaita sur ce sujet, se trouvant au moins très-heureux de connoître qu'il en étoit toujours extrêmement aimé. Même madame de Bagneux, pour lui ôter toutes les pensées qu'il eût pu avoir qu'elle ne lui parlât pas avec sincérité ou qu'elle voulût le priver du plaisir de la voir sans une entière nécessité, lui donna la lettre du baron de Villefranche.

Le lendemain le chevalier de Fosseuse rendit cette lettre à Florence, à qui madame de Bagneux lui avoit dit de la rendre. Florence la rendit à sa maîtresse dans le même temps qu'on en donna à madame de Bagneux une autre pour son mari, et, M. de Bagneux étant survenu dans ce moment, et ayant su que sa femme avoit une lettre pour lui, et la lui ayant demandée, croyant lui donner celle qui étoit pour lui, elle lui donna celle du baron de Villefranche.

L'étonnement de M. de Bagneux ne fut pas moindre en lisant cette lettre que l'avoit été celui de madame de Bagneux lorsqu'elle l'avoit reçue. Il regarda plusieurs fois sa femme en la lisant, et, ayant trouvé dans cette lettre un billet du chevalier de Fosseuse qui étoit plein de tendresse et de passion, l'ayant lu aussi : « Voilà, Madame, lui dit-il avec une colère horrible, des reproches et des remercîmens d'une partie de vos amans. Y a-t-il au monde un mari plus malheureux que moi et une femme plus coupable que vous ? Car, enfin, sont-ce là les sentimens que devroient vous inspirer votre devoir et mon amour ? Mais j'y apporterai les derniers remèdes, et peut-être que toute votre vie vous vous repentirez de m'avoir fait une telle offense. » Ensuite il lui fit toutes les menaces que l'on peut attendre d'un esprit en fureur; enfin il lui défendit de revoir le chevalier de Fosseuse ni de lui parler.

Madame de Bagneux tomba sur des siéges presque évanouie, regardant tantôt son mari avec des yeux où la confusion étoit peinte, et tantôt fondant en larmes et jetant de profonds soupirs. Un si étrange état fit pitié à M. de Bagneux, et rappela l'amour qu'il avoit pour elle; et, la regardant moins sévèrement, il sembla attendre qu'elle se défendît. Mais se sentant plus que vaincue suivant les apparences, et ne pouvant d'ailleurs supporter la vue de M. de Bagneux, elle se servit du peu de forces qui lui restoient, et se retira dans sa chambre, accablée d'une douleur mortelle.

Ce fut alors que, tous les malheurs qu'elle avoit tant de fois appréhendés lui revenant devant les yeux, elle eut les plus tristes pensées que l'on peut avoir. Elle fut plusieurs jours dans un accablement sans pareil et des souffrances d'esprit épouvantables, qui lui firent souvent désirer la mort, comme le seul remède à ses maux. Elle ne pouvoit considérer combien elle auroit de peine à faire oublier jamais à son mari les soupçons qu'il pouvoit avoir de sa vertu, sans désespérer de pouvoir avoir le reste de sa vie un véritable repos avec lui et de mettre fin à ses reproches.

Ces pensées, qui furent les premières qu'elle eut, l'occupèrent d'abord entièrement et l'empêchèrent presque de faire des réflexions sur ses sentimens pour le chevalier de Fosseuse. Lorsqu'elle fut un peu remise de son plus grand trouble, et que son inclination pour lui voulut se représenter à son imagination, elle la condamna avec toute la rigueur possible, et prit des résolutions inébranlables pour l'avenir.

Le chevalier de Fosseuse, qui avoit appris de Florence ce que la lettre du baron de Villefranche avoit causé, voulut lui témoigner combien il en étoit affligé et lui écrivit plusieurs fois sur la douleur qu'il en ressentoit ; mais elle ne voulut point recevoir ses lettres, et défendit enfin à Florence de lui en présenter jamais, ni de lui parler d'aucune chose qui pût la faire souvenir de lui.

Toutefois son cœur la faisoit souvent penser à lui contre ses résolutions. Les marques qu'il lui avoit données d'une passion aussi pure et aussi grande qui ait jamais été combattoient contre tout ce qu'elle pouvoit y opposer, et il y avoit des momens que la résolution qu'elle avoit prise de ne le revoir jamais faisoit une partie de sa tristesse.

Tant de sujets d'ennui lui causèrent en peu de temps une si grande mélancolie, que ses médecins, après plusieurs remèdes inutiles, conseillèrent à M. de Bagneux, qui étoit affligé de la voir en cet état, de lui faire prendre l'air de la campagne, le printemps commençant alors, et la beauté des jours de cette saison pouvant contribuer au recouvrement de sa santé.

M. de Bagneux écouta ce conseil avec beaucoup d'approbation, étant bien aise d'éloigner sa femme du chevalier de Fosseuse, et espérant d'ailleurs regagner plus facilement son esprit en un lieu où elle ne verroit presque que lui. Et madame de Bagneux, que la tristesse avoit entièrement détachée des divertissemens, et qui voyoit l'inclination de son mari, qu'elle vouloit tâcher de guérir des sentimens où il étoit, témoigna le souhaiter ardemment.

La charge et les affaires de M. de Bagneux l'obligeant d'être souvent à Paris, ils allèrent à cette maison qu'ils y avoient proche, et où le chevalier de Fosseuse avoit vu madame de Bagneux la première fois.

Ils y vécurent d'abord en apparence dans une parfaite intelligence. Comme M. de Bagneux avoit fait dessein de regagner l'esprit de sa femme et d'y employer tout, il n'oublia rien pour lui persuader qu'il n'avoit point eu d'elle des soupçons criminels, et n'avoit pas cessé un moment d'avoir pour elle tout l'amour et toute l'estime qu'on peut avoir.

Madame de Bagneux, de son côté, qui avoit fait le même dessein et qui voyoit combien elle avoit intérêt d'empêcher que son mari ne crût qu'elle pensât encore au chevalier de Fosseuse, cachoit ses véritables sentimens et témoignoit un contentement entier qu'elle n'avoit pas : car, se voyant au lieu où elle avoit vu le chevalier de Fosseuse pour la première fois, elle y pensoit davantage, et elle n'avoit de plaisir, quelque effort qu'elle fît pour ne s'en point souvenir, que celui que lui donnoient ces pensées.

Cependant le chevalier de Fosseuse étoit le plus malheureux du monde. Depuis que madame de Bagneux étoit partie, elle n'avoit point voulu recevoir de ses lettres ; et, ce qui augmentoit son malheur, Florence lui disoit, d'une manière qui ne lui en laissoit aucun doute, qu'apparemment elle ne pensoit plus à lui.

Il trouvoit néanmoins quelque consolation à donner toujours de ses lettres à Florence pour lui rendre, croyant qu'au moins elle remarqueroit par sa persévérance la constance de son amour.

Florence mettoit ces lettres dans une cassette dans laquelle elle serroit ordinairement plusieurs choses. Madame de Bagneux étant un jour entrée dans la chambre où étoit cette cassette, et ayant remarqué qu'elle n'étoit point fermée, eut envie de voir ce qu'il y avoit dedans. Elle fut étrangement troublée lorqu'elle y aperçut ces lettres, et eut d'abord un regret extrême de les avoir trouvées. Ensuite elle les regarda comme des choses qui venoient du chevalier de Fosseuse, et enfin elle se laissa vaincre à la curiosité de les lire.

Elles lui semblèrent si pleines d'amour et de respect pour tout ce qu'elle vouloit lui faire souffrir qu'elle sentit bientôt ses premiers sentimens se réveiller puissamment. Les ayant lues plusieurs fois, avec des agitations extraordinaires, elle ne put résister aux mouvemens de son cœur : elle oublia toutes les résolutions qu'elle avoit prises, et permit dès le premier jour à Florence de lui rendre à l'avenir les lettres du chevalier de Fosseuse.

A peine put-il croire un si grand bonheur, lorsqu'il n'étoit plus rempli que d'un désespoir mortel. Ses lettres furent pour madame de Bagneux un remède non pareil, qui lui rendit en peu de temps tous ses charmes. Il n'y eut presque plus de jours qu'ils ne s'écrivissent, et par là leur passion devint encore plus ardente.

Le chevalier de Fosseuse conjura enfin madame de Bagneux de lui permettre de la voir. Quoiqu'elle vît d'extrêmes difficultés à en trouver le moyen en un lieu où son mari ne la quittoit presque point, l'envie de voir le chevalier de Fosseuse, après tant de choses qui leur étoient arrivées, le lui fit trouver. M. de Bagneux étoit obligé de garder la chambre pour quelque indisposition. Elle manda au chevalier de Fosseuse qu'elle iroit voir le lendemain madame de Vandeuil, qui étoit alors à la maison qu'elle avoit en ce lieu, et qu'il pourroit la voir, venant sous prétexte de voir cette dame.

Le chevalier de Fosseuse ne manqua pas de se rendre de bonne heure en un lieu où il devoit voir madame de Bagneux. Ils sentirent une joie égale de se revoir et n'eurent pas une impatience médiocre de s'entretenir. Mais madame de Vandeuil, qui se croyoit obligée de leur tenir compagnie, empêcha, sans dessein, qu'ils ne pussent se dire d'abord que peu de choses ; et comme, après les premiers entretiens, elle leur eut demandé la permission d'écrire une lettre pour l'envoyer par un homme qui l'attendoit, et qu'ils commençoient à se parler, on vint dire que M. de Bagneux venoit.

S'étant trouvé ce jour-là moins incommodé, et ayant su que sa femme étoit chez cette dame, il lui étoit venu tout d'un coup dans l'esprit d'y aller, ennuyé d'être seul, et il avoit envoyé devant, seulement pour la forme, un de ses gens.

Il n'y eut jamais d'état pareil à celui où se trouvèrent alors madame de Bagneux et le chevalier de Fosseuse. Madame de Bagneux en fut accablée, comme un dernier coup de malheur, lequel étoit inévitable, ne voulant rien faire qui pût découvrir sa crainte à madame de Vandeuil. Et le chevalier de Fosseuse fut rempli d'une douleur extraordinaire, considérant en quel danger il étoit cause que la personne qu'il adoroit étoit exposée.

Voyant qu'il falloit que M. de Bagneux le trouvât avec sa femme, s'il ne sortoit promptement, il prit congé de madame de Vandeuil. M. de Bagneux, qui avoit suivi celui qu'il avoit envoyé, n'étoit qu'à deux pas du logis de cette dame, lorsque le chevalier de Fosseuse en sortit. Le trouble où il étoit redoubla à la vue de M. de Bagneux, qui eut de son côté une surprise infinie, laquelle se tourna dans le même moment en fureur. S'il eût eu des armes, il eût tâché au péril de sa vie de se venger du chevalier de Fosseuse, et il eut alors un sensible regret d'avoir pris une profession qui le faisoit trouver en cette occasion hors d'état de se satisfaire.

Transporté d'une rage incroyable, il retourna sur ses pas chez lui et alla à la chambre de sa femme, où il fit mille menaces, et s'emporta en des termes d'un cruel ressentiment, comme si elle eût été présente.

Madame de Bagneux avoit vu sortir le chevalier de Fosseuse, et, voyant que son mari n'étoit point entré, sa crainte s'étoit changée en une certitude de ce qui étoit arrivé. Sentant qu'elle ne pouvoit demeurer davantage chez madame de Vandeuil sans tomber en un état qui lui auroit découvert celui de son âme, toute troublée, et sans savoir ce qu'elle devoit faire, elle prit aussi congé d'elle.

Ayant trouvé M. de Bagneux dans sa chambre, ce fut le comble de son malheur. « Non, non, Madame, lui dit-il plein de fureur, croyant qu'elle venoit pour s'excuser, n'espérez plus de pardon de moi, je ne suis plus capable que de me venger de vos perfidies : car enfin tout est permis quand on est ainsi offensé, et je ne trouverai rien de trop cruel pour vous en punir. » Ensuite il lui fit mille menaces épouvantables, et, transporté de rage, la menaça plusieurs fois du fer et du poison.

Pendant que madame de Bagneux, qui étoit entrée demi-morte, étoit tombée aussitôt évanouie et étoit dans un état peu différent de celui d'une personne qui expire, M. de Bagneux, craignant que cette vue ne le touchât encore, se retira dans une autre chambre, plein des passions les plus violentes dont un esprit puisse être agité.

Les femmes de madame de Bagneux, qui avoient entendu le bruit que M. de Bagneux avoit fait, survinrent aussitôt et la secoururent. Mais la douleur s'étoit si fort saisie de son cœur, qu'après que par leur assistance elle eut recouvré le sentiment, elle retomba un moment après dans un nouvel évanouissement ; et, ses femmes l'ayant de nouveau soulagée, après avoir jeté quelques soupirs, sa douleur se renouvelant, elle retomba encore au même état ; et enfin, cette même douleur, qui s'étoit auparavant resserrée, venant à s'épandre tout d'un coup, elle ouvrit les yeux avec une langueur mortelle, accablée d'une fièvre horrible.

Ce fut alors qu'elle commença de souffrir véritablement, son esprit ayant recouvré quelque liberté. Les pensées qu'avoit son mari causèrent à son imagination un trouble plus cruel que le mal qu'elle sentoit. Ensuite elle fit réflexion au chevalier de Fosseuse, mais avec une tendresse que l'état où elle étoit ne sembloit pas lui devoir permettre, quoique néanmoins avec des soupirs qui faisoient bien voir qu'elle reconnoissoit qu'il étoit la cause de ses malheurs; mais son cœur étoit alors tellement rempli de sa passion qu'elle ne pouvoit plus combattre pour l'en chasser, ni condamner les sentimens qu'elle lui avoit inspirés.

Des pensées si diverses et si confuses la travaillèrent si fort que sa vie fut d'abord en danger, ne s'étant jamais vu une maladie plus violente.

Le chevalier de Fosseuse, qui avoit tout appréhendé de la rencontre de M. de Bagneux, et qui en avoit appris le cruel effet avant que de s'en retourner à Paris, étoit dans un désespoir qui ne se peut représenter. Pendant le chemin il pensa plusieurs fois retourner sur ses pas et s'aller offrir à la colère de M. de Bagneux.

Mais sa douleur augmenta horriblement lorsqu'il apprit, deux jours après, combien madame de Bagneux étoit malade. Cette nouvelle lui fit oublier tout ce qui pouvoit lui être cher. Il résolut de sortir de France et d'aller attendre la mort dans d'autres parties de la terre et d'y passer le reste d'une vie qu'il voyoit qui ne pouvoit être que très-misérable, ne voulant pas être cause que, si madame de Bagneux guérissoit de cette maladie, elle fût jamais exposée pour lui à de pareils malheurs. Et, quoique sa passion lui eût bien fait souhaiter de savoir si elle en relèveroit avant que de s'en éloigner, il résolut de ne le pas attendre, de peur que, si elle en guérissoit, il ne pût exécuter sa résolution.

Et en effet, après l'avoir dite, et écouté ce que lui avoit pu apprendre Florence, à qui il trouva le moyen de parler, il la pria, en versant beaucoup de larmes, de l'apprendre à madame de Bagneux, et de lui dire qu'il alloit haïr la vie plus que personne n'avoit jamais fait, et qu'en quelque état qu'elle fût, elle seroit bien moins malheureuse que lui. Il partit avec un illustre disgrocié qui sortit du royaume.

M. de Bagneux n'avoit pas de moins tristes pensées. Quelques jours après les premiers transports de son ressentiment, apprenant l'extrême danger où étoit sa femme, il en fut vivement affligé, et le même amour qui lui avoit inspiré de si forts sentimens de jalousie et de fureur le fit intéresser à sa guérison. Outre tous les remèdes possibles qu'il prit soin qu'on y apportât, il parut devant elle plusieurs fois, plutôt en amant qui tremble pour la vie de sa maîtresse qu'en mari irrité et qui croit avoir de justes sujets de plaintes. Il tâcha autant de fois de lui persuader que l'emportement qu'il avoit eu venoit de l'excès de son affection; que la douleur qu'il en avoit ressentie l'assuroit entièrement pour l'avenir, et qu'il seroit incapable de lui témoigner jamais aucuns soupçons qui pussent lui déplaire.

Mais tous ces soins et toutes ces satisfactions furent inutiles. Elle lui dit peu de choses pour se justifier envers lui, et lui fit entendre que sa mort ne devoit pas lui être désagréable. Elle ne pouvoit plus penser qu'au chevalier de Fosseuse, ce qu'il venoit de faire lui paroissant un si grand sacrifice et une chose si extraordinaire, qu'au milieu de son mal elle en avoit quelque joie, connoissant qu'il avoit été digne de l'inclination qu'elle avoit eue pour lui. Et cette forte passion lui ôtoit l'envie de guérir; elle sentoit qu'elle ne pourroit jamais chasser cette passion de son cœur, et que, si elle survivoit à la connoissance que M. de Bagneux en avoit, outre la contrainte terrible avec laquelle elle seroit obligée de cacher ses sentimens, elle seroit tous les jours exposée à tous les chagrins qu'il voudroit lui faire souffrir, et qu'il auroit lui-même une continuelle inquiétude.

Il ne s'est jamais vu personne si malade et si agitée. Aussi, bien qu'elle eût plusieurs relâches, venant toujours à repenser à toutes ces choses et à en imaginer encore de nouvelles, elle retomboit aussitôt dans un état pire que le premier, et, ses forces étant enfin épuisées par le mal, elle mourut dans ces sentimens confus, et sans témoigner aucun regret à la vie.

LES

FAUSSES PRUDES

OU

LES AMOURS DE Mme DE BRANCAS

ET AUTRES DAMES DE LA COUR.

LES

FAUSSES PRUDES

ou

LES AMOURS DE Mme DE BRANCAS[1]

ET AUTRES DAMES DE LA COUR.

Je n'ai pas de ces hauts desseins
D'écrire les actes des saints,
Ma Muse est encore trop jeunette;
Il ne lui faut qu'une musette,
Et les discours moins sérieux
La divertissent cent fois mieux.

---

1. Madame de Brancas étoit femme de Charles de Brancas, le plus jeune fils de Georges de Brancas, premier duc de Villars. Charles de Brancas étoit, depuis 1661, chevalier d'honneur de la Reine-Mère. Madame de Sévigné a fait connoître ses distractions, et La Bruyère l'a rendu fameux sous le nom de *Ménalque*.

Sa femme étoit une des trois filles de Mathieu Carnier, trésorier des parties casuelles; de ses deux sœurs, l'une épousa M. d'Oradour, et l'autre, veuve de M. d'Orgères, devint ensuite madame Molé de Champlâtreux. Leur frère, le chevalier Garnier, épousa mademoiselle de La Porte, fille

Moi qui ne veux pas la contraindre,
Je ne veux pas encor me plaindre
Avec de lamentables vers
De voir un siècle si pervers.
Tout ce que je demande d'elle
Est de conter quelque nouvelle
Comme les dames de la cour
Traitent les mystères d'amour.
Maintenant il me prend envie
De décrire toute leur vie,
Pendant que dans un triste exil
J'ai le temps d'en ourdir le fil.
On ne sauroit m'en faire accroire :
Je sais le fin de leur histoire,
Je sais leur pratique et leurs brigues,
Et je puis vous jurer ma foi
Que nul ne la sait mieux que moi.
Je sais leurs secrètes intrigues,
Et comme chacun en ce jour
Se comporte dans cette cour.
Avance-toi, Muse, et m'inspire
Quelque chose digne de rire,
Le sujet le mérite bien.
Déjà dans plus d'un entretien
Nous en avons ri, ce me semble,
Quand nous étions tous deux ensemble.
·Mais nous les mettrons en courroux,
Me diras-tu, filons plus doux.
Et moi je n'en veux rien démordre.
Disons toutes choses par ordre;
Surtout dans cette occasion

d'honneur de la Reine. Voy. dans cette collection le *Dictionnaire des Précieuses*, t. 2, aux mots *Brancas*, *Garnier*, *Cradour* (d').

Evitons la confusion,
Et ne faisons pas un mélange;
Distinguons le démon de l'ange.
A part scrupules superflus,
Puisqu'en ce temps il n'en est plus!
Il me prend un éclat de rire
D'en avoir ici tant à dire
Qu'il faut avec moi confesser
Que j'aurois peine à commencer.
Pendant que j'ai le vent en poupe,
Prenons-en une de la troupe,
Et la séparons du monceau,
Pour le premier coup de pinceau.
Nous dauberons quelque autre ensuite,
Et, suivant notre réussite,
Sans nous arrêter en chemin
Nous les passerons sous la main.
Mais donc pour entrer en matière,
Qui choisirons-nous la première?
Prenons Madame de Brancas.
Je sais que chacun en fait cas;
C'est une belle assez fameuse
Pour rendre notre histoire heureuse.
Je m'en vais doncque l'exposer.
Ecoutez, je vais commencer.

Vêtu d'une étroite culotte,
Son père[1]*, faiseur de calotte,*
En vendit, dit-on, à Lyon,

---

[1]. Mathieu Garnier. Sa succession, dit le *Catalogue des partisans*, a été « un des principaux piliers de la maltôte de son temps, tant par création de nouveaux offices que par attribution de droits et taxes sur les anciens. » Cf. *Courrier de la Fronde*, Bibl. elzev., t. 1, p. 167.

*Quasi pour près d'un million.
Ainsi se voyant en avance,
Il se mêla de la finance,
Et tout le reste de ses ans
Fut un de ces gros partisans.
Il avoit dedans sa famille
Une belle et charmante fille,
Belle, à ce qu'on en a écrit,
Mais on ne dit rien de l'esprit,
Lorsque Madame la Princesse* [1]
*La prit pour être la maîtresse
Du feu bonhomme d'Assigny* [2]*,
Qui crut trouver la pie au nid.
Avant ce fameux mariage
Qu'on fit à la fleur de son âge,
Toutes ses premières amours,
Qui n'eurent pas longtemps leurs cours,
Furent avec laquais et pages
Et maints semblables personnages
Du fameux hôtel de Condé,
Et non avec son accordé.
Avant qu'il fût jour chez Madame,
Chacun sait que cette bonne âme
Avoit joué, je ne mens pas,
Dedans le plus haut galetas,
Plus de deux heures à la boule,
Avec des balles que l'on roule,*

---

1. Marguerite de Montmorency, femme du prince de Condé.
2. Ce n'est pas d'Assigny ou Acigné qu'il faut lire : M. d'Acigné étoit de la maison de Brissac ; c'est d'Isigny. François de Brecey, seigneur d'Isigny en Normandie, fut en effet le premier mari de Suzanne Garnier. Celle-ci n'eut pas à se louer de lui.

Et plus elles sont près du but
Elle confesse avoir perdu.
Sitôt qu'elle fut épousée,
Son mari, d'une âme rusée,
L'envoie auprès de sa maman
Et la retient là près d'un an.
C'est au fond de la Normandie
Que ce mari la congédie;
Si c'eût été plus en deçà,
On eût su ce qui s'y passa.
J'ai su d'un auteur très sincère
Qu'elle battit sa belle-mère,
Qui, l'aimant toujours tendrement,
Souffrit cela patiemment.
Après deux ou trois ans d'épreuve,
Par bonheur elle devint veuve.
On dit qu'elle en jeta des pleurs,
Qu'elle feignit quelques douleurs;
Mais, sans parler à la volée,
Elle en fut bientôt consolée.
Depuis elle vint à Paris,
Heureux séjour pour les Cloris,
Où, quoique sous un sombre voile,
Elle brilla comme une étoile.
Les sieurs de Malta[1] et Jeannin[2],
Friands du sexe féminin,
Ne l'avoient à peine aperçue,

---

[1]. Ce n'est pas Maltha, mais Matha qu'il faut lire. Charles de Bourdeilles, comte de Mastas ou de Matta, en Saintonge, ami de l'abbé chevalier comte de Grammont. Voy. les notes de M. Moreau, dans sa savante édition des *Courriers de la Fronde*, Bibl. elzev., t. 2, p. 250, 151, 294.

[2]. Petit-fils, par sa mère, du président Jeannin de Castille. La femme de Chalais, à qui Richelieu fit trancher la tête, étoit sa sœur.

Que leur âme en parut émue,
Et chacun s'en crut le vainqueur.
Tous deux lui touchèrent le cœur,
Pour tous deux elle eut l'âme atteinte,
Et ce ne fut pas sans centrainte
Qu'elle répondit à leurs vœux,
Les voulant conserver tous deux.
Pas un n'eut l'âme trop saisie
Des mouvements de jalousie.
Elle les ménagea si bien
Qu'ils ne se dirent jamais rien.
Jeannin la menoit en campagne
Dans une maison de cocagne
Que l'on appelle l'Amireau,
Non pas séjour de houbereau,
Mais une maison de délices,
Où Brancas offrit ses services
A cette jeune déité,
Qui n'eut point d'inhumanité
Pour un galant si plein de charmes :
Elle rendit bientôt les armes.
Après un mal assez amer,
Brancas revient pour prendre l'air
Dedans cette maison fameuse,
Mais maison pour lui bien heureuse,
Puisqu'en cet illustre séjour
Il prit et donna de l'amour ;
Souvent lui conta des fleurettes,
Et, dans ces douces amusettes,
Il lui récitoit quelques vers,
Qu'il pilloit des auteurs divers.
Un jour qu'il causoit avec elle,
Afin de lui prouver son zèle
Et tous les violents transports

Qu'il ressentoit peut-être alors,
Il lui fit voir une élégie,
Mais forte et pleine d'énergie,
Qu'elle prit pour un madrigal,
Qui lui porta le coup fatal,
Dont elle ne se put défendre ;
Elle acheva lors de se prendre.
Le reste ne se conte plus,
J'en serois moi-même confus.
Le voir, l'aimer, devenir grosse,
Je ne vous dis point chose fausse,
Se firent dès le même jour
Qu'il lui témoigna de l'amour.
Il n'est pourtant rien de plus vrai
Qu'on n'y mit pas plus de délai,
Et que dans la même journée
La chose se vit terminée.
Sitôt que monsieur de Brancas
S'aperçut de ce vilain cas,
Par un motif de conscience,
Ou bien poussé par la finance,
Sur quoi l'on ne pouvoit gloser,
Il fit dessein de l'épouser.
Bien que la dame se vît grosse,
Elle ne vouloit point de noce,
Pourtant elle y consentit : car
Voyant que le duc de Villars
Etoit prêt de faire naufrage,
Elle approuva ce mariage :
Ce qu'elle n'eût fait qu'à regret,
Sans quelque espoir du tabouret [1].
Six mois après l'affaire faite,

---

1. L'espoir qu'elle avoit de voir son mari devenir duc,

Elle mit au monde Branquette [1],
Ce jeune miracle d'amour
Qui brille à présent dans la cour,
Devant qui même la plus belle
N'oseroit lever la prunelle,
Et qui pourroit conter à soi
Le cœur même de notre Roi [2].
Ses beaux cheveux de couleur blonde
Et son teint le plus beau du monde
Réjouirent fort son papa,
Parce que Jeannin et Malta,
Dont il étoit en défiance,
N'avoient aucune ressemblance
A ce beau teint, à ces cheveux
Dignes de mille et mille vœux.
Monsieur de Laon [3], *qui dans l'Eglise*
Fait une figure de mise,
Et qui, comme l'on peut juger,
Sait bien plus que son pain manger,
Ou, pour parler sans menterie,
Un grand laquais nommé La Brie [4],

par la mort de son frère, fut trompé, et elle n'obtint pas les honneurs dus aux duchesses, dont le plus particulier étoit d'avoir un tabouret chez la reine.

1. Branquette, c'est-à-dire mademoiselle de Brancas, épousa, le 2 février 1667, le prince d'Harcourt, et mourut en 1673.

2. Un couplet satirique du temps disoit en effet :

    Brancas vend sa fille au roy
    Et sa femme au gros Louvoy.

Voy. le *Dict. des Préc.*, t. 2, au mot *Brancas*.

3. César d'Estrées, évêque-duc de Laon, pair de France en 1653. Il étoit né le 5 février 1628. En 1657 il fut reçu à l'Académie françoise, et il mourut, en 1714, doyen de cette compagnie.

4. Le même nom du laquais se retrouve dans un vaude-

Furent père, à ce que l'on dit,
D'une fille du même lit [1].
Mais sans choquer la révérence,
On croit avec plus d'apparence,
Qu'elle vint de ce grand prélat,
Qui fit cela sans nul éclat;
Et ce qui fait qu'aucun n'en doute,
C'est que malgré la sœur Ecoute,
Et la mortification
Que l'on souffre en religion,
Elle ne perd jamais l'envie
De finir tristement sa vie,
Et de donner dans ce saint lieu
De grandes louanges à Dieu :
Ce qui fait voir, quoi que l'on fasse,
Que ce dessein lui vient de race,
Quoique d'autres légèrement
En jugent peut-être autrement.
Pour encor mieux faire la fausse,
Chacun dit qu'elle en devint grosse
En l'absence de son mari,
Qui depuis en fut bien marri,
Et qui contre son ordinaire
En parut un peu en colère;
Mais étant un fort bon parent [2],
Il en usa modérément,
Et ne s'en prit rien qu'à La Brie,

ville que nous avons cité dans notre édition du *Dictionnaire des Précieuses*, t. 2, au mot *Brancas*.

1. La seconde fille, avouée du moins, de madame de Brancas, épousa, le 5 février 1680, son cousin Louis de Brancas, duc de Villars ; elle n'entra donc point en religion.
2. La mère du comte de Brancas étoit Julienne Hippolyte d'Estrées, fille d'Antoine, marquis de Cœuvres, et tante de César d'Estrées, évêque de Laon.

Qu'il chassa, dit-on, de furie,
Ce qui fit beaucoup plus d'éclat
Que s'il s'en fût pris au prélat.
Mais notre adorable comtesse,
Pour autoriser sa grossesse,
Lui soutint, jurant de sa part,
Que déjà devant son départ
Sa fille avoit été conçue,
Qu'elle s'en étoit aperçue.
Le temps pourtant s'accordoit mal;
Mais dans un endroit si fatal
On n'examina pas la chose;
On lui fit croire que la glose
De ce doute fâcheux qu'il prit
Etoit une absence d'esprit,
Et dans ses grandes rêveries [1]
Il se forgeoit ces niaiseries.
Lors le mari le crut assez :
Vous le croirez si vous voulez.
A ces deux-là, qui la quittèrent,
Deux autres fameux succédèrent :
Chavigny, autrement de Pont [2],
Et d'Elbeuf [3], *homme assez profond*
Dans la science de la chasse,
Qui remplissoit fort bien sa place,
Lorsqu'il appliquoit ses efforts

---

1. Nous avons déjà dit que le comte de Brancas sembloit être l'original du portrait que La Bruyère a tracé du distrait, sous le nom de Ménalque.

2. Armand-Léon Le Bouthillier, comte de Chavigny, seigneur de Pons, maître des requêtes, étoit fils de Léon Le Bouthillier de Chavigny et d'Anne Phelippeaux. Il épousa, en 1658, Elisabeth Bossuet, et mourut en 1684.

3. Charles de Lorraine, troisième du nom, duc d'Elbeuf, gouverneur de Picardie, né en 1620, mort en 1692.

Après quelque grand bruit d'alors.
Il lui contoit pour l'ordinaire
Tous les faits de son chien Cerbère,
S'il s'étoit jeté tout à coup
Sur quelque cerf ou quelque loup,
Si le chevreuil ou bien le lièvre
Avoit eu ce jour-là la fièvre,
En se voyant dessus ses fins
A la merci de ses mâtins.
L'autre, qui paroissoit plus sage,
Etoit aussi d'un autre usage.
C'étoit un homme libéral,
Qui donnoit tout, ou bien, ou mal;
Même l'on dit, entre autre chose
(Que personne de vous ne glose),
Qu'avant que de lui dire adieu,
Il lui meubla son prié-Dieu [1],
Mais des plus beaux bijoux du monde,
De tout ce que la terre et l'onde
Fournissent de plus précieux,
Et de plus éclatant aux yeux.
Combien cet amant plein de zèle
A-t-il souffert de maux pour elle!
Il a blanchi dessous le faix,
Outre sa dépense et ses frais.
Quelle auroit donc été sa peine,
S'il eût aimé quelque inhumaine!
Sans rendre ces deux mécontents,
Elle avoit dès ce même temps

---

1. Nous écrivons *prié-Dieu* et non *prie-Dieu* pour conserver la mesure du vers, et surtout parce que la deuxième forme n'étoit pas encore admise. Richelet ne donne que la première; Furetière admet les deux, et le Dictionnaire de Trévoux, qui les conserve, n'emploie pas la seconde dans ses exemples.

L'abbé Nardy, amant de Galle [1],
Dont l'âme n'est point libérale,
Qui la voyoit comme voisin
Depuis le soir jusqu'au matin.
Dedans ce temps-là même encore,
Malta, qui l'aime et qui l'adore,
Revint, mais plus secrètement
Montrer qu'il étoit son amant,
Qu'il n'en pouvoit plus aimer d'autres ;
Et parmi tant de bons apôtres,
Sans savoir d'où cela venoit,
Hélas, mon Dieu ! l'on s'aperçoit,
Lâcherai-je cette parole ?
Que la dame avoit la vérole.
On consulta dessus ce fait
Un homme en ce métier parfait,
Qui la voulut prendre en sa charge :
C'est le sage monsieur Le Large,
Homme qui n'a point de pareil
En tout ce que voit le soleil.
Sans songer d'où le mal procède,
On résout d'y donner remède ;
L'on convient pour cela de prix.
Le jour même, dit-on, fut pris
Mais la guérison fut remise
Malgré quelque potion prise,
A cause que dans cet instant
L'argent n'étoit pas bien comptant.
Comme elle avoit un cœur de roche,
Pour éviter quelque reproche
Qu'on lui faisoit en son quartier,

---

1. Je proposerois de lire : « amant de balle », c'est-à dire « de pacotille », comme dans le vers de Molière :

Allez, rimeur de balle, opprobre du métier.

Même gens de galant métier,
Pour tromper tant de sentinelles,
Elle prend celui des Tournelles,
Et sans avoir d'autre raison,
Elle abandonne sa maison;
Puis prend la rue de Vienne,
Quartier plus propre à la fredaine,
Et déjà beaucoup plus fameux
Pour tous les larcins amoureux.
Bien que personne ne la suive,
Elle ne se croit pas oisive :
Messieurs Paget [1] et Monerot [2]
Y furent bientôt pris au mot.
Dès aussitôt qu'ils l'eurent vue,
Et l'un et l'autre d'eux se tue
De lui faire mille présents.
Elle, pour les rendre contents,
De peur que l'un des deux s'offense,
Avoit beaucoup de complaisance ;
Elle prenoit à toute main,
Croyoit qu'il eût été vilain
De refuser avec audace
Des présents faits de bonne grâce.
Ils avoient dans leur passion
Tous deux de l'émulation :
Si l'un envoyoit une table
D'une fabrique inimitable,
L'autre renvoyoit dès le soir
Un parfaitement beau miroir ;
Si l'un d'eux chômoit une fête,
L'autre se mettoit dans la tête

---

1. Maître des requêtes, puis intendant des finances. Voy. t. 1, p. 16, et *Dictionnaire des Précieuses*, t. 2, p. 318.
2. Partisan fameux, comme Paget.

Depuis le soir jusqu'au matin
De la régaler d'un festin.
Mais les fortunes bien prospères
Sont celles qui ne durent guères :
Bientôt une adroite beauté
Eut tout ce mystère gâté,
Et par une intrigue nouvelle
Lui ravit ses amans fidèles.
C'est d'Olonne[1] *qui fit ce coup*
Environ entre chien et loup.
Jamais rien ne fut plus sensible
Que ce larcin irrémissible ;
Mais dans l'espoir de se venger
Elle n'y voulut pas songer :
Sans bruit elle se laissa faire.
Le sieur Fleuri[2], *vilain compère*
(Ceci soit dit sans l'offenser),
Et plus laid qu'on ne peut penser,
Le diable (Dieu me le pardonne),
Armé des armes qu'on lui donne,
Non, n'est pas si laid que celui
Qui charmoit alors son ennui.
Sa mine étoit plus dégoûtante
Que les courroies d'une tente ;
Son teint d'un vieil mort et huileux
Eclatoit d'un lustre terreux ;
Ses cheveux, sa barbe maussade,
Son haleine pire que cade[3],

---

1. Sur d'Olonne, voy. t. 1, p. 6, et sur sa femme, t. 1, p. 1-153.

2. Peut-être est-ce ce marquis de Fleuri, grand personnage de Savoie, qui vint en France vers cette époque, et avec qui *Mademoiselle* se lia à Fontainebleau. Voy. ses *Mémoires*, édit. Maëstricht, t. 4.

3. Pour *cacade*, dans un sens maintenant perdu, mais facile à comprendre.

Et le tout d'un monstre infernal,
S'il n'avoit été libéral,
L'auroient certes, comme je pense,
Fait haïr de toute la France.
Il faisoit donc quelques présents,
Mais qui pourtant n'étoient pas grands :
Des essences et des pommades,
Des citrons doux pour les malades,
Des raisins doux de Languedoc
Pour le carême, c'étoit hoc,
Et quelque autre chose semblable,
Non pas d'un prix inimitable;
Mais pour être parfait amant,
Suffit de donner seulement.
Bien que Fleuri logeât chez elle,
Elle ne lui fut pas fidèle.
Comme un cent ne suffisoit pas,
D'Epagni¹ eut le même cas,
Du même temps, à la même heure,
Homme encore laid, ou je meure,
Qui, sans le bon monsieur Fleuri,
Qui sur lui l'auroit enchéri,
Il auroit été, si je n'erre,
Le plus laid homme de la terre,
Commençant à s'émanciper,

---

1. Sur cette simple mention, il nous est impossible de donner des renseignements précis. Nous connoissons sous ce nom un abbé d'Espagny à qui Scarron a adressé une épître où, pour le remercier de quelques sarcelles envoyées par ce prélat, il lui disoit :

> Adieu, cher abbé de mon âme;
> Cupidon vous doint belle dame,
> Car maints prelats de ce temps-cy
> Aiment belles dames aussy,
> Et j'en connois d'assez peu sages
> Pour enganymeder leurs pages.

Lui montroit l'art de bien piper,
A quelque jeu que ce pût être
Sans que l'on pût le reconnoître.
C'est où bien des gens ont recours
Et qui lui fut d'un grand secours.
Avant qu'elle eût cette science,
Elle perdit, mais d'importance.
Mais vous allez tous admirer
Comme elle s'en sut bien payer.
Au carnaval, temps de remarque,
Notre jeune et vaillant monarque,
Pour chasser mille ennuis fâcheux,
Dansoit un ballet somptueux :
Brancas, cette jeune merveille,
Qui a le pas fin et l'oreille,
Dans ce ballet, non par hasard,
Représentoit, dit-on, un art [1],
Oui, c'étoit la Géométrie :
Son habit couleur de prairie,
Et qui valoit son pesant d'or,
M'en fait ressouvenir encor.
En attendant, comme je pense,
Que son tour vint d'entrer en danse,
Hélas! monsieur de Relabbé
La fit bien venir à jubé ;
Sans vous conter des hyperboles
Lui gagna dix-huit cents pistoles.
Après un semblable malheur,
On ne dansa pas de bon cœur.
La somme n'étant pas payée,

1. Le *Ballet des Arts*, paroles de Benserade, musique de Lully, fut dansé pour la première fois par Sa Majesté le 8 janvier 1663.

Elle en fut moins mortifiée,
Car, comme cet homme de cour
Alla la voir un autre jour,
Il se paya d'une monnoie
Qu'il reçut même avecque joie,
Et qu'on entend à demi-mot
A moins que de passer pour sot.
Je tiens, pour moi, qu'on peut le croire,
Puisque lui-même en fait l'histoire.
Dans ce temps-là monsieur Jeannin
La revit, sans qu'aucun venin
D'une immortelle jalousie
Lui vint troubler la fantaisie ;
Elle le reçut de bon œil,
Et l'eût aimé jusqu'au cercueil,
Sans qu'une méchante personne
Le lui ravit : ce fut d'Olonne
Qui lui prit encor celui-ci
Et bien d'autres qu'on sait aussi.
Monsieur de Beaufort[1], ce grand homme,
Que l'on connoît dès qu'on le nomme,
Depuis les plus petits enfans
Jusqu'à ceux qui n'ont point de dents,
La consola de cette perte ;
Tous les jours elle étoit alerte
Pour épier où ce héros
Lui pourroit parler en repos.
J'aurois de quoi vous faire rire,
Si je voulois ici vous dire
Mille et mille discours sans fin,
Et les rendez-vous du jardin
Du fameux hôtel de Vendôme[2],

1. François de Vendôme, duc de Beaufort, le roi des Halles.
2. Cet hôtel étoit situé dans la rue Saint-Honoré, non loin

Où, bien souvent, comme un fantôme
J'ai connu ce maître paillard
L'attendre tout seul à l'écart.
Mais, hélas! la beauté qu'il aime
Le publie trop elle-même
Pour vous le réciter ainsi.
Peut-être savez-vous aussi
Les discours que de leur fenêtre
Ils se faisoient sans trop paroître,
Parce que monsieur de Brancas
Dessus ce point ne railloit pas,
De quoi pourtant chacun s'étonne,
Le voyant si bonne personne.
Monsieur le maréchal d'Estrez [1],
Qui, je crois, comme vous savez,
N'a pas l'âme trop libérale,
Etoit encor de sa cabale.
Jugez un peu s'il l'aimoit bien,
Puisqu'il lui fit présent d'un chien,
Mais d'un joli chien de Boulogne,
Petit et de camuse trogne.
Mais comme son affection
Augmentoit sa prétention,
Il lui fit un don plus solide :
C'étoit un petit coffre vide,
Mais ajusté fort joliment,
Et qui, dit-on, étoit d'argent.
Après, contrefaisant la prude,

du couvent des Capucins. Le duc de Mercœur, qui l'avoit fait construire, l'avoit enrichi, dit Sauval, d'un jardin et d'un bois d'une grandeur considérable. (Sauval, t. 2, p. 68.)

1. François-Annibal d'Estrées, marquis de Cœuvres, maréchal de France, né en 1673, mort le 5 mai 1670. Voy. ci-dessus, p. 243.

Elle mit toute son étude
A corrompre monsieur Fouquet [1] ;
Déjà de plus d'un affiquet
Elle orne sa divine tresse,
Elle le flatte et le caresse ;
Mais lui, toujours comme un glaçon,
Ne mordoit point à l'hameçon.
Jamais on ne le sut surprendre.
Il avoit une amitié tendre
Pour son bonhomme de mari
Dont on ne l'a jamais guéri.
Tout ce que l'amour nous suggère
Près de lui ne servoit de guère ;
Malgré tous ses divins appas
Cet amant ne l'écouta pas.
Alors on voit qu'elle s'écrie :
« Voilà ma science finie
Sans que tu me sois converti,
Et j'en aurai le démenti !
Dussé-je mourir dans la peine,
Je veux que ton âme inhumaine,
Plus fière que dame à certon [2],
Chante dessus un autre ton. »
Alors, le prenant de furie
Dans cette grande galerie
Que nous prenons à Saint-Mandé [3],
L'œil en feu comme un possédé,

1. Fouquet, surintendant des finances, étoit fort peu délicat cependant en matière d'amour.
2. Peut-être faut-il lire : *dame Alecton ?* — La 1re édit., comme toutes les autres, donne : *dame à certon*. Mais ce texte de 1668 est si mauvais qu'on a dû presque toujours le modifier.
3. La maison que Fouquet avoit bâtie à Saint-Mandé étoit le lieu ordinaire de ses rendez-vous d'amour. C'est là que

*Malgré ce qu'il put entreprendre,
Elle le force de se rendre.
Et l'on dit, malgré qu'il en eût,
Qu'elle en fit ce qu'elle voulut ;
Et lorsqu'il eut quitté sa patte,
Après l'avoir nommée ingrate
Et fait quelques discours confus,
Il jura de ne tomber plus.
Son serment ne fut pas frivole,
Car depuis il lui tint parole.
Alors que ce surintendant* [1]
*Fut frappé de cet accident
Qui, par une chute commune,
Entraîna plus d'une fortune,
Dieu sait quels furent ses regrets !
Cela m'importe fort peu ; mais,
A ce que l'on me persuade,
Elle fut tout à fait malade,
Et même, à ne vous mentir point,
Elle en perdit son embonpoint.
Depuis, lorsque ses amis virent
Que les choses se ralentirent,
Recouvrant un peu de santé,
On vit renaître sa beauté.
A peine chacun la découvre*

l'on saisit la fameuse cassette où tant de lettres compromettantes furent trouvées et que le roi fit généreusement brûler.

1. Nous n'avons pas à rappeler ici les détails de la chute de Fouquet, la fête qu'il donna à Vaux, son arrestation à Nantes. Cette chute, comme le dit l'auteur,

    Entraîna plus d'une fortune.

Madame du Plessis-Bellière et l'abbé de Belesbat, principaux agents de ses plaisirs, les femmes trop nombreuse qu'il combloit de ses riches présents, les écrivains qu'il pensionnoit, eurent surtout à déplorer son malheur.

Qu'elle alla loger dans le Louvre,
Et sans savoir quasi pourquoi
On la voit bien auprès du Roi.
D'autres n'en disent pas de même,
Disant que c'est elle qui l'aime,
Et qu'elle s'efforce en tous lieux
De se trouver devant ses yeux;
Que d'une manière obligeante,
Près de lui fait toujours l'amante,
Et que, redoublant ses appas,
Fait très souvent le premier pas.
La raison sur quoi l'on se fonde,
C'est que le plus grand Roi du monde,
Qui d'un regard peut tout charmer,
Et qui n'a, pour se faire aimer,
Qu'à jeter l'œil sur la plus belle,
Qui ne connoît point de cruelle,
Ne voudroit pas faire un tel choix.
Lors l'on entendit une voix,
Qui dit d'un ton digne de marque,
Nous parlant de ce grand monarque :
« Hélas ! pourquoi s'en étonner,
Puisqu'on le veut abandonner
Aux caresses d'une importune
Qui n'étoit plus bonne fortune,
Et qui désormais au cercueil
Ne peut entrer qu'avec un œil[1] ? »
Une raison si convainquante
Fit que l'on eut bien de la pente
A croire que ce Roi fameux
Pourroit bien répondre à ses vœux,

---

1. Madame de Beauvais, une des premières femmes qui s'attachèrent à le séduire, étoit borgne.

Quoique l'on soutienne en cachette
Que le tout n'est que pour Branquette,
Dont je donne certificat,
Etant un mets plus délicat,
Plus savoureux et plus d'élite
Pour un prince de ce mérite.
Cependant monsieur de Brancas
Ferme l'œil à tout ce tracas,
Et d'une âme toute pieuse,
Pour mener une vie heureuse
Et libre de tous les chagrins,
Vers le ciel élevant ses mains,
Offre à Dieu tout ce que peut faire
Et la jeune fille et la mère,
Et sans en concevoir de fiel
Reçoit tout comme don du ciel,
Soit qu'il eût à souffrir des princes,
Ou des gouverneurs des provinces,
Des prélats, des abbés, des rois,
Des partisans et des bourgeois.

 Voilà mon histoire finie ;
Jugez si dans ma litanie
Ce jeune miracle d'amour
Ne pourra pas entrer un jour.
Vous qui connoissez cette belle,
Contez-lui comme une nouvelle
Tout ce que mon histoire en dit,
Puis que je mourrois de dépit
Si, sans choquer sa modestie,
Elle n'en étoit avertie,
Espérant avoir le bonheur
De lui montrer un jour l'auteur

LA
FRANCE GALANTE
OU
HISTOIRES AMOUREUSES
DE LA COUR.

LA FRANCE GALANTE
ou
HISTOIRES AMOUREUSES
DE LA COUR.

(Mme DE MONTESPAN, Mlle DE MONTPENSIER, etc.)

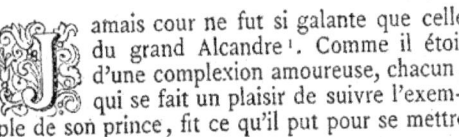

amais cour ne fut si galante que celle du grand Alcandre[1]. Comme il étoit d'une complexion amoureuse, chacun, qui se fait un plaisir de suivre l'exemple de son prince, fit ce qu'il put pour se mettre

1. Le nom de *grand Alcandre*, qui étoit celui du roi Henri IV dans le pamphlet célèbre attribué à la princesse de Conti, a été depuis appliqué à Louis XIV, *l'homme puissant* (du grec Ἀλκη et ἀνηρ, ανδρος); et quand parurent, en 1695, les *Intrigues amoureuses de la cour de France*, l'éditeur de Cologne, rappelant le succès des *Conquêtes amoureuses du grand Alcandre*, ajoute : « Ce livre... a été si bien reçu en France que le nom de grand Alcandre est aujourd'hui en usage quand on veut parler du Roi. » Nous ne nous permettrons donc pas de substituer le nom du Roi à celui-ci, qu'on retrouve dans tous les pamphlets du temps.

bien auprès des dames. Mais celles-ci leur en épargnèrent la peine bientôt. Soit qu'elles se plussent à faire des avances, ou qu'elles eussent peur de n'être pas du nombre des élues, l'on remarqua que sans attendre ce que la bienséance leur ordonne, elles se mirent dans peu de temps à courir après les hommes. Cela fut cause qu'il y en eut beaucoup qui les méprisèrent, d'où se seroit ensuivie la reconnoissance de leur faute, si ce n'est que le tempérament l'emporta sur la réflexion.

Madame de Montespan[1] fut de celles-là. Elle passoit pour une des plus belles personnes du monde. Cependant elle avoit encore plus d'agrément dans l'esprit que dans le visage[2]. Mais toutes ces belles qualités étoient effacées par les défauts de l'âme, qui étoit accoutumée aux plus insignes fourberies, tellement que le vice ne lui coûtoit plus rien. Elle étoit d'une des plus anciennes maisons du royaume, et son alliance au-

1. Madame de Montespan étoit Françoise-Athénaïs de Rochechouart, fille de Gabriel, marquis de Mortemart, et de Diane de Grandseigne. Née en 1641, elle épousa, en 1663, Henri-Louis de Gondrin de Pardaillan, marquis de Montespan et d'Antin, et mourut le 28 mai 1707.

Celui-ci étoit le troisième fils de Roger-Hector de Pardaillan de Gondrin et de Marie-Christine Zamet, fille unique et héritière de Sébastien Zamet. La mort de ses deux frères aînés laissa le marquis Henri-Louis maître d'une fortune considérable, qui lui étoit venue tant de son père que de son grand-père maternel, lequel se disoit « seigneur de dix-huit cent mille écus. »

2. « J'ai beaucoup d'inclination pour elle, qui est fort aimable, dit mademoiselle de Montpensier; c'est une race de beaucoup d'esprit, et d'esprit fort agréable, que les Mortemart. » (*Mém. de Montpensier*, VII, 42.)

tant que sa beauté avoit été cause que M. de Montespan l'avoit recherchée en mariage, et l'avoit préférée à quantité d'autres qui auroient beaucoup mieux accommodé ses affaires.

Madame de Montespan, qui n'avoit souhaité d'être mariée que pour pouvoir prendre l'essor, ne fut pas plus tôt à la cour qu'elle fit de grands desseins sur le cœur du grand Alcandre. Mais comme il étoit pris en ce temps-là, et que madame de La Vallière, personne d'une médiocre beauté, mais qui avoit mille autres bonnes qualités en récompense, le possédoit entièrement, elle fit bien des avances inutiles et fut obligée de chercher parti ailleurs.

Comme elle méprisoit tout ce qui n'approchoit pas de la couronne [1], elle jeta les yeux sur Monsieur, frère du grand Alcandre, qui lui témoigna de la bonne volonté, plutôt pour faire croire qu'il pouvoit être amoureux des dames que pour ressentir aucune chose pour elle qui approchât de l'amour [2]. Monsieur surprit par là un grand nombre de personnes, qui ne le croyoient pas sensible pour le beau sexe ; mais le chevalier de Lorraine, jaloux de ce nouvel attachement, fit revenir bientôt le prince à ses premières inclinations ; et comme il avoit son étoile, madame de Montespan n'eut que des apparences, pendant qu'il eut toute la part dans ses bonnes grâces.

Madame de Montespan, qui ne s'étoit retranchée au cœur de Monsieur que pour n'avoir pu réussir sur celui du Roi, en fut encore plus dé-

1. Voy. ci-dessus, p. 151.
2. Voy. t. 1, p. 111.

goûtée quand elle vit qu'il le falloit partager avec le chevalier de Lorraine, qui n'avoit rien de recommandable que la naissance ; elle résolut de mépriser qui la méprisoit, et fit de grands reproches à Monsieur, qui s'en consola avec le chevalier de Lorraine.

La beauté de madame de Montespan étoit cependant le sujet des désirs de toute la cour, et particulièrement de M. de Lauzun [1], favori du grand Alcandre, homme d'une taille peu avantageuse et d'une mine fort médiocre, mais qui récompensoit ces deux défauts par deux grandes qualités, c'est-à-dire par beaucoup d'esprit et par un je ne sais quoi qui faisoit que quand une dame le connoissoit une fois elle ne le quittoit pas volontiers pour un autre. D'ailleurs la faveur où il étoit auprès du Roi le rendoit recommandable ; si bien que madame de Montespan, qui avoit ouï parler de ses belles qualités, et qui vouloit savoir par expérience si on ne lui en donnoit point plus qu'il n'en avoit effectivement, ne dédaigna pas les offres de service qu'il lui fit. Cependant, comme il y avoit beaucoup de politique mêlée avec sa curiosité, elle le fit languir pendant cinq ou six semaines sans lui vouloir accorder la dernière faveur ; et pendant qu'elle le faisoit attendre, il arriva une affaire à ce favori qui le devoit perdre auprès de son maître, s'il n'eût été plus heureux que sage.

Le grand Alcandre, tout élevé qu'il étoit par dessus les autres hommes, n'étoit pas d'une autre humeur ni d'un autre tempérament que les hom-

---

1. Voy. ci-dessus, et t. 1, p. 132 et suiv.

mes du commun. Quoiqu'il aimât passionnément madame de La Vallière, il se sentoit épris quelquefois de la beauté de quelques dames et étoit bien aise de satisfaire son envie. Il étoit dans ces sentimens pour la princesse de Monaco [1], dont M. de Lauzun possédoit les bonnes grâces ; et comme M. de Lauzun se croyoit capable, à cause de ses grandes qualités que j'ai remarquées ci-devant, de conserver l'amitié de la princesse de Monaco et de se mettre bien dans le cœur de madame de Montespan, il défendit à la princesse de Monaco, qui lui avoit découvert la passion du grand Alcandre, d'y répondre aucunement [2], et la menaça, s'il s'apercevoit du contraire, de la perdre de réputation dans le monde.

Ces menaces, au lieu de plaire à la princesse de Monaco, lui firent penser à sortir de la tyrannie qu'il vouloit exercer sur elle ; et, prenant en même temps des mesures avec le grand Alcandre, ce qu'elle n'avoit point fait auparavant, elle le fit résoudre d'envoyer M. de Lauzun à la guerre, où il avoit une grande charge [3]. Ainsi le grand Alcandre ayant dit à M. de Lauzun qu'il se tînt prêt à partir dans deux ou trois jours, M. de Lauzun demeura tout surpris à cette nouvelle ; et en devinant la cause aussitôt, il dit au grand Alcandre qu'il n'iroit point à l'armée, à moins qu'il ne lui en donnât le commandement ; qu'il

---

1. Voy. t. I, p. 134 et 138.
2. Voy. t. I, p. 134, le passage cité de l'abbé de Choisy, qui montre Lauzun laissant toute une nuit Louis XIV se morfondre dans un corridor, à la porte de madame de Monaco.
3. Il étoit alors colonel-général des dragons.

voyoit bien cependant pourquoi il vouloit l'y envoyer ; que c'étoit pour jouir paisiblement de sa maîtresse pendant son absence ; mais qu'il ne seroit pas dit qu'on le trompât si grossièrement, sans qu'il fît voir du moins qu'il s'apercevoit qu'on le trompoit ; que cette action étoit d'un perfide plutôt que d'un grand prince, tel qu'il l'avoit toujours estimé ; mais qu'il étoit bien aise de le connoître, afin de ne s'y pas tromper dorénavant.

Quoique le grand Alcandre eût toujours accoutumé de parler en maître, et que personne n'eût osé jusque-là lui faire aucun reprôche, il ne laissa pas d'écouter M. de Lauzun jusqu'au bout. Mais voyant que sa folie continuoit toujours de plus en plus, il lui demanda froidement s'il extravaguoit, et s'il se souvenoit bien qu'il parloit à son maître, et à celui qui pouvoit l'abaisser en aussi peu de temps qu'il l'avoit élevé. M. de Lauzun lui répondit qu'il savoit tout cela aussi bien que lui ; qu'il savoit bien encore que c'étoit à lui seul à qui il étoit redevable de sa fortune, n'ayant jamais fait sa cour à aucun ministre, comme tous les autres grands du royaume ; mais que tout cela ne l'empêchoit pas de lui dire ses vérités. Et, continuant sur le même ton, il alloit dire encore quantité de choses ridicules et extravagantes, quand le grand Alcandre le prévint, lui disant qu'il ne lui donnoit que vingt-quatre heures pour se résoudre à partir, et que, s'il ne lui obéissoit, il verroit ce qu'il auroit à faire.

L'ayant quitté après ce peu de paroles, M. de Lauzun entra en un désespoir inconcevable, et comme il attribuoit tout ce qui venoit d'arriver à l'intelligence que la princesse de Monaco commençoit d'avoir avec lui, il s'en fut chez elle, et, ne l'ayant point trouvée, il cassa un grand miroir, comme s'il eût été bien vengé par là. La princesse de Monaco s'en plaignit au grand Alcandre, qui lui répondit que c'étoit un fou dont elle alloit être assez vengée par son absence ; qu'il en avoit souffert lui-même des choses surprenantes, mais qu'il lui pardonnoit tout cela, considérant bien qu'il devoit être au désespoir de perdre les bonnes grâces d'une dame qui avoit autant de mérite qu'elle en avoit.

Au bout des vingt-quatre heures, il demanda à M. de Lauzun à quoi il étoit résolu : à quoi ayant répondu que c'étoit à ne point partir s'il ne lui donnoit le commandement de l'armée, le grand Alcandre se mit en colère contre lui, et le menaça tout de nouveau de le réduire en tel état qu'il auroit lieu de se repentir de l'avoir poussé à bout. Mais M. de Lauzun, n'en devenant pas plus sage pour toutes ces menaces, lui répondit que tout le mal qu'il lui pouvoit faire étoit de lui ôter la charge de général des dragons qu'il lui avoit donnée, et que, comme il l'avoit bien prévu, il en avoit la démission dans sa poche. Il la tira en même temps et la lui jeta sur une table auprès de laquelle il étoit assis ; ce qui fâcha tellement le grand Alcandre, qu'il l'envoya à l'heure même à la Bastille. On fut étonné de sa disgrâce, personne ne sachant encore ce qui étoit arrivé, et devinant encore moins jusqu'où avoit été la brutalité de ce favori.

Madame de Montespan, ayant appris son malheur, fut ravie du retardement qu'elle avoit apporté à son intrigue, et ne se mit pas beaucoup en peine de le consoler, croyant qu'après sa folie, dont on commençoit à parler dans le monde, il n'y auroit plus de retour pour lui aux bonnes grâces du grand Alcandre. Cependant sa disgrâce ne dura pas si longtemps qu'on s'étoit imaginé, car le grand Alcandre, n'ayant pas trouvé dans la possession de la princesse de Monaco assez de charmes pour le retenir, n'eut pas plutôt passé sa fantaisie qu'il pardonna à M. de Lauzun, qui revint à la cour avec plus de crédit que jamais; dont néanmoins chacun demeura assez étonné, ne croyant pas que, de l'humeur dont étoit le grand Alcandre, il dût jamais oublier le manque de respect qu'il avoit eu pour lui.

Le retour de M. de Lauzun à la cour ayant fait concevoir à tout le monde qu'il falloit qu'il eût un grand ascendant sur l'esprit du grand Alcandre, chacun s'empressa de lui donner des marques de son attachement. Madame de Montespan, entr'autres, ne lui put refuser ses dernières faveurs. Cette nouvelle intrigue, qui devoit consoler M. de Lauzun de l'infidélité de la princesse de Monaco, n'empêcha pas qu'il ne songeât à s'en venger. Il en trouva l'occasion quelques jours après. Cette dame étoit assise avec plusieurs autres sur un lit de gazon, et ayant la main sur l'herbe : il mit son talon dessus, comme par mégarde ; puis ayant fait une pirouette pour appuyer davantage, il se tourna vers elle, faisant semblant de lui demander pardon.

La douleur que la princesse de Monaco sentit lui fit faire un grand cri; mais, y étant encore moins sensible qu'à un rire moqueur que M. de

Lauzun affectoit en s'excusant, elle lui dit mille injures, et fit comprendre à tous ceux qui étoient là qu'on ne pouvoit tant s'emporter contre un homme sans en avoir d'autres raisons. M. de Lauzun, qui avoit intérêt de conserver sa réputation parmi les dames, laissa évaporer son ressentiment en reproches, sans y vouloir répondre que par des soumissions et des excuses ; et les dames qui étoient là s'étant mêlées de les accommoder, la princesse de Monaco fut obligée de s'apaiser, pour ne leur pas donner à connoître clairement que son chagrin procédoit d'ailleurs [1].

La princesse de Monaco ayant ainsi perdu son amant et n'ayant fait que tâter, s'il faut ainsi dire, du grand Alcandre, elle chercha à s'en consoler par la conquête de quelque autre. Mais, comme son tempérament ne la rendoit pas cruelle, et que son appétit ne lui permettoit pas d'ailleurs de se contenter d'un seul, elle tenta tant de hasards qu'elle y succomba à la fin. Un page beau et bien fait, mais qui couroit tout Paris, à la manière des pages, lui ayant plu, elle voulut voir si elle s'en trouveroit mieux que de quantité de gens de qualité dont elle avoit essayé jusque-là. Mais celui-ci s'étant trouvé malade, il lui communiqua sa maladie, dont ne se faisant pas traiter assez promptement, peut-être pour ne pas savoir d'abord ce que c'étoit, peut-être aussi par la peine qu'elle avoit à se découvrir, elle mourut dans les remèdes [2], faisant voir par sa mort quelle appréhension doivent avoir celles qui l'imitent dans ses débauches.

1. Saint-Simon fait le même récit (t. 20, édit. Sautelet).
2. Mme de Monaco mourut en juin 1678. Voy. t. 1, p. 138.

Les parens de la princesse de Monaco cachèrent avec grand soin la nature de sa maladie ; mais Monsieur, frère du grand Alcandre, qui avoit eu quelque commerce avec elle, quoique de peu de durée, et qui, pour récompense de ses services et pour ceux qu'elle avoit rendus au chevalier de Lorraine, lui avoit donné la charge de surintendante de la maison de sa femme, eut peur d'être enveloppé dans son malheur. Ainsi il n'eut point de repos jusqu'à ce qu'il eût assemblé quatre personnes des plus habiles dans ce genre de maladie, pour savoir s'il n'y avoit rien à craindre pour lui. Ils l'assurèrent que non, ce qui remit son esprit entièrement et lui fit oublier cette personne, dont il avoit peur de se souvenir malgré lui.

Le grand Alcandre soupçonna l'intrigue de madame de Montespan et de M. de Lauzun, et, comme l'amour entre de plusieurs manières dans le cœur des hommes, la réflexion qu'il fit sur le bonheur de son favori lui fit considérer de plus près qu'il n'avoit fait jusque-là le mérite et la beauté de cette dame. D'ailleurs la possession de madame de La Vallière commençoit à lui donner du dégoût, malheur inséparable des longues possessions. Comme madame de Montespan avoit une attention toute particulière sur la personne du grand Alcandre, elle s'aperçut bientôt à ses regards et à ses actions qu'il n'étoit pas insensible pour elle ; et, comme elle savoit que pour fomenter des sentimens amoureux, la présence est la chose du monde la plus nécessaire, elle fit tout son possible pour s'établir à la cour : ce qu'elle crut pouvoir faire si elle entroit une fois dans la confidence de madame de La Vallière, qui cherchoit de son côté à se décharger sur quelque bonne amie du déplaisir qu'elle avoit de la tiédeur des feux du grand Alcandre. Les avances que madame de Montespan faisoit à madame de La Vallière lui ayant plu, il se lia une espèce d'amitié entre ces deux dames, ou du moins quelque apparence d'amitié; car je sais bien que madame de Montespan, qui avoit son but, n'avoit garde d'aimer madame de La Vallière, elle qui étoit l'unique obstacle à ses desseins. Le grand Alcandre, qui se sentoit déjà quelque chose de tendre pour elle, fut ravi de la voir tous les jours avec madame de La Vallière, qui en étoit charmée pareillement, parce qu'elle entroit adroitement dans tous ses intérêts et avoit une complaisance toute particulière pour elle. De fait, elle blâmoit non-seulement le grand Alcandre de son indifférence, mais lui fournissoit encore des moyens pour le faire revenir, sachant bien que quand deux amans commencent à se dégoûter l'un de l'autre, il est comme impossible de les rapatrier.

Cependant le grand Alcandre, pour avoir le plaisir de voir madame de Montespan, alloit plus souvent chez madame de La Vallière qu'il n'avoit de coutume, et madame de La Vallière, se faisant l'application de ces nouvelles assiduités, en aimoit encore davantage madame de Montespan, croyant que c'étoit par ses soins qu'elle jouissoit plus souvent de sa vue. Mais enfin, comme elle avoit eu part dans les véritables affections de son cœur, elle s'aperçut bientôt qu'il y avoit du déguisemen dans tout ce qu'il lui disoit, et la passion qu'elle avoit pour lui lui tenant lieu d'esprit, dont elle n'étoit pas trop bien partagée de sa nature [1], elle conçut que madame de Montespan la jouoit, et que le grand Alcandre étoit mieux avec elle qu'elle n'avoit cru jusque-là.

D'abord que ce soupçon se fut emparé de son esprit, elle les observa de si près, qu'elle ne fit plus de doute qu'on la trompoit. Et sa passion ne lui permettant pas de garder plus longtemps le secret, elle s'en plaignit tendrement au grand Alcandre, qui lui dit qu'il étoit de trop bonne foi pour l'abuser davantage; qu'il étoit vrai qu'il aimoit madame de Montespan, mais que cela n'empêchoit pas qu'il ne l'aimât comme il devoit; qu'elle se devoit contenter de tout ce qu'il faisoit pour elle, sans désirer rien davantage, parce qu'il n'aimoit pas à être contraint.

Cette réponse, qui étoit d'un maître plutôt que d'un amant, n'eut garde de satisfaire une maîtresse aussi délicate qu'étoit madame de La Vallière : elle pleura, elle se plaignit ; mais le grand Alcandre n'en étant pas plus attendri pour tout cela, il lui dit pour une seconde fois que, si elle vouloit qu'il continuât de l'aimer, elle ne devoit rien exiger de lui au delà de sa volonté; qu'il désiroit qu'elle vécût avec madame de Montespan comme par le passé, et que, si elle témoignoit la moindre chose de désobligeant à cette dame, elle l'obligeroit à prendre d'autres mesures.

1. Mademoiselle de Montpensier dit, avec sa malignité familière : « Elle est une bonne religieuse et passe présentement pour avoir beaucoup d'esprit; la grâce fait plus que la nature, et les effets de l'une lui ont été plus avantageux que ceux de l'autre. » (VI, 355.)

La volonté du grand Alcandre servit de loi à madame de La Vallière. Elle vécut avec madame de Montespan dans une concorde qu'on ne devoit point vraisemblablement attendre d'une rivale [1], et elle surprit tout le monde par sa conduite, parce que tout le monde commençoit à être persuadé que le grand Alcandre se retiroit d'elle peu à peu et se donnoit entièrement à madame de Montespan.

Cependant, comme le grand Alcandre étoit un amant délicat et qu'il ne pouvoit souffrir qu'un mari partageât avec lui les faveurs de sa maî-

---

1. Madame de La Vallière vit madame de Montespan prendre sa place sans lui en témoigner de jalousie. Madame de Sévigné, dans sa lettre à sa fille du 22 février 1671, nous dit avec quel regret elle se voit abandonnée du Roi, et prend le parti de quitter la cour : « Le Roi pleura fort et envoya M. Colbert à Chaillot la prier instamment de venir à Versailles, et qu'il pût lui parler encore. M. Colbert l'y a conduite ; le Roi a causé une heure avec elle et a fort pleuré. Madame de Montespan fut au-devant d'elle, les bras ouverts et les larmes aux yeux. »
Madame de La Vallière resta encore quelque temps à la cour, sur les instances du Roi. Enfin elle se décida à entrer en religion. La veille du jour où elle quitta à jamais la cour, elle soupa chez madame de Montespan (*Mém.* de madem. de Montp., VI, 355), et c'est là qu'elle reçut les adieux de Mademoiselle. Quelques années après, en 1676, madame de Montespan alloit encore visiter aux Carmélites sœur Louise de la Miséricorde et ne craignoit pas de lui rappeler le souvenir du Roi. (Sévigné, *Lettre* du 29 avril 1676.) La même année nous voyons madame de Montespan aux eaux de Bourbon. Le frère de madame de La Vallière, gouverneur de la province, donna des ordres pour qu'on vînt la haranguer de toutes les villes de son gouvernement ; elle ne l'a point voulu, ajoute madame de Sévigné (*Lettre* du 17 mai 1676).
Il n'est donc pas étonnant que madame de La Vallière et son frère aient surpris tout le monde par leur conduite vis-à-vis de la nouvelle favorite.

tresse, il résolut de l'éloigner sous prétexte de lui donner de grands emplois; mais ce mari ayant l'esprit peu complaisant, il refusa tout ce qu'on lui offrit, se doutant bien que le mérite de sa femme contribuoit plus à son élévation que tout ce qu'il pouvoit y avoir de recommandable en lui.

Madame de Montespan, qui avoit pris goût aux caresses du grand Alcandre, ne pouvant plus souffrir celles de son mari, ne lui voulut plus rien accorder, ce qui mit M. de Montespan dans un tel désespoir que, quoiqu'il l'aimât tendrement, il ne laissa pas de lui donner un soufflet. Madame de Montespan, qui se sentoit alors de l'appui, le maltraita extrêmement de paroles; et s'étant plainte de son procédé au grand Alcandre, il exila M. de Montespan, qui s'en alla avec ses enfans[1] dans son pays, proche les Pyrénées. Il prit là le grand deuil, comme si véritablement il eût perdu sa femme, et, comme il y avoit beaucoup de dettes dans sa maison, le grand Alcandre lui envoya deux cent mille francs pour le consoler de la perte qu'il avoit faite.

Cependant, quelque temps après que M. de Montespan fut parti, madame sa femme devint grosse; et, quoiqu'elle s'imaginât bien que tout le monde savoit ce qui se passoit entre le grand

---

[1]. Madame de Montespan avoit eu deux enfants, une fille qui mourut jeune, et un fils, Louis-Antoine de Gondrin de Pardaillan, qui obtint du Roi les plus hautes dignités et fut connu sous le nom de duc d'Antin. Il épousa la petite-fille de M. de Montausier, mademoiselle de Crussol, fille du duc d'Usez.

Alcandre et elle, cela n'empêcha pas qu'elle n'eût de la confusion qu'on la vît en l'état où elle étoit. Cela fut cause qu'elle inventa une nouvelle mode, qui étoit fort avantageuse pour les femmes qui vouloient cacher leur grossesse, qui fut de s'habiller comme les hommes, à la réserve d'une jupe, sur laquelle, à l'endroit de la ceinture, on tiroit la chemise, que l'on faisoit bouffer le plus qu'on pouvoit et qui cachoit ainsi le ventre.

Cela n'empêcha pourtant pas que toute la cour ne vît bien ce qui en étoit ; mais comme il s'en falloit peu que les courtisans n'adorassent ce prince, leur encens passa jusqu'à sa maîtresse, chacun commençant à rechercher ses bonnes grâces. Comme elle avoit infiniment de l'esprit, elle se fit des amis autant qu'elle put, ce que n'avoit pas fait madame de La Vallière, qui, pour montrer au grand Alcandre qu'elle n'aimoit que lui, n'avoit jamais voulu rien demander pour personne. Ainsi on ne se fut pas plus tôt aperçu du crédit de sa rivale, que chacun prit plaisir à s'en éloigner. De quoi s'étant plainte au maréchal de Grammont[1], il lui répondit que, pendant qu'elle avoit sujet de rire, elle devoit avoir eu soin de faire rire les autres avec elle, si, pendant qu'elle avoit sujet de pleurer, elle vouloit que les autres pleurassent aussi.

Madame de La Vallière, se voyant ainsi abandonnée de tout le monde, résolut de se jeter dans un couvent ; et, ayant choisi celui des Carmélites, elle s'y retira et y prit l'habit quelque temps après, où elle vit, dit-on, en grande sain-

---

1. Voy. t. 1, p. 135 et suiv.

teté, ce que je n'ai pas de peine à croire, parce qu'ayant éprouvé, comme elle a fait, l'inconstance des choses du monde, elle voit bien qu'il n'y a qu'en Dieu seul qu'on doive mettre son espérance.

Sa retraite satisfit également le grand Alcandre et madame de Montespan : celle-ci, parce qu'elle appréhendoit toujours qu'elle ne rentrât dans les bonnes grâces du grand Alcandre, dont elle avoit possédé les plus tendres affections ; celui-là, parce que sa présence lui reprochoit toujours son inconstance. Cependant le temps des couches de cette dame approchant, le grand Alcandre se retira à Paris, où il n'alloit que rarement, espérant qu'elle y pourroit accoucher plus secrètement que s'il demeuroit à Saint-Germain, où il avoit coutume de demeurer.

Le terme venu, une femme de chambre de madame de Montespan, en qui le grand Alcandre et elle se confioient particulièrement, monta en carrosse et fut dans la rue Saint-Antoine, chez le nommé Clément, fameux accoucheur de femmes, à qui elle demanda s'il vouloit venir avec elle pour en accoucher une qui étoit en travail. Elle lui dit en même temps que, s'il vouloit venir, il falloit qu'on lui bandât les yeux, parce qu'on ne désiroit pas qu'il sût où il alloit. Clément, à qui de pareilles choses arrivoient souvent, voyant que celle qui le venoit quérir avoit l'air honnête, et que cette aventure ne lui présageoit rien que de bon, dit à cette femme qu'il étoit prêt de faire tout ce qu'elle voudroit ; et, s'étant laissé bander les yeux, il monta en carrosse avec elle, d'où étant descendu après avoir fait plusieurs tours dans Paris, on le conduisit dans un appartement superbe, où on lui ôta son bandeau.

On ne lui donna pas cependant le temps de considérer le lieu; et devant que de lui laisser voir clair, une fille qui étoit dans la chambre éteignit les bougies ; après quoi le grand Alcandre, qui s'étoit caché sous le rideau du lit, lui dit de se rassurer et de ne rien craindre. Clément lui répondit qu'il ne craignoit rien; et, s'étant approché, il tâta la malade, et voyant que l'enfant n'étoit pas encore prêt à venir, il demanda au grand Alcandre, qui étoit auprès de lui, si le lieu où ils étoient étoit la maison de Dieu, où il n'étoit permis ni de boire ni de manger; que pour lui, il avoit grand faim et qu'on lui feroit plaisir de lui donner quelque chose.

Le grand Alcandre, sans attendre qu'une des deux femmes qui étoient dans la chambre s'entremît de le servir, s'en fut en même temps lui-même à une armoire, où il prit un pot de confitures qu'il lui apporta; et, lui étant allé chercher du pain d'un autre côté, il le lui donna de même, lui disant de n'épargner ni l'un ni l'autre, et qu'il y en avoit encore au logis. Après que Clément eut mangé, il demanda si on ne lui donneroit point à boire. Le grand Alcandre fut quérir lui-même une bouteille de vin dans l'armoire avec un verre, et lui en versa deux ou trois coups l'un après l'autre. Comme Clément eut bu le premier coup, il demanda au grand Alcandre s'il ne boiroit point bien aussi; et le grand Alcandre lui ayant répondu que non, il lui dit que la malade n'en accoucheroit pourtant pas si bien, et que, s'il avoit envie qu'elle fût délivrée promptement, il falloit qu'il bût à sa santé.

Le grand Alcandre ne jugea pas à propos de répliquer à ce discours, et, ayant pris dans ce temps-là une douleur à madame de Montespan, cela rompit la conversation. Cependant elle tenoit les mains du grand Alcandre, qui l'exhortoit à prendre courage, et il demandoit à chaque moment à Clément si l'affaire ne seroit pas bientôt faite. Le travail fut assez rude, quoiqu'il ne fût pas bien long, et, madame de Montespan étant accouchée d'un garçon [1], le grand Alcandre en témoigna beaucoup de joie; mais il ne voulut pas qu'on le dît sitôt à madame de Montespan, de peur que cela ne fût nuisible à sa santé.

Clément ayant fait tout ce qui étoit de son métier, le grand Alcandre lui versa lui-même à boire; après quoi il se remit sous le rideau du lit, parce qu'il falloit allumer de la bougie, afin

1. Louis-Auguste de Bourbon, duc du Maine, né le 31 mars 1670, légitimé par lettres du 19 décembre 1673. « J'ai ouï conter à M. de Lauzun que le jour qu'elle accoucha de M. du Maine, c'étoit à minuit sonnant, le dernier jour de mars, ou le premier d'avril si l'on veut, on n'eut pas le temps de l'emmailloter; on l'entortilla dans un lange, et il le prit dans son manteau et le porta dans son carrosse, qui l'attendoit au petit parc de Saint-Germain : il mouroit de peur qu'il ne criât. » (*Mém.* de Montpensier, t. 6, p. 352.) On sait que mademoiselle de Montpensier lui abandonna la principauté de Dombes et le comté d'Eu pour obtenir la liberté de Lauzun et la permission de l'épouser. Madame de Montespan, qui avoit négocié cette affaire dans l'intérêt de son fils, ne promit rien en laissant tout espérer. Mademoiselle, le contrat passé, eut grand'peine à obtenir la mise en liberté du marquis.

que Clément vît si tout alloit bien avant que de s'en aller. Clément ayant assuré que l'accouchée n'avoit rien à craindre, celle qui l'étoit allé quérir lui donna une bourse où il y avoit cent louis d'or. Elle lui rebanda les yeux après cela ; puis, l'ayant fait remonter en carrosse, on le remena chez lui avec les mêmes cérémonies : je veux dire qu'on lui banda les yeux, comme on avoit fait en l'amenant.

Cependant M. de Lauzun tâchoit de se consoler dans les bras d'une autre ; et, tout glorieux de ce que le grand Alcandre n'avoit que son reste, il n'envioit aucunement son bonheur, soit qu'il n'eût jamais eu de véritable passion pour madame de Montespan, soit qu'il eût reconnu en elle des défauts cachés que son mari publioit être fort grands, mais sur quoi on ne l'en croyoit pas, parce qu'on savoit qu'il avoit intérêt à en dégoûter. Quoi qu'il en soit, Lauzun, n'étant plus son amant, vécut avec elle en bon ami, du moins selon toutes les apparences ; mais, pour elle, elle ne le pouvoit souffrir, parce que, lui ayant donné de si grandes prises, elle avoit peur qu'il ne la perdît auprès du grand Alcandre, où il n'avoit pas moins de pouvoir qu'elle.

Cependant, comme on n'aime jamais guère ceux qu'on appréhende, elle eût bien voulu en être défaite ; mais elle n'osoit encore l'entreprendre, de peur de n'être pas assez puissante pour en venir à bout. Comme elle étoit dans ces sentimens, la charge de dame d'honneur de la femme du grand Alcandre vint à vaquer par la mort de la duchesse de Montausier [1], et, les du-

1. Madame de Montausier mourut le 14 novembre 1671.

chesses de Richelieu et de Créqui y prétendant toutes deux, chacune employa ses amis pour l'avoir. Madame de Montespan se déclara pour la duchesse de Richelieu [1], et M. de Lauzun pour la duchesse de Créqui [2], ce qui commença à jeter ouvertement de la division entre eux : car M. de Lauzun vouloit à toute force que madame de Montespan se désistât de parler en faveur de la duchesse de Richelieu, et madame de Montespan, ne pouvant pas s'en désister honnêtement après avoir fait les premiers pas, trouva étrange que M. de Lauzun, après avoir su qu'elle avoit entrepris cette affaire, fût venu à la traverse prendre les intérêts de la duchesse de Créqui. C'étoit au grand Alcandre à décider ou en faveur de son favori, ou en faveur de sa maîtresse ; mais ce prince, ne voulant mécontenter ni l'un ni l'autre, demeura longtemps sans donner cette charge, espérant qu'ils s'accorderoient ensemble, et que leur réunion lui donneroit lieu de se déterminer. Mais sa longueur, au contraire, leur faisant croire à l'un et à l'autre que le grand Alcandre n'avoit point d'égard à leurs prières, ils s'en voulurent encore plus de mal qu'auparavant, et même M. de Lauzun commença à tenir des discours si désavantageux de madame de

---

1. Anne Poussart, fille du marquis de Fors du Vigean, veuve du marquis de Pons, épousa en secondes noces Armand-Jean du Plessis, petit-neveu du cardinal duc de Richelieu, qui le substitua à son nom et à son titre de duc de Richelieu. La duchesse de Richelieu, mariée en 1649, mourut en 1684. Elle devint plus tard dame d'honneur de la Dauphine, et fut remplacée dans sa charge de dame d'honneur de la Reine par madame de Créqui.

2. Voy. ci-dessus, p. 80.

Montespan, qu'elle ne les put apprendre sans désirer d'en tirer vengeance.

Madame de Montespan s'en plaignit au grand Alcandre, qui en fit une sévère réprimande à M. de Lauzun. Mais celui-ci, d'autant plus animé contre elle qu'il voyoit que son crédit l'emportoit par dessus le sien (car le grand Alcandre venoit de donner la charge de la duchesse de Montausier à la duchesse de Richelieu), ne laissa pas de se déchaîner contre elle, et en fit des médisances en plusieurs rencontres. Le grand Alcandre, l'ayant su par une autre que par madame de Montespan, en reprit encore aigrement M. de Lauzun, qui, voyant que le grand Alcandre n'entendoit point raillerie là-dessus, lui promit d'être sage à l'avenir; et, pour lui faire voir que son dessein étoit de bien vivre dorénavant avec madame de Montespan, il le pria de les remettre bien ensemble, ce que le grand Alcandre lui promit.

En effet, ayant disposé l'esprit de madame de Montespan à lui pardonner, il les fit embrasser le lendemain en sa présence, obligeant M. de Lauzun de lui demander pardon et de lui promettre qu'il n'y retourneroit plus.

Cet accommodement fait, M. de Lauzun fut plus puissant que jamais sur l'esprit du grand Alcandre; et, comme ce favori avoit une ambition démesurée, que rien ne pouvoit remplir, il se laissa aller à la pensée d'épouser mademoiselle de Montpensier, cousine germaine du grand Alcandre, dans laquelle il y avoit déjà longtemps que sa sœur[1], confidente de la princesse, l'en-

1. Madame de Nogent. Voy. p. 222 et 248.

tretenoit. Cette princesse étoit déjà dans un âge assez avancé ; mais, comme elle étoit extraordinairement riche, et que M. de Lauzun estimoit plus cette qualité et le sang dont elle sortoit que tous les agrémens du corps et de l'esprit, il pria sa sœur de lui continuer ses soins; et, dans la vue de parvenir à un si grand mariage, il fit mille avances à madame de Montespan, ne doutant pas qu'il n'eût grand besoin de son crédit en cette rencontre.

Car, quoique celui qu'il avoit sur l'esprit de ce prince lui fît présumer beaucoup de choses en sa faveur, comme ce qu'il entreprenoit néanmoins étoit de grande conséquence, il avoit peur qu'il n'y donnât pas les mains si facilement. Ainsi, il songea à le gagner par quelque endroit où il eût intérêt lui-même, ce qu'il fit de cette manière : il dépêcha un gentilhomme en qui il avoit beaucoup de confiance vers le duc de Lorraine, qui étoit dépouillé de ses Etats, pour lui offrir cinq cent mille livres de rente en fonds de terre pour lui et pour ses héritiers, s'il vouloit lui céder ses droits[1]. Le duc de Lorraine, qui ne voyoit pas grande apparence de pouvoir jamais rentrer dans son bien, goûta cette proposition, d'autant plus que c'étoit un homme à tout faire pour de l'argent, ce qui l'avoit mis en l'état où il étoit. Ainsi, Lauzun, se voyant en état de réussir, en témoigna quelque chose au grand Alcandre, à qui il insinua qu'il lui seroit beaucoup avantageux que

---

[1]. Il n'est nullement question, dans les Mémoires de Mademoiselle, de ce projet qu'auroit eu Lauzun d'acheter le titre et les droits du duc de Lorraine.

le duc de Lorraine cédât ses prétentions à quelqu'un qui lui rendît foi et hommage de la duché de Lorraine.

Le grand Alcandre ayant approuvé la chose, M. de Lauzun lui découvrit que, dans la pensée qu'il avoit eue de lui rendre ce service, il avoit écouté quelques propositions de mariage qui lui avoient été faites de la part de mademoiselle de Montpensier, par l'entremise de sa sœur; qu'il lui demandoit pardon s'il ne l'en avoit pas averti plus tôt, mais qu'il avoit cru ne le pouvoir faire qu'il n'eût tâché auparavant de mettre les choses en état de réussir; que c'étoit à lui à approuver ce mariage, qui, tout extraordinaire qu'il paroissoit, n'étoit pas néanmoins sans exemple; que ce ne seroit pas là la première fois que des mortels se seroient alliés au sang des Dieux, et que l'histoire lui apprenoit que beaucoup de personnes qui n'étoient pas de meilleure maison que lui étoient arrivées à cet honneur.

Le grand Alcandre fut surpris de cette proposition, qui lui parut bien hardie pour un homme de la volée de M. de Lauzun. Cependant, faisant réflexion sur ce que ce n'étoit pas là la première fois qu'une princesse du sang royal auroit épousé un simple gentilhomme, et sur les avantages qu'il pouvoit retirer lui-même de cette alliance, il s'accoutuma bientôt à en entendre parler. Madame de Montespan, que M. de Lauzun avoit engagée dans ses intérêts, trouvant le grand Alcandre déjà bien ébranlé, sut lui représenter si adroitement qu'il n'y avoit point de différence en France entre les gentilshommes, quand ils étoient une fois ducs et pairs (ce qui lui étoit aisé de faire en faveur de M. de Lauzun) et les princes étrangers, à l'un desquels il avoit donné il n'y avoit pas longtemps une sœur de mademoiselle de Montpensier[1], qu'elle acheva de le résoudre.

Quand le grand Alcandre eut ainsi donné son consentement à madame de Montespan, il prit des mesures avec elle et avec M. de Lauzun afin de se disculper dans le monde du consentement qu'il donnoit à ce mariage. Cependant il ne crut rien de plus propre à cela que de paroître y avoir été forcé. Pour cet effet, il voulut deux choses : l'une, que mademoiselle de Montpensier vînt elle-même le prier de lui donner M. de Lauzun en mariage ; l'autre, que les plus considérables d'entre les parens de M. de Lauzun vinssent en corps lui demander la permission que leur parent épousât cette princesse[2]. On vit donc arriver ces ambassadeurs et cette ambassadrice tous en même temps ; et, ceux-là ayant eu audience les premiers, ils dirent au grand Alcandre que, quoique la grâce qu'ils avoient à lui demander en faveur de leur parent semblât être au-dessus de leur mérite et même au-dessus de leurs espérances, ils le prioient néanmoins de considérer que ce seroit le moyen de porter la noblesse aux plus grandes choses, chacun espérant dorénavant de pouvoir parvenir à un si grand honneur pour récompense de ses services.

Ils représentèrent encore au grand Alcandre

---

1. Voy. ci-dessus, p. 271.

2. Ce n'étoient pas des parents de Lauzun, mais des gentilshommes qui venoient, au nom de la noblesse, demander cette faveur dont tout le corps étoit honoré. Voy., p. 271, le texte et la note 1.

ce que j'ai touché ci-devant, savoir, qu'il y avoit beaucoup d'autres gentilshommes à qui l'on avoit accordé la même grâce, tellement que, le grand Alcandre paroissant se laisser aller à leurs prières, il leur répondit qu'il vouloit bien, à leur considération, comme étant de la première noblesse de son royaume, que leur parent eût l'honneur d'épouser mademoiselle de Montpensier, mais qu'il vouloit cependant savoir d'elle-même si elle se portoit volontiers à cette alliance, ce qu'il ne savoit pas encore tout à fait.

On fit donc entrer en même temps cette princesse, qui, sans considérer que ce n'étoit guère la coutume que les femmes demandassent les hommes en mariage, pria le grand Alcandre de lui permettre d'épouser M. de Lauzun. A quoi le grand Alcandre s'étant opposé d'abord, mais d'une manière à lui faire voir seulement qu'il vouloit sauver les apparences, la princesse réitéra ses prières, et obtint enfin ce qu'elle demandoit.

La nouvelle de ce mariage fit grand bruit, non-seulement dans tout le royaume, mais encore beaucoup plus loin, chacun ne se pouvant lasser d'admirer les effets de la fortune qui favorisoit tellement un homme qui en paroissoit si indigne, qu'ôté ses vertus cachées, il y en avoit cent mille dans le royaume qui valoient beaucoup mieux que lui.

Cependant, quoiqu'il eût beaucoup d'esprit, il fit une grande faute en cette rencontre ; car, au lieu d'épouser mademoiselle de Montpensier au même temps, il s'amusa à faire de grands préparatifs pour ses noces ; et, cela les retardant de quelques jours, le prince de Condé et son fils furent se jeter aux pieds du grand Alcandre, pour le prier de ne pas permettre qu'une chose si honteuse à toute la maison royale s'achevât. Le grand Alcandre fut fort ébranlé à ces remontrances, et, comme il ne savoit pour ainsi dire à quoi se résoudre, étant combattu d'un côté par leurs raisons, et de l'autre par la parole qu'il avoit donnée aux parens de M. de Lauzun, Monsieur joignit ses remontrances à celles de ces princes, et l'obligea à se rétracter. Madame de Montespan, de son côté, quoiqu'elle parût agir ouvertement pour M. de Lauzun, tâchoit en secret de rompre son affaire, craignant que, s'il étoit une fois allié à la maison royale, il ne prît encore bien plus d'ascendant sur l'esprit du grand Alcandre, sur lequel elle vouloit régenter toute seule.

Le grand Alcandre avoit cependant tant de foiblesse pour M. de Lauzun, qu'il ne savoit comment lui annoncer sa volonté. Mais comme c'étoit une nécessité de le faire, il le fit entrer dans son cabinet, et lui dit là qu'après avoir bien fait réflexion sur son mariage, il ne vouloit pas qu'il s'achevât; qu'en toute autre chose il lui donneroit des marques de son affection, mais qu'il ne lui devoit plus parler de celle-là, s'il avoit dessein de se maintenir dans ses bonnes grâces.

M. de Lauzun, reconnoissant à ce langage que quelqu'un l'avoit desservi auprès de lui, ne crut pas devoir s'efforcer de le fléchir, s'imaginant bien que cela seroit inutile; mais, s'en allant en même temps chez madame de Montespan, qu'il soupçonnoit, il lui dit tout ce que la rage et la passion peuvent faire dire d'emporté et d'extravagant. Il lui dit qu'il avoit eu tort de se confier en une femme de sa sorte, puisqu'il devoit savoir que celles qui lui ressembloient, ayant fait banqueroute à leur honneur, la pouvoient bien faire à leurs amans ; qu'il alloit employer tout le crédit qu'il avoit sur le grand Alcandre pour le faire revenir d'un amour qui le perdoit de réputation dans le monde, et dont il ne connoissoit pas l'indignité.

Il lui dit encore plusieurs choses de la même force ; après quoi il s'en fut chez mademoiselle de Montpensier, à qui il annonça la volonté du grand Alcandre. Cette princesse, qui s'attendoit à des douceurs après lesquelles il y avoit nombre d'années qu'elle soupiroit, n'eut pas plutôt appris cette nouvelle qu'elle tomba évanouie, de sorte que toute l'eau de la Seine n'auroit pas été capable de la faire revenir, si M. de Lauzun n'eût approché son visage contre le sien pour lui dire à l'oreille qu'il n'étoit pas temps de se désespérer ainsi, mais de prendre des mesures qui les pussent mettre à couvert l'un et l'autre de la haine de leurs ennemis ; que cela ne consistoit cependant que dans une extrême diligence, parce que la perte d'un seul moment entraînoit une étrange suite ; que, pour lui, il étoit d'avis que, sans s'arrêter aux ordres du grand Alcandre, ils se mariassent secrètement ; que, quand la chose seroit faite, il y consentiroit bien, puisqu'il y avoit déjà consenti, et qu'en tout cas cela n'empêcheroit pas toujours leur intelligence et leur commerce.

La princesse revint de sa pamoison à un discours si éloquent et si agréable ; et, s'étant enfermés tous deux dans un cabinet, ils y appelèrent la comtesse de Nogent en tiers, qui leur confirma qu'ils ne pouvoient prendre une résolution plus avantageuse au bien de leurs affaires et à leur contentement. On dit même qu'elle fut d'avis qu'ils devoient consommer leur mariage d'avance, et, comme ils déféroient beaucoup à ses avis, la chose fut exécutée sur-le-champ. Après cela on convint, dans ce conseil d'amour, que la princesse iroit trouver le grand Alcandre, pour essayer si elle ne pourroit point lui faire changer de sentiment ; et en effet, elle monta en carrosse en même temps pour y aller.

Le grand Alcandre, étant averti qu'elle demandoit à lui parler en particulier, se douta bien de ce que ce pouvoit être ; et, quoiqu'il ne fût pas résolu de lui accorder sa demande, comme il ne pouvoit honnêtement se dispenser de lui donner audience, il la fit entrer dans son cabinet, après en avoir fait sortir tous ceux qui y étoient avec lui. La princesse se jeta là à ses pieds ; et, se cachant le visage de son mouchoir, moins cependant pour essuyer ses larmes que pour cacher sa confusion, elle lui dit qu'elle faisoit là un personnage qui la devoit combler de honte, si lui-même ne lui avoit donné de la hardiesse, approuvant comme il avoit fait les desseins de M. de Lauzun ; que c'étoit sur cela qu'elle avoit pris des engagemens qu'il lui étoit difficile de rompre ; que, quoiqu'il ne fût pas trop bienséant à une personne de son sexe de parler de la sorte, le mérite de M. de Lauzun, à qui il n'avoit pu refuser lui-même ses affections, pouvoit bien lui servir d'excuse ; qu'enfin, quiconque considéreroit que ses feux étoient légitimes et approuvés par son Roi n'y trouveroit peut-être pas tant à redire que l'on pourroit bien s'imaginer.

Le grand Alcandre, qui lui avoit commandé plusieurs fois de se lever sans qu'elle eût voulu lui obéir, lui dit, voyant qu'elle avoit cessé de parler, que, si elle ne se mettoit dans une autre posture, il n'avoit rien à lui répondre. La princesse se leva, l'entendant parler de la sorte, et attendant avec une crainte inconcevable l'arrêt de sa mort ou de sa vie. Mais le grand Alcandre ne la laissa pas longtemps dans l'incertitude, lui disant que, s'il avoit eu la foiblesse de consentir à son mariage, il en étoit assez puni par les remords qu'il en avoit; que c'étoit une chose dont il se repentiroit toute sa vie, et qu'il ne concevoit pas comment elle, qui avoit toujours fait paroître un courage au-dessus de son sexe, se pouvoit résoudre à une action qui la devoit combler d'infamie.

Mademoiselle de Montpensier, ayant eu cette réponse, s'en retourna chez elle la rage dans le cœur contre le grand Alcandre; et, y ayant trouvé M. de Lauzun, qui attendoit avec impatience des nouvelles de ce qu'elle auroit fait, ils convinrent ensemble que, puisque rien n'étoit capable de le fléchir, ils devoient, pour achever leur mariage, y faire mettre les cérémonies. Un prêtre fut bientôt trouvé pour cela; et, ayant été épousés dans le cabinet de la princesse, ils attendirent du temps et de la fortune quelque occasion favorable pour divulguer leur mariage.

Cependant il ne put être fait si secrètement que le grand Alcandre n'en fût averti par un domestique de la princesse, que M. de Louvois [1], ennemi juré de M. de Lauzun, avoit gagné pour l'avertir de tout ce qui se passeroit dans sa maison [2]. Le grand Alcandre en témoigna une grande colère. M. de Louvois et madame de Montespan, qui étoient d'intelligence ensemble pour l'abaissement de M. de Lauzun, tâchèrent encore de l'animer davantage ; car il faut savoir que M. de Lauzun avoit maltraité M. de Louvois en plusieurs rencontres, et que ce ministre, qui commençoit déjà à entrer en grande faveur, cherchoit à s'en venger par toutes sortes de moyens.

1. « M. de Louvois et M. Le Tellier, son père, avoient toujours été fort contraires à M. de Lauzun : celui-ci ne lui avoit jamais pardonné l'amour qu'il avoit eu pour sa fille, madame de Villequier; pour l'autre, qui vouloit être le maître de la guerre, et que toutes les charges qui la regardoient et les commandements dépendissent de lui, il ne pouvoit souffrir la grande ambition de M. de Lauzun, qui vouloit pousser sa fortune par là et qui étoit incapable de se soumettre à lui. La grande inclination que le Roi avoit pour lui, tout cela lui donnoit beaucoup de jalousie contre M. de Lauzun. On disoit que c'étoit lui qui avoit empêché qu'il ne fût grand maître de l'artillerie, lorsque le comte de Lude le fut. Ils avoient eu mille démêlés ensemble, et M. de Lauzun prenoit toujours les affaires d'une grande hauteur; ainsi on l'accusoit fort d'avoir contribué à sa prison. » (*Mém.* de Montp., t. 6, p. 346.

2. On a tout lieu de penser que la sœur même de Lauzun, madame de Louvois, étoit gagnée par Louvois et trahissoit son frère. « S'ils croyoient, disoit Lauzun, parlant d'elle et de son mari, que j'eusse de l'argent dans les os, ils me les casseroient. » Mademoiselle dit ailleurs : « Quoique M. de Louvois ne fût pas ami de M. de Lauzun, madame de Nogent a toujours continué de commercer avec lui ; et j'ai su qu'elle lui avoit promis, peu de temps après sa prison, qu'elle ne feroit jamais rien pour sa liberté sans son ordre, et que si je voulois agir pour cela et qu'elle en eût connoissance, il en seroit averti. » (*Mém.*, VI, 344 et 345.)

Ils conseillèrent néanmoins au grand Alcandre de dissimuler son ressentiment, soit qu'ils crussent ne pouvoir encore procurer la perte de M. de Lauzun, ou qu'ils appréhendassent de choquer la princesse, qui ne pardonnoit pas volontiers quand on lui avoit donné une fois sujet de vouloir du mal. Le Roi continua donc d'en user en apparence avec lui comme il faisoit auparavant ; mais il donna ordre à M. de Louvois de le faire observer de si près qu'il pût lui rendre compte de sa conduite.

M. de Lauzun, cependant, prenant des airs de grandeur avec sa nouvelle épouse, auxquels il n'avoit déjà que trop de disposition naturellement, s'en faisoit accroire tous les jours de plus en plus, si bien qu'il avoit presque toute la cour pour ennemie. Il soutenoit cependant tout cela avec une hauteur extraordinaire ; mais il lui survint bientôt une occasion qui fut cause de sa disgrâce, que l'on méditoit néanmoins il y avoit déjà longtemps.

Le comte de Guiche [1], fils aîné du maréchal de Grammont, étoit colonel du régiment des gardes du grand Alcandre, en survivance de son père, et le grand Alcandre l'ayant exilé pour des desseins approchans de ceux de M. de Lauzun, c'est-à-dire pour avoir osé aimer la femme de Monsieur, enfin, à la considération du maréchal, pour qui le grand Alcandre avoit beaucoup d'amitié, il permit à son fils de revenir, à condition néanmoins qu'il se déferoit de sa charge. Or, la charge du comte de Guiche étant sans contredit

1. L'histoire de ses amours et de sa disgrâce est l'objet du premier pamphlet de ce volume.

la plus belle et la plus considérable de toute la cour [1], ceux qui avoient du crédit auprès du grand Alcandre y prétendoient ; M. de Lauzun entre autres, que le grand Alcandre avoit fait il n'y avoit pas long-temps capitaine de ses gardes. Cependant il n'osoit la lui demander, soit qu'il se fût aperçu qu'il commençoit à n'être plus si bien dans son esprit qu'il avoit été autrefois, ou qu'il ne voulût pas à toute heure et à tous momens l'importuner de nouvelles grâces.

Il avoit fait la paix en apparence avec madame de Montespan, qui, pour le faire donner plus adroitement dans le panneau, avoit fait semblant de lui pardonner. M. de Lauzun, croyant donc qu'elle ne lui refuseroit pas son entremise, la pria de vouloir le servir en cette rencontre, mais de ne pas dire au grand Alcandre qu'il lui eût fait cette prière. Madame de Montespan le lui promit ; mais, allant en même temps trouver le grand Alcandre, elle lui dit que M. de Lauzun n'étoit plus rien que mystère ; qu'il lui avoit fait promettre de lui demander la charge du comte de Guiche, mais qu'il avoit exigé en même temps de ne lui pas dire qu'il l'en avoit priée ; qu'elle ne concevoit pas pourquoi tous ces détours avec un prince qui l'avoit comblé de tant de grâces, et qui l'en combloit encore tous les jours ; que, quoi-

---

1. « Le régiment des gardes françoises est le premier et le plus considérable de l'infanterie. Il est composé de trente compagnies, et chaque compagnie de deux cents hommes. » (*Etat de la France.*) — D'après Saint-Simon (t. 20, édit. Sautelet), ce n'est pas la charge de colonel du régiment des gardes, mais celle de grand-maître de l'artillerie, qu'auroit poursuivie Lauzun. Cf. ci-dessus, p. 390, *note* 1.

qu'il n'y eût pas lieu de croire qu'il avoit pu avoir de méchants desseins en demandant cette charge, néanmoins elle ne la lui accorderoit pas si elle étoit à sa place, puisque toutes les bontés qu'il avoit pour lui méritoient bien du moins que pour toute reconnaissance il fît paroître plus de franchise.

Quoique le procédé de M. de Lauzun ne fût rien dans le fond, comme madame de Montespan néanmoins y donnoit les couleurs les plus noires qu'il lui étoit possible, le grand Alcandre y fit réflexion, et, témoignant à madame de Montespan qu'il ne pouvoit comprendre le dessein que M. de Lauzun pouvoit avoir, elle lui conseilla de lui en parler lui-même, pour voir s'il useroit toujours des mêmes détours. Le grand Alcandre approuva ce conseil, et, s'étant enfermé avec M. de Lauzun dans son cabinet, après lui avoir parlé de choses et d'autres, il l'entretint de tous ceux qui aspiroient à la charge du comte de Guiche, lui disant que son dessein n'étoit pas d'en gratifier aucun, parce qu'ils ne lui sembloient pas avoir assez d'expérience pour remplir une si grande charge.

M. de Lauzun, ravi de voir le grand Alcandre dans ces sentimens, tâcha de l'y confirmer, ajoutant à ce qu'il avoit dit de ces personnes-là quelque chose à leur désavantage. Mais, comme il ne venoit point à ce que le grand Alcandre désiroit de lui, c'est-à-dire à lui demander si elle ne l'accommoderoit pas, et s'il n'avoit pas envie de l'avoir lui-même, M. de Lauzun lui répondit qu'après avoir reçu tant de grâces de Sa Majesté, il n'avoit garde d'en prétendre de nouvelles; qu'ainsi il osoit lui assurer qu'il n'en avoit pas eu seulement la pensée, se rendant assez de justice pour savoir qu'il y en avoit mille autres qui en étoient plus dignes que lui. — Cette modestie vous sied bien, répondit un peu froidement le grand Alcandre ; à quoi il ajouta que cependant madame de Montespan lui avoit parlé pour lui, ce qu'il ne croyoit pas qu'elle eût fait s'il ne l'en avoit priée ; qu'il ne concevoit pas pourquoi il faisoit mystère d'une chose à laquelle il pouvoit prétendre préférablement à tant d'autres, et qu'il vouloit qu'il lui en dît la vérité. M. de Lauzun, se voyant pressé de cette sorte par le grand Alcandre, lui jura tout de nouveau qu'il n'y avoit jamais pensé ; sur quoi le grand Alcandre, prenant tout d'un coup un air à le faire trembler, lui dit qu'il s'étonnoit extrêmement de la hardiesse qu'il avoit de lui mentir avec tant d'impudence ; qu'il n'avoit que faire de déguiser davantage ; que madame de Montespan lui avoit tout dit, et qu'il pouvoit s'assurer qu'il n'auroit jamais aucune confiance en tout ce qu'il lui pourroit dire. En même temps il se leva, et l'ayant congédié sans vouloir entendre ses excuses, M. de Lauzun s'en alla plein de désespoir et de rage.

Il rencontra, au sortir du cabinet du grand Alcandre, le duc de Créqui[1], qui, le voyant tout changé, lui demanda ce qu'il avoit ; à quoi il lui répondit qu'il étoit un malheureux, qu'il avoit la corde au cou, et que celui qui voudroit l'étrangler seroit le meilleur de ses amis. Il s'en fut de là chez madame de Montespan, où il n'y eut sorte d'in-

---

[1]. Le duc de Créqui avoit été un des quatre gentilshommes qui avoient parlé au roi en faveur du mariage de Lauzun et de Mademoiselle.

jures qu'il ne lui dit, et même de si grossières, qu'on n'eût jamais cru que c'étoit un homme de qualité qui les eût pu avoir à la bouche. Madame de Montespan lui dit que, si ce n'étoit qu'elle espéroit que le grand Alcandre lui en feroit justice, elle le dévisageroit à l'heure même, mais qu'elle vouloit bien s'en remettre à lui.

Après qu'il lui eut encore dit tout ce que le désespoir et la rage peuvent inspirer de plus sale et de plus vilain, il s'en fut chez mademoiselle de Montpensier, qu'il ne put caresser comme il avoit accoutumé, tant l'abattement de l'esprit avoit contribué à celui du corps. Cependant, comme la princesse n'y trouvoit pas son compte, elle voulut savoir d'où cela provenoit, lui jurant que la chose seroit bien difficile si elle ne tâchoit d'y apporter remède. M. de Lauzun, se croyant obligé de lui dire ce que c'étoit, lui fit part de la conversation qu'il avoit eue avec le grand Alcandre, et de la visite qu'il avoit rendue ensuite à madame de Montespan, ne lui cachant rien de tout ce qu'il lui avoit dit de désobligeant.

La princesse, à qui l'âge avoit donné plus d'expérience qu'à lui, qui naturellement avoit beaucoup d'esprit, mais fort peu de jugement, le blâma de ce qu'il avoit fait, lui disant que toutes vérités n'étoient pas toujours bonnes à dire. Elle appréhenda le ressentiment du grand Alcandre, et, dans la crainte qu'elle avoit que cette conjoncture ne fût nuisible à ses plaisirs, elle fit ce qu'elle put pour en prendre toujours par provision, de peur qu'il ne lui fût pas permis d'en prendre toutes fois et quantes qu'elle en auroit la volonté.

En effet, le grand Alcandre ayant su que M.

de Lauzun, nonobstant ses ordres réitérés tant de fois, s'étoit encore déchaîné contre madame de Montespan, résolut de le faire arrêter 1. Les

1. Mademoiselle de Montpensier semble douter de la part que prit madame de Montespan à la disgrâce de Lauzun : « On croyoit, dit-elle, que madame de Montespan, qui avoit été fort de ses amies, avoit changé. On n'en disoit pas la raison : on ne doit pas croire que mon affaire, qui ne paroissoit point être désagréable au Roi, l'ait pu être à elle... Je crois que ce fut son malheur seul qui lui attira celui-là. » Cependant Mademoiselle n'ignoroit pas les rapports de Lauzun avec madame de Montespan : « Il avoit, à ce que l'on dit, souvent des démêlés avec madame de Montespan. Cela n'est pas venu à ma connoissance, et je ne m'en suis pas informée. » On voit que mademoiselle de Montpensier s'aveugloit volontairement (*Mém.*, VI, 346-348). Segrais, confident de mademoiselle de Montpensier et disgracié par elle, parce qu'il lui parloit trop franchement au sujet de Lauzun, s'explique ainsi sur l'arrestation de celui-ci : « Lorsque M. de Lauzun sut que c'étoit madame de Montespan qui avoit empêché que son mariage ne s'accomplît avec Mademoiselle, il conçut une haine implacable contre elle et il commença à se déchaîner contre sa conduite, non-seulement dans toutes les occasions et dans toutes les compagnies où il se trouvoit, mais encore à deux pas d'elle, de telle manière qu'elle avoit entendu dire des choses très cruelles de sa personne. Madame de Maintenon, qui étoit auprès de madame de Montespan, sachant que le Roi avoit résolu de faire la guerre aux Hollandois, comme il la fit en 1672, lui demanda ce qu'elle prétendoit devenir lorsque la guerre seroit déclarée, et si elle ne considéroit pas que M. de Lauzun, qui étoit si bien dans l'esprit du Roi et qui auroit lieu d'entretenir souvent le Roi par le rang que sa charge lui donnoit, lui rendroit de mauvais offices pendant qu'elle resteroit à Versailles. Madame de Montespan, effrayée par les sujets de crainte que madame de Maintenon venoit de lui dire, lui demanda quel remède on pourroit y apporter. Elle répondit que c'étoit de le faire arrêter, et qu'elle en avoit un beau prétexte, en représentant au Roi toutes les indignités dont elle savoit que M. de Lauzun la chargeoit tous les jours, et qu'il n'en falloit pas davantage pour obliger le Roi de la délivrer d'un ennemi si redoutable. Elle fit ses plaintes et

remontrances de M. de Louvois, qui ne cessoit de lui représenter qu'il ne pourroit ramener autrement cet esprit à la raison, y servirent beaucoup. Enfin, après avoir vaincu tous les retours qu'il avoit encore pour cet indigne favori, l'ordre en fut donné au chevalier de Fourbin [1], major des gardes du corps, qui se transporta à l'heure même chez M. de Lauzun, où, ayant appris qu'il étoit allé à Paris, il laissa un garde en sentinelle à la porte, avec ordre de le venir avertir dès le moment qu'il seroit revenu. M. de Lauzun arriva une heure après, et le garde en étant venu avertir le chevalier de Fourbin, il posa des gardes autour de la maison, puis entra dedans et le trouva auprès du feu, qui ne songeoit guère à son malheur, car d'aussi loin qu'il le vit venir, il s'enquit de lui ce qui l'amenoit, et s'il ne venoit point de la part du grand Alcandre pour lui dire de le venir trouver. Le chevalier de Fourbin répondit que non, mais qu'il lui envoyoit demander son épée ; qu'il étoit fâché d'être chargé d'une telle commission, mais que, comme il étoit obligé de faire ce que son maître lui commandoit, il n'avoit pu s'en dispenser.

Il est aisé de juger de la surprise de M. de

M. de Lauzun fut arrêté. » (*Mém. anecdotes* de Segrais; Œuvres, Paris, 1755, in-12, t. 2, p. 92.)

1. L'*Etat de la France* de 1669 et années suivantes mentionne en effet le chevalier de Fourbin ou Forbin comme « major, reçu lieutenant, et précédant tous les lieutenants reçus depuis lui. » Melchior, chevalier de Forbin, étoit fils du marquis Gaspard de Forbin-Janson et de Claire de Libertat, sa seconde femme; son frère aîné, marquis de Janson, étoit gouverneur d'Antibes, et son frère le plus jeune, cardinal évêque de Beauvais. Le chevalier de Forbin fut tué au combat de Casano. (*Saint-Simon.*)

Lauzun à un compliment, si peu attendu ; car, quoiqu'il eût donné lieu au grand Alcandre d'en user encore plus rigoureusement avec lui, comme on ne se rend jamais justice, et que d'ailleurs on se flatte toujours, il croyoit que l'amitié qu'il lui avoit toujours témoignée prévaudroit pardessus son ressentiment. Il demanda au chevalier de Fourbin s'il n'y avoit pas moyen qu'il lui pût parler ; mais lui ayant dit que cela lui étoit défendu, il s'abandonna au désespoir. On le garda à vue pendant toute la nuit, comme on eût pu faire l'homme du monde le plus criminel ; et le chevalier de Fourbin l'ayant remis le lendemain entre les mains de M. d'Artagnan [1], capitaine-lieutenant de la première compagnie des mousquetaires du grand Alcandre, M. de Lauzun se crut perdu, parce que M. d'Artagnan n'avoit jamais été de ses amis. Ainsi, il se mit dans l'esprit qu'on ne l'avoit choisi que pour lui faire pièce ; inférant en même temps que, pour le traiter avec tant de cruauté, il falloit que ses ennemis eussent prévalu entièrement sur l'esprit du grand Alcandre.

M. d'Artagnan, ayant pris les ordres de M. de Louvois, par le commandement du grand Alcandre, conduisit M. de Lauzun à Pierre-Encise, et de là à Pignerolles [2], où on l'enferma dans une

1. Il y avoit deux compagnies de mousquetaires à cheval, et toutes deux avoient pour capitaine le roi ; le capitaine lieutenant de la première étoit Charles de Castelmar, seigneur d'Artagnan, dont Gatien des Courtils a publié les mémoires apocryphes ; le capitaine lieutenant de la seconde étoit un Colbert.

2. La citadelle de Pignerolles avoit pour gouverneur M. de Saint-Mars. Lauzun y trouva Fouquet, avec qui il avoit été brouillé pour je ne sais quelle galanterie, et avec qui il

chambre grillée, ne lui laissant parler à qui que ce soit, et n'ayant que des livres pour toute compagnie, avec son valet de chambre, à qui l'on annonça que, s'il vouloit demeurer avec lui, il falloit se résoudre à ne point sortir. Le chagrin qu'il eut de se voir tombé d'une si haute fortune dans un état si déplorable, le réduisit bientôt à une telle extrémité qu'on désespéra de sa vie. Il tomba même en léthargie ; de sorte qu'on dépêcha un courrier au grand Alcandre pour lui donner avis de sa mort. Mais, six heures après, il en vint un autre qui apprit sa résurrection, dont on ne témoigna ni joie ni chagrin, j'entends dans le général, chacun le comptant déjà comme un homme mort au monde, ce qui faisoit qu'on n'y prenoit plus d'intérêt.

Cependant, mademoiselle de Montpensier, étant au désespoir que les plaisirs à quoi elle s'étoit attendue avec lui fussent disparus si tôt, souffroit d'autant plus qu'elle osoit moins le faire paroître. Ses bonnes amies faisoient cependant tout ce qu'elles pouvoient pour adoucir sa douleur ; mais comme elles n'étoient pas toujours avec elle, et surtout la nuit, pendant laquelle la maladie qu'elle avoit est toujours la plus pressante, elles contribuoient plutôt à la rendre plus malheureu-

---

se réconcilia. Ils mangeoient presque tous les jours ensemble, dit Mademoiselle. Mais avant d'obtenir cette faveur, Lauzun avoit pu déjà, à force de patience, de ruse et d'industrie, entrer en correspondance avec Fouquet. C'est un passage charmant dans Saint-Simon que celui où l'on voit Lauzun raconter son élévation, et son mariage rompu avec Mademoiselle, à Fouquet, qui ne l'en peut croire, et le plaint d'une captivité qui lui a fait perdre la tête. On eut toutes les peines du monde à le désabuser. (*Saint-Simon*, XX, 438.)

se, en la faisant ainsi ressouvenir de son malheur, qu'elles ne lui apportoient du soulagement. Son plus grand mal étoit cependant de n'oser se plaindre ; car, comme son mariage étoit secret, elle jugeoit bien qu'il falloit que ses peines fussent secrètes, si elle ne vouloit se résoudre d'apprêter à rire, non seulement à ses ennemis, mais encore à toute la France, qui avoit les yeux tournés sur elle pour voir de quelle façon elle recevroit la disgrâce de son bon ami. Cela ne l'empêcha pourtant pas de prendre l'homme d'affaires de M. de Lauzun, dont elle fit son intendant, et de recevoir à son service son écuyer et ses plus fidèles domestiques, qui furent ravis de pouvoir surgir à ce port après le naufrage de leur maître.

Cependant le grand Alcandre, ni plus ni moins que si M. de Lauzun n'eût jamais été son favori, écoutoit tout ce qu'on lui en disoit sans en être touché, et même sans y répondre ; ce qui étoit cause que ceux qui étoient encore de ses amis, dont le nombre néanmoins étoit très petit, n'osoient plus lui en parler. On n'osoit même presque plus lui demander la charge du comte de Guiche, parce que, chacun sachant que ç'avoit été là la pierre d'achoppement, on craignoit qu'elle ne fît le même effet pour les autres qu'elle avoit fait pour lui. Comme on étoit cependant tous les jours dans l'attente pour voir à qui le grand Alcandre la donneroit, on fut tout surpris qu'un matin, à son lever, il dit au duc de La Feuillade[1],

---

1. Il avoit ce titre depuis janvier 1672, que sa femme, Charlotte Gouffier, lui avoit apporté le duché de Roannez par la cession volontaire que lui en avoit faite Artus Gouffier,

que, s'il pouvoit trouver cinquante mille écus, il lui donneroit le reste pour avoir la charge du comte de Guiche, à qui il falloit compter six cent mille francs avant d'avoir sa démission. Le duc de la Feuillade répondit en riant au grand Alcandre qu'il les trouveroit bien s'il lui vouloit servir de caution ; et après l'avoir remercié sérieusement de la grâce qu'il lui faisoit, il prit congé de lui pour aller chercher à Paris la somme qu'il lui demandoit.

Comme la nouvelle de ce que le grand Alcandre faisoit pour lui s'étoit répandue parmi les courtisans, il en trouva un grand nombre dans l'antichambre et sur le degré, qui lui en vinrent faire leurs complimens. Mais les ayant à peine écoutés, il s'en retourna avec son air brusque dans la chambre du grand Alcandre, à qui il dit qu'on n'avoit plus que faire d'avoir recours aux saints pour voir des miracles ; que Sa Majesté en faisoit de plus grands que tous les saints du paradis ; que quand il étoit arrivé le matin à son lever, il n'avoit été regardé de personne, parce que personne ne croyoit que Sa Majesté dût faire ce qu'elle avoit fait pour lui ; mais que chacun n'avoit pas plustôt entendu la grâce qu'elle lui avoit accordée, qu'on s'étoit empressé à l'envi l'un de l'autre de lui faire des offres de service, mais des offres de service à la mode de la cour, c'est-à-dire sans que pas un lui eût offert sa bourse pour y pouvoir prendre les cinquante mille écus dont il avoit tant de besoin.

---

duc de Roannez, son frère. Le Roi approuva cette cession par lettres du mois d'août 1666. Cf. I, p. 243.

Le grand Alcandre se mit à rire de la saillie du duc de la Feuillade, et, voyant qu'il s'en retournoit avec autant de précipitation qu'il étoit venu, il lui dit de ne s'en pas aller si vite, s'il n'avoit que faire à Paris que pour aller chercher de l'argent ; qu'il consentoit de lui en prêter, mais à condition qu'il le lui rendroit quand il se trouveroit en état. Ainsi le grand Alcandre, ayant abaissé en un jour son favori, en éleva un autre presque en aussi peu de temps : car il est constant que le matin que le grand Alcandre fit ce présent au duc de la Feuillade, il étoit si mal dans ses affaires, que, lui étant mort un de ses chevaux de carrosse, il n'avoit point trouvé d'argent chez lui pour en ravoir un autre.

Quoique la disgrâce de M. de Lauzun eût privé les dames de la cour d'un de leurs meilleurs combattans, comme, d'un moment à l'autre, il s'en présente là de tout frais, la vigueur de ceux-ci les consola de la perte de l'autre, et elles ne l'eurent pas plutôt perdu de vue qu'elles ne songèrent plus à ses bravoures. Parmi les jeunes gens qui se présentèrent pour remplir sa place, le duc de Longueville[1] étoit sans doute le plus considérable pour le bien et pour la naissance : car il descendoit de princes qui avoient possédé la couronne avant qu'elle tombât dans la branche du grand Alcandre, et il avoit bien six cent mille livres de rente en fonds de terre

---

1. Charles-Paris d'Orléans, duc de Longueville, second fils d'Henri II d'Orléans-Longueville et d'Anne-Geneviève de Bourbon, sœur du grand Condé; son frère aîné s'étant fait prêtre, Charles-Paris avoit hérité du nom et des biens immenses de son frère.

pour soutenir une origine si illustre. Pour ce qui est de sa personne, sa jeunesse, accompagnée d'un je ne sais quoi, la rendoit toute charmante. Ainsi, quoiqu'il ne fût ni de si belle taille ni de si grand air que beaucoup d'autres, il ne laissoit pas de plaire généralement à toutes les femmes : de sorte qu'il ne parut pas plutôt à la cour qu'elles firent toutes des desseins sur sa personne.

La maréchale de La Ferté [1] fut de celles-là, et, trente-sept ou trente-huit ans [2] qu'elle avoit sur la tête ne lui permettant pas d'espérer qu'il la préférât à tant d'autres qui étoient plus jeunes et plus belles qu'elle, elle crut qu'elle ne feroit point mal de lui faire quelques avances, et que les avances pourroient lui tenir lieu de mérite. Comme on jouoit chez elle, et que c'étoit le rendez-vous de tous les honnêtes gens et de tous ceux qui n'avoient que faire, elle pria le duc de Longueville [3] de la venir voir; et, lui ayant marqué une heure, pour le lendemain, où il ne devoit encore y avoir personne, elle eut le plaisir de

---

1. Henri de Saint-Nectaire ou Senneterre, duc, pair et maréchal de France, veuf en 1654 de Charlotte de Bauves, épousa en secondes noces (25 avril 1655) Madelaine d'Angennes de La Loupe, née en 1629 et plus jeune que lui de vingt-neuf ans, qui rendit son nom célèbre. Sœur de la comtesse d'Olonne (voy. I, p. 5), elle se distingua par les mêmes scandales. Elle aura son histoire.
2. C'est quarante-trois ans qu'il faudroit dire.
3. Le duc de Longueville, né le 29 juillet 1649, avoit alors près de vingt-trois ans. « Il avoit, dit mademoiselle de Montpensier, le visage assez beau, une belle tête, de beaux cheveux, une vilaine taille. Les gens qui le connoissoient particulièrement disent qu'il avoit beaucoup d'esprit; il parloit peu; il avoit l'air de mépriser, ce qui ne le faisoit pas aimer. » (*Mém.* de Montp., VI, 359.)

l'entretenir tout à son aise. Cependant ce fut avec peu de profit, car le jeune prince étoit encore si neuf dans les mystères amoureux, qu'il n'entendit ni ce que cent œillades ni ce que cent minauderies lui vouloient dire, et qui en eussent néanmoins assez averti un autre qui en auroit été mieux instruit que lui.

Cependant, comme la maréchale, toute vieille qu'elle étoit, ne lui avoit pas déplu, il la fut revoir le lendemain à la même heure; et, la trouvant à sa toilette, il lui dit qu'il lui vouloit faire présent d'une poudre admirable. La maréchale lui demanda quelle poudre c'étoit, et, le duc de Longueville lui ayant dit que c'étoit de la poudre de Polleville[1], à peine eut-il lâché la parole qu'elle s'écria qu'elle le dispensoit de lui en envoyer; que c'étoit une poudre abominable, et qu'il faudroit faire brûler celui qui l'avoit inventée. Elle demanda aussitôt au duc de Longueville s'il s'en servoit, et, le duc lui ayant dit qu'oui, elle lui dit de ne la pas approcher, et que cette poudre étoit pire que la peste. Le duc, qui ne savoit ce que cela vouloit dire, la pria de lui expliquer cette énigme; et, la maréchale lui demandant s'il n'avoit pas entendu parler de ce qui étoit arrivé au comte de Saulx[2], comme il lui eut répondu que non, elle lui dit qu'il n'avoit

1. Le fait dont il est ici parlé sommairement est rapporté tout au long dans le pamphlet des *Vieilles amoureuses*, qu'on lira dans ce recueil.
2. Le comte de Saulx, plus tard duc de Lesdiguières, étoit fils de François de Lesdiguières, fils lui-même du maréchal de Créqui et de Madelaine de Bonne. Le comte de Saulx épousa Paule-Marguerite-Françoise de Gondi de Retz, nièce de Paul de Gondy, second cardinal de Retz.

qu'à le lui demander à lui-même, et qu'après cela elle ne croyoit pas qu'il mît encore de la poudre de Polleville.

Elle ne voulut jamais lui rien dire davantage jusques à ce qu'elle fût coiffée ; mais, celle qui la coiffoit s'en étant allée, elle lui dit, après cela, que, le comte de Saulx ayant eu un rendez-vous avec madame de Cœuvres[1], il n'en étoit pas sorti à son honneur à cause du Polleville, et qu'elle croyoit bien qu'il lui en pourroit arriver autant s'il se trouvoit en pareille rencontre. Ce reproche fit rire le duc de Longueville, et, comme la force de sa jeunesse lui faisoit croire qu'il ne haïssoit pas la maréchale, qu'il avoit trouvée jolie femme à son miroir, il lui dit qu'il avoit mis ce jour-là du Polleville, mais qu'il parieroit bien qu'il ne lui arriveroit pas le même accident qui étoit arrivé au comte de Saulx. Là-dessus, il se mit en état de la caresser, et la maréchale, feignant de lui savoir mauvais gré de sa hardiesse, pour l'animer encore davantage, se défendit jusques à ce qu'elle fût proche d'un lit, où elle se laissa tomber. Elle éprouva là que ce qui se disoit du comte de Saulx étoit un effet de sa foiblesse, et non pas du Polleville, comme il avoit été bien aise de le faire accroire.

Le duc de Longueville, ravi de son aventure, en usa en jeune homme, ce qui ne déplut pas à la maréchale, qui lui recommanda le secret, lui faisant entendre qu'elle avoit affaire à un mari

---

1. Madame de Cœuvres étoit Magdeleine de Lyonne; elle avoit épousé, le 10 février 1670, François-Annibal d'Estrées, troisième du nom, petit-fils du maréchal.

difficile et qui n'entendroit point de raillerie s'il venoit à découvrir qu'ils eussent commerce ensemble. Le duc de Longueville lui promit d'en user sagement, et qu'elle auroit lieu d'en être contente; mais il lui recommanda, de son côté, de ne lui point faire d'infidélité, ajoutant qu'il l'abandonneroit dès le moment qu'il en reconnoîtroit la moindre chose.

Cette loi fut dure pour la maréchale, qui avoit cru jusque-là qu'un homme étoit trop peu pour une femme; mais, comme elle aimoit le duc, et que d'ailleurs elle venoit d'éprouver qu'il ne s'en falloit pas de beaucoup qu'il n'en valût deux autres, elle résolut de faire effort sur son naturel et de lui tenir parole tant qu'elle le pourroit. Ainsi, dès ce jour-là, elle congédia le marquis d'Effiat[1], qui tâchoit de se mettre bien auprès d'elle, et qui y auroit bientôt réussi sans la défense du duc de Longueville.

Le marquis d'Effiat étoit un petit homme têtu, brave, quoiqu'il n'aimât pas la guerre, adonné à ses plaisirs et peu capable de raison quand il s'étoit mis une fois une chose en tête. Il trouva de la dureté dans le commandement de la maréchale, avec qui il s'étoit vu à la veille de la conclusion; et, ne doutant point qu'il n'y eût quelque autre amant en campagne, il soupçonna aussitôt le duc de Longueville. Ses soupçons étant tombés sur lui, quoique cette dame en vit bien d'autres, il fut fâché d'avoir affaire à un

---

1. Antoine Ruzé, marquis d'Effiat, né en 1638, mort en 1719, étoit fils de Martin Ruzé, dont le frère aîné fut célèbre sous le nom de Cinq-Mars. Sa mère étoit Isabelle d'Escoubleau de Sourdis.

prince avec qui il n'osoit se mesurer sans s'exposer à d'étranges suites. Cependant, sa passion étant plus forte que sa raison, il vouloit, avant que de le quereller, savoir au vrai s'il ne se méprenoit pas; et, ayant mis pour cela des espions en campagne, il fut averti d'un rendez-vous que ces amans avoient pris ensemble, et il se trouva lui-même devant la porte en gros manteau, afin d'être plus sûr si cela étoit vrai ou non. Comme il eut vu de ses propres yeux qu'on ne lui avoit dit que la vérité, il résolut de quereller le duc de Longueville à la première occasion; et, l'ayant rencontré bientôt après, il lui dit à l'oreille qu'il le vouloit voir l'épée à la main. Le duc de Longueville lui répondit, sans s'émouvoir, qu'il devoit apprendre à se connoître; qu'il se pouvoit battre contre ses égaux, mais que, pour lui, il avoit appris à ne se jamais commettre avec des gens dont il n'y avoit pas longtemps qu'on connoissoit les ancêtres.

Ce reproche fut sensible au marquis d'Effiat, de l'extraction duquel l'on n'avoit pas grande opinion dans le monde[1]. Cependant, comme il n'étoit pas tout seul dans l'endroit où il avoit parlé au duc de Longueville, il s'éloigna sans faire semblant de rien et sans même donner aucun soupçon de ce qu'il lui avoit dit. Le duc de Longueville sortit peu de temps après; mais comme il avoit quantité de pages et de laquais à

---

1. L'origine de cette maison ne remonte qu'au milieu du XVIe siècle; et le marquis d'Effiat, petit-fils du maréchal, n'étoit que le sixième dans les listes généalogiques de la famille, qui, du reste, alliée aux Sourdis, comme nous avons vu, l'étoit aussi aux Montluc.

sa suite, d'Effiat crut à propos d'attendre une occasion plus favorable pour tirer raison et de l'injure qu'il venoit de recevoir et du vol qu'il lui avoit fait de sa maîtresse.

Cependant le duc de Longueville, voyant que d'Effiat n'étoit point venu après lui, prit pour un effet de son peu de courage ce qui n'étoit qu'un effet de son jugement, si bien qu'il commença à en faire des médisances, lesquelles étant rapportées à d'Effiat le mirent dans un tel excès de colère qu'il résolut de se perdre ou d'en tirer vengeance. Pour cet effet il dépêcha deux ou trois espions pour savoir quand le duc de Longueville sortiroit tout seul, ce qui lui arrivoit souvent, ayant, outre l'intrigue de la maréchale, quelques amourettes en ville qui lui donnoient de l'occupation. Deux ou trois jours après, un de ces espions l'étant venu avertir que le duc étoit sorti tout seul en chaise, et étoit allé à quelque découverte, il se fut poster sur son chemin, tellement que, comme il s'en revenoit à deux heures après minuit, il se présenta devant lui, tenant un bâton d'une main et l'épée de l'autre, lui criant de sortir de sa chaise, sinon qu'il le maltraiteroit. Le duc de Longueville, ayant fait en même temps arrêter ses porteurs, voulut mettre l'épée à la main ; mais d'Effiat le chargeant devant qu'il eût le temps de la tirer du fourreau, il lui donna quelques coups de cannes ; ce que voyant les porteurs, ils tirèrent les bâtons de la chaise et alloient assommer d'Effiat, s'il n'eût jugé à propos d'éviter leur furie par une prompte fuite.

Il est aisé de comprendre le désespoir du duc

après un affront si sensible, et combien il désira de se venger. Il défendit aux porteurs de chaise de parler jamais de cette aventure, et n'en parlant lui-même qu'à un de ses bons amis, celui-ci lui conseilla de se donner de garde de s'en plaindre : car, quoique le grand Alcandre n'eût pas manqué d'en faire une punition exemplaire, comme il ne croyoit pas qu'un prince à qui on avoit fait un tel affront pût se venger par le ministère d'autrui, il lui dit qu'il n'y avoit rien à faire que de faire assassiner son ennemi. En effet, c'étoit le seul parti qu'il y avoit à prendre en cette occasion : car, quoiqu'il ne soit pas généreux de faire des actions de cette nature, toutefois, comme c'eût été s'exposer à être battu que de prendre d'Effiat en brave homme, il n'étoit pas juste, et surtout à un prince, de recevoir deux affronts en un même temps.

Quoi qu'il en soit, le duc s'étant déterminé à suivre ce conseil, il ne chercha plus que les occasions de le faire réussir. Mais c'étoit une chose bien difficile, parce que d'Effiat, après avoir fait une pareille folie, n'alloit plus que bien accompagné et se tenoit sur ses gardes.

Cependant il arriva que la maréchale de La Ferté devint grosse, ce [1] qui alarma extrêmement cette dame : car il faut savoir qu'elle ne couchoit point avec son mari, qui étoit un vieux goutteux, grand chemin du cocuage, surtout quand on a une femme de bon appétit, comme étoit la maréchale.

---

1. Tout le passage qui suit, entre crochets, manque à l'édition de 1754; mais il se trouve dans les éditions antérieures, 1709, 1740, etc.

Ainsi elle s'imaginoit avec raison que, s'il venoit à le savoir, il l'enfermeroit aussitôt pour toute sa vie, si bien qu'il lui fallut user de grande précaution pour le lui cacher. Mais elle le découvrit au duc de Longueville, qui, ravi de se voir renaître, quoiqu'il ne fût encore qu'un enfant lui-même, en aima plus tendrement la maréchale. Comme elle fut grosse de quatre ou cinq mois, elle ne voulut plus se commettre à aller dans la chambre du maréchal, et, demeurant à jouer toute la nuit, elle restoit le jour au lit, où elle se faisoit apporter à manger, et ne se levoit point que les joueurs ne revinssent, devant qui elle ne bougeoit point de son fauteuil, de peur qu'ils ne vinssent à découvrir le sujet de ses inquiétudes.

Quoique le maréchal ne se défiât de rien, il ne laissa pas de trouver à redire à cette manière de vivre, et, lui ayant fait dire qu'il seroit bien aise de lui parler, elle se hasarda à venir dans sa chambre, où il lui lava la tête comme il faut. Mais la maréchale, qui ne demandoit qu'un prétexte pour n'y plus revenir, feignant d'être fort offensée de ses corrections, les reçut tout en colère; si bien que la conversation s'échauffant de paroles à autres, ils se dirent l'un et l'autre beaucoup de pauvretés : ce qui donna lieu à la maréchale de lui dire qu'elle lui permettoit de la quereller quand elle le reviendroit voir. Et, sortant en même temps de la chambre, elle n'y remit le pied qu'après ses couches.

Comme elle fut à six semaines ou deux mois près de son terme, elle feignit une indisposition pour se délivrer de la compagnie qui l'accabloit.

Enfin, le terme étant venu, elle accoucha [1] dans sa maison, tout de même que si elle eût été grosse de son mari.

Ce fut Clément qui l'accoucha, et le duc de Longueville, qui étoit présent à l'accouchement, lui fit promettre le secret, moyennant deux cents pistoles qu'il lui donna.

Cependant il venoit souvent de pareilles aubaines à cet accoucheur ; car peu de temps après, madame de Montespan étant encore devenue grosse du grand Alcandre [2], on eut recours à lui ; de sorte qu'on le fut quérir de la même manière et avec la même cérémonie qu'on avoit fait la première fois. Il y eut cependant de la distinction dans la récompense, car on lui donna cette fois-là deux cents louis d'or, au lieu qu'on ne lui en avoit donné que cent la première fois. L'on observa toujours la même chose tant que l'on eut besoin de lui, ayant eu jusqu'à quatre cents louis d'or pour le quatrième enfant dont il accoucha madame de Montespan. Mais, soit que cela parût violent à cette dame, qui naturellement étoit fort ménagère, ou qu'elle en eût d'autres raisons, le grand Alcandre l'ayant encore laissée grosse quelque temps après, et étant obligé de s'en aller en campagne, elle envoya marchander avec Clément pour lui envoyer un

---

1. Cet enfant, nommé Charles-Louis d'Orléans, chevalier de Longueville, fut tué au siége de Philisbourg en novembre 1688.

2. Le second enfant de madame de Montespan et de Louis XIV fut Louis-César, comte de Vexin, abbé de Saint-Denis, né en 1672, mort le 10 janvier 1683. Elle eut ensuite : 3º Louise-Françoise, née en 1673 ; 4º Louise-Marie-Anne, etc.

de ses garçons à Maintenon, où elle avoit résolu d'aller accoucher. Elle passa là pour une des bonnes amies de la marquise de Maintenon [1], si bien que le garçon qui l'accoucha ne sut pas qu'il avoit accouché la maîtresse du grand Alcandre.

Cependant, pour revenir au duc de Longueville, comme il n'épioit, comme j'ai déjà dit, que l'occasion de se venger de d'Effiat, il fut obligé de se préparer à suivre le grand Alcandre, qui avoit déclaré la guerre aux Hollandois. Cette campagne fut extrêmement glorieuse à ce grand prince, mais fatale à ce duc : car, s'étant amusé à faire la débauche une heure ou deux avant que le grand Alcandre fît passer le Rhin à ses troupes, le vin lui fit tirer mal à propos un coup de pistolet contre les ennemis, qui parloient déjà de se rendre ; ce qui fut cause que ceux-ci firent leur décharge sur lui et sur les principaux de l'armée du grand Alcandre, dont il y en eut beaucoup de tués, et lui entre autres, qui étoit cause de ce malheur [2].

La nouvelle en étant portée à Paris, la maréchale en pensa mourir de douleur, aussi bien que plusieurs autres dames [3] qui prenoient inté-

---

[1]. Nous parlerons plus loin de madame de Maintenon, dans les notes de l'historiette qui lui est consacrée.

[2]. Il fut tué le 12 juin 1672, près du fort de Tolhuis, et par sa faute, au moment où il alloit être nommé roi de Pologne. Madame de Sévigné (*Lettre* du 20 juin 1672) le dit expressément, d'accord avec toutes les relations. Là aussi moururent le comte de Nogent, beau-frère de Lauzun, le marquis de Guitry et un grand nombre d'autres gentilshommes.

[3]. Mademoiselle de Montpensier dit « qu'il étoit fort aimé des dames. Madame de Thianges étoit fort de ses amies, la

rêt à sa personne. Il fut regretté d'ailleurs généralement de tout le monde, excepté de d'Effiat, qui se voyoit délivré par là d'un puissant ennemi. En faisant l'inventaire de ses papiers, on trouva son testament, qu'il avoit fait avant que de partir, dans lequel on fut tout surpris de voir qu'il reconnoissoit le fils qu'il avoit eu de la maréchale pour être à lui, et lui laissoit cinq cent mille francs, en cas qu'il vînt à mourir devant que d'être marié.

Comme cette nouvelle fut bientôt publiée par toute la ville, la maréchale en fut avertie par madame de Bertillac [1], sa bonne amie, qui, en même temps, lui dit de prendre garde qu'elle ne vînt aux oreilles de son mari [2]. La maréchale pensa enrager, voyant que son affaire devenoit ainsi publique ; mais, comme le temps console de tout, elle soutint cela le mieux du monde, et s'accoutuma à la fin à en entendre parler sans en rougir. Le grand Alcandre, sachant que le duc de Longueville avoit un fils de la maréchale, en eut beaucoup de joye ; car, comme il y avoit du rapport entre l'aventure du duc de Longueville et la sienne, je veux dire, comme le fils que ce duc laissoit venoit d'une femme mariée aussi bien que ceux qu'il avoit de madame de

maréchale d'Uxelles et beaucoup d'autres. Elles vouloient aller en Pologne avec lui. Quand il mourut, elles en portèrent le deuil et témoignèrent une grande douleur. » (*Mém.*, VI, 359.)

1. Femme de M. de Bertillac, qui servoit alors à l'armée de Hollande. La *Gazette* parle de lui deux ou trois fois dans des circonstances insignifiantes.

2. Le secret fut assez exactement gardé, à en croire mademoiselle de Montpensier : « La mère du chevalier de Lon-

Montespan, il voulut que cela lui servît de planche pour faire légitimer ses enfants quand la volonté lui en prendroit. Il envoya donc ordre au Parlement de Paris de légitimer le fils du duc de Longueville, sans qu'on fût obligé de nommer la mère, ce qui étoit néanmoins contre l'usage et contre les lois du royaume.

Quand les premiers bruits que cette nouvelle avoit apportés furent un peu apaisés, la maréchale, qui voyoit sa réputation perdue parmi tous les honnêtes gens, résolut de faire banqueroute à toute la pudeur qui lui pouvoit rester. Elle tâta de tous ceux qui voulurent bien se contenter des restes du duc de Longueville et du reste de plusieurs autres, et, ayant lié une forte amitié avec madame de Bertillac, qui étoit une des plus belles femmes de Paris, elles furent confidentes l'une de l'autre et goûtèrent de bien des sortes de plaisirs. La maréchale avoit un laquais qui fut roué, et qui avoit une des plus belles têtes du monde ; et la médisance vouloit qu'il eût part dans ses bonnes grâces, parce qu'on voyoit qu'elle le distinguoit des autres laquais.

Une si grande liaison de madame de Bertillac avec la maréchale ne plut pas à M. de Bertillac, son beau-père [1], qui craignoit que pendant que

gueville étoit une femme de qualité dont le mari étoit vivant. Il disoit à tout le monde, en ce temps-là : Ne savez-vous point qui est la mère du chevalier de Longueville ? Personne ne lui répondoit, quoique tout le monde le sût. » (*Mém.*, t. 6, p. 361.)

1. M. de Bertillac le père exerçoit seul, depuis 1669, sous le titre de garde du trésor royal, les charges de trésorier de l'épargne, que possédoient avant lui Nicolas Jeannin de Castille, M. de Guénégaud, frère du secrétaire d'Etat, et

son fils étoit à l'armée, sa femme¹ ne vînt à se débaucher. Mais c'étoit une chose faite, et elle n'avoit pu entendre parler à la maréchale du plaisir qu'il y avoit à faire une infidélité à son mari, sans vouloir éprouver ce qui en étoit. M. de Bertillac y tenoit la main cependant autant qu'il lui étoit possible, avoit l'œil sur elle, et lui recommandoit d'avoir l'honneur en recommandation ; mais comme il étoit beaucoup occupé à la garde des trésors du grand Alcandre, que ce prince lui avoit confiés, autant il lui étoit difficile de pouvoir répondre de la conduite de sa belle-fille, autant il étoit aisé à sa belle-fille de lui en faire accroire.

Cependant madame de Bertillac étant allée un jour à la comédie avec la maréchale, comme celle-ci eut vu danser le Basque sauteur², elle dit à l'autre qu'elle s'imaginoit qu'un homme qui avoit les reins si souples étoit un admirable acteur, lui avouant en même temps qu'elle seroit ravie d'en faire l'expérience elle-même. L'ingénuité de la maréchale ayant obligé madame de Bertillac de lui parler aussi à cœur ouvert, elle dit qu'elle croyoît bien qu'il y auroit beaucoup de plaisir à faire ce qu'elle disoit, mais que pour

---

M. de La Bazinière. Lui-même avoit exercé une de ces trois charges, avec M. de Tubeuf et M. de Lyonne, et on trouve dans les œuvres de Scarron une épître collective qu'il leur adresse pour se faire payer de sa pension. Nous aurons à reparler de madame de Bertillac.

1. Anne-Louise Habert de Montmort, fille de l'académicien de ce nom, mariée en 1666 avec M. de Bertillac fils.

2. Ce Basque sauteur n'est-il point le *Cobus* de La Bruyère, comme son *Roscius* est Baron ? (Voy. l'édit de La Bruyère donnée dans cette collection, t. 1, 203.)

elle, si elle étoit tentée de quelque chose, c'étoit de savoir si Baron [1], comédien, avoit autant d'agrément dans la conversation qu'il en avoit sur le théâtre. Cette confidence fut suivie de l'approbation de la maréchale ; elle releva le mérite de Baron, afin que madame de Bertillac relevât celui du Basque, et, s'encourageant toutes deux à tâter de cette aventure autrement que dans l'idée, elles ne furent pas plus tôt sorties de la comédie, qu'elles se résolurent d'écrire à ces deux hommes, pour les prier de leur accorder un moment de leur conversation.

Baron et le Basque furent surpris de l'honneur qu'on leur faisoit, et, n'ayant pas manqué d'y répondre civilement, l'entrevue se fit à St-Cloud [2], d'où les dames s'en revinrent si contentes qu'elles convinrent avec eux que ce ne seroit pas là la dernière fois qu'ils se verroient. Elles se firent part après cela l'une à l'autre de ce qui leur étoit arrivé, et elles furent obligées de tomber d'accord que ce n'étoit pas toujours des gens de qualité qu'on tiroit les plus grands services. A l'égard des hommes, ils n'eurent pas tous deux pareil sujet de contentement. Si Baron fut satisfait de sa fortune, il n'en fut pas de même du Basque, qui trouvoit que la maréchale étoit insatiable. Il dit à Baron que, quoiqu'il fatiguât beaucoup à la comédie, il aimeroit mieux être obligé d'y danser tous les jours, que d'être seulement une heure avec elle. Baron le consola sur le bon-

---

1. Voy. le 1er vol. de l'*Histoire amoureuse*, p. 5.
2. Le cabaret de La Durier y étoit fameux, et c'étoit le lieu ordinaire des *cadeaux*.

heur d'être bien avec une femme de grande qualité, et il fut assez fou pour se laisser repaître de cette chimère.

Cependant madame de Bertillac se laissa tellement aller à l'extravagance, qu'elle ne pouvoit plus être un moment sans Baron ; et, ayant su qu'il avoit perdu une somme fort considérable au jeu, elle le força à prendre ses pierreries, qui valoient bien vingt mille écus [1]. Mais il arriva, par malheur pour elle, qu'une des amies de son beau-père en ayant eu affaire pour quelque assemblée, elle le pria de les emprunter de sa belle-fille, et M. de Bertillac, étant bien aise d'obliger cette dame, dit à madame de Bertillac de les lui prêter, ce qui l'embarrassa extrêmement.

Comme d'abord elle avoit paru surprise, M. de Bertillac crut que, comme elle étoit joueuse, elle les avoit jouées ou engagées quelque part ; et, la pressant de lui dire où c'étoit, afin qu'il les

1. Madame de Sévigné met cette anecdote sur le compte du duc de Caderousse (voy. la note suivante), et Bussy confirme cette imputation (*Lettre* du 17 fév. 1680 à M. de la Rivière) : « Caderousse étant allé, le soir même, dans la maison où il avoit perdu la veille, dit avec un air dédaigneux qu'on dit qu'il a, à quelqu'un qui lui demandoit ce qu'il venoit faire là, n'ayant pas un quart d'écu, que les gens comme lui ne manquoient jamais de ressources, et que la bonne femme... n'avoit plus ni bagues ni joyaux. A la vérité il ne voyoit pas que madame de... étoit dans l'alcôve de la chambre avec la maîtresse du logis. Vous pouvez vous imaginer ce que peut penser une femme passionnée qui se voit traiter de la sorte. Elle tomba en défaillance, et, comme elle fut revenue, on la porta dans son carrosse et de là dans son lit, où elle est est morte quatre jours après. » Seulement, disons que Bussy ne nomme pas madame de Bertillac, mais madame de Rambures, belle-mère de Caderousse. Voy. *Lettres de Sévigné*, édit. Monmerqué. — Cf. ci-dessous, p. 419.

pût retirer, elle s'embarrassa encore davantage, disant tantôt qu'elle les avoit prêtées à une de ses amies, tantôt qu'elles étoient chez le joaillier, qui les raccommodoit. M. de Bertillac, qui étoit homme d'expérience, vit bien qu'il y avoit quelque mystère là-dessous ; mais, n'en pouvant rien tirer davantage, il fut obligé de divulguer l'affaire dans la famille de sa belle-fille, qui la tourna de tant de côtés, qu'elle avoua à la fin qu'elle les avoit données à Baron, ce qu'elle tâcha néanmoins de déguiser sous le nom de prêter. Les parens furent en même temps chez ce comédien, qui nia d'abord la chose, croyant qu'on ne lui en parloit que par soupçon ; mais, sachant un moment après que c'étoit madame de Bertillac même qui avoit été obligée de le dire, et que même on en avoit déjà parlé au grand Alcandre, si bien que cela l'alloit perdre, il prit le parti de les rendre, et évita par là de se faire beaucoup d'affaires.

M. de Bertillac, croyant que son fils, qui étoit à l'armée, ne pouvoit pas manquer d'être averti de ce qui se passoit, se mit en tête qu'il valoit mieux que ce fût lui qui lui en donnât les premiers avis qu'un autre. Mais madame de Bertillac, qui avoit beaucoup de pouvoir sur l'esprit de son mari, l'ayant prévenu par une lettre, M. de Bertillac fut fort surpris qu'au lieu de remercîmens qu'il attendoit de son fils, il n'en reçût que des plaintes, comme si sa femme eût encore eu raison. Madame de Bertillac poussa l'artifice encore plus loin : elle manda à son mari de lui permettre de se retirer dans un couvent, disant qu'elle ne pouvoit plus vivre avec M. de Bertillac, qui en usoit avec elle d'une manière que s'il n'avoit pas été son beau-père, elle auroit cru qu'il auroit été amoureux d'elle, tant il étoit devenu jaloux.

Ces nouvelles fâchèrent son mari, qui l'aimoit tendrement, et qui étoit bien éloigné de la croire infidèle; et, attribuant toute la faute à son père, le reste de la campagne lui dura mille ans, tant il étoit pressé d'aller consoler cette chère épouse. Cependant il manda à M. de Bertillac qu'il le prioit de laisser sa femme en repos; qu'il connoissoit sa vertu, et que c'en étoit assez pour ne rien croire de tous les bruits qui couroient à son désavantage. Pour ce qui est d'elle, il lui écrivit de se donner bien de garde d'aller dans un couvent, à moins qu'elle ne le voulût faire mourir de douleur; qu'elle prît patience jusqu'à la fin de la campagne, et qu'après cela il donneroit ordre à tout. En effet, il ne fut pas plus tôt revenu, qu'il ne voulut écouter personne à son préjudice. Ainsi il vécut avec elle comme à l'ordinaire, de sorte que si elle n'étoit point morte quelque temps après, elle auroit pris un si grand ascendant sur son esprit, qu'elle auroit fait tout ce qu'elle auroit voulu sans qu'il y eût jamais trouvé à redire.

La mort de madame de Bertillac[1] fit entrer

---

1. Toute cette intrigue dura assez longtemps, puisque madame de Bertillac ne mourut qu'en 1680. Madame de Sévigné raconte sa maladie (*Lettre* du 24 janv. 1680) et sa mort (7 fév.), et elle confirme la vérité du récit qu'on vient de lire.

« Voici, dit-elle, une histoire bien tragique. Cette pauvre Bertillac est devenue passionnée, pour ses péchés passés, de l'insensible C...; il l'a vue s'enflammer et non pas se défendre; il a été d'abord au fait et lui a fait mettre en gage ses perles pour soutenir un peu la bassette. On le vit arriver

la maréchale en elle-même. Elle dit à ses amis qu'elle vouloit renoncer à toutes les vanités du monde ; mais, comme elle en avoit dit autant à la mort du duc de Longueville, et que cependant elle n'en faisoit rien, on ne crut pas qu'elle tînt mieux parole cette fois-là que l'autre, en quoi l'on ne se trompa pas ; car la mort de son mari, qui arriva quelques années après [1], l'ayant mise en liberté de vivre à sa mode, elle fit succéder au Basque un nombre infini de fripons qui valoient encore moins que lui. Le chevalier du Liscouet [2] l'entretint jusqu'à ce qu'il en fût las, à qui succéda l'abbé de Lignerac [3]; et comme elle lui faisoit part de son lit, elle l'obligea de lui faire part de sa bourse. Enfin l'abbé de Lignerac ayant quitté la belle-mère pour la belle-fille, elle est

chez madame de Quintin avec mille louis qu'il fit sonner; sa reconnoissance l'obligea de dire d'où ils venoient. Ce procédé a si excessivement saisi la B... qu'elle en est devenue une image de Benoît, comme autrefois; et le sang et les esprits ne courant plus, elle est actuellement enflée et gangrenée, de sorte qu'elle est à l'agonie. Nous y passâmes hier, le petit Coulanges et moi. On attend qu'elle expire ; elle est mal pleurée; le père et le mari voudroient qu'elle fût déjà sous terre. Il n'y a point deux opinions sur cette belle cause de mort. » Cf. p. 417.

Et ailleurs : « Nous fûmes, tout ce que vous connoissez de femmes, au service de cette pauvre B... Il est très vrai que c'est C... qui l'a tuée. »

1. A peine deux ans après, car le maréchal de La Ferté mourut le 27 septembre 1681.
2. Philippe-Armand du Liscouet, chevalier, vicomte des Planches, étoit fille de Guill. du Liscouet et de Marie de Talhouet. Sa sœur épousa le fameux financier Deschiens.
3. L'abbé de Lignerac, de la famille des Robert, seigneurs de Lignerac et de Saint-Chamans, qui avoient des alliances dans les maisons de Levis, branche de Charlus, et de Hautefort.

réduite aujourd'hui à se livrer au petit du Pré [1], qui ne lui donne pas seulement de son Orviétan, mais qui lui apprend encore tous les tours de cartes et de souplesse avec lesquels ils dupent ensemble les nouveaux venus, et ceux qui sont assez fous de croire qu'on puisse jouer honnêtement chez une femme qui a renoncé depuis si longtemps à l'honnêteté [2].

L'exemple de la maréchale avoit excité la duchesse de La Ferté, sa belle-fille [3], à n'être pas plus vertueuse. Cependant, comme elle étoit plus jeune et qu'elle se croyoit plus belle, elle ne jugea pas à propos de se jeter à la tête de tout le monde, comme faisoit sa belle-mère. Présumant au contraire assez de sa beauté pour s'imaginer qu'elle pouvoit toucher le cœur du fils du grand Alcandre [4], elle commença non pas à lui faire la cour, mais à lui faire l'amour si ouvertement, que tout le monde ne put voir, sans en rougir

---

1. Fils d'un opérateur. (*Note du texte.*)
2. Ici finit ce pamphlet dans l'édition de 1754. La suite que nous en donnons est tirée de l'édition de 1709, reproduite dans l'édition de 1740. L'édition de 1754 a intercalé à tort ce passage, partie dans l'histoire de Mademoiselle de Fontanges, partie dans *la France devenue italienne*, et l'édition Delahays est tombée dans la même faute. Mais si les premières édition de la *France galante* contiennent ces pages, on ne les trouve pas dans les premiers textes de *la France devenue italienne*.
3. La duchesse de La Ferté étoit cette même mademoiselle de La Mothe-Houdancourt dont nous avons parlé ci-dessus, p. 49, note 5. Elle épousa, le 18 mars 1675, Henri-François de Saint-Nectaire, duc de La Ferté, fils du maréchal.
4. Louis, dauphin, fils de Louis XIV et de Marie-Thérèse, né le 1er novembre 1661, mort le 14 avril 1711; Montausier fut son gouverneur, Bossuet son précepteur.

pour elle, l'effronterie avec laquelle elle le poursuivoit.

La maréchale de La Motte[1], sa mère, qui avoit été gouvernante du fils du grand Alcandre, et qui avoit marié une autre de ses fille[2] au duc de Ventadour[3], de la conduite de laquelle elle n'étoit pas déjà trop contente, s'apercevant bientôt des desseins de celle-ci, résolut d'en arrêter le cours, pour conserver ce qui restoit de réputation à sa maison. Elle dit donc à la duchesse de La Ferté tout ce que l'expérience et l'autorité d'une mère lui pouvoient faire dire; mais toutes ses remontrances ne servirent qu'à la faire cacher d'elle, pendant qu'elle exposoit aux yeux des autres des desseins qui faisoient murmurer les moins retenus; car, un jour, ayant trouvé le fils du grand Alcandre d'assez bonne humeur, elle lui dit les choses du monde les plus hardies; et ce prince ayant loué la beauté de ses cheveux, qui à la vérité sont fort beaux et d'une fort belle couleur, elle lui

---

1. Voy. p. 49. Madame de La Mothe, connue avant son mariage sous le nom de mademoiselle de Toussy, et fort célèbre dans les poètes du temps, Bois-Robert et autres, étoit fille de Louis de Prie, marquis de Toussy, et de mademoiselle de Saint-Gelais-Lusignan. Née en 1624, elle mourut le 6 janvier 1709. Elle fut gouvernante du Dauphin jusqu'en 1668, où il quitta les mains des femmes; mais elle conserva le titre de gouvernante des enfants de France, avec 3,600 livres de gages. Mariée le 21 novembre 1650, elle étoit veuve depuis le 24 mars 1657.

2. Charlotte-Eléonore-Magdeleine, mariée le 14 mars 1671.

3. Louis-Charles de Levis, duc de Ventadour, étoit fils de Charles de Levis, duc de Ventadour, et de sa seconde femme, Marie de La Guiche, fille du maréchal de ce nom. Il mourut en 1717.

dit que s'il l'avoit vue décoiffée il les trouveroit encore bien plus à son gré ; que quand il voudroit, elle lui donneroit cette satisfaction ; et baissant en même temps la tête pour lui faire voir la quantité qu'elle en avoit, elle mit sa main dans un endroit que la bienséance m'empêche de nommer, pendant que le prince considéroit sa tête, sans penser peut-être à ce qu'elle faisoit.

Comme ce prince étoit beaucoup plus jeune qu'il n'est aujourd'hui, l'action de la duchesse de La Ferté lui fit plus de honte qu'à elle-même, et, se retirant en arrière, sa confusion augmenta quand il vit que sa chemise sortoit et qu'il la lui falloit raccommoder. La rougeur qui parut en même temps sur son visage, avec quelques autres circonstances qu'on remarqua, firent concevoir que la dame n'avoit pas perdu son temps pendant qu'elle s'étoit baissée ; mais, n'en paroissant pas plus étonnée pour cela, elle dit à ce prince, qui raccommodoit sa chemise, que cela n'étoit guère honnête de faire ce qu'il faisoit devant les dames, et que si son mari survenoit par hasard, cela seroit capable de lui donner de la jalousie.

Le prince ne lui donna pas lieu de poursuivre la conversation, dont la matière lui étoit désagréable ; tellement qu'après s'en être allé, elle fut dire à deux ou trois dames qui lui ressembloient qu'elle venoit de voir un homme qui n'étoit pas homme ; et, comme on ne savoit ce qu'elle vouloit dire par là et que cependant on vouloit le savoir, elle dit qu'elle venoit de voir le fils du grand Alcandre, qui ne seroit jamais le fils de son père. On la pressa d'expliquer cette énigme, ce qu'elle ne voulut pas faire, quoique ces dames l'en priassent. Mais elles n'eurent pas plus tôt su l'aventure qui étoit arrivée à ce jeune prince, que le reste leur fut aisé à deviner. Ainsi elles comprirent dans un moment que le désordre où il s'étoit trouvé étoit l'ouvrage des mains de la duchesse.

Le grand Alcandre, en ayant été averti, dit à la maréchale de La Motte qu'il n'étoit point content du tout de sa fille; qu'elle l'avertît d'avoir une conduite plus honnête, sinon qu'il seroit obligé d'en dire un mot à son mari [1]. Cependant, ce mari étoit un homme qui ne se mettoit guère en peine ni de la réputation de sa femme, ni de la sienne propre, et, pourvu qu'il bût et qu'il allât chez les courtisanes, il étoit au-dessus de tout ce que l'on pouvoit dire et de tout ce qui pouvoit arriver. Il étoit toujours avec un tas de jeunes débauchés comme lui, et tous leurs beaux faits n'étoient que de pousser la débauche jusqu'à la dernière extrémité, tellement que les filles de joie, tout aguerries qu'elles devoient être, ne les voyoient point entrer chez elles sans trembler.

Ils firent en ce temps-là une débauche qui alla un peu trop loin et qui fit beaucoup de bruit et à la cour et dans la ville : car, après avoir passé

---

[1]. Henri-François de Saint-Nectaire, fils de la trop fameuse maréchale de La Ferté, né le 23 janvier 1657, suivit, à peine âgé de quinze ans, le roi à la conquête de Hollande. A dix-sept ans, il succédoit à son père dans le gouvernement de Metz et du pays messin. Il prit part à quelques campagnes avec le titre de lieutenant général, et mourut le 1er août 1703.

toute la journée chez des courtisanes où ils avoient fait mille désordres, ils furent souper aux Cuilliers, dans la rue aux Ours [1]. Ils se prirent là de vin, et, étant soûls pour ainsi dire comme des cochons, ils firent monter un oublieur, à qui ils coupèrent les parties viriles et les lui mirent dans son corbillon. Ce pauvre malheureux, se voyant entre les mains de ces satellites, alarma non-seulement toute la maison, mais encore toute la rue par ses cris et ses lamentations; mais quoiqu'il survint beaucoup de monde qui les vouloient détourner d'un coup si inhumain, ils n'en voulurent rien démordre, et, l'opération étant faite, ils renvoyèrent le malheureux oublieur, qui s'en alla mourir chez son maître.

Cet excès de débauche, ou plutôt cet excès de rage, ayant été su du grand Alcandre, il en fut en une colère épouvantable. Mais la plupart de ces désespérés appartenant aux premiers de la cour et aux ministres, il jugea à propos, à la considération de leurs parens, de se contenter de les éloigner. Les parens trouvèrent cet arrêt si doux, en comparaison de ce qu'ils méritoient, qu'ils en furent remercier le grand Alcandre, avouant de bonne foi qu'un crime si énorme ne méritoit pas moins que la mort.

Le marquis de Biran [2] et le chevalier Col-

---

1. Cabaret célèbre dans la rue nommée successivement rue aux Oues (aux Oies) et rue aux Ours.
2. Gaston Jean-Japtiste-Antoine de Roquelaure, fils de Gaston, duc de Roquelaure, et de mademoiselle du Lude (Charlotte-Marie de Daillon). Il porta le nom de marquis de Biran jusqu'à la mort de son père, arrivée en mars 1683; gouverneur de Lectoure, lieutenant général des armées, com-

bert [1], qui étoient de la débauche et toujours des premiers à mettre les autres en train, furent un peu mortifiés avant que de partir : car celui-ci, qui étoit fils du fameux M. Colbert, en fut régalé d'une volée de coups de bâton qu'il lui donna en présence du monde, parce que, comme il étoit grand politique, il étoit bien aise qu'on fût dire au grand Alcandre qu'il n'avoit pu savoir un tel déréglement sans qu'il fût suivi d'un châtiment proportionné à la faute. A l'égard du marquis de Biran, le grand Alcandre dit, en parlant de lui, qu'il n'avoit que faire de prétendre de sa vie de devenir duc, et qu'il seroit toujours plus prêt à lui donner des marques de son mépris qu'à faire aucune chose qui tendît à sa fortune. Cependant nous venons de voir, il n'y a guère, que ce prince ne s'est pas ressouvenu de sa parole, à moins qu'on ne veuille dire que ce n'est pas au marquis de Biran qu'il vient d'accorder le rang de duc, mais à mademoiselle de Laval [2], qu'il a épousée.

Le bruit qu'avoit fait cette débauche étant un peu apaisé, les parens des exilés sollicitèrent leur retour, pendant que la duchesse de La Ferté

mandant en chef en Languedoc, il fut nommé maréchal de France le 2 février 1724.

1. Antoine-Martin, bailli et grand-croix de Malte, général des galères de cet ordre, colonel du régiment de Champagne après avoir été capitaine-lieutenant des mousquetaires du Roi, étoit le troisième fils de Jean-Baptiste Colbert et de Marie Charron. Blessé à Valcourt le 25 août 1689, il mourut de sa blessure le 2 septembre suivant.

2. Marie-Louise de Laval, fille d'Urbain de Laval, marquis de Lezay, et de Françoise de Sesmaisons, épousa le marquis de Biran le 20 mai 1683. Il sera reparlé d'elle et de la courte intrigue qui lui valut la faveur du Roi.

souhaitoit que son mari ne revînt pas si tôt, par des raisons fortes et que je rapporterai succinctement. Comme elle avoit reconnu que c'étoit inutilement qu'elle avoit prétendu à la conquête du fils du grand Alcandre, elle s'étoit rabattue sur le premier venu, dont elle n'avoit point lieu du tout d'être contente. Quelqu'un lui avoit fait un fort méchant présent, et comme elle ne connoissoit rien à un certain mal qui l'incommodoit, elle prit le parti d'aller incognito chez un fameux chirurgien pour en être éclaircie. Y étant arrivée toute seule avec une chaise à porteurs, ce qui ne faisoit rien présumer de bon d'une femme de son air, elle lui exposa son affaire sans façon, lui disant qu'elle ressentoit depuis quelques jours quelques incommodités qui lui faisoient craindre que son mari, qui étoit un peu débauché, n'eût pas eu toute la considération qu'il étoit obligé d'avoir pour elle ; qu'elle le prioit d'examiner la chose et de lui en dire son sentiment. Et faisant en même temps exhibition de ses pièces, elle s'attendoit que le chirurgien alloit du moins se montrer pitoyable[1] en entrant dans ses intérêts ; mais celui-ci, étant accoutumé tous les jours à entendre rejeter sur les pauvres maris des choses dont ils sont le plus souvent innocens, il lui dit qu'il étoit tant rebattu de ces sortes de contes, qu'il ne pouvoit plus avoir de complaisance pour celles qui les lui faisoient ; que sans se mettre davantage en peine d'accuser son mari, elle songeât seulement à se faire

---

1. Sensible. Nous n'avons plus ce mot que dans le sens de « digne de pitié. »

traiter promptement, parce que le mal qu'elle avoit pouvoit devenir pire, si par hasard elle venoit à le négliger.

Cet arrêt étonna la duchesse, qui avoit ouï parler plusieurs fois à son mari de ces sortes de maux, dans lesquels l'expérience le rendoit savant. Ainsi, étant bien aise de savoir si celui qu'elle avoit étoit le plus grand de tous, elle s'en informa du chirurgien. Le chirurgien lui dit que non, mais que, comme il lui avoit déjà dit, il falloit y remédier promptement, sinon qu'il pouvoit le devenir. Comme elle eut entendu cela, elle lui dit qu'elle avoit tant de confiance en lui, sur la réputation qu'il avoit dans le monde, qu'elle s'abandonnoit entièrement entre ses mains ; et se nommant en même temps, elle surprit le chirurgien, qui, sachant qu'il avoit affaire à une personne de la première qualité, fut fâché de lui avoir parlé si nettement. Il lui demanda pardon de ce qu'il s'étoit montré si libre en paroles, s'excusant que comme les plus abandonnées lui tenoient le même langage qu'elle lui avoit tenu, il avoit cru être obligé de lui répondre ce qu'il avoit fait, n'ayant pas l'honneur de la connoître.

La duchesse lui pardonna aisément, à condition néanmoins qu'il la sortiroit [1] bientôt d'affaire ; ce que le chirurgien lui promit si elle vouloit observer un certain régime de vivre. Elle lui dit qu'elle feroit tout ce qu'il lui ordonneroit, et même fit encore davantage : car elle voulut garder le lit tant qu'elle fut dans les remèdes, craignant que si elle continuoit de vivre comme elle avoit

1. *Sortir* pour *tirer* n'étoit pas plus françois alors que maintenant.

de coutume, les veilles n'échauffassent son sang et ne rendissent la guérison plus difficile.

Cependant, quoiqu'elle ne voulût voir personne, comme elle se seroit beaucoup ennuyée d'être toute seule, elle permit à M. L'Avocat[1], maître des requêtes, qui lui disoit depuis longtemps qu'il l'aimoit sans en pouvoir tirer aucunes faveurs, de la venir voir. L'Avocat étoit fils d'un juif de la ville de Paris, qui, après avoir gagné deux millions de bien par ses usures, s'étoit laissé mourir de froid, de peur de donner de l'argent pour avoir un fagot. Sa mère étoit encore de race juive ; cependant, comme s'il n'eût pas été connu de tout Paris, il faisoit l'homme de qualité. On lui avoit mis une charge de robe sur le corps, comme on fait une selle à un cheval ; mais il étoit si peu capable de s'en acquitter, que tout le monde se moquoit de lui. Cela faisoit qu'il ne se plaisoit qu'avec les gens d'épée, à qui il servoit de divertissement. Il affectoit de paroître chasseur, quoiqu'il ne sût aucuns termes de l'art ; et quand il lui arrivoit de tirer un coup de

---

1. M. L'Avocat, maître des requêtes, étoit fils de Nicolas L'Avocat de Sauveterre, maître des comptes, et de Marguerite Rouillé, et beau-frère d'Arnaud de Pomponne. — Saint-Simon en parle ainsi (II, p. 411, édit. Sautelet) : « Un bonhomme, mais fort ridicule, mourut en même temps (1700), ce fut un M. L'Avocat, maître des requêtes, frère de madame de Pomponne et de madame de Vins, qui avoit des bénéfices et beaucoup de biens, qui alloit partout, qui avoit eu toute sa vie la folie du beau monde, et de ne rien faire qu'être amoureux des plus belles et des plus hautes huppées, qui rioient de ses soupirs et lui faisoient des tours horribles. C'étoit, avec cela, un grand homme maigre, jaune comme un coing et qui l'avoit été toute sa vie, et qui, tout vieux qu'il étoit, vouloit encore être galant. »

fusil, ce qui ne lui arrivoit pas souvent, il tournoit la tête en arrière, de peur que le feu ne prît à ses cheveux ; au reste, grand parleur et grand menteur, mais avec tout cela le meilleur homme du monde, offrant service à un chacun sans jamais en rendre à personne.

La réputation où il étoit de n'être pas trop dangereux avec les femmes, à qui l'on disoit même qu'il ne pouvoit faire ni bien ni mal, ayant fait croire à la duchesse de La Ferté qu'il s'apercevroit moins qu'un autre du sujet qui la retenoit au lit, elle lui manda de la venir voir, et, lui faisant valoir cette grâce, elle en reçut des remerciemens proportionnés à son esprit. Il lui protesta qu'après des marques d'une si grande distinction il vouloit vivre et mourir son serviteur très humble ; et pour lui donner des témoignages plus essentiels de son attachement, il lui jura qu'elle et ses amis n'auroient jamais de procès par-devant lui qu'il ne le leur fît gagner, sans entrer en connoissance de cause qui auroit raison ou non ; que c'étoit ainsi que les bons amis en devoient agir, sans rien examiner davantage que le plaisir de leur rendre service.

Après mille autres protestations de service de la même sorte, il en revint enfin à l'amour qu'il avoit pour elle depuis si longtemps ; et, tâchant d'accorder ses yeux avec ses paroles, il les tourna languissamment sur elle, lui demandant si elle étoit résolue de le faire mourir. La duchesse lui dit qu'apparemment ce n'étoit pas là son dessein, ce qu'il pouvoit bien juger lui-même, puisqu'elle l'avoit envoyé quérir, se ressouvenant qu'il lui avoit dit plusieurs fois qu'il ne pouvoit vivre sans la voir. Cette réponse fit que L'Avocat recommença ses complimens, qui n'auroient point eu de fin si elle ne les eût interrompus pour lui demander comment il gouvernoit Louison d'Arquien[1]. Il rougit à cette demande, et la duchesse, s'en étant aperçue, lui dit qu'elle estimoit les hommes qui avoient de la pudeur ; qu'il étoit bien vrai que, cette fille étant une courtisane publique, il n'y avoit pas trop d'honneur à la voir ; mais que le comte de Saulx, le marquis de Biran, le duc de La Ferté même, et enfin toute la cour la voyant, il n'y avoit pas plus d'inconvénient pour lui à la voir qu'à tant de personnes de qualité ; que pourvu qu'il ne l'entretînt pas publiquement, comme le bruit en couroit, il n'y avoit pas grand mal ; mais que pour elle, elle n'en avoit jamais voulu rien croire, l'ayant toujours reconnu trop sage et trop homme d'honneur pour cela.

M. L'Avocat, maître des requêtes, soutint hautement que c'étoit une médisance, et même il auroit encore soutenu qu'il ne l'avoit jamais vue, si la duchesse, qui le voyoit embarrassé, ne lui eût donné moyen de s'excuser, tournant la conversation comme elle avoit fait. Il lui dit donc qu'il n'y avoit jamais été que par compagnie, et, croyant dire les plus belles choses du monde, il lui jura que, quelque beauté qu'eussent ces sortes de femmes-là, il faisoit bien de la différence entre elles et une personne de son mérite ; et tâchant de faire son portrait en même temps, il lui fit voir qu'il avoit beaucoup de mémoire, s'il n'avoit pas

---

1. Louison d'Arquien, célèbre courtisane.

beaucoup de jugement, car la duchesse se ressouvint d'avoir lu, il y avoit quelques jours, dans un livre de galanterie, toutes les choses dont il lui faisoit alors l'application.

Cependant elle fut toute prête de se scandaliser de la comparaison qu'il sembloit avoir faite d'elle et de Louison d'Arquien : car, quelque distinction qu'il y eût apportée, elle ne laissoit pas de la choquer, et cela apparemment parce que, sachant elle-même la vie qu'elle menoit, elle croyoit que c'étoit un avertissement secret que L'Avocat lui donnoit de se corriger. Cependant, comme elle fit réflexion qu'il n'étoit pas malicieux de son naturel, et que cette parole lui étoit échappée plutôt par hasard qu'à aucun méchant dessein, elle calma sa colère, en sorte que la conversation se termina sans aigreur.

Le lendemain il la revint voir, et trouva la duchesse fort mal, car elle avoit pris ce jour-là un grand remède. Elle se plaignit fort d'une grande douleur qu'elle souffroit, et, l'attribuant à une médecine qu'elle avoit prise, dont il restoit encore environ la moitié dans un verre, il fut prendre ce verre et avala ce qui étoit dedans. Il dit, avant que de le faire, qu'il ne vouloit pas qu'il fût dit que la personne du monde qu'il aimoit le plus souffrit pendant qu'il étoit en santé.

La duchesse ne put s'empêcher de rire de cette extravagance, qu'il faisoit cependant sonner bien haut comme une marque de la plus belle amitié qui fut jamais. Mais, faisant réflexion ensuite que cette médecine l'empêcheroit peut-être de sortir le lendemain, et qu'il ne pourroit par conséquent voir la duchesse ce jour-là, il poussa des regrets

et des soupirs qui l'auroient fait crever de rire
nonobstant la douleur qu'elle ressentoit, si elle
eût osé témoigner sa pensée. Ce fut par là que
se termina cette comédie ; car des tranchées
l'ayant pris en même temps, à peine eut-il le
temps de gagner son carrosse et de se retirer chez
lui.

Comme il y avoit du mercure dans la médecine, il fut tourmenté comme il faut toute la nuit
et tout le lendemain; et, ne pouvant aller chez
la duchesse, il lui écrivit un billet dont je ne
puis pas rapporter les paroles, n'étant jamais
tombé entre mes mains, mais dont ayant assez
ouï parler dans le monde, comme d'une chose
ridicule, j'en puis dire le sens, que voici :

« Qu'il ne pouvoit avoir l'honneur de la voir
« de tout le jour, parce qu'il étoit devenu comme
« ces filles de joie, lesquelles ne peuvent plus
« répondre de ne point faire de folies de leur
« corps, tant elles y sont accoutumées; que le
« sien étoit tellement habitué à de certaines cho-
« ses qu'il n'osoit dire, qu'il falloit qu'il gardât
« la chambre jusqu'à ce qu'il fût entièrement
« remis de son indisposition; qu'il la prioit ce-
« pendant d'être persuadée qu'il n'avoit pas pris
« la médecine comme un remède contre l'amour,
« mais pour lui montrer qu'il seroit amoureux
« d'elle toute la vie. »

La duchesse lut et relut ce billet, s'étonnant
comment un homme qui avoit cinquante ans passés, et qui avoit vu le monde, pouvoit être si fou,
et, étant bien aise de continuer à s'en divertir,
elle eut de l'impatience de le revoir et qu'il fût
quitte de la sottise. L'Avocat, après avoir souf-

fert deux jours tout ce qu'on peut souffrir dans ces sortes de remèdes, lui vint dire qu'enfin il étoit quitte, grâce à Dieu, du mal qu'il avoit enduré ; qu'il lui souhaitoit une santé pareille à celle dont il jouissoit, et que s'il savoit qu'en faisant encore ce qu'il avoit fait il dût avancer sa guérison, il étoit prêt de se dévouer à toutes sortes de tourmens pour l'amour d'elle.

La duchesse le remercia de sa bonne volonté, et lui dit que, commençant à se porter mieux, il y avoit espérance que son mal ne seroit plus guère de chose ; que cependant, à mesure que le corps se guérissoit, l'esprit devenoit malade ; qu'elle avoit besoin de deux cents pistoles pour une affaire pressée, et, ne sachant où les trouver, elle n'avoit aucun repos ni jour ni nuit.

Quoique L'Avocat fût fils, comme j'ai dit ci-devant, d'un homme riche, trois choses contribuoient néanmoins à le rendre peu à son aise : la première, que son père avoit laissé beaucoup d'enfans ; la seconde, que sa mère juive, qui avoit emporté la moitié du bien, vivoit toujours ; la troisième, qu'il avoit une charge qui lui avoit coûté beaucoup, et qui ne lui rapportoit pas grand revenu. Tout cela faisant, dis-je, qu'il étoit brouillé le plus souvent avec l'argent comptant, il ne put offrir à l'heure même les deux cents pistoles dont elle avoit affaire ; il lui promit qu'il les lui apporteroit le lendemain, et en effet il ne manqua pas à sa parole, ce qui étoit une chose bien extraordinaire pour lui.

Je ne puis pas dire quel besoin la duchesse avoit de cet argent, cela étant au-dessus de ma connoissance ; mais s'il m'est permis d'en juger par les circonstances qui suivirent, je dirai qu'il falloit qu'il fût grand, car, voyant L'Avocat arriver avec une bourse, elle l'embrassa, non pas tendrement, mais avec des apparences du moins d'une grande tendresse. L'Avocat en étant excité à des choses qui surpassoient, ce me semble, ses forces naturelles, il chercha à ne pas laisser échapper une occasion qui ne se présentoit pas tous les jours chez lui, et à laquelle la duchesse ne faisoit aucune résistance.

Enfin, soit que la duchesse ne se souvint plus du régime de vivre que le chirurgien lui avoit ordonné, ou qu'elle s'imaginât d'avoir quelqu'un entre ses bras de plus agréable que L'Avocat, elle ne voulut pas avoir quelque chose pour rien, et lui donna des faveurs au lieu de son argent. Comme L'Avocat n'étoit pas importun sur l'article, il se contenta de ce témoignage d'amour de la duchesse, sans lui en demander d'autres. Après cela il se retira chez lui le plus content du monde ; et, ne s'entretenant que des grandeurs où il étoit appelé, il en devint encore plus fou et encore plus vain qu'à l'ordinaire.

Cependant, comme il avoit soin de sa santé et qu'il avoit ouï dire que l'excès en toutes choses est nuisible, il fut trois ou quatre jours sans retourner chez la duchesse, au bout desquels il commença à s'apercevoir qu'on tomboit malade souvent lorsqu'on en avoit le moins d'envie. Il eut peine à croire d'abord ce qu'il voyoit ; mais enfin, sachant que les plus incrédules avoient cru quand ils avoient vu, il commença à se laisser persuader qu'il en pouvoit bien être quelque chose, surtout quand, après une consultation où il avoit appelé Janot et deux autres chirurgiens de même trempe, ils lui dirent qu'il avoit besoin de passer par leurs mains. Ce fut un étrange retour pour un homme enflé de vanité comme lui. Cependant, il ne put dire, dans un tel accident, à quoi il étoit le plus sensible, ou au dépit ou à la joie : car si d'un côté il lui sembloit que la duchesse en avoit mal usé en le ménageant si peu pour la première fois, d'un autre côté il considéroit que c'étoit toujours un présent d'une duchesse; et comme la vanité avoit beaucoup de pouvoir sur lui, il se disoit en même temps que les faveurs de telles personnes, quelles qu'elles fussent, étoient toujours considérables. Une autre réflexion se joignit encore à celle-ci : savoir que, cet accident étant répandu dans le monde, il alloit rétablir sa renommée chez toutes les femmes, qui, l'ayant pris jusque-là pour un parent du marquis de Langey[1], c'est-à-dire pour un homme qu'il auroit fallu démarier, s'il avoit eu une femme, elles seroient obligées d'avouer qu'on se trompe souvent dans le jugement que l'on fait de son prochain.

[1]. Tout le monde connoît, par les lettres de madame de Sévigné et par Tallemant, l'histoire du congrès du marquis de Langey ou Langeais. René de Cordouan tenoit par son père à une famille qui avoit eu de glorieuses alliances, et, du côté maternel, il comptoit parmi ses ancêtres les du Bellay, les Beaumanoir-Lavardin et François de la Noue Bras-de-Fer, maréchal de France. Né le 27 janvier 1628, le marquis de Langey épousa, en 1653, Marie de Saint-Simon, marquise de Courtaumer, née vers 1639; en 1657, le congrès eut lieu, au grand scandale de Paris tout entier, et en 1659 le mariage fut dissous : chacun des deux époux eut le

Aussi étoit-ce pour cette raison-là qu'il avoit entretenu Louison d'Arquien si publiquement, comme lui avoit reproché la duchesse, ainsi que j'ai rapporté ci-dessus. Mais on n'avoit pas eu meilleure opinion pour cela de sa bravoure, et il fallut cette dernière circonstance pour détromper tout le monde. Au lieu donc de se cacher, comme un autre auroit fait, il se mit dans les remèdes publiquement, et, ses bons amis se doutant de son incommodité, il les confirma dans leurs soupçons, et en fit galanterie comme un jeune homme auroit pu faire.

Cependant cette circonstance, qu'il croyoit si avantageuse à sa réputation, fut plus nuisible à sa fortune qu'il ne pensoit : car, outre que pour avoir été mal pansé dans les commencemens, ou peut-être pour être d'un tempérament difficile à guérir, il fut obligé d'entrer dans le grand remède, le grand Alcandre, ayant su son désordre, perdit le peu d'estime qu'il pouvoit avoir pour lui, et lui refusa la charge de prévôt des marchands de la ville de Paris, qu'il étoit disposé de lui accorder, à la recommandation de M. de Pomponne[1], son beau-frère, qui étoit l'un de ses ministres.

---

droit de se remarier, et le marquis ayant épousé, en 1661, mademoiselle de Navailles, fille du duc de ce nom, eut d'elle jusqu'à sept enfants, malgré son impuissance judiciairement constatée. Aucun ouvrage ne donne plus de détails sur ce procès singulier et sur le marquis de Langeais que les Mémoires de Jean Rou, récemment publiés par la Société de l'histoire du protestantisme françois, 2 vol. in-8, 1857.

1. Simon Arnaud, marquis de Pomponne, fils de Robert Arnauld d'Andilli, épousa, en 1660, Catherine L'Advocat.

L'aventure de M. L'Avocat, que tout le monde ne manqua pas d'imputer à la duchesse de La Ferté, donna un grand chagrin à la maréchale de la Motte, sa mère, qui d'ailleurs n'étoit guère plus contente de la duchesse de Ventadour, qui accusoit son mari de lui avoir fait présent d'une galanterie, mais qui, sous prétexte qu'il étoit débauché, s'en donnoit à cœur joie avec M. de Tilladet [1], cousin germain du marquis de Louvois. Le duc de Ventadour étoit un petit homme tout contrefait, mais qui ne manquoit pas de courage, tellement qu'ayant eu quelque vent de l'intrigue de sa femme, il résolut de l'observer si bien qu'il pût la prendre sur le fait. Pour cet effet, il lui permit de faire un voyage avec la duchesse d'Aumont, sa sœur [2], se doutant bien qu'en cas qu'il en fût quelque chose, le galant ne manqueroit pas de se rencontrer en chemin. Cependant il monta à cheval pour voltiger sur les ailes, et il arrivoit tous les soirs incognito à la même hôtellerie où sa femme logeoit. Il n'eut pas fait ce manége cinq ou six jours, qu'il vit arriver en poste M. de Tilladet, qui fut si pressé de voir madame de Ventadour, qu'il ne se donna pas

En 1671 il revint de Suède, où il avoit été envoyé comme ambassadeur, pour occuper la place de ministre d'Etat pour les affaires étrangères.

1. M. de Tilladet étoit fils de Gabriel de Cassagnet, marquis de Tilladet, capitaine au régiment des gardes, et de Magdelaine Le Tellier, sœur du chancelier, tante du marquis de Louvois.

2. Françoise-Angélique de La Mothe-Houdancourt, mariée le 26 novembre 1669 à Louis-Marie d'Aumont et de Roche-Baron, duc d'Aumont, premier gentilhomme de la chambre du roi, dont elle fut la seconde femme.

le temps de se faire débotter, ni même de se donner un coup de peigne. Il fit semblant devant le duc d'Aumont[1], qui étoit aussi du voyage, que le hasard l'avoit conduit dans l'hôtellerie ; mais le duc de Ventadour, qui savoit bien ce qu'il en devoit penser, ne lui donnant pas le temps d'entrer en conversation, il monta en haut en même temps, et, mettant l'épée à la main, il surprit toute la compagnie, qui ne songeoit guère à lui, et qui le croyoit bien éloigné de là.

Le duc d'Aumont, qui avoit épousé en premières noces la sœur de M. de Louvois, cousine germaine de M. de Tilladet, prit son parti contre le duc de Ventadour son beau-frère, prenant pour prétexte que, comme il avoit si peu de considération pour lui que de venir attaquer jusque dans sa chambre un homme qui ne lui avoit jamais donné sujet d'être son ennemi, il ne méritoit pas qu'il fît nulle réflexion sur leur proximité. Ainsi, avec l'aide de ses gens, il empêcha qu'il n'arrivât du désordre, et, ayant reconnu qu'il y avoit de la jalousie sur le jeu, il conseilla à la duchesse de Ventadour de se donner bien de garde de s'en aller avec son mari, qui la vouloit emmener à toute force ; à quoi elle obéit ponctuellement.

1. Louis-Marie-Victor d'Aumont, fils d'Antoine, duc d'Aumont, maréchal de France, et de Catherine Scarron de Vaures, né en 1632, mort en 1704. Après la mort de son père, 14 février 1669, il prit son titre de duc et pair, résigna sa charge de capitaine des gardes du corps, et prêta, à la date du 11 mars 1669, serment de fidélité pour la charge de premier gentilhomme de la chambre. Il avoit épousé, le 21 novembre 1660, Madeleine Fare Le Tellier, fille du chancelier de France, sœur du marquis de Louvois, qui mourut le 22 juin 1668.

Ce refus de madame de Ventadour outra entièrement son mari, et, comme il étoit beaucoup mutin, il défia le duc d'Aumont au combat, à qui il dit des choses tout à fait outrageantes ; mais à quoi il crut ne devoir pas prendre garde, parce qu'elles partoient d'un homme qui n'étoit pas en grande estime dans le monde.

Cependant, le duc de Ventadour ayant été obligé de partir sans sa femme, il fut se plaindre au grand Alcandre du procédé du duc d'Aumont ; et les plus grands de la cour ayant pris parti dans cette querelle, le prince de Condé[1], qui étoit proche parent du duc de Ventadour, dit des choses fâcheuses à la maréchale de La Motte, qui, prétendant excuser sa fille et le duc d'Aumont, tâchoit de déshonorer le duc de Ventadour. Le grand Alcandre défendit les voies de fait de part et d'autre, et, ayant pris connoissance de l'affaire, il donna le tort au duc, et permit à sa femme de retourner avec lui ou de se retirer en religion, selon que bon lui semblerait.

Ces deux partis n'accommodoient guère la duchesse, qui en eût bien mieux aimé un troisième s'il eût été à son choix, qui étoit de demeurer avec la duchesse d'Aumont, sa sœur, où elle eût pu voir tous les jours M. de Tilladet ; mais le grand Alcandre ayant prononcé, ce fut à elle à se soumettre à son jugement, ce qu'elle fit en se

---

1. Anne de Levis, duc de Ventadour, grand-père du duc dont il est ici parlé, avoit épousé, le 26 juin 1593, Marguerite de Montmorency, sa cousine, qui mourut le 3 décembre 1660. Celle-ci étoit fille de Henri de Montmorency, dont une autre fille, née d'un second lit, épousa Henri de Bourbon, père du grand Condé.

retirant à un petit couvent au faubourg Saint-Marceau [1]. M. de Tilladet la vit là deux ou trois fois incognito, du consentement de la supérieure.

Peu de temps après, les exilés dont j'ai parlé tantôt revinrent à la cour, et ils furent obligés de se montrer plus sages. Le duc de La Ferté trouva sa femme guérie, mais L'Avocat ne l'étoit pas ; et quoi qu'il se fût consolé d'abord, dans l'espérance, comme j'ai dit, d'être après cela en meilleure réputation dans le monde, il lui en coûta si cher, qu'il auroit renoncé de bon cœur à toutes les vanités du monde et être sorti du bourbier où il étoit. Enfin son chirurgien l'ayant tiré d'affaire, il ne se souvint plus du mal qu'il avoit eu ; et comme il avoit ouï parler de l'affaire du duc d'Aumont et du duc de Ventadour, et que son sort étoit de s'entremettre pour les accommodemens, comme je dirai ci-après, il dit à l'un et à l'autre qu'il étoit bien fâché de n'avoir pas été en bonne santé dans ce temps-là, et qu'il auroit tâché de leur rendre service.

Cependant, comme il avoit la couleur d'un véritable mort, chacun demanda s'il revenoit de l'autre monde ; à quoi il fut fort embarrassé de répondre. Mais s'étant à la fin aguerri à toutes ces demandes, il fut le premier à en rire avec les autres, ce qui fit cesser toutes les railleries qu'on lui en faisoit. Cependant, la duchesse de La Ferté lui en ayant un jour voulu faire la guerre, comme naturellement il est fort brutal : « Morb...,

---

1. Il y avoit au faubourg Saint-Marceau, rue de Lourcine, un couvent de religieuses cordelières de l'ordre de Sainte-Claire. L'abbesse y étoit élective et triennale, et y jouissoit de dix mille livres de rentes.

Madame, lui répondit-il, cela est bien de mauvaise grâce à vous, qui après m'avoir mis vous-même dans l'état où je suis, devriez du moins avoir l'honnêteté de me ménager. Croyez-moi, ce sera pour la première et pour la dernière fois de ma vie que j'aurai affaire à vous ; et quoique j'aie vu Louison d'Arquien un an tout entier, ce que je veux bien vous avouer maintenant, je n'ai jamais eu le moindre sujet de m'en repentir toute ma vie. »

La duchesse de La Ferté ne put souffrir ses reproches sans entrer dans un emportement épouvantable. Elle prit les pincettes du feu, dont elle lui déchargea un coup de toute sa force, et, faisant succéder les injures aux coups, elle lui dit que c'étoit bien à faire à un petit bourgeois comme lui, de vouloir familiariser avec une femme de sa qualité ; que quand ce qu'il disoit seroit vrai, elle lui avoit fait encore trop d'honneur ; qu'il prît la peine de sortir de sa maison, sinon qu'elle l'en feroit sortir par les fenêtres ; et, le poussant dehors avec le bout des pincettes, L'Avocat, qui voyoit qu'il n'y avoit point de raillerie avec elle, se jeta à ses pieds, la priant de lui vouloir pardonner ; qu'il connoissoit bien qu'il avoit tort, mais qu'il lui étoit dur de voir qu'elle l'insultoit, s'imaginant que ce qu'elle en faisoit n'étoit que par mépris ; que c'étoit là le sujet de ses plaintes ; qu'elle entrât dans ses sentimens, qu'il n'y avoit rien à redire à sa délicatesse ; et que, si elle avoit été présente à ses tourmens, elle auroit vu qu'il les avoit soufferts avec tant de résignation, qu'elle avoueroit qu'il étoit un véritable martyr d'amour.

Toutes ces raisons n'adoucirent point l'esprit de la duchesse, qui étoit hautaine et méprisante; et, l'ayant fait sortir de sa chambre, elle lui défendit de la revenir voir jamais, s'il ne vouloit s'exposer à un traitement beaucoup plus rude. L'Avocat s'en alla le cœur gros, poussant des soupirs et ayant enfin toutes les envies du monde de pleurer; mais comme il avoit à passer la cour de l'hôtel de La Ferté, qui est fort grande, et qu'il craignoit là de rencontrer quelqu'un, il retint ses larmes jusqu'à ce qu'il fût dans son carrosse.

Comme il y montoit, il vint un des gens du maréchal de La Ferté lui dire que son maître vouloit lui parler avant qu'il s'en allât; ce qui fut cause qu'il tâcha encore de les retenir. Et après avoir raccommodé sa perruque et son rabat, qui étoient un peu en désordre, il monta dans l'appartement du maréchal, où il trouva une dame fort bien faite avec quelques gentilshommes, qui étoient là les uns et les autres pour une querelle qu'ils avoient ensemble. Le maréchal lui dit qu'il lui avoit donné la peine de monter pour voir s'il n'y auroit point moyen de les accommoder sans les obliger de venir à une assemblée générale des maréchaux de France[1]; et que comme il y avoit eu quelques procédures de faites de part et d'autre, et que cela le re-

---

1. Les maréchaux de France formoient un tribunal d'honneur qui jugeoit toutes les contestations personnelles soulevées entre gentilshommes. Ils avoient des lieutenants dans différentes villes du royaume. Il existe des recueils d'édits concernant cette juridiction, établie pour accommoder les différends et empêcher les duels le plus possible.

gardoit (car le grand Alcandre lui avoit attribué la connoissance de ces sortes de choses), il étoit bien aise qu'il lui en dît son sentiment.

L'Avocat lui demanda de quoi il s'agissoit, et, le maréchal lui ayant dit qu'il avoit dû voir les informations, le maître des requêtes lui répondit que son secrétaire ne les lui avoit pas encore données ; ce qui lui servit d'excuse légitime, le maréchal sachant que c'étoit un usage établi chez lui que de laisser tout faire à son secrétaire. Il lui dit donc que la dame qu'il voyoit là devant lui se plaignoit qu'un gentilhomme, qui étoit aussi là présent, l'avoit déshonorée par des contes scandaleux, et dont elle demandoit réparation ; que quoiqu'il n'y eût point de témoins, la chose étoit néanmoins avérée par le propre aveu du gentilhomme, qui soutenoit que, bien loin d'avoir eu tort de parler mal de cette dame, il en avoit eu fort grande raison ; que, pour justifier cela, il rapportoit qu'il l'avoit aimée passionnément, avoit recherché toutes les occasions de lui rendre service, lui en avoit rendu même d'assez considérables, jusqu'à lui avoir prêté pour une seule fois deux cents pistoles ; mais que, pour toute récompense, elle ne lui avoit donné qu'une maladie qui l'avoit tenu trois mois entiers sur la litière, dont croyant avoir lieu de se plaindre, il avoit publié que cette dame n'étoit pas cruelle, mais que cependant il ne vouloit plus de ses faveurs à ce prix-là.

L'Avocat, entendant une histoire qui avoit tant de rapport avec la sienne, crut que son intrigue étoit découverte, et qu'il falloit que quelqu'un eût écouté au travers de la porte de la duchesse de La Ferté. C'est pourquoi, perdant toute sorte de contenance, il rougit, il pâlit, et, mettant son manteau sur son nez, il dit au maréchal qu'il se mocquoit de lui, et prit le chemin de la porte sans lui rien dire davantage. Le maréchal, qui étoit dans son lit, rongé de ses gouttes, ne pouvant courir après lui, le rappela ; mais, voyant qu'il ne vouloit point revenir, il dit à son capitaine des gardes de ne le pas laisser aller comme cela et qu'il avoit besoin de lui pour accommoder cette affaire. L'Avocat fit difficulté de revenir, disant au capitaine des gardes que monsieur le maréchal se railloit de lui ; mais le capitaine des gardes lui ayant dit qu'il n'y avoit point de raillerie à cela, et que ce qu'il en faisoit n'étoit que parce qu'il eût été bien aise de rendre service à ces personnes-là, il rentra dans la chambre, et le maréchal lui demanda depuis quand il ne vouloit plus accommoder les gentilshommes : reproche qu'il lui faisoit parce qu'il savoit que, sous prétexte de cette occupation, il négligeoit les autres affaires qui étoient du dû de sa charge de maître des requêtes.

Après que L'Avocat se fut excusé le mieux qu'il put, on parla de l'affaire en question, et, sans attendre qu'on en déduisît tout au long les particularités, il conclut que le gentilhomme seroit envoyé en prison, d'où il ne sortiroit qu'après avoir demandé pardon à la dame, qui, pour le remercier de ses conclusions favorables, lui fit une grande révérence. Comme c'étoit là l'avis du maréchal, ce qu'il avoit dit fut suivi de point en point, de sorte que le gentilhomme fut envoyé en prison. Cependant, monsieur L'Avocat s'étant retiré chez lui, se fit donner de l'encre et du papier, et écrivit à la duchesse de La Ferté un billet dont voici la copie :

Billet de M. L'Avocat
a la duchesse de La Ferté.

Je ne vous pouvois faire une plus grande réparation de ma faute que celle que je vous ai faite en sortant de votre chambre : Un gentilhomme, qui avoit avec une dame une pareille affaire que celle que j'ai avec vous, a été envoyé en prison, et je l'ai condamné, outre cela, à se rétracter de tout ce qu'il avoit dit, quoiqu'il n'eût peut-être dit que la vérité, comme je puis avoir fait. Si une semblable réparation vous peut satisfaire, ordonnez-moi seulement dans quelle prison vous voulez que j'aille, et j'y obéirai ponctuellement, ayant résolu d'être toute ma vie votre fidèle prisonnier d'amour.

La duchesse de La Ferté reconnut le caractère de L'Avocat à ce billet, qui étoit de dire des sottises lorsqu'il croyoit dire les plus belles choses du monde. Elle fut tentée mille fois de lui faire une réponse fort aigre; mais jugeant que cela tiendroit plus du ressentiment que du mépris, elle demeura dans le silence. Cela affligea extrêmement L'Avocat, qui, outre le plaisir qu'il se faisoit d'être bien avec une duchesse, se voyoit privé par là d'aller dîner chez elle, ce qui lui étoit fort commode et ce qui lui arrivoit souvent, ne faisant point d'ordinaire [1] et la du-

---

1. « On dit qu'un homme ne fait point d'ordinaire quand il

chesse logeant fort près de chez lui. Comme il vit enfin que sa disgrâce duroit toujours, il s'adonna entièrement chez le duc de Ventadour, à qui il conseilla de se raccommoder avec sa femme. Il fut l'entremetteur secret de ce raccommodement, et, trouvant là ce qu'il avoit perdu, c'est-à-dire autant de qualités tout au moins que chez la duchesse de La Ferté, une belle femme et une bonne table, il piqua la table assidument, et tâcha de se mettre bien auprès de la femme, qui, étant plus réservée que sa sœur dans ses plaisirs, le rebuta tellement la première fois qu'il lui voulut parler, qu'il n'osa plus s'exposer à un second refus.

Cependant, le duc et la duchesse de La Ferté continuoient toujours de vivre comme ils avoient commencé. La duchesse avoit l'abbé de Lignerac pour tenant, et son argent lui tenoit lieu de mérite. Pour ce qui est du duc, il ne s'arrêtoit nulle part, et comme il n'étoit pas homme à filer le parfait amour, il trouvoit toutesfois et quantes qu'il en vouloit des maîtresses dans les lieux publics. Sa passion étant là bien assouvie, il les battoit le plus souvent après les avoir caressées et faisoit ainsi succéder les caresses aux coups. Un jour qu'il faisoit la débauche dans un de ces endroits-là avec le duc de Foix, Biran et quelques autres, Biran lui dit qu'il s'étonnoit de ce que lui, qui aimoit à goûter les plaisirs dans leur naturel, n'eût pas fait venir coucher sa femme une fois chez Louison d'Arquien, ou chez Ma-

n'a point de pot-au-feu, quand il envoie quérir un ordinaire à la gargotte, ou quand il est écornifleur, quand il va quêter çà et là des repas. » (Furetière.)

delon du Pré ; qu'il y auroit trouvé mille fois plus de satisfaction que chez lui, et que, s'il en vouloit essayer, il lui en diroit après son sentiment.

Quoique le duc de La Ferté ne fût pas trop délicat sur le chapitre de sa femme, il trouva à redire que Biran lui parlât de la faire venir dans un lieu de débauche, et le duc de Foix, qui étoit beau-frère de Biran, fut le premier à le condamner, ajoutant que la duchesse de La Ferté n'étoit pas femme à venir dans ces sortes de lieux-là. Biran lui répondit qu'elle étoit personne à y venir tout comme une autre, et même sa femme[1], qui faisoit plus la scrupuleuse que la duchesse de La Ferté ; que, s'ils vouloient parier seulement cent pistoles contre lui, que lui qui parloit, les y feroit venir quand il voudroit. Et s'étant mis à assurer la chose, il fit rire toute la compagnie, qui le connoissoit pour un homme infiniment agréable et qui avoit beaucoup d'esprit. Il ne se rétracta pas cependant de ce qu'il avoit avancé, mais, formant en même temps la résolution de leur faire voir l'effet de ce qu'il leur disoit, il changea de discours adroitement, si bien qu'on ne fit plus de réflexion à ce qu'il avoit dit.

A cinq ou six jours de là, Biran fut voir sa sœur la duchesse de Foix [2], et lui dit qu'il avoit

1. Marie-Louise de Laval, mariée l'an 1683 au marquis de Biran, depuis duc et maréchal de Roquelaure. Voy. ci-dessus, p. 426.
2. Marie-Charlotte de Roquelaure, fille du duc Gaston et de Charlotte-Marie de Daillon du Lude, avoit épousé, le 8 mars 1674, Henri-François de Foix de Candale, duc de Foix. Née en 1655, elle mourut le 22 janvier 1710.

fait une partie avec la duchesse de La Ferté pour aller à la foire S.-Germain [1], et que si elle en vouloit être, il les y mèneroit toutes deux un matin, mais qu'il n'en falloit rien dire à son mari ; que la duchesse de La Ferté n'en diroit rien pareillement au sien, et qu'il y avoit des raisons pour cela, qu'il ne lui apprendroit que quand ils seroient à la foire. La duchesse de Foix, sans s'informer autrement de ces raisons-là, accepta la partie, et le jour étant pris pour le lendemain, il la fut prendre dans son carrosse, et fut quérir de là la duchesse de La Ferté, à qui il en dit autant.

Comme ils furent en chemin, quelque chose manqua tout d'un coup au carrosse, et ces deux dames, ayant peur de verser, crièrent au cocher d'arrêter, qui leur obéit aussitôt, tout cela n'étant qu'une pièce faite à la main par Biran, afin de montrer à leurs maris qu'il ne leur avoit rien dit qu'il ne fût sûr d'exécuter. Cependant, ayant donné la main à ces dames, il fit fort de l'empressé, demanda à son cocher ce que c'étoit, et le querella beaucoup en apparence de ce qu'il n'avoit pas fait accommoder son carrosse devant que de sortir. Il dit cependant à ces dames qu'il n'y avoit point d'apparence de demeurer dans la rue ; qu'il connoissoit une bourgeoise tout auprès de là ; qu'il falloit monter chez elle et se reposer, en attendant que le carrosse fût raccommodé.

---

1. La foire Saint-Germain avoit le privilége d'attirer toute la cour ; aussi s'y passoit-il souvent des aventures singulières. Loret (*Muze historique*) en rapporte quelques-unes. On a de Colletet un long poème où il en décrit les merveilles.

Ces dames n'ayant point d'autre parti à prendre que celui-là, elles s'y accordèrent volontiers, et étant montées dans une maison, elles y furent reçues par une femme qui leur fit beaucoup de civilités. Cette femme les fit entrer dans une chambre fort propre, où elle les entretint assez spirituellement, pendant que Biran fut écrire, dans une autre chambre, deux billets aux ducs de Foix et de La Ferté, par lesquels il les prioit de le venir trouver promptement chez la Madelon du Pré, qui étoit justement le lieu où il avoit fait entrer leurs femmes.

Les Ducs de Foix et de la Ferté, ayant reçu ces billets, se hâtèrent de se rendre au lieu désigné. Biran courut au devant d'eux, leur dire qu'ils ne seroient pas fâchés de la peine qu'ils avoient prise; qu'il leur vouloit faire voir deux des plus jolies femmes de toute la ville, dont la du Pré avoit fait la découverte depuis peu. Il leur ouvrit en même temps la chambre où étoient les duchesses de La Ferté et de Foix, et, les leur présentant, il les pria d'en user si bien avec elles qu'elles ne s'en allassent pas mécontentes. Il est aisé de juger de l'étonnement de ces deux ducs, et encore plus de celui des deux duchesses, qui, sachant où elles étoient, voulurent prendre leur sérieux[1] avec Biran; mais lui, les raillant tous quatre, il les obligea à en rire avec lui. Après il envoya quérir à dîner, et ils dînèrent tous cinq ensemble dans cet honnête lieu, quoique les femmes fissent mine de n'y vouloir pas demeurer davantage.

1. Locution alors nouvelle, empruntée à la langue des précieuses.

Comme elles virent néanmoins que c'étoit là la volonté de leurs maris, elles s'y laissèrent résoudre ; et pour ne pas s'ennuyer en attendant le dîner, elles dirent à la du Pré de leur faire passer ses religieuses en revue : ce que la du Pré fit, parce que, se doutant bien qu'elles étoient toutes de même confrairie, elle ne vouloit pas désobéir à celles qui méritoient bien d'être les abbesses du couvent.

Cependant la disgrâce de M. L'Avocat duroit toujours ; mais étant arrivé en ce temps-là un malheur au chevalier de Lignerac, (frère de l'abbé de Lignerac), qui avoit été mis en prison à la requête d'un nombre infini de personnes qu'il avoit attrapées, la duchesse de La Ferté l'envoya quérir, et lui dit qu'elle lui pardonnoit pourvu qu'il le fît sortir de prison. L'Avocat, qui savoit l'intrigue de l'abbé et d'elle, trouva bien rude qu'il fallût s'employer pour le frère de son rival, et que sa grâce ne fût qu'à ce prix-là ; mais comme elle l'avoit puni l'autre fois pour avoir dit la vérité, il n'osoit la dire cette fois-là, et il lui promit que, si le chevalier ne sortoit pas de prison, ce ne seroit pas manque d'y employer tout son crédit.

L'Avocat trouva de l'obstacle dans son entreprise ; tous les créanciers du chevalier de Lignerac furent crier aux oreilles des juges, et leur ayant fait voir qu'il avoit déjà fait cession de biens, et que depuis ce temps-là il avoit encore emprunté deux cent mille écus, sans avoir jamais eu ni servante ni laquais, les juges firent com-

1. Voy. p. 420.

prendre à L'Avocat qu'il leur étoit impossible de le mettre hors de prison, et il en fut rendre compte à la duchesse.

Il appréhendoit bien qu'elle ne le voulût rendre responsable de ce refus; mais la duchesse, qui aimoit le nombre, et qui s'étoit quelquefois ennuyée de ne le point voir, lui dit qu'elle lui étoit obligée de la peine qu'il avoit prise, et qu'il pouvoit revenir chez elle quand il voudroit. L'Avocat se jeta à ses pieds pour la remercier, lui embrassa les genoux, et, lui protestant une fidélité éternelle, il lui dit que sa sœur la duchesse de Vantadour n'avoit pas la moitié de son mérite; que quand il vivroit mille ans, il ne pourroit pas l'aimer un quart d'heure; qu'elle diroit assurément qu'il n'avoit guère d'esprit, parce qu'il ne lui avoit jamais pu dire une seule parole, mais qu'il ne se soucioit pas en quelle réputation il fût auprès d'elle, pourvu qu'elle voulût bien considérer que tant d'indifférence pour une si aimable personne ne pouvoit procéder que de l'amitié qu'il lui portoit.

Comme il achevoit ces paroles, un laquais de la duchesse de Vantadour entra, et ayant présenté un billet de sa part à la duchesse de La Ferté, elle le prit et y lut ce qui suit :

BILLET DE LA DUCHESSE DE VENTADOUR A LA DUCHESSE DE LA FERTÉ.

Un de mes bons amis a une affaire pardevant M. L'Avocat, et il la croit si délicate qu'il cherche à la faire recommander par tous ceux qui ont quelbue crédit auprès de lui. Si j'avois prévu cet acci-

dent, *j'aurois écouté volontiers quantité de sottises qu'il m'a voulu dire ; mais n'ayant pas le don de deviner, m'ennuyant d'ailleurs d'une si sotte conversation que la sienne, je l'ai prié un peu rudement de ne la pas continuer davantage ; ce qui fait que, ne le croyant pas bien intentionné pour moi, j'ai recours à vous pour lui recommander l'affaire de mon ami, dont je vous prie de faire la vôtre propre. Vous obligerez une sœur qui est toute à vous.*

La duchesse de La Ferté, à qui L'Avocat venoit de protester qu'il n'avoit jamais pu dire une douceur à la duchesse de Ventadour, voyant le contraire dans cette lettre, fut tentée plus d'une fois de la lui montrer pour s'en divertir ; mais, craignant que cela ne nuisît au gentilhomme que sa sœur lui recommandoit, elle serra la lettre dans sa poche et renvoya le laquais, à qui elle commanda de dire à sa sœur qu'elle feroit ce qu'elle lui mandoit. Le laquais étant sorti, L'Avocat, qui étoit l'homme du monde le plus curieux, voulut savoir ce que contenoit la lettre, et, ne se contentant pas de ce que la duchesse lui en disoit, il chercha à lui mettre la main dans la poche et l'attrapa. Il lui dit alors qu'il verroit à ce coup-là leurs secrets ; mais qu'il n'y avoit pas beaucoup de danger pour lui, qui étoit de leurs amis.

La duchesse, qui, pour les raisons que j'ai dites, eût été bien aise qu'il ne l'eût pas vue, la lui voulut arracher ; mais, n'en ayant pu venir à bout, elle lui dit qu'il la désobligeroit s'il ne la lui rendoit à l'heure même. Mais L'Avocat, croyant que plus elle faisoit d'efforts pour la ravoir, plus elle étoit de conséquence, se tira à l'écart pour la lire, ce que la duchesse ne pouvant empêcher, il fut tout surpris d'y trouver des choses à quoi il ne s'attendoit pas.

Il dit en même temps à la duchesse que madame de Ventadour ne disoit pas vrai, qu'il ne lui avoit jamais parlé de rien, et que, pour lui faire voir qu'il ne l'avoit jamais estimée et qu'il ne l'estimoit pas encore, il feroit perdre son affaire à son ami. La duchesse de La Ferté lui dit qu'il n'en feroit rien, pour peu qu'il eût de consideration pour elle; que ce n'étoit plus l'affaire de sa sœur, mais la sienne propre; qu'ainsi ce n'etoit pas avec la duchesse de Ventadour qu'il se brouilleroit, mais avec la duchesse de La Ferté. Madame de La Ferté eut beaucoup de peine à gagner cela sur lui; mais lui ayant dit qu'elle ne croyoit rien de tout ce que madame de Ventadour lui mandoit, qui avoit un défaut commun avec toutes les belles femmes, qui étoit de prendre la moindre œillade pour une déclaration d'amour, elle lui donna moyen par là de se justifier auprès d'elle. Ainsi, L'Avocat, étant en si beau chemin, lui allégua qu'il falloit donc que madame de Ventadour eût interprété à son avantage quelques regards innocents; et la duchesse, feignant de se confirmer toujours de plus en plus dans cette opinion, elle remit insensiblement son esprit, de sorte qu'il lui promit de faire tout ce qu'elle voudroit pour le gentilhomme en question.

[1 Pendant que tout ceci se passoit, l'on donna

---

1. Tout le passage qui suit, et que nous laissons ici,

à la femme de Monsieur une fille d'honneur dont la beauté causa bientôt des désirs à tous les courtisans et de la jalousie à toutes ses compagnes. Elle étoit d'une taille ravissante, si bien que la médisance, qui a coutume de mordre sur toutes choses, se trouva en défaut à ce coup-là. De fait, tout ce qu'il y avoit de gens de l'un et de l'autre sexe fut obligé d'avouer qu'il n'avoit jamais rien vu de si accompli. Le grand Alcandre, qui aimoit alors madame de Montespan, plutôt par habitude que par délicatesse, ne l'eût pas plutôt vue qu'il en fut charmé. Mais comme il ne vouloit plus faire l'amour en jeune homme, mais en grand roi, il lui fit parler par un tiers; et afin que ses offres de service fussent mieux reçues, il les accompagna d'un fil de perles et d'une paire de boucles d'oreilles de diamans de grand prix.

Cependant, madame de Montespan étoit dans des alarmes mortelles que cette jeune beauté ne lui enlevât le cœur de ce prince, avec qui elle avoit eu du bruit il n'y avoit que peu de jours : car, prétendant qu'il la dût toujours traiter comme il avoit fait dans le commencement, elle lui avoit reproché qu'il n'avoit plus de complaisance pour elle. Comme il étoit assez naturel, et qu'il n'aimoit pas à être gêné, il lui avoit répondu franchement qu'il y avoit trop longtemps qu'ils se connoissoient pour observer tant de cérémonies; ce qui avoit été cause qu'elle s'étoit emportée, même jusqu'à lui dire des choses fort

comme toutes les premières éditions de ce pamphlet, a été ensuite reporté, à tort, dans l'histoire de mademoiselle de Fontanges, qu'on lira plus loin. Il finit page 464.

désobligeantes. Elle lui avoit d'abord reproché tout ce qu'elle avoit fait pour lui : qu'elle avoit quitté maison, enfans, mari et jusqu'à son honneur pour le suivre; qu'il n'y avoit sorte de complaisance qu'elle ne lui témoignât tous les jours pour l'engager; mais qu'il étoit devenu si froid, qu'il n'étoit plus reconnoissable; que si c'étoit que les années lui eussent apporté quelques défauts, il ne s'en devoit pas prendre à elle, mais au temps, qui a coutume de détruire toutes choses; que cependant elle ne s'apercevoit pas encore, grâce à Dieu, qu'il y eût un si grand changement en sa personne; mais que pour lui, elle lui pouvoit dire, sans avoir dessein néanmoins de le fâcher, que, quoiqu'il eût beaucoup de lieu de se louer de la nature, il n'étoit pas exempt néanmoins de certains défauts, qui étoient un grand remède à l'amour; qu'il en avoit un grand entre autres, dont peut-être il ne s'apercevoit pas, mais dont elle s'étoit bien aperçue, sans s'en être plainte néanmoins, parce qu'elle croyoit qu'on n'y devoit pas prendre garde de si près avec une personne qu'on aimoit.

Le grand Alcandre, à qui personne n'avoit jamais osé rien dire d'approchant, fut extrêmement touché de se l'entendre dire par madame de Montespan, pour qui il n'avoit guère moins fait qu'elle avoit fait pour lui : car, si elle avoit quitté maison, enfans et mari pour le suivre, il avoit quitté pour elle le soin de sa réputation, qui étoit extrêmement flétrie pour avoir aimé une femme qu'il avoit de si grandes raisons de ne pas regarder comme il avoit fait. Néanmoins, bien que les injures qu'on reçoit des personnes que l'on aime soient beaucoup plus sensibles que celles que l'on reçoit des autres, il ne laissa pas tomber ce reproche à terre, et, demandant à madame de Montespan quels étoient donc ces défauts, il lui reprocha lui-même les siens, dont madame de Montespan fut si touchée, qu'elle lui répondit que si elle avoit les imperfections dont il l'accusoit, du moins elle ne sentoit pas mauvais comme lui.

Comme c'étoit dire par là au grand Alcandre tout ce qu'il y avoit de plus désobligeant, il est impossible de dire combien ce reproche lui fut sensible. Il lui répondit de son côté des choses qui la devoient toucher et la faire rentrer en elle-même, si elle eût eu encore quelques sentimens de vertu ; mais, s'étant entièrement abandonnée à ses passions, elle continua ses reproches, qui n'auroient pas fini si tôt, sans ce que je vais rapporter. Il faut savoir que, comme ils se querelloient ainsi fortement, le prince de Marsillac [1] arriva à la porte du cabinet où ils étoient. Le grand Alcandre lui avoit permis d'entrer partout où il seroit, sans en demander permission : ainsi, il avoit déjà le pied dans la porte, quand il entendit au son de la voix de ce prince qu'il étoit en colère. Il s'arrêta tout court, et étant bien aise de savoir s'il trouveroit bon qu'il entrât, il commença à crier tout haut: « Huissier ! huissier ! » Et comme il n'y en avoit point, il dit encore plus haut : « Qui est-ce donc qui m'annoncera, et

1. Le prince de Marsillac étoit François de La Rochefoucauld, fils de l'auteur des *Maximes* et de Andrée de Vivonne. Le prince de Marsillac, né le 15 juin 1634, mourut le 12 janvier 1714.

comment m'annoncer moi-même ? » Le grand Alcandre, qui prêtoit l'oreille à ce qu'il disoit, jugea bien, après la permission qu'il lui avoit donnée, que ce qu'il en faisoit n'étoit que par discrétion ; et étant bien aise d'avoir lieu de quitter une conversation si désagréable, il dit au prince de Marsillac qu'il pouvoit entrer : ce qui fut cause que madame de Montespan tâcha de se contraindre, de peur que le bruit de sa disgrâce, qu'elle vouloit cacher, ne courût toute la cour.

Etant sortie un moment après, elle laissa le grand Alcandre dans la liberté d'ouvrir son cœur au prince de Marsillac, qui avoit grande part dans sa confiance, et à qui il avoit donné en moins d'un an pour plus de douze cent mille francs de charges : car incontinent après la disgrâce de M. de Lauzun, il l'avoit obligé de prendre le gouvernement de Berri, que ce favori avoit, et qu'il ne vouloit pas accepter, parce que, n'ayant jamais été de ses amis, il avoit peur qu'on ne dît dans le monde qu'il auroit poussé le grand Alcandre à le faire arrêter afin de profiter de ses depouilles.

Le grand Alcandre trouva que sa délicatesse étoit d'autant plus belle qu'elle étoit rare dans les courtisans ; et comme elle ne pouvoit partir que d'un grand cœur, il l'eut encore en plus grande estime. A quelque temps de là, il lui donna encore la charge de grand maître de la garde-robe, vacante par la mort du marquis de Guitry, qui avoit été tué au passage du Rhin [1]. Mais il la

---

1. Voy. plus haut, p. 412. Gui de Chaumont, marquis

lui donna d'une manière si obligeante, que le présent étoit moins considérable par sa grandeur en lui-même que par la bonté qu'il lui témoigna en le lui faisant : car il lui dit qu'il ne lui donnoit cette charge que pour accommoder ses affaires, et non pour l'incommoder; que s'il lui étoit plus utile de la vendre que de la garder, il lui vouloit chercher lui-même un marchand, et qu'il lui en feroit donner un million.

Le grand Alcandre continua toujours ainsi de lui donner des marques de son amitié, et les autres courtisans le regardoient comme une espèce de favori, mais bien plus digne d'occuper cette place que M. de Lauzun, qui méprisoit tout le monde, comme s'il n'y eût personne digne de l'approcher. Cependant cette faveur, qui ne laissoit pas de donner de la jalousie à un chacun, augmenta encore de beaucoup par le refroidissement où le grand Alcandre étoit tombé pour madame de Montespan et par la nouvelle passion qu'il se sentoit pour mademoiselle de Fontanges [1], qui étoit cette fille d'honneur de la femme de Monsieur dont j'ai parlé ci-devant : car le grand Alcandre ayant communiqué l'un et l'autre au prince de Marsillac, voulut que ce fût lui qui lui ménageât les bonnes grâces de cette fille;

---

de Guitri, étoit grand maître de la garde-robe en même temps que le marquis de Soyecourt.

1. Marie-Angélique de Scorraille, demoiselle de Fontanges, étoit la sixième des sept enfants de Jean Rigaud de Scorraille, comte de Roussille, et d'Aimée-Éléonore de Plas; la mère de mademoiselle de Fontanges étoit petite-fille par sa mère du maréchal de La Châtre. Née en 1661, on sait qu'elle mourut à l'âge de vingt ans, le 28 juin 1681.

à quoi le prince de Marsillac n'eut pas beaucoup de peine, n'étant venue à la Cour que dans le dessein de plaire au grand Alcandre.

En effet, ses parents, la voyant si belle et si bien faite, et ayant plus de passion pour leur fortune que de soin pour leur honneur, boursillèrent entre eux pour pouvoir l'envoyer à la cour et pour lui faire faire une dépense honnête et conforme au poste où elle entroit [2]. Or, comme ils lui avoient donné des leçons là-dessus, elle les mit en pratique dès le moment que le prince de Marsillac lui eut parlé de la part du grand Alcandre. Elle lui dit donc qu'elle recevoit avec joie la déclaration qu'il venoit de lui faire de sa part; que ce prince avoit des qualités si touchantes qu'il faudroit qu'elle fût de bien mauvaise humeur pour n'être pas charmée de sa passion; mais qu'avec tout cela elle ne pouvoit pas prendre grande confiance en ce qu'il venoit de lui dire, tant que madame de Montespan posséderoit ses bonnes grâces; qu'elle étoit jalouse naturellement; qu'ainsi elle ne seroit point fâchée que le grand Alcandre sût que, quoiqu'il y eût beaucoup de gloire à posséder la moindre partie de son cœur, elle étoit assez délicate, néanmoins, pour n'en vouloir à ce prix-là; qu'aussi bien ce n'étoit peut-être pas une véritable passion que celle qu'il sentoit pour elle, mais quelque feu passager qui seroit aussitôt éteint qu'allumé; que

---

1. Les filles d'honneur de la reine avoient deux cents livres de gages : celles de Madame ne pouvoient être rétribuées beaucoup plus largement, quoique chez Monsieur et chez Madame plusieurs charges fussent plus avantageuses que chez le Roi.

s'il étoit vrai cependant que ce prince l'aimât véritablement, ce qu'elle n'osoit croire encore, de peur de s'abandonner à une joie mal fondée, il lui en donneroit des marques bientôt en n'aimant qu'elle uniquement, comme elle étoit prête de son côté de n'aimer que lui.

Le prince de Marsillac, qui vouloit réussir du premier coup dans son ambassade amoureuse, répondit à cela que, si l'on pouvoit juger de l'avenir par les choses passées, il n'y avoit pas beaucoup d'apparence que le grand Alcandre, qui étoit mécontent de madame de Montespan, dût jamais retourner vers elle; qu'il étoit constant quand il aimoit une fois, et que s'il avoit quitté madame de La Vallière, c'est que cette dame y avoit beaucoup contribué par une inégalité d'esprit qui ne plaisoit pas à ce prince; qu'elle avoit pu entendre parler qu'avant qu'elle entrât dans le couvent où elle étoit religieuse, elle étoit déjà entrée dans un autre malgré lui; qu'il avoit été obligé même de la renvoyer querir, et cela à la vue de tout son royaume; que depuis ce temps-là elle ne faisoit que lui parler des sindérèses de sa conscience, ce qui l'avoit détaché d'elle peu à peu, ce prince ne voulant pas s'opposer à son salut; qu'il avoit donc aimé madame de Montespan, et qu'il l'aimeroit peut-être toujours, si elle n'avoit voulu prendre avec lui des airs qui peuvent bien convenir aux maîtresses des particuliers, mais non pas à celle d'un grand prince, avec qui il est bon d'avoir l'esprit plus souple et plus complaisant; qu'il lui diroit comment elle en devoit user quand elle en seroit là; mais que n'en étant pas encore temps, il ne s'agissoit que de mettre son esprit en repos : c'est pourquoi il vouloit bien lui dire, en bon ami, de ne pas laisser échapper une si belle occasion ; qu'autrement il étoit assuré qu'elle s'en repentiroit toute sa vie.

Il lui conta là-dessus la querelle que le grand Alcandre avoit eue avec madame de Montespan, l'insolence de cette dame, le ressentiment de ce prince ; et cette circonstance l'ayant convaincue plutôt que toutes ses raisons, elle manda au grand Alcandre que si elle lui étoit obligée du présent qu'il lui avoit fait, et dont j'ai parlé ci-devant, elle lui savoit encore bien meilleur gré de ce qu'il lui avoit fait dire par le prince de Marsillac, qui lui serviroit de caution qu'elle étoit toute prête à se donner à lui, pourvu qu'il voulût bien se donner à elle.

Cependant, madame de Montespan, qui se défioit de cette intrigue, employoit tous ses amis pour regagner la confiance du grand Alcandre. Le marquis de Louvois, qui en étoit, et même des plus affectionnés, lui conseilla de chercher l'occasion de lui parler en particulier. Mais comme le grand Alcandre tenoit sa colère et qu'il la fuyoit avec grand soin, elle dit au marquis de Louvois qu'il lui étoit impossible de le retrouver tête à tête, et que, s'il ne s'y employoit comme il faut, elle n'en viendroit jamais à bout. Ce marquis lui dit de se rendre de bonne heure où le grand Alcandre avoit coutume de tenir conseil, et de prendre si bien son temps qu'elle ne le laissât pas aller sans se raccommoder avec lui.

Madame de Montespan, ayant approuvé ce

conseil, se rendit au lieu désigné. Le grand Alcandre y étant venu, il fut tout surpris de l'y rencontrer au lieu des ministres. Cependant, M. de Louvois, qui vouloit leur donner le temps de faire leurs affaires, entra dans la chambre tout proche du lieu où ils étoient, et voyant qu'il y avoit sept ou huit personnes de la cour qui avoient coutume de se faire voir quand le grand Alcandre sortoit, il prit une bougie de dessus un guéridon, feignant de chercher un diamant qu'il disoit avoir perdu. Il se doutoit bien que les valets de chambre viendroient à lui pour lui aider à le chercher, et en étant venu un, il lui dit tout bas, en lui donnant le flambeau, qu'il fît sortir tous ceux qui étoient dans la chambre, et qu'il dît à l'huissier de n'y laisser entrer personne, pas même ceux qui étoient mandés pour le conseil.

Ainsi, sans qu'on s'aperçut que cela vînt de lui, il se défit de tous ces importuns, et au lieu d'y avoir conseil ce jour-là, il y eût un grand éclaircissement entre le grand Alcandre et madame de Montespan. Cependant, comme l'on savoit que M. de Louvois étoit demeuré dans la chambre, on le crut enfermé avec le prince ; de sorte que les autres ministres, qu'on avoit renvoyés sans les vouloir laisser entrer, en eurent de la jalousie. Et de fait, ils ne surent à quoi attribuer cette longue conversation qui étoit cause qu'il n'y avoit point eu de conseil ce jour-là ; ce qui n'étoit point encore arrivé, le grand Alcandre étant ponctuel dans tout ce qu'il faisoit.

Cependant, quoique cet éclaircissement semblât avoir raccommodé toutes choses, et que le grand Alcandre retournât à son ordinaire chez madame deMontespan, il ne laissa pas que de poursuivre sa pointe avec mademoiselle de Fontanges [1]].

Il la vit en particulier, et il lui donna des marques de son affection et en reçut de la sienne ; ce qui ne put être si secret que toute la cour n'en fût bientôt abreuvée.

Le grand Alcandre fut si content de cette nouvelle conquête, qu'il donna au prince de Marsillac la charge de grand-veneur [2], pour récompense de la lui avoir procurée.

[[3] Cependant, comme il étoit sujet à trouver des maîtresses fécondes, il sut bientôt que mademoiselle de Fontanges étoit grosse ; ce qui l'obligea à lui donner le titre de duchesse [4], et à

---

1. Ici finit le passage intercalé par certaines éditions dans l'histoire de mademoiselle de Fontanges. Voy. p. 454.

2. La charge de grand veneur a toujours été exercée par les gentilhommes des plus qualifiés de la cour ; nous y voyons, avant le prince de Marsillac, le duc de Rohan et le marquis de Soyecourt.

3. Le passage qui suit, entre crochets, a été intercalé aussi dans l'histoire de mademoiselle de Fontanges, à la fin. Mais nous suivons les premières éditions.

4. Madame de Sévigné, lettre du 6 avril 1680 : « Madame de Fontanges est duchesse, avec vingt mille escus de pension ; elle en recevoit aujourd'hui les compliments dans son lit. Le Roi y a été publiquement ; elle prend demain son tabouret et s'en va passer le temps de Pâques à une abbaye que le Roi a donnée à une de ses sœurs. Voici une manière de séparation qui fera bien de l'honneur à la sévérité du confesseur. Il y a des gens qui disent que cet établissement sent le congé. En vérité, je n'en crois rien ; le temps nous l'apprendra. Voici ce qui est présent : Madame de Montespan est enragée ; elle pleura tout hier. Vous pou-

faire sa maison. Comme cette demoiselle, bien loin de ressembler à madame de Montespan, dont l'avarice alloit jusqu'à la vilenie, étoit généreuse jusqu'à la prodigalité, il fut obligé aussi de lui donner un homme pour retenir cette humeur libérale [1], et pour prendre garde qu'elle pût subsister avec cent mille écus par mois qu'il lui donnoit. Ce surintendant fut le duc de Noailles [2], dont on fut extrêmement surpris : sa dévotion sembloit incompatible avec un emploi qui le faisoit entrer dans beaucoup de petits détails dont il auroit pu se passer honnêtement. Mais

vez juger du martyre que souffre son orgueil, qui est encore plus outragé par la haute faveur de madame de Maintenon. »

1. Madame de Sévigné parle de cette prodigalité de madame de Fontanges : « Je vous ai parlé de toutes les beautés, de toutes les étrennes ; Fontanges en a donné pour vingt mille écus, sans que la pensée lui soit venue de faire un présent à madame de Coulanges. » (12 janv. 1680.) Dans une autre lettre, où elle parle du voyage que fit mademoiselle de Fontanges avec le Roi, qui alloit au-devant de madame la Dauphine, on lit : « On mande qu'on s'est fort diverti à Villers-Cottrets ; je ne vois pas que les visites à ce carrosse gris (où étoit la favorite) aient été publiques. La passion n'en est pas moins grande. On (*c'est-à-dire* elle) reçut en montant dans ce carrosse dix mille louis et un service de campagne de vermeil doré. La libéralité est excessive, et on répand comme on reçoit. » (1er mars 1680.)

2. Anne-Jules de Noailles, fils d'Anne de Noailles et de Louise Boyer, né le 5 février 1650. Après s'être fait remarquer dans plusieurs campagnes, il suivit le Roi à la conquête de la Franche-Comté en 1674. En 1677, par la démission de son père, il fut fait duc de Noailles et pair de France ; en 1678, il obtint le gouvernement de Roussillon qu'avoit eu son père. Sa faveur étoit donc antérieure à l'emploi qu'il avoit accepté. Marié depuis le 13 août 1671 avec Marie-Françoise de Bournonville, il eut de ce mariage vingt et un enfants.

comme chacun s'étoit mis sur le pied de songer en premier lieu à sa fortune, et ensuite à Dieu, ce duc, bien loin de refuser cet emploi, remercia le grand Alcandre de le lui avoir donné préférablement à beaucoup d'autres qui le briguoient aussi bien que lui. Ainsi il partagea son temps entre ce prince et sa maîtresse, qui fut alors appelée Madame ; et quand il en avoit de reste, il le donnoit à Dieu.

[[1] Cependant madame de Montespan tâchoit de se soutenir encore le mieux qu'il lui étoit possible ; elle avoit prié le grand Alcandre de vouloir du moins venir chez elle comme il avoit accoutumé, et elle tâchoit d'insinuer à tout le monde que son crédit étoit encore plus grand qu'on ne pensoit ; que l'amour du grand Alcandre pour madame de Fontanges n'étoit qu'un amour passager et dont il seroit bientôt revenu ; et qu'enfin il reviendroit à elle plus amoureux qu'il n'avoit jamais été. Ses partisans tâchoient d'ailleurs de donner quelque crédit à ces faux bruits ; mais comme on voyoit que ce prince s'adonnoit entièrement à sa nouvelle passion, chacun rechercha les bonnes grâces de madame de Fontanges, qui procura des établissements aux uns et aux autres, de même qu'à la plupart de sa famille.

Madame de Montespan, voyant que le grand Alcandre se détachoit d'elle tous les jours de plus en plus, en conçut tant de rage qu'elle commença à médire publiquement de madame de Fontanges. Elle disoit à chacun qu'il falloit

---

1. Le passage qui suit, entre crochets, a été intercalé encore dans les dernières éditions de l'histoire de mademoiselle de Fontanges, mais au début.

que le grand Alcandre ne fût guère délicat, d'aimer une fille qui avoit eu des amourettes dans sa province ; qu'elle n'avoit ni esprit ni éducation, et qu'enfin, à proprement parler, ce n'étoit qu'une belle peinture. Elle en disoit encore mille autres choses aussi fâcheuses, ce qui, bien loin de ramener le grand Alcandre comme elle pensoit, le détourna encore davantage de revenir à elle. En effet, il lui voyoit toujours le même esprit d'orgueil qu'il n'avoit jamais pu humilier, et qui étoit encore tout prêt de lui faire mille algarades. Il s'en plaignit au prince de Marsillac, qui l'entretint dans l'aversion qu'il se sentoit pour elle, et qui en sut faire sa cour ensuite à madame de Fontanges.]

Cependant cette fille vint à accoucher peu de temps après, et on prit ce temps-là, à ce qu'on croit, pour l'empoisonner[1], ce que l'on a attribué à madame de Montespan, soit qu'on s'imagine qu'une personne dans le chagrin où elle étoit dût se porter à un si grand crime, ou qu'on croie

1. Madame de Sévigné parle en effet d'une perte de sang continuelle qui avoit ruiné la santé de mademoiselle de Fontanges. Dans sa lettre du 1er mai 1680 elle dit même : « Vous savez tout ce que la fortune a soufflé sur la duchesse de Fontanges. Voici ce qu'elle lui garde : une perte de sang si considérable qu'elle est encore à Maubuisson, dans son lit, avec une fièvre qui s'y est mêlée. Elle commence même à enfler ; son beau visage est un peu bouffi. » Cependant mademoiselle de Fontanges revint à la cour et retrouva une apparence de faveur. Mais le Roi ne quittoit pas madame de Maintenon, et mademoiselle de Fontanges, au dire de madame de Sévigné, ne cessoit de pleurer son bonheur perdu. Enfin la lettre du 1er septembre 1680 constate les soupçons d'empoisonnement : « On dit que *la belle beauté* a pensé être empoisonnée... Elle est toujours languissante. »

que, dans le poste où étoit madame de Fontanges, et ayant une rivale sur les bras, elle ne dût mourir que d'une mort violente. Quoi qu'il en soit, elle tomba dans une langueur incontinent après ses couches, dont il lui resta une perte de sang, ce qui empêcha le grand Alcandre de coucher davantage avec elle. Cependant il la visitoit souvent, lui témoignant le déplaisir où il étoit de l'état où il la voyoit réduite. Mais madame de Fontanges, qui se voyoit mourir tous les jours, le pria de permettre qu'elle se retirât de la cour, ajoutant en pleurant que la malice de ses ennemis étoit cause qu'elle ne devoit plus songer qu'à l'autre monde.

[1 Le grand Alcandre, qui étoit bien aise qu'elle donnât ordre aux affaires de son salut, et qui d'ailleurs étoit sensiblement touché d'être présent à ses souffrances, lui accorda ce qu'elle lui demandoit. Elle se retira dans un couvent au faubourg Saint-Jacques 2, où il envoyoit tous les jours savoir de ses nouvelles. Le duc de La Feuillade y alloit aussi deux ou trois fois la semaine la visiter de sa part, mais il n'en rapportoit jamais que de méchantes nouvelles; car cette pauvre dame, qui avoit toutes les parties nobles gâtées, soit de poison ou d'autre chose, se voyoit décliner tous les jours; de sorte que le duc de La Feuillade dit au grand Alcandre que c'en étoit fait et qu'il n'y avoit plus d'espérance. En effet, elle mourut peu de jours après, laissant encore

---

1. Encore un passage intercalé dans l'histoire de mademoiselle de Fontanges, dans les mauvaises éditions.
2. A l'abbaye de Port-Royal de Paris, où elle mourut.

plus de soupçon après sa mort d'avoir été empoisonnée qu'on n'en avoit eu pendant sa maladie : car l'ayant ouverte, on trouva qu'il y avoit de petites marques noires attachées aux parties nobles, lesquelles sont des témoignages indubitables, à ce que l'on prétend, qu'elle a été empoisonnée].

Le grand Alcandre témoigna publiquement la douleur qu'il avoit de sa perte, et, voulant faire voir que l'estime qu'il avoit eue pour elle duroit encore après sa mort, il donna une abbaye à un de ses frères [1] ; il maria aussi une de ses sœurs [2] fort avantageusement, et fit encore quantité d'autres choses en faveur de sa famille [3]. Madame de Montespan croyoit cependant que ce prince alloit revenir à elle ; [mais [4] elle fut

1. Louis Léger de Scorrailles, abbé de Valloire, mort en 1692.
2. Catherine Gasparde, mariée à Sébastien de Rosmadec, lieutenant général de Bretagne, gouverneur de Nantes, brigadier et mestre de camp de cavalerie.
3. Par exemple, il donna l'abbaye de Chelles à Jeanne de Scorrailles, qui étoit religieuse à Faremoustier, et qui fut bénite abbesse le 25 août 1680. Madame de Sévigné parle du voyage que fit à Chelles madame de Fontanges, pour assister à la cérémonie d'installation de sa sœur : « Madame de Fontanges est partie pour Chelles ; assurément je l'irois voir si j'étois à Livry. Elle avoit quatre carrosses à six chevaux, le sien à huit. Toutes ses sœurs étoient avec elle, mais tout cela si triste qu'on en avoit pitié : la belle perdant tout son sang, pâle, changée, accablée de tristesse, méprisant quarante mille écus de rente et un tabouret qu'elle a, et voulant la santé et le cœur du Roi qu'elle n'a pas. » (Lettre du 17 juillet 1680.)
4. Le passage qui suit, entre crochets, a été encore introduit textuellement dans l'histoire de mademoiselle de Fontanges. On y retrouve aussi les lignes qui précèdent, mais légèrement modifiées.

tout étonnée de voir que madame de Mainte‑
non[1] avoit toute sa confiance. Elle en fut au dés‑
espoir : car, comme c'étoit elle qui l'avoit faite
ce qu'elle étoit, elle ne pouvoit souffrir que son
propre ouvrage servît à la détruire elle-même.

Ce qui la chagrinoit encore davantage, c'est
qu'elle ne croyoit pas qu'il entrât aucune foiblesse
dans leur intelligence, qui devoit être par con‑
séquent de plus longue durée, puisqu'elle ne dé‑
pendoit point d'un amour passager, qui com‑
mence et finit souvent tout en un même jour. En
effet, elle a vu que la confiance que le grand Al‑
candre a prise en cette dame subsiste encore au‑
jourd'hui, et qu'au contraire l'amour qu'il a eu
pour elle a dégénéré en une espèce de mépris.
Cependant il ne lui en fait rien paroître, sachant
qu'une certaine honnêteté de bienséance est tou‑
jours le reste de l'amour d'un honnête homme,
qui en use ainsi plutôt pour sa propre réputation,
que pour conserver encore quelque sentiment de
tendresse.

Il sembloit que, le grand Alcandre ayant re‑
noncé à l'amour, chacun y dût renoncer de
même, et que les dames, à l'exemple de ma‑
dame de Montespan, qui fait maintenant la
prude, dussent être prudes aussi ; mais leur
tempérament et leur inclination l'emportant par
dessus toutes sortes de raisons, elles continuent
toujours la même vie. La duchesse de La Ferté
surtout est plus emportée que jamais dans ses
plaisirs. La duchesse de Vantadour, sa sœur, n'en
est pas moins friande, quoiqu'elle fasse ses af‑

1. Madame de Maintenon aura plus tard son historiette.

faires avec plus de discrétion et de conduite. Pour ce qui est de la maréchale de La Ferté, elle est à qui plus donne, et est revêtue d'une si grande humilité, depuis certains malheurs qui lui sont arrivés, semblables à ceux que j'ai rapportés de sa belle-fille, qu'elle a fait vœu de ne refuser personne, pourvu qu'il ait de l'argent. Ses débauches, qui vont jusqu'à l'excès, feroient un gros volume, si on se donnoit la peine de les écrire. On en verra un échantillon dans un manuscrit qui m'est tombé entre les mains [1] et où on lui rend justice, aussi bien qu'à une autre dame [2] de son calibre [3]]. On y verra quelques aventures qui ont du rapport avec celle-ci; mais comme c'est une autre main qui a fait son histoire, on la donnera au public telle qu'on l'a reçue.

[[4] Pour ce qui est de mademoiselle de Montpensier, après avoir pleuré pendant dix ans entiers la prison de M. de Lauzun, enfin elle a trouvé moyen d'obtenir sa liberté: car, considérant que tous les biens du monde ne sont rien en comparaison de son contentement, elle a apaisé la colère du grand Alcandre moyennant la principauté de Dombes et la comté d'Eu qu'elle a assurées au duc du Maine, son fils naturel. Par ce moyen-là M. de Lauzun est revenu,

---

1. C'est le pamphlet connu sous le titre de : *les Vieilles amoureuses*.
2. Madame de Lionne.
3. C'est par ces mots que finit, dans les éditions de pacotille, l'histoire de mademoiselle de Fontanges.
4. Le passage qui suit, jusqu'à la fin, manque dans les éditions qui ont pillé cette histoire au profit de celle de mademoiselle de Fontanges.

non pas à la cour, mais à Paris, où il est obligé de vivre en homme privé. En effet, le grand Alcandre n'a pas voulu permettre que son mariage se déclarât ; mais il est si souvent chez la princesse, que c'est tout de même que s'il y logeoit. Cependant elle en est si jalouse, qu'il voudroit bien n'avoir jamais songé à elle[1]. Elle a mis des espions auprès de lui, et il n'ose faire un pas qu'elle n'en soit avertie. Ainsi, l'on peut dire de lui qu'en sortant d'une prison il est rentré dans une autre, qui ne lui semble pas moins rude. Elle lui a donné deux terres[2], du consentement du grand Alcandre ; mais c'est tout ce qu'elle a fait pour lui, car elle ne sauroit lui donner un sou, ayant perdu tout son crédit par ce mariage, personne ne lui voulant plus prêter d'argent, de peur qu'on ne dise un jour à venir qu'étant en puissance de mari elle n'a pu emprunter valablement. C'est ce qui fait qu'il y a bientôt quatre ou cinq ans qu'elle a commencé à bâtir sa maison de Choisi[3], sans qu'elle soit

1. Mademoiselle de Montpensier se plaint souvent de Lauzun, qui, à son retour de Pignerolles, affecte de faire l'empressé auprès des dames et se montre d'une avidité insatiable. Voy. surtout t. 7, p. 53 et suiv., édit. citée.
2. « Le roi permit que je donnasse du bien à M. de Lauzun. D'abord il fut dit de lui donner Châtelleraut et quelques autres de mes terres du voisinage. Il n'en voulut pas ; il aima mieux le duché de Saint-Fargeau, qui étoit alors affermé 22,000 livres, la ville et baronnie de Thiers, en Auvergne, qui est une des plus belles terres de la province, de la valeur de 8,000 livres, et 10,000 livres de rente par an sur les gabelles du Languedoc. Au lieu d'être content, il se plaignit que je lui avois donné si peu qu'il avoit eu peine à l'accepter. »
3. Cette maison, que mademoiselle de Montpensier acheta

achevée, car il faut qu'elle prenne cette dépense sur son revenu. Mais elle se consoleroit encore de tout cela, si M. de Lauzun étoit le même qu'il a été autrefois, je veux dire s'il étoit toujours aussi brave homme avec les dames qu'il l'étoit dans le temps de sa faveur. Mais on dit que c'est maintenant si peu de chose, qu'on auroit peine à juger de ce qu'il a été autrefois par ce qu'il est aujourd'hui. Cependant, c'est un défaut qui lui est commun avec beaucoup d'autres : car on sait par expérience qu'il faut que toutes choses prennent fin. C'est pour cela aussi que la princesse dit aujourd'hui que celui-là a menti bien impudemment, qui a dit le premier que tout bon cheval ne devient jamais rosse.]

du président Gontier, quand ses créanciers le forcèrent de la vendre, fut en effet longtemps en construction. Mais le luxe qu'y déploya Mademoiselle ne pouvoit s'improviser, et, par la description qu'elle en fait (t. 7, p 31 et suiv.), on comprend qu'elle ait été plusieurs années avant de la voir terminée.

FIN DU TOME II.

TABLE DES MATIÈRES

CONTENUES DANS CE VOLUME.

	Pages.
Préface.	V
Les agrémens de la jeunesse de Louis XIV, ou son amour pour mademoiselle de Mancini	1
Le Palais-Royal, ou les Amours de madame de La Vallière.	25
Histoire de l'amour feinte du Roi pour Madame.	97
La déroute et l'adieu des filles de joye.	113
Regrets des filles d'honneur à madame de La Vallière.	139
La Princesse, ou les Amours de Madame.	143
Le Perroquet, ou les Amours de Mademoiselle.	195
Junonie, ou les Amours de madame de Bagneux.	283
Les fausses prudes, ou les Amours de madame de Brancas et autres dames de la cour.	335
La France galante, ou Histoires amoureuses de la cour (madame de Montespan, mademoiselle de Montpensier, etc.)	359

www.ingramcontent.com/pod-product-compliance
Lightning Source LLC
Chambersburg PA
CBHW071623230426
43669CB00012B/2046